ŒUVRES COMPLÈTES

DE

VOLTAIRE

6

THÉATRE. V

ANCIENNE MAISON J. CLAYE

PARIS. — IMPRIMERIE A. QUANTIN ET Cⁱᵉ

RUE SAINT-BENOIT

ŒUVRES COMPLÈTES
DE
VOLTAIRE

NOUVELLE ÉDITION

AVEC

NOTICES, PRÉFACES, VARIANTES, TABLE ANALYTIQUE

LES NOTES DE TOUS LES COMMENTATEURS ET DES NOTES NOUVELLES

Conforme pour le texte à l'édition de BEUCHOT

ENRICHIE DES DÉCOUVERTES LES PLUS RÉCENTES

ET MISE AU COURANT

DES TRAVAUX QUI ONT PARU JUSQU'A CE JOUR

PRÉCEDÉE DE LA
VIE DE VOLTAIRE
PAR CONDORCET

ET D'AUTRES ÉTUDES BIOGRAPHIQUES

Ornée d'un portrait en pied d'après la statue du foyer de la Comédie-Française

THÉATRE — TOME CINQUIÈME

PARIS
GARNIER FRERES, LIBRAIRES-ÉDITEURS
6, RUE DES SAINTS-PÈRES, 6

1877

LE DROIT
DU SEIGNEUR

COMÉDIE

REPRÉSENTÉE, EN CINQ ACTES, SUR LE THÉATRE-FRANÇAIS, LE 18 JANVIER 1762, SOUS LE TITRE DE « L'ÉCUEIL DU SAGE »; REMISE AU THÉATRE, EN TROIS ACTES, LE 12 JUIN 1779.

AVERTISSEMENT

DE BEUCHOT.

Cette pièce fut faite en quinze jours[1], et était digne de Jodelle[2]. Voltaire y fit des changements, et changea aussi le nom sous lequel il voulait la donner. Ce fut successivement M. Hurtaud[3], un académicien de Dijon[4], M. Legouz[5], M. Picardet[6], M. Rigardet[7], Mélin de Saint-Gelais[8], M. Picardin[9]. C'est sous le nom de Picardet[10] qu'il avait composé une préface qui ne nous est point parvenue.

La censure, ridicule comme elle l'était si souvent, pour ne pas dire toujours, fut scandalisée de l'intitulé le Droit du seigneur, et refusa de l'autoriser. Ce fut sous le titre de l'Écueil du sage que la comédie de Voltaire fut jouée le 18 janvier 1762. Elle était alors en cinq actes. L'auteur la fit imprimer en 1763, dans le tome V de ses Ouvrages dramatiques (faisant la seconde partie du tome X de la Collection complète de ses Œuvres). Une note après l'intitulé est ainsi conçue : « Elle a été jouée

1. Lettre à d'Argental, du 30 avril 1760.
2. Lettre du 12 avril.
3. Idem. P. T. N. Hurtaud, maître ès arts, qui avait publié, en 1757, un Manuale rhetorices, et qui donna plusieurs autres ouvrages, entre autres un Dictionnaire historique de la ville de Paris, 1779, 4 vol. in-8°, est peut-être le personnage dont Voltaire voulut prendre le nom.
4. Lettres à d'Argental, du 21 juin 1761; à Damilaville, du 20 juillet. Voltaire avait été reçu, le 3 avril 1761, membre honoraire non résident de l'académie de Dijon.
5. Lettres à Damilaville, des 24 auguste et 7 septembre 1761; à d'Argental, des 24 et 28 auguste. Bénigne Legouz de Gerland, né à Dijon en 1695, mort en 1774, était membre honoraire de l'académie de Dijon depuis 1760.
6. Lettres à d'Argental, des 7 et 14 septembre 1761. Un prieur de Neuilly en Bourgogne, auteur de quelques écrits, s'appelait Henri-Claude Picardet, et était né à Dijon le 30 septembre 1728.
7. Lettre à d'Argental, du 28 septembre 1761. Ce nom est forgé par Voltaire.
8. Idem. Mélin de Saint-Gelais, poëte français, né à Angoulême en 1491, mort en 1558.
9. Lettres à Damilaville, 26 janvier et 4 février 1762; à d'Argental, 6 février.
10. Lettres à d'Argental, des 7, 14, et 28 septembre; à Damilaville, du 9 janvier 1762.

à Paris sous le nom de *l'Écueil du sage*, qui n'était pas son véritable titre. »

Une édition séparée du *Droit du seigneur*, publiée en 1763, avait été désavouée par l'auteur.

L'année suivante (1764) parut à Vienne, en Autriche, chez Ghelen : *l'Écueil du sage, comédie de M. de Voltaire, réduite en trois actes, pour le service de la cour de Vienne, par M. Delaribadière*, in-8°. L'acte premier se composait de la scène vi de l'acte deuxième; venaient ensuite les scènes i, ii, iii, iv, v, vi et vii de l'acte III, puis le dernier vers de la scène vii dans la variante de la page 54, dernier vers, et la scène viii, qu'on trouve dans cette même variante, terminait l'acte Ier. Les actes II et III étaient les actes IV et V des variantes.

Voltaire lui-même réduisit aussi sa pièce en trois actes; mais elle ne fut jouée ainsi qu'après sa mort, le 12 juin 1779.

Lors de sa première apparition, on avait publié une *Lettre de M. de R. à M. de S. R. sur la* Zulime *de M. de Voltaire, et sur* l'Écueil du sage *du même auteur;* 1762, in-8° de deux feuilles.

Les éditeurs de Kehl avaient donné en variantes les deux derniers actes tels qu'on les trouve dans les premières éditions : par ce moyen, disaient-ils, les lecteurs auront la pièce en trois actes et en cinq. Ici encore je ne pouvais faire mieux que de les suivre.

LE DROIT
DU SEIGNEUR

PERSONNAGES[1]

LE MARQUIS DU CARRAGE.
LE CHEVALIER DE GERNANCE.
MÉTAPROSE[2], baillif.
MATHURIN, fermier.
DIGNANT, ancien domestique.
ACANTHE, élevée chez Dignant.
BERTHE, seconde femme de Dignant.
COLETTE.
CHAMPAGNE.
DOMESTIQUES.

La scène est en Picardie; et l'action, du temps de Henri II[3].

1. Noms des acteurs qui jouèrent dans cette comédie et dans la Sérénade, de Regnard, qui l'accompagnait : GRANDVAL (du Carrage), PAULIN, PRÉVILLE (le baillif), BRIZARD, BLAINVILLE, MOLÉ, DURANCY, DAUBERVAL; Mmes DANGEVILLE (Colette), GAUSSIN (Acanthe), DROUIN, PRÉVILLE, DURANCY mère, DURANCY fille, DUBOIS. — Recette : 3,664 livres. — Dans sa nouveauté, le Droit du seigneur n'eut que trois ou quatre représentations.
Sur son théâtre de Ferney, Voltaire jouait le rôle du baillif, et Mlle Marie Corneille celui de Colette. (G. A.)
Dans la pièce en cinq actes, il y a un personnage de plus : DORMÈNE. (B.)
2. MÉTAPROSE, dit Auger dans son édition de Molière, t. Ier, page 176, est un nom hybride formé d'un mot grec et d'un mot latin, dont l'association monstrueuse n'offre aucun sens.
J'ai écrit baillif, parce qu'ainsi l'exigeait un vers de la première scène du premier acte (avant-dernier couplet), et surtout la rime dans un vers de la scène Ire de l'acte II. (B.)
3. Dans sa lettre à d'Argental, du 1er mai 1761, Voltaire dit que la pièce est du temps de François Ier, prédécesseur immédiat de Henri II. (B.)

LE DROIT DU SEIGNEUR

COMÉDIE

ACTE PREMIER.

SCÈNE I.

MATHURIN, LE BAILLIF.

MATHURIN.

Écoutez-moi, monsieur le magister :
Vous savez tout, du moins vous avez l'air
De tout savoir; car vous lisez sans cesse
Dans l'almanach. D'où vient que ma maîtresse
S'appelle Acanthe, et n'a point d'autre nom?
D'où vient cela?

LE BAILLIF.

Plaisante question !
Eh ! que t'importe ?

MATHURIN.

Oh ! cela me tourmente :
J'ai mes raisons.

LE BAILLIF.

Elle s'appelle Acanthe :
C'est un beau nom; il vient du grec *Anthos*,
Que les Latins ont depuis nommé *Flos*.
Flos se traduit par *Fleur*; et ta future
Est une fleur que la belle nature,

Pour la cueillir façonna de sa main :
Elle fera l'honneur de ton jardin.
Qu'importe un nom ? Chaque père, à sa guise,
Donne des noms aux enfants qu'on baptise.
Acanthe a pris son nom de son parrain,
Comme le tien te nomma Mathurin.
MATHURIN.
Acanthe vient du grec ?
LE BAILLIF.
Chose certaine.
MATHURIN.
Et Mathurin, d'où vient-il ?
LE BAILLIF.
Ah ! qu'il vienne
De Picardie ou d'Artois, un savant
A ces noms-là s'arrête rarement.
Tu n'as point de nom, toi ; ce n'est qu'aux belles
D'en avoir un, car il faut parler d'elles.
MATHURIN.
Je ne sais, mais ce nom grec me déplaît.
Maître, je veux qu'on soit ce que l'on est :
Ma maîtresse est villageoise, et je gage
Que ce nom-là n'est pas de mon village.
Acanthe, soit. Son vieux père Dignant
Semble accorder sa fille en rechignant ;
Et cette fille, avant d'être ma femme,
Paraît aussi rechigner dans son âme.
Oui, cette Acanthe, en un mot, cette fleur,
Si je l'en crois, me fait beaucoup d'honneur
De supporter que Mathurin la cueille.
Elle est hautaine, et dans soi se recueille,
Me parle peu, fait de moi peu de cas ;
Et, quand je parle, elle n'écoute pas :
Et n'eût été Berthe, sa belle-mère,
Qui haut la main régente son vieux père,
Ce mariage, en mon chef résolu,
N'aurait été, je crois, jamais conclu.
LE BAILLIF.
Il l'est enfin, et de manière exacte :
Chez ses parents je t'en dresserai l'acte ;
Car si je suis le magister d'ici,
Je suis baillif, je suis notaire aussi ;

Et je suis prêt, dans mes trois caractères,
A te servir dans toutes tes affaires.
Que veux-tu? dis.
MATHURIN.
Je veux qu'incessamment
On me marie.
LE BAILLIF.
Ah! vous êtes pressant.
MATHURIN.
Et très-pressé... Voyez-vous? l'âge avance.
J'ai dans ma ferme acquis beaucoup d'aisance;
J'ai travaillé vingt ans pour vivre heureux;
Mais l'être seul!... il vaut mieux l'être deux.
Il faut se marier avant qu'on meure.
LE BAILLIF.
C'est très-bien dit : et quand donc?
MATHURIN.
Tout à l'heure.
LE BAILLIF.
Oui; mais Colette à votre sacrement[1],
Mons Mathurin, peut mettre empêchement :
Elle vous aime avec quelque tendresse,
Vous et vos biens; elle eut de vous promesse
De l'épouser.
MATHURIN.
Oh bien! je dépromets.
Je veux pour moi m'arranger désormais;
Car je suis riche et coq de mon village.
Colette veut m'avoir par mariage,
Et moi je veux du conjugal lien
Pour mon plaisir, et non pas pour le sien.
Je n'aime plus Colette; c'est Acanthe,
Entendez-vous, qui seule ici me tente.
Entendez-vous, magister trop rétif?
LE BAILLIF.
Oui, j'entends bien : vous êtes trop hâtif;
Et pour signer vous devriez attendre

---

1. Voltaire écrivait à d'Argental, le 12 avril 1760 : « J'ignore si ce mot divin peut passer dans une comédie sans encourir l'excommunication majeure. Je ne suis pas assez hardi pour corriger les vers de Hurtaud, mais on peut bien mettre *votre engagement* au lieu de *votre sacrement*. »

Que monseigneur daignât ici se rendre :
Il vient demain ; ne faites rien sans lui.
MATHURIN.
C'est pour cela que j'épouse aujourd'hui.
LE BAILLIF.
Comment?
MATHURIN.
Eh oui : ma tête est peu savante ;
Mais on connaît la coutume impudente
De nos seigneurs de ce canton picard.
C'est bien assez qu'à nos biens on ait part,
Sans en avoir encore à nos épouses.
Des Mathurins les têtes sont jalouses :
J'aimerais mieux demeurer vieux garçon
Que d'être époux avec cette façon.
Le vilain droit!
LE BAILLIF.
Mais il est fort honnête :
Il est permis de parler tête à tête
A sa sujette, afin de la tourner
A son devoir, et de l'endoctriner.
MATHURIN.
Je n'aime point qu'un jeune homme endoctrine
Cette disciple à qui je me destine ;
Cela me fâche.
LE BAILLIF.
Acanthe a trop d'honneur
Pour te fâcher : c'est le droit du seigneur ;
Et c'est à nous, en personnes discrètes,
A nous soumettre aux lois qu'on nous a faites.
MATHURIN.
D'où vient ce droit?
LE BAILLIF.
Ah! depuis bien longtemps
C'est établi... ça vient du droit des gens.
MATHURIN.
Mais sur ce pied, dans toutes les familles,
Chacun pourrait endoctriner les filles.
LE BAILLIF.
Oh! point du tout... c'est une invention
Qu'on inventa pour les gens d'un grand nom.
Car, vois-tu bien, autrefois les ancêtres

ACTE I, SCÈNE I.

De monseigneur s'étaient rendus les maîtres
De nos aïeux, régnaient sur nos hameaux.
MATHURIN.
Ouais! nos aïeux étaient donc de grands sots!
LE BAILLIF.
Pas plus que toi. Les seigneurs du village
Devaient avoir un droit de vasselage.
MATHURIN.
Pourquoi cela? Sommes-nous pas pétris
D'un seul limon, de lait comme eux nourris?
N'avons-nous pas comme eux des bras, des jambes,
Et mieux tournés, et plus forts, plus ingambes;
Une cervelle avec quoi nous pensons
Beaucoup mieux qu'eux, car nous les attrapons?
Sommes-nous pas cent contre un? Ça m'étonne
De voir toujours qu'une seule personne
Commande en maître à tous ses compagnons,
Comme un berger fait tondre ses moutons.
Quand je suis seul, à tout cela je pense
Profondément. Je vois notre naissance
Et notre mort, à la ville, au hameau,
Se ressembler comme deux gouttes d'eau.
Pourquoi la vie est-elle différente?
Je n'en vois pas la raison : ça tourmente.
Les Mathurins et les godelureaux,
Et les baillifs, ma foi, sont tous égaux.
LE BAILLIF.
C'est très-bien dit, Mathurin : mais, je gage,
Si tes valets te tenaient ce langage,
Qu'un nerf de bœuf appliqué sur le dos
Réfuterait puissamment leurs propos;
Tu les ferais rentrer vite à leur place.
MATHURIN.
Oui, vous avez raison : ça m'embarrasse;
Oui, ça pourrait me donner du souci.
Mais, palsembleu, vous m'avouerez aussi
Que quand chez moi mon valet se marie,
C'est pour lui seul, non pour ma seigneurie;
Qu'à sa moitié je ne prétends en rien;
Et que chacun doit jouir de son bien,
LE BAILLIF.
Si les petits à leurs femmes se tiennent,

Compère, aux grands les nôtres appartiennent.
Que ton esprit est bas, lourd et brutal!
Tu n'as pas lu le code *féodal*.

MATHURIN.

Féodal! qu'est-ce?

LE BAILLIF.

Il tient son origine
Du mot *fides* de la langue latine:
C'est comme qui dirait...

MATHURIN.

Sais-tu qu'avec
Ton vieux latin et ton ennuyeux grec,
Si tu me dis des sottises pareilles,
Je pourrais bien frotter tes deux oreilles?

(Il menace le baillif, qui parle toujours en reculant; et Mathurin court après lui.)

LE BAILLIF.

Je suis baillif, ne t'en avise pas.
Fides veut dire *foi*. Conviens-tu pas
Que tu dois foi, que tu dois plein hommage
A monseigneur le marquis du Carrage?
Que tu lui dois dîmes, champart, argent?
Que tu lui dois...

MATHURIN.

Baillif outrecuidant,
Oui, je dois tout; j'en enrage dans l'âme :
Mais, palsandié, je ne dois point ma femme,
Maudit baillif!

LE BAILLIF, en s'en allant.

Va, nous savons la loi;
Nous aurons bien ta femme ici sans toi.

SCÈNE II.

MATHURIN.

Chien de baillif! que ton latin m'irrite!
Ah! sans latin marions-nous bien vite;
Parlons au père, à la fille surtout;
Car ce que je veux, moi, j'en viens à bout.

Voilà comme je suis... J'ai dans ma tête
Prétendu faire une fortune honnête :
La voilà faite ; une fille d'ici
Me tracassait, me donnait du souci,
C'était Colette, et j'ai vu la friponne
Pour mes écus mugueter ma personne :
J'ai voulu rompre, et je romps ; j'ai l'espoir
D'avoir Acanthe, et je m'en vais l'avoir,
Car je m'en vais lui parler. Sa manière
Est dédaigneuse, et son allure est fière :
Moi, je le suis ; et, dès que je l'aurai,
Tout aussitôt je vous la réduirai ;
Car je le veux. Allons...

SCÈNE III.

MATHURIN; COLETTE, courant après.

COLETTE.
Je t'y prends, traître !
MATHURIN, sans la regarder.
Allons.
COLETTE.
Tu feins de ne me pas connaître ?
MATHURIN.
Si fait... bonjour.
COLETTE.
Mathurin ! Mathurin !
Tu causeras ici plus d'un chagrin.
De tes bonjours je suis fort étonnée,
Et tes bonjours valaient mieux l'autre année :
C'était tantôt un bouquet de jasmin,
Que tu venais me placer de ta main ;
Puis des rubans pour orner ta bergère ;
Tantôt des vers, que tu me faisais faire
Par le baillif, qui n'y comprenait rien,
Ni toi ni moi, mais tout allait fort bien :
Tout est passé, lâche ! tu me délaisses.
MATHURIN.
Oui, mon enfant.

COLETTE.
            Après tant de promesses,
Tant de bouquets acceptés et rendus,
C'en est donc fait? Je ne te plais donc plus?
            MATHURIN.
Non, mon enfant.
            COLETTE.
            Et pourquoi, misérable?
            MATHURIN.
Mais je t'aimais; je n'aime plus. Le diable
A l'épouser me poussa vivement;
En sens contraire il me pousse à présent :
Il est le maître.
            COLETTE.
            Eh! va, va, ta Colette
N'est plus si sotte, et sa raison s'est faite.
Le diable est juste, et tu diras pourquoi
Tu prends les airs de te moquer de moi.
Pour avoir fait à Paris un voyage,
Te voilà donc petit-maître au village?
Tu penses donc que le droit t'est acquis
D'être en amour fripon comme un marquis?
C'est bien à toi d'avoir l'âme inconstante!
Toi, Mathurin, me quitter pour Acanthe!
            MATHURIN.
Oui, mon enfant.
            COLETTE.
            Et quelle est la raison?
            MATHURIN.
C'est que je suis le maître en ma maison;
Et pour quelqu'un de notre Picardie
Tu m'as paru un peu trop dégourdie :
Tu m'aurais fait trop d'amis, entre nous;
Je n'en veux point, car je suis né jaloux.
Acanthe, enfin, aura la préférence :
La chose est faite : adieu; prends patience.
            COLETTE.
Adieu! non pas, traître! je te suivrai,
Et contre ton contrat je m'inscrirai.
Mon père était procureur; ma famille
A du crédit, et j'en ai; je suis fille,
Et monseigneur donne protection,

Quand il le faut, aux filles du canton ;
Et devant lui nous ferons comparaître
Un gros fermier qui fait le petit-maître,
Fait l'inconstant, se mêle d'être un fat.
Je te ferai rentrer dans ton état :
Nous apprendrons à ta mine insolente
A te moquer d'une pauvre innocente.
MATHURIN.
Cette innocente est dangereuse : il faut
Voir le beau-père, et conclure au plus tôt.

SCÈNE IV.

MATHURIN, DIGNANT, ACANTHE, COLETTE.

MATHURIN.
Allons, beau-père, allons bâcler la chose.
COLETTE.
Vous ne bâclerez rien, non ; je m'oppose [1]
A ses contrats, à ses noces, à tout.
MATHURIN.
Quelle innocente !
COLETTE.
Oh ! tu n'es pas au bout.
(A Acanthe.)
Gardez-vous bien, s'il vous plaît, ma voisine,
De vous laisser enjôler sur sa mine :
Il me trompa quatorze mois entiers.
Chassez cet homme.
ACANTHE.
Hélas ! très-volontiers.
MATHURIN.
Très-volontiers !... Tout ce train-là me lasse :
Je suis têtu ; je veux que tout se passe
A mon plaisir, suivant mes volontés,
Car je suis riche... Or, beau-père, écoutez :
Pour honorer en moi mon mariage,

---

1. Voltaire se permet quelquefois de mettre la césure après le troisième pied au lieu de la mettre après le deuxième.

Je me décrasse, et j'achète au bailliage
L'emploi brillant de receveur royal
Dans le grenier à sel : ça n'est pas mal.
Mon fils sera conseiller, et ma fille
Relèvera quelque noble famille ;
Mes petits-fils deviendront présidents :
De monseigneur un jour les descendants
Feront leur cour aux miens ; et, quand j'y pense,
Je me rengorge, et me carre d'avance[1].

DIGNANT.

Carre-toi bien ; mais songe qu'à présent
On ne peut rien sans le consentement
De monseigneur : il est encor ton maître.

MATHURIN.

Et pourquoi ça ?

DIGNANT.

      Mais c'est que ça doit être.
A tous seigneurs, tous honneurs.

COLETTE, à Mathurin.

          Oui, vilain.
Il t'en cuira, je t'en réponds.

MATHURIN.

          Voisin,
Notre baillif t'a donné sa folie.
Eh ! dis-moi donc, s'il prend en fantaisie
A monseigneur d'avoir femme au logis,
A-t-il besoin de prendre ton avis ?

DIGNANT.

C'est différent ; je fus son domestique
De père en fils dans cette terre antique.
Je suis né pauvre, et je deviens cassé.
Le peu d'argent que j'avais amassé
Fut employé pour élever Acanthe.
Notre baillif dit qu'elle est fort savante,
Et qu'entre nous, son éducation
Est au-dessus de sa condition.
C'est ce qui fait que ma seconde épouse,
Sa belle-mère, est fâchée et jalouse,
Et la maltraite, et me maltraite aussi :
De tout cela je suis fort en souci.

---

1. Voltaire se moque ici de la noblesse parlementaire. (G. A.)

Je voudrais bien te donner cette fille ;
Mais je ne puis établir ma famille
Sans monseigneur ; je vis de ses bontés,
Je lui dois tout ; j'attends ses volontés :
Sans son aveu nous ne pouvons rien faire.
######### ACANTHE.
Ah ! croyez-vous qu'il le donne, mon père ?
######### COLETTE.
Eh bien ! fripon, tu crois que tu l'auras ?
Moi, je te dis que tu ne l'auras pas.
######### MATHURIN.
Tout le monde est contre moi ; ça m'irrite.

SCÈNE V.

LES PRÉCÉDENTS, BERTHE.

######### MATHURIN, à Berthe, qui arrive.
Ma belle-mère, arrivez, venez vite.
Vous n'êtes plus la maîtresse au logis,
Chacun rebèque ; et je vous avertis
Que si la chose en cet état demeure,
Si je ne suis marié tout à l'heure,
Je ne le serai point ; tout est fini,
Tout est rompu.
######### BERTHE.
Qui m'a désobéi ?
Qui contredit, s'il vous plaît, quand j'ordonne ?
Serait-ce vous, mon mari ? vous ?
######### DIGNANT.
Personne,
Nous n'avons garde ; et Mathurin veut bien
Prendre ma fille à peu près avec rien :
J'en suis content, et je dois me promettre
Que monseigneur daignera le permettre.
######### BERTHE.
Allez, allez, épargnez-vous ce soin ;
C'est de moi seule ici qu'on a besoin ;
Et quand la chose une fois sera faite,
Il faudra bien, ma foi, qu'il la permette.

DIGNANT.

Mais...

BERTHE.

Mais il faut suivre ce que je dis.
Je ne veux plus souffrir dans mon logis,
A mes dépens, une fille indolente,
Qui ne fait rien, de rien ne se tourmente,
Qui s'imagine avoir de la beauté
Pour être en droit d'avoir de la fierté.
Mademoiselle, avec sa froide mine,
Ne daigne pas aider à la cuisine ;
Elle se mire, ajuste son chignon,
Fredonne un air en brodant un jupon,
Ne parle point, et le soir, en cachette,
Lit des romans que le baillif lui prête.
Eh bien! voyez, elle ne répond rien.
Je me repens de lui faire du bien.
Elle est muette ainsi qu'une pécore.

MATHURIN.

Ah! c'est tout jeune, et ça n'a pas encore
L'esprit formé : ça vient avec le temps.

DIGNANT.

Ma bonne, il faut quelques ménagements
Pour une fille ; elles ont d'ordinaire
De l'embarras dans cette grande affaire :
C'est modestie et pudeur que cela.
Comme elle, enfin, vous passâtes par là ;
Je m'en souviens, vous étiez fort revêche.

BERTHE.

Eh! finissons. Allons, qu'on se dépêche :
Quels sots propos! Suivez-moi promptement
Chez le baillif.

COLETTE, à Acanthe.

N'en fais rien, mon enfant,

BERTHE.

Allons, Acanthe.

ACANTHE.

O ciel! que dois-je faire?

COLETTE.

Refuse tout, laisse ta belle-mère,
Viens avec moi.

BERTHE, à Acanthe.
　　　　　Quoi donc! sans sourciller?
Mais parlez donc.
　　　　　ACANTHE.
　　　　　A qui puis-je parler?
　　　　　DIGNANT.
Chez le baillif, ma bonne, allons l'attendre,
Sans la gêner, et laissons-lui reprendre
Un peu d'haleine.
　　　　　ACANTHE.
　　　　　　Ah! croyez que mes sens
Sont pénétrés de vos soins indulgents;
Croyez qu'en tout je distingue mon père.
　　　　　MATHURIN.
Madame Berthe, on ne distingue guère
Ni vous ni moi : la belle a le maintien
Un peu bien sec, mais cela n'y fait rien ;
Et je réponds, dès qu'elle sera nôtre,
Qu'en peu de temps je la rendrai tout autre.
　　　　　　　　　　　(Ils sortent.)
　　　　　ACANTHE.
Ah! que je sens de trouble et de chagrin!
Me faudra-t-il épouser Mathurin?

SCÈNE VI.

ACANTHE, COLETTE.

　　　　　COLETTE.
Ah! n'en fais rien, crois-moi, ma chère amie.
Du mariage aurais-tu tant d'envie?
Tu peux trouver beaucoup mieux... que sait-on?
Aimerais-tu ce méchant?
　　　　　ACANTHE.
　　　　　　Mon Dieu, non.
Mais, vois-tu bien, je ne suis plus soufferte
Dans le logis de la marâtre Berthe ;
Je suis chassée; il me faut un abri ;
Et par besoin je dois prendre un mari.
C'est en pleurant que je cause ta peine.

D'un grand projet j'ai la cervelle pleine ;
Mais je ne sais comment m'y prendre, hélas !
Que devenir ?... Dis-moi, ne sais-tu pas
Si monseigneur doit venir dans ses terres ?
COLETTE.
Nous l'attendons.
ACANTHE.
Bientôt ?
COLETTE.
Je ne sais guères
Dans mon taudis les nouvelles de cour :
Mais s'il revient, ce doit être un grand jour.
Il met, dit-on, la paix dans les familles,
Il rend justice, il a grand soin des filles.
ACANTHE.
Ah ! s'il pouvait me protéger ici !
COLETTE.
Je prétends bien qu'il me protége aussi.
ACANTHE.
On dit qu'à Metz il a fait des merveilles,
Qui dans l'armée ont très-peu de pareilles ;
Que Charles-Quint a loué sa valeur.
COLETTE.
Qu'est-ce que Charles-Quint ?
ACANTHE.
Un empereur
Qui nous a fait bien du mal.
COLETTE.
Et qu'importe ?
Ne m'en faites pas, vous, et que je sorte
A mon honneur du cas triste où je suis.
ACANTHE.
Comme le tien, mon cœur est plein d'ennuis.
Non loin d'ici quelquefois on me mène
Dans un château de la jeune Dormène...
COLETTE.
Près de nos bois ?... ah ! le plaisant château !
De Mathurin le logis est plus beau ;
Et Mathurin est bien plus riche qu'elle.
ACANTHE.
Oui, je le sais ; mais cette demoiselle
Est autre chose ; elle est de qualité ;

ACTE I, SCÈNE VI.

On la respecte avec sa pauvreté.
Elle a chez elle une vieille personne
Qu'on nomme Laure, et dont l'âme est si bonne!
Laure est aussi d'une grande maison.
COLETTE.
Qu'importe encor?
ACANTHE.
     Les gens d'un certain nom,
J'ai remarqué cela, chère Colette,
En savent plus, ont l'âme autrement faite,
Ont de l'esprit, des sentiments plus grands,
Meilleurs que nous.
COLETTE.
     Oui, dès leurs premiers ans,
Avec grand soin leur âme est façonnée;
La nôtre, hélas! languit abandonnée.
Comme on apprend à chanter, à danser,
Les gens du monde apprennent à penser.
ACANTHE.
Cette Dormène et cette vieille dame
Semblent donner quelque chose à mon âme;
Je crois en valoir mieux quand je les vois:
J'ai de l'orgueil, et je ne sais pourquoi...
Et les bontés de Dormène et de Laure
Me font haïr mille fois plus encore
Madame Berthe et monsieur Mathurin.
COLETTE.
Quitte-les tous.
ACANTHE.
    Je n'ose; mais enfin
J'ai quelque espoir: que ton conseil m'assiste.
Dis-moi d'abord, Colette, en quoi consiste
Ce fameux droit du seigneur.
COLETTE.
       Oh, ma foi!
Va consulter de plus doctes que moi.
Je ne suis point mariée; et l'affaire,
A ce qu'on dit, est un très-grand mystère.
Seconde-moi, fais que je vienne à bout
D'être épousée, et je te dirai tout.
ACANTHE.
Ah! j'y ferai mon possible.

COLETTE.

                Ma mère
Est très-alerte, et conduit mon affaire ;
Elle me fait, par un acte plaintif,
Pousser mon droit par-devant le baillif :
J'aurai, dit-elle, un mari par justice.

ACANTHE.

Que de bon cœur j'en fais le sacrifice !
Chère Colette, agissons bien à point,
Toi, pour l'avoir ; moi, pour ne l'avoir point.
Tu gagneras assez à ce partage ;
Mais en perdant je gagne davantage.

FIN DU PREMIER ACTE.

ACTE DEUXIÈME.

SCÈNE I[1].

LE BAILLIF, PHLIPE, son valet; ensuite COLETTE.

LE BAILLIF.
Ma robe, allons... du respect... vite, Phlipe.
C'est en baillif qu'il faut que je m'équipe :
J'ai des clients qu'il faut expédier.
Je suis baillif, je te fais mon huissier.
Amène-moi Colette à l'audience.
(Il s'assied devant une table, et feuillette un grand livre.)
L'affaire est grave, et de grande importance.
De matrimonio... chapitre deux.
Empêchements... Ces cas-là sont véreux ;
Il faut savoir de la jurisprudence.
(A Colette.)
Approchez-vous... faites la révérence,
Colette : il faut d'abord dire son nom.
COLETTE.
Vous l'avez dit, je suis Colette.
LE BAILLIF, écrivant.
Bon.
Colette... il faut dire ensuite son âge.
N'avez-vous pas trente ans, et davantage ?
COLETTE.
Fi donc, monsieur! j'ai vingt ans, tout au plus.
LE BAILLIF, écrivant.
Çà, vingt ans passe : ils sont bien révolus ?

---

1. La lettre à Damilaville, du 15 juin 1761, donne à penser que cette scène a été retouchée par Voltaire, et qu'il a, comme il le dit, adouci l'interrogatoire. (B.) — Voyez la note de la page 26.

COLETTE.
L'âge, monsieur, ne fait rien à la chose ;
Et, jeune ou non, sachez que je m'oppose
A tout contrat qu'un Mathurin sans foi
Fera jamais avec d'autres que moi.
LE BAILLIF.
Vos oppositions seront notoires.
Çà, vous avez des raisons péremptoires ?
COLETTE.
J'ai cent raisons.
LE BAILLIF.
Dites-les... Aurait-il...?
COLETTE.
Oh ! oui, monsieur.
LE BAILLIF.
Mais vous coupez le fil
A tout moment de notre procédure.
COLETTE.
Pardon, monsieur.
LE BAILLIF.
Vous a-t-il fait injure?
COLETTE.
Oh tant ! j'aurais plus d'un mari sans lui ;
Et me voilà pauvre fille aujourd'hui.
LE BAILLIF.
Il vous a fait sans doute des promesses?
COLETTE.
Mille pour une, et pleines de tendresses.
Il promettait, il jurait que dans peu
Il me prendrait en légitime nœud.
LE BAILLIF, écrivant.
En légitime nœud... quelle malice !
Çà, produisez ses lettres en justice.
COLETTE.
Je n'en ai point ; jamais il n'écrivait,
Et je croyais tout ce qu'il me disait.
Quand tous les jours on parle tête à tête
A son amant, d'une manière honnête,
Pourquoi s'écrire ? à quoi bon ?
LE BAILLIF.
Mais du moins,
Au lieu d'écrits, vous avez des témoins?

COLETTE.
Moi? point du tout; mon témoin c'est moi-même :
Est-ce qu'on prend des témoins quand on s'aime?
Et puis, monsieur, pouvais-je deviner
Que Mathurin osât m'abandonner?
Il me parlait d'amitié, de constance;
Je l'écoutais, et c'était en présence
De mes moutons, dans son pré, dans le mien :
Ils ont tout vu, mais ils ne disent rien.
LE BAILLIF.
Non plus qu'eux tous je n'ai donc rien à dire.
Votre complainte en droit ne peut suffire;
On ne produit ni témoins ni billets,
On ne vous a rien fait, rien écrit...
COLETTE.
      Mais
Un Mathurin aura donc l'insolence
Impunément d'abuser l'innocence?
LE BAILLIF.
En abuser! mais vraiment c'est un cas
Épouvantable, et vous n'en parliez pas!
Instrumentons... Laquelle nous remontre
Que Mathurin, en plus d'une rencontre,
Se prévalant de sa simplicité,
A méchamment contre icelle attenté;
Laquelle insiste, et répète dommages,
Frais, intérêts, pour raison des outrages,
Contre les lois, faits par le suborneur,
Dit Mathurin, à son présent honneur.
COLETTE.
Rayez cela; je ne veux pas qu'on dise
Dans le pays une telle sottise.
Mon honneur est très-intact; et, pour peu
Qu'on l'eût blessé, l'on aurait vu beau jeu.
LE BAILLIF.
Que prétendez-vous donc?
COLETTE.
      Être vengée.
LE BAILLIF.
Pour se venger il faut être outragée,
Et par écrit coucher en mots exprès
Quels attentats encontre vous sont faits,

Articuler les lieux, les circonstances,
Quis, quid, ubi, les excès, insolences,
Énormités sur quoi l'on jugera.

COLETTE.
Écrivez donc tout ce qu'il vous plaira.

LE BAILLIF.
Ce n'est pas tout; il faut savoir la suite
Que ces excès pourraient avoir produite.

COLETTE.
Comment, produite? Eh! rien ne produit rien.
Traître baillif, qu'entendez-vous?

LE BAILLIF.
      Fort bien[1].
Laquelle fille a dans ses procédures
Perdu le sens, et nous dit des injures;
Et n'apportant nulle preuve du fait,
L'empêchement est nul, de nul effet.

(Il se lève.)

Depuis une heure en vain je vous écoute:
Vous n'avez rien prouvé, je vous déboute.

COLETTE.
Me débouter, moi?

LE BAILLIF.
Vous.

COLETTE.
    Maudit baillif!
Je suis déboutée?

LE BAILLIF.
    Oui; quand le plaintif
Ne peut donner des raisons qui convainquent,
On le déboute, et les adverses vainquent.
Sur Mathurin n'ayant point action,
Nous procédons à la conclusion.

COLETTE.
Non, non, baillif; vous aurez beau conclure,
Instrumenter et signer, je vous jure

---

1. Dans la première esquisse le bailli demandait plus nettement à Colette si elle était grosse. « J'ai trouvé, moi qui suis très-pudibond, écrivait Voltaire, que les jeunes demoiselles que leurs prudentes mères mènent à la comédie pourraient rougir... Je prierai mon Dijonnais d'adoucir l'interrogatoire. » Mais il disait aussi : « Je voudrais qu'il y eût un peu plus de ces honnêtes libertés que le sujet comporte, et que les dames aiment beaucoup, quoi qu'elles en disent. » (G. A.)

Qu'il n'aura point son Acanthe.
LE BAILLIF.

Il l'aura ;
De monseigneur le droit se maintiendra.
Je suis baillif, et j'ai les droits du maître :
C'est devant moi qu'il faudra comparaître.
Consolez-vous, sachez que vous aurez
Affaire à moi quand vous vous marierez.
COLETTE.
J'aimerais mieux le reste de ma vie
Demeurer fille.
LE BAILLIF.
Oh! je vous en défie[1].

SCÈNE II.

COLETTE.

Ah! comment faire? Où reprendre mon bien?
J'ai protesté ; cela ne sert de rien.
On va signer. Que je suis tourmentée!

SCÈNE III.

COLETTE, ACANTHE.

COLETTE.
A mon secours! me voilà déboutée.
ACANTHE.
Déboutée!
COLETTE.
Oui; l'ingrat vous est promis.
On me déboute.
ACANTHE.
Hélas! je suis bien pis.
De mes chagrins mon âme est oppressée ;

---

1. Quand on joua cette pièce à Ferney : « Croiriez-vous, écrivait Voltaire à d'Argental, que Mlle Corneille a enlevé tous les suffrages? Comme elle est naturelle, vive, gaie! comme elle était maîtresse du théâtre, tapant du pied quand on la sifflait mal à propos! Il y a un endroit où le public l'a forcée de répéter. J'ai fait le baillif, et, ne vous déplaise, à faire pouffer de rire. »

Ma chaîne est prête, et je suis fiancée,
Ou je vais l'être au moins dans un moment.
####### COLETTE.
Ne hais-tu pas mon lâche?
####### ACANTHE.
Honnêtement.
Entre nous deux, juges-tu sur ma mine
Qu'il soit bien doux d'être ici Mathurine?
####### COLETTE.
Non pas pour toi; tu portes dans ton air
Je ne sais quoi de brillant et de fier:
A Mathurin cela ne convient guère,
Et ce maraud était mieux mon affaire.
####### ACANTHE.
J'ai par malheur de trop hauts sentiments.
Dis-moi, Colette, as-tu lu des romans?
####### COLETTE.
Moi? non, jamais.
####### ACANTHE.
Le baillif Métaprose
M'en a prêté... Mon Dieu, la belle chose!
####### COLETTE.
En quoi si belle?
####### ACANTHE.
On y voit des amants
Si courageux, si tendres, si galants!
####### COLETTE.
Oh! Mathurin n'est pas comme eux.
####### ACANTHE.
Colette,
Que les romans rendent l'âme inquiète!
####### COLETTE.
Et d'où vient donc?
####### ACANTHE.
Ils forment trop l'esprit:
En les lisant le mien bientôt s'ouvrit;
A réfléchir que de nuits j'ai passées!
Que les romans font naître de pensées!
Que les héros de ces livres charmants
Ressemblent peu, Colette, aux autres gens!
Cette lumière était pour moi féconde;
Je me voyais dans un tout autre monde;

J'étais au ciel!... Ah! qu'il m'était bien dur
De retomber dans mon état obscur;
Le cœur tout plein de ce grand étalage,
De me trouver au fond de mon village,
Et de descendre, après ce vol divin,
Des Amadis à maître Mathurin [1]!

COLETTE.

Votre propos me ravit; et je jure
Que j'ai déjà du goût pour la lecture.

ACANTHE.

T'en souvient-il autant qu'il m'en souvient,
Que ce marquis, ce beau seigneur, qui tient
Dans le pays le rang, l'état d'un prince,
De sa présence honora la province?
Il s'est passé juste un an et deux mois
Depuis qu'il vint pour cette seule fois.
T'en souvient-il? Nous le vîmes à table,
Il m'accueillit: ah! qu'il était affable!
Tous ses discours étaient des mots choisis,
Que l'on n'entend jamais dans ce pays:
C'était, Colette, une langue nouvelle,
Supérieure et pourtant naturelle;
J'aurais voulu l'entendre tout le jour.

COLETTE.

Tu l'entendras, sans doute, à son retour.

ACANTHE.

Ce jour, Colette, occupe ta mémoire,
Où monseigneur, tout rayonnant de gloire,
Dans nos forêts, suivi d'un peuple entier,
Le fer en main courait le sanglier?

COLETTE.

Oui, quelque idée et confuse et légère
Peut m'en rester.

ACANTHE.

Je l'ai distincte et claire;
Je crois le voir avec cet air si grand,
Sur ce cheval superbe et bondissant;
Près d'un gros chêne il perce de sa lance

---

1. Certains amis de Voltaire voulaient lui faire retrancher la tirade des romans. Voltaire la défendit au nom de sa nièce. Voyez la lettre à Damilaville du 15 juin 1761. (G. A.)

Le sanglier qui contre lui s'élance :
Dans ce moment j'entendis mille voix,
Que répétaient les échos de nos bois ;
Et de bon cœur (il faut que j'en convienne)
J'aurais voulu qu'il démêlât la mienne.
De son départ je fus encor témoin :
On l'entourait, je n'étais pas bien loin.
Il me parla... Depuis ce jour, ma chère,
Tous les romans ont le don de me plaire :
Quand je les lis, je n'ai jamais d'ennui ;
Il me paraît qu'ils me parlent de lui.
COLETTE.
Ah ! qu'un roman est beau !
ACANTHE.
C'est la peinture
Du cœur humain, je crois, d'après nature.
COLETTE.
D'après nature !... Entre nous deux, ton cœur
N'aime-t-il pas en secret monseigneur?
ACANTHE.
Oh ! non ; je n'ose : et je sens la distance
Qu'entre nous deux mit son rang, sa naissance.
Crois-tu qu'on ait des sentiments si doux
Pour ceux qui sont trop au-dessus de nous?
A cette erreur trop de raison s'oppose.
Non, je ne l'aime point... mais il est cause
Que, l'ayant vu, je ne puis à présent
En aimer d'autre... et c'est un grand tourment.
COLETTE.
Mais de tous ceux qui le suivaient, ma bonne,
Aucun n'a-t-il cajolé ta personne?
J'avouerai, moi, que l'on m'en a conté.
ACANTHE.
Un étourdi prit quelque liberté ;
Il s'appelait le chevalier Gernance :
Son fier maintien, ses airs, son insolence,
Me révoltaient, loin de m'en imposer.
Il fut surpris de se voir mépriser ;
Et, réprimant sa poursuite hardie,
Je lui fis voir combien la modestie
Était plus fière, et pouvait d'un coup d'œil
Faire trembler l'impudence et l'orgueil.

Ce chevalier serait assez passable,
Et d'autres mœurs l'auraient pu rendre aimable :
Ah ! la douceur est l'appât qui nous prend.
Que monseigneur, ô ciel, est différent !

COLETTE.

Ce chevalier n'était donc guère sage ?
Çà, qui des deux te déplaît davantage,
De Mathurin ou de cet effronté ?

ACANTHE.

Oh ! Mathurin... c'est sans difficulté.

COLETTE.

Mais, monseigneur est bon ; il est le maître :
Pourrait-il pas te dépêtrer du traître !
Tu me parais si belle !

ACANTHE.

Hélas !

COLETTE.

Je croi
Que tu pourras mieux réussir que moi.

ACANTHE.

Est-il bien vrai qu'il arrive ?

COLETTE.

Sans doute,
Car on le dit.

ACANTHE.

Penses-tu qu'il m'écoute ?

COLETTE.

J'en suis certaine, et je retiens ma part
De ses bontés.

ACANTHE.

Nous le verrons trop tard ;
Il n'arrivera point ; on me fiance,
Tout est conclu, je suis sans espérance.
Berthe est terrible en sa mauvaise humeur ;
Mathurin presse, et je meurs de douleur.

COLETTE.

Eh ! moque-toi de Berthe.

ACANTHE.

Hélas ! Dormène,
Si je lui parle, entrera dans ma peine :
Je veux prier Dormène de m'aider
De son appui, qu'elle daigne accorder

Aux malheureux ; cette dame est si bonne !
Laure, surtout, cette vieille personne,
Qui m'a toujours montré tant d'amitié,
De moi sans doute aura quelque pitié :
Car sais-tu bien que cette dame Laure
Très-tendrement de ses bontés m'honore ?
Entre ses bras elle me tient souvent,
Elle m'instruit, et pleure en m'instruisant.
COLETTE.
Pourquoi pleurer ?
ACANTHE.
Mais de ma destinée :
Elle voit bien que je ne suis pas née
Pour Mathurin... Crois-moi, Colette, allons
Lui demander des conseils, des leçons...
Veux-tu me suivre ?
COLETTE.
Ah ! oui, ma chère Acanthe,
Enfuyons-nous ; la chose est très-prudente.
Viens ; je connais des chemins détournés
Tout près d'ici.

SCÈNE IV.

ACANTHE, COLETTE, BERTHE, DIGNANT, MATHURIN.

BERTHE, arrêtant Acanthe.
Quel chemin vous prenez !
Êtes-vous folle ? et quand on doit se rendre
A son devoir, faut-il se faire attendre ?
Quelle indolence ! et quel air de froideur !
Vous me glacez : votre mauvaise humeur
Jusqu'à la fin vous sera reprochée.
On vous marie, et vous êtes fâchée.
Hom, l'idiote ! Allons, çà, Mathurin,
Soyez le maître, et donnez-lui la main.
MATHURIN approche sa main, et veut l'embrasser.
Ah ! palsandié...
BERTHE.
Voyez la malhonnête !
Elle rechigne, et détourne la tête !

ACANTHE.

Pardon, mon père; hélas! vous excusez
Mon embarras, vous le favorisez,
Et vous sentez quelle douleur amère
Je dois souffrir en quittant un tel père.

BERTHE.

Et rien pour moi?

MATHURIN.

Ni rien pour moi non plus?

COLETTE.

Non, rien, méchant; tu n'auras qu'un refus.

MATHURIN.

On me fiance.

COLETTE.

Et va, va, fiançailles
Assez souvent ne sont pas épousailles.
Laisse-moi faire.

DIGNANT.

Eh! qu'est-ce que j'entends?
C'est un courrier : c'est, je pense, un des gens
De monseigneur; oui, c'est le vieux Champagne.

SCÈNE V.

LES PRÉCÉDENTS, CHAMPAGNE.

CHAMPAGNE.

Oui, nous avons terminé la campagne :
Nous avons sauvé Metz, mon maître et moi;
Et nous aurons la paix. Vive le roi!
Vive mon maître!... il a bien du courage;
Mais il est trop sérieux pour son âge;
J'en suis fâché. Je suis bien aise aussi,
Mon vieux Dignant, de te trouver ici;
Tu me parais en grande compagnie.

DIGNANT.

Oui... vous serez de la cérémonie.
Nous marions Acanthe.

CHAMPAGNE.

Bon! tant mieux!
Nous danserons, nous serons tous joyeux.

Ta fille est belle... Ha! ha! c'est toi, Colette;
Ma chère enfant, ta fortune est donc faite?
Mathurin est ton mari?
COLETTE.

Mon Dieu, non.
CHAMPAGNE.

Il fait fort mal.
COLETTE.

Le traître, le fripon,
Croit dans l'instant prendre Acanthe pour femme.
CHAMPAGNE.

Il fait fort bien; je réponds sur mon âme
Que cet hymen à mon maître agréera,
Et que la noce à ses frais se fera.
ACANTHE.

Comment! il vient?
CHAMPAGNE.

Peut-être ce soir même.
DIGNANT.

Quoi! ce seigneur, ce bon maître que j'aime,
Je puis le voir encore avant ma mort?
S'il est ainsi, je bénirai mon sort.
ACANTHE.

Puisqu'il revient, permettez, mon cher père,
De vous prier, devant ma belle-mère,
De vouloir bien ne rien précipiter
Sans son aveu, sans l'oser consulter;
C'est un devoir dont il faut qu'on s'acquitte;
C'est un respect, sans doute, qu'il mérite.
MATHURIN.

Foin du respect!
DIGNANT.

Votre avis est sensé;
Et comme vous en secret j'ai pensé.
MATHURIN.

Et moi, l'ami, je pense le contraire.
COLETTE, à Acanthe.

Bon, tenez ferme.
MATHURIN.

Est un sot qui diffère.
Je ne veux point soumettre mon honneur,
Si je le puis, à ce droit du seigneur.

BERTHE.
Eh! pourquoi tant s'effaroucher? La chose
Est bonne au fond, quoique le monde en cause,
Et notre honneur ne peut s'en tourmenter.
J'en fis l'épreuve; et je puis protester
Qu'à mon devoir quand je me fus rendue,
On s'en alla dès l'instant qu'on m'eut vue.
COLETTE.
Je le crois bien.
BERTHE.
Cependant la raison
Doit conseiller de fuir l'occasion.
Hâtons la noce, et n'attendons personne.
Préparez tout, mon mari, je l'ordonne.
MATHURIN.
(A Colette, en s'en allant.)
C'est très-bien dit. Eh bien! l'aurai-je enfin?
COLETTE.
Non, tu ne l'auras pas, non, Mathurin.
(Ils sortent.)
CHAMPAGNE.
Oh! oh! nos gens viennent en diligence.
Eh quoi! déjà le chevalier Gernance?

SCÈNE VI.

LE CHEVALIER, CHAMPAGNE.

CHAMPAGNE.
Vous êtes fin, monsieur le chevalier;
Très à propos vous venez le premier.
Dans tous vos faits votre beau talent brille;
Vous vous doutez qu'on marie une fille;
Acanthe est belle, au moins.
LE CHEVALIER.
Eh! oui, vraiment,
Je la connais; j'apprends en arrivant
Que Mathurin se donne l'insolence
De s'appliquer ce bijou d'importance;
Mon bon destin nous a fait accourir
Pour y mettre ordre : il ne faut pas souffrir

Qu'un riche rustre ait les tendres prémices
D'une beauté qui ferait les délices
Des plus huppés et des plus délicats.
Pour le marquis, il ne se hâte pas :
C'est, je l'avoue, un grave personnage,
Pressé de rien, bien compassé, bien sage,
Et voyageant comme un ambassadeur.
Parbleu, jouons un tour à sa lenteur :
Tiens, il me vient une bonne pensée,
C'est d'enlever *presto* la fiancée,
De la conduire en quelque vieux château,
Quelque masure.

CHAMPAGNE.

Oui, le projet est beau.

LE CHEVALIER.

Un vieux château, vers la forêt prochaine,
Tout délabré, que possède Dormène,
Avec sa vieille...

CHAMPAGNE.

Oui, c'est Laure, je crois.

LE CHEVALIER.

Oui.

CHAMPAGNE.

Cette vieille était jeune autrefois;
Je m'en souviens, votre étourdi de père
Eut avec elle une certaine affaire,
Où chacun d'eux fit un mauvais marché.
Ma foi, c'était un maître débauché
Tout comme vous, buvant, aimant les belles,
Les enlevant, et puis se moquant d'elles.
Il mangea tout, et ne vous laissa rien.

LE CHEVALIER.

J'ai le marquis, et c'est avoir du bien;
Sans nul souci je vis de ses largesses.
Je n'aime point l'embarras des richesses :
Est riche assez qui sait toujours jouir.
Le premier bien, crois-moi, c'est le plaisir.

CHAMPAGNE.

Eh ! que ne prenez-vous cette Dormène?
Bien plus qu'Acanthe elle en vaudrait la peine;
Elle est très-fraîche, elle est de qualité;
Cela convient à votre dignité :

Laissez pour nous les filles du village.
LE CHEVALIER.
Vraiment Dormène est un très-doux partage,
C'est très-bien dit. Je crois que j'eus un jour,
S'il m'en souvient, pour elle un peu d'amour ;
Mais, entre nous, elle sent trop sa dame ;
On ne pourrait en faire que sa femme.
Elle est bien pauvre, et je le suis aussi ;
Et pour l'hymen j'ai fort peu de souci.
Mon cher Champagne, il me faut une Acanthe ;
Cette conquête est beaucoup plus plaisante :
Oui, cette Acanthe aujourd'hui m'a piqué.
Je me sentis, l'an passé, provoqué
Par ses refus, par sa petite mine.
J'aime à dompter cette pudeur mutine.
J'ai deux coquins, qui font trois avec toi,
Déterminés, alertes comme moi ;
Nous tiendrons prêt à cent pas un carrosse,
Et nous fondrons tous quatre sur la noce.
Cela sera plaisant ; j'en ris déjà.
CHAMPAGNE.
Mais croyez-vous que monseigneur rira ?
LE CHEVALIER.
Il faudra bien qu'il rie, et que Dormène
En rie encor, quoique prude et hautaine,
Et je prétends que Laure en rie aussi.
Je viens de voir, à cinq cents pas d'ici,
Dormène et Laure, en très-mince équipage,
Qui s'en allaient vers le prochain village,
Chez quelque vieille : il faut prendre ce temps.
CHAMPAGNE.
C'est bien pensé ; mais vos déportements
Sont dangereux, je crois, pour ma personne.
LE CHEVALIER.
Bon ! l'on se fâche, on s'apaise, on pardonne.
Tous les gens gais ont le don merveilleux
De mettre en train tous les gens sérieux.
CHAMPAGNE.
Fort bien.
LE CHEVALIER.
L'esprit le plus atrabilaire
Est subjugué quand on cherche à lui plaire.

On s'épouvante, on crie, on fuit d'abord,
Et puis l'on soupe, et puis l'on est d'accord.

CHAMPAGNE.

On ne peut mieux; mais votre belle Acanthe
Est bien revêche.

LE CHEVALIER.

    Et c'est ce qui m'enchante.
La résistance est un charme de plus;
Et j'aime assez une heure de refus.
Comment souffrir la stupide innocence
D'un sot tendron faisant la révérence,
Baissant les yeux, muette à mon aspect,
Et recevant mes faveurs par respect?
Mon cher Champagne, à mon dernier voyage,
D'Acanthe ici j'éprouvai le courage.
Va, sous mes lois je la ferai plier.
Rentre pour moi dans ton premier métier,
Sois mon trompette, et sonne les alarmes;
Point de quartier, marchons, alerte, aux armes,
Vite.

CHAMPAGNE.

 Je crois que nous sommes trahis;
C'est du secours qui vient aux ennemis:
J'entends grand bruit, c'est monseigneur.

LE CHEVALIER.

        N'importe.
Sois prêt ce soir à me servir d'escorte.

FIN DU DEUXIÈME ACTE.

ACTE TROISIÈME.

SCÈNE I.

LE MARQUIS, LE CHEVALIER.

LE MARQUIS.
Cher chevalier, que mon cœur est en paix !
Que mes regards sont ici satisfaits !
Que ce château qu'ont habité nos pères,
Que ces forêts, ces plaines, me sont chères !
Que je voudrais oublier pour toujours
L'illusion, les manéges des cours !
Tous ces grands riens, ces pompeuses chimères,
Ces vanités, ces ombres passagères,
Au fond du cœur laissent un vide affreux.
C'est avec nous que nous sommes heureux.
Dans ce grand monde, où chacun veut paraître,
On est esclave, et chez moi je suis maître.
Que je voudrais que vous eussiez mon goût !
LE CHEVALIER.
Eh ! oui, l'on peut se réjouir partout,
En garnison, à la cour, à la guerre,
Longtemps en ville, et huit jours dans sa terre.
LE MARQUIS.
Que vous et moi nous sommes différents !
LE CHEVALIER.
Nous changerons peut-être avec le temps.
En attendant, vous savez qu'on apprête
Pour ce jour même une très-belle fête ;
C'est une noce.
LE MARQUIS.
  Oui, Mathurin vraiment
Fait un beau choix, et mon consentement
Est tout acquis à ce doux mariage ;

L'époux est riche, et sa maîtresse est sage :
C'est un bonheur bien digne de mes vœux,
En arrivant, de faire deux heureux.
LE CHEVALIER.
Acanthe encore en peut faire un troisième.
LE MARQUIS.
Je vous reconnais là, toujours vous-même.
Mon cher parent, vous m'avez fait cent fois
Trembler pour vous, par vos galants exploits.
Tout peut passer dans des villes de guerre ;
Mais nous devons l'exemple dans ma terre.
LE CHEVALIER.
L'exemple du plaisir, apparemment ?
LE MARQUIS.
Au moins, mon cher, que ce soit prudemment ;
Daignez en croire un parent qui vous aime.
Si vous n'avez du respect pour vous-même,
Quelque grand nom que vous puissiez porter,
Vous ne pourrez vous faire respecter.
Je ne suis pas difficile et sévère ;
Mais, entre nous, songez que votre père,
Pour avoir pris le train que vous prenez,
Se vit au rang des plus infortunés,
Perdit ses biens, languit dans la misère,
Fit de douleur expirer votre mère,
Et près d'ici mourut assassiné.
J'étais enfant ; son sort infortuné
Fut à mon cœur une leçon terrible,
Qui se grava dans mon âme sensible ;
Utilement témoin de ses malheurs,
Je m'instruisais en répandant des pleurs.
Si, comme moi, cette fin déplorable
Vous eût frappé, vous seriez raisonnable.
LE CHEVALIER.
Oui, je veux l'être un jour, c'est mon dessein ;
J'y pense quelquefois ; mais c'est en vain ;
Mon feu m'emporte.
LE MARQUIS.
          Eh bien ! je vous présage
Que vous serez las du libertinage.
LE CHEVALIER.
Je le voudrais ; mais on fait comme on peut :

ACTE III, SCÈNE I.

Ma foi, n'est pas raisonnable qui veut[1].

LE MARQUIS.

Vous vous trompez : de son cœur on est maître :
J'en fis l'épreuve : est sage qui veut l'être ;
Et, croyez-moi, cette Acanthe, entre nous,
Eut des attraits pour moi comme pour vous ;
Mais ma raison ne pouvait me permettre
Un fol amour qui m'allait compromettre ;
Je rejetai ce désir passager,
Dont la poursuite aurait pu m'affliger,
Dont le succès eût perdu cette fille,
Eût fait sa honte aux yeux de sa famille,
Et l'eût privée à jamais d'un époux.

LE CHEVALIER.

Je ne suis pas si timide que vous ;
La même pâte, il faut que j'en convienne,
N'a point formé votre branche et la mienne.
Quoi ! vous pensez être dans tous les temps
Maître absolu de vos yeux, de vos sens ?

LE MARQUIS.

Et pourquoi non ?

LE CHEVALIER.

Très-fort je vous respecte ;
Mais la sagesse est tant soit peu suspecte ;
Les plus prudents se laissent captiver,
Et le vrai sage est encore à trouver.
Craignez surtout le titre ridicule
De philosophe.

LE MARQUIS.

O l'étrange scrupule !
Ce noble nom, ce nom tant combattu,
Que veut-il dire ? amour de la vertu.
Le fat en raille avec étourderie,
Le sot le craint, le fripon le décrie ;
L'homme de bien dédaigne les propos
Des étourdis, des fripons, et des sots ;
Et ce n'est pas sur les discours du monde
Que le bonheur et la vertu se fonde[2].

---

1. Voyez les vers qui terminent le troisième acte de *la Prude*, et la note, *Théâtre*, tome III, page 448. (B.)
2. Ce morceau sur les philosophes fut envoyé au moment des répétitions. « Je

Écoutez-moi. Je suis las aujourd'hui
Du train des cours où l'on vit pour autrui;
Et j'ai pensé, pour vivre à la campagne,
Pour être heureux, qu'il faut une compagne,
J'ai le projet de m'établir ici,
Et je voudrais vous marier aussi.
LE CHEVALIER.
Très-humble serviteur.
LE MARQUIS.
     Ma fantaisie
N'est pas de prendre une jeune étourdie.
LE CHEVALIER.
L'étourderie a du bon.
LE MARQUIS.
      Je voudrais
Un esprit doux plus que de doux attraits.
LE CHEVALIER.
J'aimerais mieux le dernier.
LE MARQUIS.
       La jeunesse,
Les agréments, n'ont rien qui m'intéresse.
LE CHEVALIER.
Tant pis.
LE MARQUIS.
   Je veux affermir ma maison
Par un hymen qui soit tout de raison.
LE CHEVALIER.
Oui, tout d'ennui.
LE MARQUIS.
     J'ai pensé que Dormène
Serait très-propre à former cette chaîne.
LE CHEVALIER.
Notre Dormène est bien pauvre.
LE MARQUIS.
       Tant mieux.
C'est un bonheur si pur, si précieux,
De relever l'indigente noblesse,
De préférer l'honneur à la richesse !

---

crois que la pièce de M. Le Gouz, écrivait Voltaire, restera au théâtre, et qu'ainsi le nom de philosophe y restera en honneur. Je m'imagine que frère Platon (Diderot) n'en sera pas fâché. »

C'est l'honneur seul qui chez nous doit former
Tout notre sang; lui seul doit animer
Ce sang reçu de nos braves ancêtres,
Qui dans les camps doit couler pour ses maîtres.
####### LE CHEVALIER.
Je pense ainsi : les Français libertins
Sont gens d'honneur. Mais, dans vos beaux desseins,
Vous avez donc, malgré votre réserve,
Un peu d'amour?
####### LE MARQUIS.
    Qui, moi? Dieu m'en préserve!
Il faut savoir être maître chez soi;
Et si j'aimais, je recevrais la loi.
Se marier par amour, c'est folie.
####### LE CHEVALIER.
Ma foi, marquis, votre philosophie
Me paraît toute à rebours du bon sens;
Pour moi, je crois au pouvoir de nos sens;
Je les consulte en tout, et j'imagine
Que tous ces gens si graves par la mine,
Pleins de morale et de réflexions,
Sont destinés aux grandes passions.
Les étourdis esquivent l'esclavage,
Mais un coup d'œil peut subjuguer un sage.
####### LE MARQUIS.
Soit, nous verrons.
####### LE CHEVALIER.
    Voici d'autres époux :
Voici la noce; allons, égayons-nous.
C'est Mathurin, c'est la gentille Acanthe,
C'est le vieux père, et la mère, et la tante,
C'est le baillif, Colette, et tout le bourg.

SCÈNE II.

LE MARQUIS, LE CHEVALIER; LE BAILLIF,
à la tête des habitants.

####### LE MARQUIS.
J'en suis touché. Bonjour, enfants, bonjour.
####### LE BAILLIF.
Nous venons tous avec conjouissance

Nous présenter devant Votre Excellence,
Comme les Grecs jadis devant Cyrus...
Comme les Grecs...

LE MARQUIS.

Les Grecs sont superflus.
Je suis Picard ; je revois avec joie
Tous mes vassaux.

LE BAILLIF.

Les Grecs de qui la proie...

LE CHEVALIER.

Ah ! finissez. Notre gros Mathurin,
La belle Acanthe est votre proie enfin ?

MATHURIN.

Oui-dà, monsieur : la fiançaille est faite,
Et nous prions que monseigneur permette
Qu'on nous finisse.

COLETTE.

Oh ! tu ne l'auras pas ;
Je te le dis, tu me demeureras.
Oui, monseigneur, vous me rendrez justice ;
Vous ne souffrirez pas qu'il me trahisse ;
Il m'a promis...

MATHURIN.

Bon ! j'ai promis en l'air.

LE MARQUIS.

l faut, baillif, tirer la chose au clair.
A-t-il promis ?

LE BAILLIF.

La chose est constatée.
Colette est folle, et je l'ai déboutée.

COLETTE.

Ça n'y fait rien, et monseigneur saura
Qu'on force Acanthe à ce beau marché-là,
Qu'on la maltraite, et qu'on la violente,
Pour épouser.

LE MARQUIS.

Est-il vrai, belle Acanthe ?

ACANTHE.

Je dois d'un père, avec raison chéri,
Suivre les lois ; il me donne un mari.

MATHURIN.

Vous voyez bien qu'en effet elle m'aime.

LE MARQUIS.
Sa réponse est d'une prudence extrême :
Eh bien ! chez moi la noce se fera.
LE CHEVALIER.
Bon, bon, tant mieux.
LE MARQUIS, à Acanthe.
              Votre père verra
Que j'aime en lui la probité, le zèle,
Et les travaux, d'un serviteur fidèle.
Votre sagesse à mes yeux satisfaits
Augmente encor le prix de vos attraits.
Comptez, amis, qu'en faveur de la fille
Je prendrai soin de toute la famille.
COLETTE.
Et de moi donc?
LE MARQUIS.
           De vous, Colette, aussi.
Cher chevalier, retirons-nous d'ici ;
Ne troublons point leur naïve allégresse.
LE BAILLIF.
Et votre droit, monseigneur ; le temps presse.
MATHURIN.
Quel chien de droit ! Ah ! me voilà perdu.
COLETTE.
Va, tu verras.
BERTHE.
          Mathurin, que crains-tu?
LE MARQUIS.
Vous aurez soin, baillif, en homme sage,
D'arranger tout suivant l'antique usage :
D'un si beau droit je veux m'autoriser
Avec décence, et n'en point abuser.
LE CHEVALIER.
Ah ! quel Caton ! mais mon Caton, je pense,
La suit des yeux, et non sans complaisance.
Mon cher cousin...
LE MARQUIS.
        Eh bien?
LE CHEVALIER.
               Gageons tous deux
Que vous allez devenir amoureux.

LE MARQUIS.

Moi, mon cousin!

LE CHEVALIER.

Oui, vous.

LE MARQUIS.

L'extravagance!

LE CHEVALIER.

Vous le serez ; j'en ris déjà d'avance.
Gageons, vous dis-je, une discrétion.

LE MARQUIS.

Soit.

LE CHEVALIER.

Vous perdrez.

LE MARQUIS.

Soyez bien sûr que non.

SCÈNE III.

LE BAILLIF, LES PRÉCÉDENTS (moins le Marquis et le Chevalier [1]).

MATHURIN.

Que disent-ils?

LE BAILLIF.

Ils disent que sur l'heure
Chacun s'en aille, et qu'Acanthe demeure.

MATHURIN.

Moi, que je sorte!

LE BAILLIF.

Oui, sans doute.

COLETTE.

Oui, fripon.

Oh! nous aimons la loi, nous.

MATHURIN, au baillif.

Mais doit-on?...

BERTHE.

Eh quoi, benêt, te voilà bien à plaindre!

DIGNANT.

Allez, d'Acanthe on n'aura rien à craindre;

---

1. J'ai ajouté ici ce qui est entre parenthèses. (B.)

Trop de vertu règne au fond de son cœur;
Et notre maître est tout rempli d'honneur.
<small>(A Acanthe.)</small>
Quand près de vous il daignera se rendre,
Quand sans témoin il pourra vous entendre,
Remettez-lui ce paquet cacheté :
<small>(Lui donnant des papiers cachetés.)</small>
C'est un devoir de votre piété ;
N'y manquez pas... O fille toujours chère...
Embrassez-moi.

ACANTHE.

Tous vos ordres, mon père,
Seront suivis; ils sont pour moi sacrés;
Je vous dois tout... D'où vient que vous pleurez?

DIGNANT.

Ah! je le dois... de vous je me sépare,
C'est pour jamais; mais si le ciel avare,
Qui m'a toujours refusé ses bienfaits,
Pouvait sur vous les verser désormais,
Si votre sort est digne de vos charmes,
Ma chère enfant, je dois sécher mes larmes.

BERTHE.

Marchons, marchons; tous ces beaux compliments
Sont pauvretés qui font perdre du temps.
Venez, Colette.

COLETTE, à Acanthe.

Adieu, ma chère amie.
Je recommande à votre prud'homie
Mon Mathurin; vengez-moi des ingrats.

ACANTHE.

Le cœur me bat... Que deviendrai-je? hélas!

SCÈNE IV.

LE BAILLIF, MATHURIN, ACANTHE.

MATHURIN.

Je n'aime point cette cérémonie,
Maître baillif; c'est une tyrannie.

LE BAILLIF.

C'est la condition *sine qua non*.

MATHURIN.

Sine qua non! quel diable de jargon!
Morbleu, ma femme est à moi.

LE BAILLIF.

Pas encore :
Il faut premier que monseigneur l'honore
D'un entretien selon les nobles us
En ce châtel de tous les temps reçus.

MATHURIN.

Ces maudits us, quels sont-ils?

LE BAILLIF.

L'épousée
Sur une chaise est sagement placée ;
Puis monseigneur, dans un fauteuil à bras,
Vient vis-à-vis se camper à six pas.

MATHURIN.

Quoi! pas plus loin?

LE BAILLIF.

C'est la règle.

MATHURIN.

Allons, passe.
Et puis après?

LE BAILLIF.

Monseigneur avec grâce
Fait un présent de bijoux, de rubans,
Comme il lui plaît.

MATHURIN.

Passe pour des présents.

LE BAILLIF.

Puis il lui parle; il vous la considère;
Il examine à fond son caractère;
Puis il l'exhorte à la vertu.

MATHURIN.

Fort bien;
Et quand finit, s'il vous plaît, l'entretien?

LE BAILLIF.

Expressément la loi veut qu'on demeure
Pour l'exhorter l'espace d'un quart d'heure.

MATHURIN.

Un quart d'heure est beaucoup. Et le mari
Peut-il au moins se tenir près d'ici
Pour écouter sa femme?

LE BAILLIF.
         La loi porte
Que s'il osait se tenir à la porte,
Se présenter avant le temps marqué,
Faire du bruit, se tenir pour choqué,
S'émanciper à sottises pareilles,
On fait couper sur-le-champ ses oreilles.
            MATHURIN.
La belle loi! les beaux droits que voilà!
Et ma moitié ne dit mot à cela?
            ACANTHE.
Moi, j'obéis, et je n'ai rien à dire.
            LE BAILLIF.
Déniche; il faut qu'un mari se retire :
Point de raisons.
            MATHURIN, sortant.
           Ma femme heureusement
N'a point d'esprit; et son air innocent,
Sa conversation ne plaira guère.
            LE BAILLIF.
Veux-tu partir?
            MATHURIN.
          Adieu donc, ma très-chère;
Songe surtout au pauvre Mathurin,
Ton fiancé.
                    (Il sort.)
            ACANTHE.
        J'y songe avec chagrin.
Quelle sera cette étrange entrevue?
La peur me prend; je suis tout éperdue.
            LE BAILLIF.
Asseyez-vous; attendez en ce lieu
Un maître aimable et vertueux. Adieu.

SCÈNE V.

ACANTHE.

Il est aimable... Ah! je le sais, sans doute.
Pourrai-je, hélas! mériter qu'il m'écoute?
Entrera-t-il dans mes vrais intérêts,
Dans mes chagrins et dans mes torts secrets?

Il me croira du moins fort imprudente
De refuser le sort qu'on me présente,
Un mari riche, un état assuré.
Je le prévois, je ne remporterai
Que des refus avec bien peu d'estime;
Je vais déplaire à ce cœur magnanime;
Et si mon âme avait osé former
Quelque souhait, c'est qu'il pût m'estimer.
Mais pourra-t-il me blâmer de me rendre
Chez cette dame et si noble et si tendre,
Qui fuit le monde, et qu'en ce triste jour
J'implorerai pour le fuir à mon tour?...
Où suis-je?... on ouvre!... à peine j'envisage
Celui qui vient... je ne vois qu'un nuage.

SCÈNE VI.

LE MARQUIS, ACANTHE.

LE MARQUIS.

Asseyez-vous. Lorsqu'ici je vous vois,
C'est le plus beau, le plus cher de mes droits.
J'ai commandé qu'on porte à votre père
Les faibles dons qu'il convient de vous faire;
Ils paraîtront bien indignes de vous.

ACANTHE, s'asseyant.

Trop de bontés se répandent sur nous;
J'en suis confuse, et ma reconnaissance
N'a pas besoin de tant de bienfaisance :
Mais avant tout il est de mon devoir
De vous prier de daigner recevoir
Ces vieux papiers que mon père présente
Très-humblement.

LE MARQUIS, les mettant dans sa poche.

Donnez-les, belle Acanthe,
Je les lirai; c'est sans doute un détail
De mes forêts : ses soins et son travail
M'ont toujours plu; j'aurai de sa vieillesse
Les plus grands soins : comptez sur ma promesse.
Mais est-il vrai qu'il vous donne un époux
Qui, vous causant d'invincibles dégoûts,

De votre hymen rend la chaîne odieuse?
J'en suis fâché... Vous deviez être heureuse.
    ACANTHE.
Ah! je le suis un moment, monseigneur,
En vous parlant, en vous ouvrant mon cœur;
Mais tant d'audace est-elle ici permise?
    LE MARQUIS.
Ne craignez rien, parlez avec franchise;
Tous vos secrets seront en sûreté.
    ACANTHE.
Qui douterait de votre probité?
Pardonnez donc à ma plainte importune.
Ce mariage aurait fait ma fortune,
Je le sais bien ; et j'avouerai surtout
Que c'est trop tard expliquer mon dégoût;
Que, dans les champs élevée et nourrie,
Je ne dois point dédaigner une vie
Qui sous vos lois me retient pour jamais,
Et qui m'est chère encor par vos bienfaits.
Mais, après tout, Mathurin, le village,
Ces paysans, leurs mœurs et leur langage,
Ne m'ont jamais inspiré tant d'horreur ;
De mon esprit c'est une injuste erreur ;
Je la combats, mais elle a l'avantage.
En frémissant je fais ce mariage.
  LE MARQUIS, approchant son fauteuil.
Mais vous n'avez pas tort.
    ACANTHE, à genoux.
      J'ose à genoux
Vous demander, non pas un autre époux,
Non d'autres nœuds, tous me seraient horribles ;
Mais que je puisse avoir des jours paisibles :
Le premier bien serait votre bonté,
Et le second de tous, la liberté.
  LE MARQUIS, la relevant avec empressement.
Eh! relevez-vous donc... Que tout m'étonne
Dans vos desseins, et dans votre personne,
  (Ils s'approchent.)
Dans vos discours, si nobles, si touchants,
Qui ne sont point le langage des champs!
Je l'avouerai, vous ne paraissez faite
Pour Mathurin ni pour cette retraite.

D'où tenez-vous, dans ce séjour obscur,
Un ton si noble, un langage si pur?
Partout on a de l'esprit ; c'est l'ouvrage
De la nature, et c'est votre partage :
Mais l'esprit seul, sans éducation,
N'a jamais eu ni ce tour ni ce ton,
Qui me surprend... je dis plus, qui m'enchante.

ACANTHE.

Ah! que pour moi votre âme est indulgente!
Comme mon sort, mon esprit est borné.
Moins on attend, plus on est étonné.

LE MARQUIS.

Quoi! dans ces lieux la nature bizarre
Aura voulu mettre une fleur si rare,
Et le destin veut ailleurs l'enterrer!
Non, belle Acanthe, il vous faut demeurer.

(Il s'approche.)

ACANTHE.

Pour épouser Mathurin?

LE MARQUIS.

Sa personne
Mérite peu la femme qu'on lui donne,
Je l'avouerai.

ACANTHE.

Mon père quelquefois
Me conduisait tout auprès de vos bois,
Chez une dame aimable et retirée,
Pauvre, il est vrai, mais noble et révérée,
Pleine d'esprit, de sentiments, d'honneur :
Elle daigne m'aimer; votre faveur,
Votre bonté peut me placer près d'elle.
Ma belle-mère est avare et cruelle ;
Elle me hait; et je hais malgré moi
Ce Mathurin qui compte sur ma foi.
Voilà mon sort, vous en êtes le maître ;
Je ne serai point heureuse peut-être ;
Je souffrirai ; mais je souffrirai moins
En devant tout à vos généreux soins.
Protégez-moi ; croyez qu'en ma retraite
Je resterai toujours votre sujette.

LE MARQUIS.

Tout me surprend. Dites-moi, s'il vous plaît,

Celle qui prend à vous tant d'intérêt,
Qui vous chérit, ayant su vous connaître,
Serait-ce point Dormène?
ACANTHE.
Oui.
LE MARQUIS.
Mais peut-être...
Il est aisé d'ajuster tout cela.
Oui... votre idée est très-bonne... Oui, voilà
Un vrai moyen de rompre avec décence
Ce sot hymen, cette indigne alliance.
J'ai des projets... en un mot, voulez-vous
Près de Dormène un destin noble et doux?
ACANTHE.
J'aimerais mieux la servir, servir Laure,
Laure si bonne, et qu'à jamais j'honore,
Manquer de tout, goûter dans leur séjour
Le seul bonheur de vous faire ma cour,
Que d'accepter la richesse importune
De tout mari qui ferait ma fortune.
LE MARQUIS.
Acanthe, allez... Vous pénétrez mon cœur :
Oui, vous pourrez, Acanthe, avec honneur
Vivre auprès d'elle... et dans mon château même.
ACANTHE.
Auprès de vous! ah ciel!
LE MARQUIS s'approche un peu.
Elle vous aime ;
Elle a raison... J'ai, vous dis-je, un projet ;
Mais je ne sais s'il aura son effet.
Et cependant vous voilà fiancée,
Et votre chaîne est déjà commencée,
La noce prête, et le contrat signé.
Le ciel voulut que je fusse éloigné
Lorsqu'en ces lieux on parait la victime :
J'arrive tard, et je m'en fais un crime.
ACANTHE.
Quoi! vous daignez me plaindre? Ah! qu'à mes yeux
Mon mariage en est plus odieux!
Qu'il le devient chaque instant davantage!
(Ils s'approchent.)

LE MARQUIS.
Mais, après tout, puisque de l'esclavage
(Il s'approche.)
Avec décence on pourra vous tirer...

ACANTHE, s'approchant un peu.
Ah! le voudriez-vous?

LE MARQUIS.
J'ose espérer...
Que vos parents, la raison, la loi même,
Et plus encor votre mérite extrême...
(Il s'approche encore.)
Oui, cet hymen est trop mal assorti.
(Elle s'approche.)
Mais... le temps presse, il faut prendre un parti :
Écoutez-moi...
(Ils se trouvent tout près l'un de l'autre.)

ACANTHE.
Juste ciel! si j'écoute!

SCÈNE VII.

LE MARQUIS, ACANTHE, LE BAILLIF, MATHURIN.

MATHURIN, entrant brusquement.
Je crains, ma foi, que l'on ne me déboute :
Entrons, entrons; le quart d'heure est fini.

ACANTHE.
Eh quoi! sitôt?

LE MARQUIS, tirant sa montre.
Il est vrai, mon ami.

MATHURIN.
Maître baillif, ces siéges sont bien proches :
Est-ce encore un des droits?

LE BAILLIF.
Point de reproches,
Mais du respect.

MATHURIN.
Mon Dieu! nous en aurons;
Mais aurons-nous ma femme?

LE MARQUIS.
Nous verrons.

MATHURIN.
Ce *nous verrons* est d'un mauvais présage.
Qu'en dites-vous, baillif?
LE BAILLIF.
L'ami, sois sage.
MATHURIN.
Que je fis mal, ô ciel! quand je naquis,
De naître, hélas! le vassal d'un marquis!

(Ils sortent.)

SCÈNE VIII.

LE MARQUIS.

Non, je ne perdrai point cette gageure...
Amoureux! moi! quel conte! ah! je m'assure
Que sur soi-même on garde un plein pouvoir :
Pour être sage, on n'a qu'à le vouloir.
Il est bien vrai qu'Acanthe est assez belle...
Et de la grâce! ah! nul n'en a plus qu'elle...
Et de l'esprit!... quoi! dans le fond des bois!
Pour avoir vu Dormène quelquefois,
Que de progrès! qu'il faut peu de culture
Pour seconder les dons de la nature!
J'estime Acanthe : oui, je dois l'estimer ;
Mais, grâce au ciel, je suis très-loin d'aimer ;
A fuir l'amour j'ai mis toute ma gloire.

SCÈNE IX.

LE MARQUIS, DIGNANT, BERTHE, MATHURIN.

BERTHE.
Ah! voici bien, pardienne, une autre histoire!
LE MARQUIS.
Quoi?
BERTHE.
Pour le coup c'est le droit du seigneur :
On nous enlève Acanthe.

LE MARQUIS.
Ah !
BERTHE.
Votre honneur
Sera honteux de cette vilenie ;
Et je n'aurais pas cru cette infamie
D'un grand seigneur, si bon, si libéral.
LE MARQUIS.
Comment? qu'est-il arrivé?
BERTHE.
Bien du mal...
Savez-vous pas qu'à peine chez son père
Elle arrivait pour finir notre affaire,
Quatre coquins, alertes, bien tournés,
Effrontément me l'ont prise à mon nez,
Tout en riant, et vite l'ont conduite
Je ne sais où?
LE MARQUIS.
Qu'on aille à leur poursuite...
Holà ! quelqu'un... ne perdez point de temps ;
Allez, courez, que mes gardes, mes gens,
De tous côtés marchent en diligence.
Volez, vous dis-je ; et, s'il faut ma présence,
J'irai moi-même.
BERTHE, à son mari.
Il parle tout de bon ;
Et l'on croirait, mon cher, à la façon
Dont monseigneur regarde cette injure,
Que c'est à lui qu'on a pris la future.
LE MARQUIS.
Et vous son père, et vous qui l'aimiez tant,
Vous qui perdez une si chère enfant,
Un tel trésor, un cœur noble, un cœur tendre,
Avez-vous pu souffrir, sans la défendre,
Que de vos bras on osât l'arracher?
Un tel malheur semble peu vous toucher.
Que devient donc l'amitié paternelle?
Vous m'étonnez.
DIGNANT.
Mon cœur gémit sur elle ;
Mais je me trompe, ou j'ai dû pressentir
Que par votre ordre on la faisait partir.

LE MARQUIS.
Par mon ordre?
DIGNANT.
Oui.
LE MARQUIS.
Quelle injure nouvelle!
Tous ces gens-ci perdent-ils la cervelle?
Allez-vous-en, laissez-moi, sortez tous.
Ah! s'il se peut, modérons mon courroux...
Non, vous, restez.
MATHURIN.
Qui? moi?
LE MARQUIS, à Dignant.
Non, vous, vous dis-je.

SCÈNE X.

LE MARQUIS, sur le devant; DIGNANT, au fond.

LE MARQUIS.
Je vois d'où part l'attentat qui m'afflige.
Le chevalier m'avait presque promis
De se porter à des coups si hardis.
Il croit au fond que cette gentillesse
Est pardonnable au feu de sa jeunesse :
Il ne sait pas combien j'en suis choqué.
A quel excès ce fou-là m'a manqué!
Jusqu'à quel point son procédé m'offense!
Il déshonore, il trahit l'innocence :
Voilà le prix de mon affection
Pour un parent indigne de mon nom!
Il est pétri des vices de son père;
Il a ses traits, ses mœurs, son caractère;
Il périra malheureux comme lui.
Je le renonce, et je veux qu'aujourd'hui
Il soit puni de tant d'extravagance.
DIGNANT.
Puis-je en tremblant prendre ici la licence
De vous parler?
LE MARQUIS.
Sans doute, tu le peux :

Parle-moi d'elle.

DIGNANT.

Au transport douloureux
Où votre cœur devant moi s'abandonne,
Je ne reconnais plus votre personne.
Vous avez lu ce qu'on vous a porté,
Ce gros paquet qu'on vous a présenté ?

LE MARQUIS.

Eh ! mon ami, suis-je en état de lire ?

DIGNANT.

Vous me faites frémir.

LE MARQUIS.

Que veux-tu dire ?

DIGNANT.

Quoi ! ce paquet n'est pas encore ouvert ?

LE MARQUIS.

Non.

DIGNANT.

Juste ciel ! ce dernier coup me perd.

LE MARQUIS.

Comment ?... J'ai cru que c'était un mémoire
De mes forêts.

DIGNANT.

Hélas ! vous deviez croire
Que cet écrit était intéressant.

LE MARQUIS.

Eh ! lisons vite... Une table à l'instant ;
Approchez donc cette table.

DIGNANT.

Ah ! mon maître !
Qu'aura-t-on fait, et qu'allez-vous connaître ?

LE MARQUIS, assis, examine le paquet.

Mais ce paquet, qui n'est pas à mon nom,
Est cacheté des sceaux de ma maison ?

DIGNANT.

Oui.

LE MARQUIS.

Lisons donc.

DIGNANT.

Cet étrange mystère
En d'autres temps aurait de quoi vous plaire ;
Mais à présent il devient bien affreux.

LE MARQUIS, lisant.
Je ne vois rien jusqu'ici que d'heureux...
Je vois d'abord que le ciel la fit naître
D'un sang illustre... et cela devait être.
Oui, plus je lis, plus je bénis les cieux...
Quoi! Laure a mis ce dépôt précieux
Entre vos mains? Quoi! Laure est donc sa mère?
DIGNANT.
Oui.
LE MARQUIS.
Mais pourquoi lui serviez-vous de père?
Indignement pourquoi la marier?
DIGNANT.
J'en avais l'ordre; et j'ai dû vous prier
En sa faveur... Sa mère infortunée
A l'indigence était abandonnée,
Ne subsistant que des nobles secours
Que, par mes mains, vous versiez tous les jours.
LE MARQUIS.
Il est trop vrai : je sais bien que mon père
Fut envers elle autrefois trop sévère...
Quel souvenir!... Que souvent nous voyons
D'affreux secrets dans d'illustres maisons!...
Je le savais : le père de Gernance
De Laure, hélas! séduisit l'innocence;
Et mes parents, par un zèle inhumain,
Avaient puni cet hymen clandestin.
Je lis, je tremble. Ah! douleur trop amère!
Mon cher ami, quoi! Gernance est son frère!
DIGNANT.
Tout est connu.
LE MARQUIS.
Quoi! c'est lui que je vois!
Ah! ce sera pour la dernière fois...
Sachons dompter le courroux qui m'anime.
Il semble, ô ciel, qu'il connaisse son crime!
Que dans ses yeux je lis d'égarement!
Ah! l'on n'est pas coupable impunément.
Comme il rougit, comme il pâlit... le traître!
A mes regards il tremble de paraître.
C'est quelque chose.

SCÈNE XI.

LE MARQUIS, LE CHEVALIER.

LE CHEVALIER, de loin, se cachant le visage.
Ah! monsieur.
LE MARQUIS.
Est-ce vous?
Vous, malheureux!
LE CHEVALIER.
Je tombe à vos genoux...
LE MARQUIS.
Qu'avez-vous fait?
LE CHEVALIER.
Une faute, une offense,
Dont je ressens l'indigne extravagance,
Qui pour jamais m'a servi de leçon,
Et dont je viens vous demander pardon.
LE MARQUIS.
Vous, des remords! vous! est-il bien possible?
LE CHEVALIER.
Rien n'est plus vrai.
LE MARQUIS.
Votre faute est horrible
Plus que vous ne pensez; mais votre cœur
Est-il sensible à mes soins, à l'honneur,
A l'amitié? Vous sentez-vous capable
D'oser me faire un aveu véritable,
Sans rien cacher?
LE CHEVALIER.
Comptez sur ma candeur :
Je suis un libertin, mais point menteur;
Et mon esprit, que le trouble environne,
Est trop ému pour abuser personne.
LE MARQUIS.
Je prétends tout savoir.
LE CHEVALIER.
Je vous dirai
Que, de débauche et d'ardeur enivré,'
Plus que d'amour, j'avais fait la folie

De dérober une fille jolie
Au possesseur de ses jeunes appas,
Qu'à mon avis il ne mérite pas.
Je l'ai conduite à la forêt prochaine,
Dans ce château de Laure et de Dormène :
C'est une faute, il est vrai, j'en convien ;
Mais j'étais fou, je ne pensais à rien.
Cette Dormène, et Laure sa compagne,
Étaient encor bien loin dans la campagne :
En étourdi je n'ai point perdu temps ;
J'ai commencé par des propos galants.
Je m'attendais aux communes alarmes,
Aux cris perçants, à la colère, aux larmes ;
Mais qu'ai-je vu ! la fermeté, l'honneur,
L'air indigné, mais calme avec grandeur :
Tout ce qui fait respecter l'innocence
S'armait pour elle, et prenait sa défense.
J'ai recouru, dans ces premiers moments,
A l'art de plaire, aux égards séduisants,
Aux doux propos, à cette déférence
Qui fait souvent pardonner la licence ;
Mais, pour réponse, Acanthe à deux genoux
M'a conjuré de la rendre chez vous ;
Et c'est alors que ses yeux moins sévères
Ont répandu des pleurs involontaires.

LE MARQUIS.

Que dites-vous ?

LE CHEVALIER.

    Elle voulait en vain
Me les cacher de sa charmante main :
Dans cet état, sa grâce attendrissante
Enhardissait mon ardeur imprudente ;
Et, tout honteux de ma stupidité,
J'ai voulu prendre un peu de liberté.
Ciel ! comme elle a tancé ma hardiesse !
Oui, j'ai cru voir une chaste déesse
Qui rejetait de son auguste autel
L'impur encens qu'offrait un criminel.

LE MARQUIS.

Ah ! poursuivez.

LE CHEVALIER.

    Comment se peut-il faire

Qu'ayant vécu presque dans la misère,
Dans la bassesse, et dans l'obscurité,
Elle ait cet air et cette dignité,
Ces sentiments, cet esprit, ce langage,
Je ne dis pas au-dessus du village,
De son état, de son nom, de son sang,
Mais convenable au plus illustre rang?
Non, il n'est point de mère respectable
Qui, condamnant l'erreur d'un fils coupable,
Le rappelât avec plus de bonté
A la vertu dont il s'est écarté ;
N'employant point l'aigreur et la colère,
Fière et décente, et plus sage qu'austère.
De vous surtout elle a parlé longtemps.

LE MARQUIS.

De moi ?...

LE CHEVALIER.

        Montrant à mes égarements
Votre vertu, qui devait, disait-elle,
Être à jamais ma honte ou mon modèle.
Tout interdit, plein d'un secret respect,
Que je n'avais senti qu'à son aspect,
Je suis honteux ; mes fureurs se captivent.
Dans ce moment les deux dames arrivent ;
Et, me voyant maître de leur logis,
Avec Acanthe et deux ou trois bandits,
D'un juste effroi leur âme s'est remplie :
La plus âgée en tombe évanouie.
Acanthe en pleurs la presse dans ses bras :
Elle revient des portes du trépas ;
Alors sur moi fixant sa triste vue,
Elle retombe, et s'écrie éperdue :
« Ah ! je crois voir Gernance... c'est son fils,
C'est lui... je meurs... » A ces mots je frémis ;
Et la douleur, l'effroi de cette dame,
Au même instant ont passé dans mon âme.
Je tombe aux pieds de Dormène, et je sors,
Confus, soumis, pénétré de remords.

LE MARQUIS.

Ce repentir dont votre âme est saisie
Charme mon cœur, et nous réconcilie.
Tenez, prenez ce paquet important,

Lisez bien vite, et pesez mûrement...
Pauvre jeune homme! hélas! comme il soupire...
<small>(Il lui montre l'endroit où il est dit qu'il est frère d'Acanthe.)</small>
Tenez, c'est là, là surtout qu'il faut lire.

LE CHEVALIER.

Ma sœur! Acanthe!...

LE MARQUIS.

        Oui, jeune libertin.

LE CHEVALIER.

Oh! par ma foi, je ne suis pas devin...
Il faut tout réparer. Mais par l'usage
Je ne saurais la prendre en mariage :
Je suis son frère, et vous êtes cousin ;
Payez pour moi.

LE MARQUIS.

        Comment finir enfin
Honnêtement cette étrange aventure?
Ah! la voici... j'ai perdu la gageure[1].

SCÈNE XII.

LES PRÉCÉDENTS, ACANTHE, COLETTE, DIGNANT.

ACANTHE.

Où suis-je? hélas! et quel nouveau malheur!
Je vois mon père avec mon ravisseur!

DIGNANT.

Madame, hélas! vous n'avez plus de père.

ACANTHE.

Madame, à moi! Qu'entends-je? quel mystère?

LE MARQUIS.

Il est bien grand. Tout éprouve en ce jour
Les coups du sort, et surtout de l'amour :
Je me soumets à leur pouvoir suprême.
Eh! quel mortel fait son destin soi-même?...
Nous sommes tous, madame, à vos genoux :
Au lieu d'un père, acceptez un époux.

---

1. Les comédiens retranchaient cette phrase. « Ce n'est pas la peine de faire une gageure pour n'en pas parler, disait Voltaire; c'est la discrétion qu'il faut que le marquis paye. » (G. A.)

ACANTHE.

Ciel! est-ce un rêve?

LE MARQUIS.

On va tout vous apprendre :
Mais à nos vœux commencez par vous rendre,
Et par régner pour jamais sur mon cœur.

ACANTHE.

Moi! comment croire un tel excès d'honneur?

LE MARQUIS.

Vous, libertin, je vais vous rendre sage ;
Et dès demain je vous mets en ménage
Avec Dormène : elle s'y résoudra.

LE CHEVALIER.

J'épouserai tout ce qu'il vous plaira.

COLETTE.

Et moi donc?

LE MARQUIS.

Toi! ne crois pas, ma mignonne,
Qu'en faisant tous les lots je t'abandonne :
Ton Mathurin te quittait aujourd'hui ;
Je te le donne ; il t'aura malgré lui.
Tu peux compter sur une dot honnête...
Allons danser, et que tout soit en fête.
J'avais cherché la sagesse, et mon cœur,
Sans rien chercher, a trouvé le bonheur.

FIN DU DROIT DU SEIGNEUR.

VARIANTES

DE LA COMÉDIE DU *DROIT DU SEIGNEUR.*

Page 32, vers 4 :

. . . . aura quelque pitié,
Me donnera des conseils.
COLETTE.
A notre âge,
Il faut de bons amis, rien n'est plus sage.
Tu trembles?
ACANTHE.
Oui.
COLETTE.
Par ces lieux détournés,
Viens avec moi.

Page 52, vers 10 :

Moins on attend, plus on est étonné.
Un peu de soins, peut-être, et de lecture,
Ont pu dans moi corriger la nature.
C'est vous surtout, vous qui, dans ce moment,
Formez en moi l'esprit, le sentiment,
Qui m'élevez, qui dans moi faites naître
L'ambition d'imiter un tel maître.

Page 54, dernier vers :

LE MARQUIS.
Nous verrons.
Hé?
(Il sonne.)
UN DOMESTIQUE.
Monseigneur?
LE MARQUIS.
Que l'on remène Acanthe
Chez ses parents.
MATHURIN.
Ouais! ceci me tourmente.
ACANTHE, s'en allant.
Ciel! prends pitié de mes secrets ennuis.

LE MARQUIS, *sortant d'un autre côté.*
Sortons, cachons le désordre où je suis.
Ah! que j'ai peur de perdre la gageure!

SCÈNE VIII.

MATHURIN, LE BAILLIF.

MATHURIN.
Dis-moi, baillif, ce que cela figure.
Notre seigneur est sorti bien sournois.
Il me parlait poliment autrefois;
J'aimais assez ses honnêtes manières;
Et même à cœur il prenait mes affaires :
Je me marie... il s'en va tout pensif.
LE BAILLIF.
C'est qu'il pense beaucoup.
MATHURIN.
Maître baillif,
Je pense aussi. Ce *nous verrons* m'assomme :
Quand on est prêt, *nous verrons!* Ah! quel homme!
Que je fis mal, ô ciel! quand je naquis
Chez mes parents, de naître en ce pays!
J'aurais bien dû choisir quelque village
Où j'aurais pu contracter mariage
Tout uniment, comme cela se doit,
A mon plaisir, sans qu'un autre eût le droit
De disposer de moi-même, à mon âge,
Et de fourrer son nez dans mon ménage.
LE BAILLIF.
C'est pour ton bien.
MATHURIN.
Mon ami baillival,
Pour notre bien on nous fait bien du mal.

ACTE QUATRIÈME.

SCÈNE I.

LE MARQUIS.

Non, je ne perdrai point cette gageure,
Amoureux! moi! quel conte! Ah! je m'assure
Que sur soi-même on garde un plein pouvoir;
Pour être sage on n'a qu'à le vouloir.

Il est bien vrai qu'Acanthe est assez belle...
Et de la grâce! ah! nul n'en a plus qu'elle...
Et de l'esprit!... Quoi! dans le fond des bois!
Pour avoir vu Dormène quelquefois,
Que de progrès! qu'il faut peu de culture
Pour seconder les dons de la nature!
J'estime Acanthe; oui, je dois l'estimer;
Mais, grâce au ciel, je suis très-loin d'aimer.
(Il s'assied à une table.)
Ah! respirons. Voyons, sur toute chose,
Quel plan de vie enfin je me propose...
De ne dépendre en ces lieux que de moi,
De n'en sortir que pour servir mon roi,
De m'attacher par un sage hyménée
Une compagne agréable et bien née,
Pauvre de bien, mais riche de vertu,
Dont la noblesse et le sort abattu
A mes bienfaits doivent des jours prospères :
Dormène seule a tous ces caractères;
Le ciel pour moi la réserve aujourd'hui.
Allons la voir... d'abord écrivons-lui
Un compliment... mais que puis-je lui dire?
(En se cognant le front avec la main.)
Acanthe est là qui m'empêche d'écrire;
Oui, je la vois : comment la fuir! par où?
(Il se relève.)
Qui se croit sage, ô ciel! est un grand fou.
Achevons donc... Je me vaincrai sans doute.
(Il finit sa lettre.)
Holà! quelqu'un... Je sais bien qu'il en coûte.

SCÈNE II.

LE MARQUIS, un domestique.

LE MARQUIS.
Tenez, portez cette lettre à l'instant.
LE DOMESTIQUE.
Où?
LE MARQUIS.
Chez Acanthe.
LE DOMESTIQUE.
Acanthe? mais vraiment...
LE MARQUIS.
Je n'ai point dit Acanthe; c'est Dormène
A qui j'écris... On a bien de la peine
Avec ses gens... Tout le monde en ces lieux
Parle d'Acanthe; et l'oreille et les yeux
Sont remplis d'elle, et brouillent ma mémoire.

SCÈNE III.

LE MARQUIS, DIGNANT, BERTHE, MATHURIN.

MATHURIN.
Ah! voici bien, pardienne, une autre histoire!
LE MARQUIS.
Quoi?
MATHURIN.
Pour le coup c'est le droit du seigneur :
On m'a volé ma femme.
BERTHE.
Oui, votre honneur
Sera honteux de cette vilenie;
Et je n'aurais pas cru cette infamie
D'un grand seigneur si bon, si libéral.
LE MARQUIS.
Comment? qu'est-il arrivé?
BERTHE.
Bien du mal.
MATHURIN.
Vous le savez comme moi.
LE MARQUIS.
Parle, traître,
Parle.
MATHURIN.
Fort bien; vous vous fâchez, mon maître;
Oh! c'est à moi d'être fâché.
LE MARQUIS.
Comment?
Explique-toi.
MATHURIN.
C'est un enlèvement.
Savez-vous pas qu'à peine chez son père
Elle arrivait pour finir notre affaire,
Quatre coquins alertes, bien tournés,
Effrontément me l'ont prise à mon nez,
Tout en riant, et vite l'ont conduite
Je ne sais où?
LE MARQUIS.
Qu'on aille à leur poursuite...
Holà! quelqu'un... ne perdez point de temps;
Allez, courez; que mes gardes, mes gens,
De tous côtés marchent en diligence.
Volez, vous dis-je; et s'il faut ma présence,
J'irai moi-même.
BERTHE, à son mari.
Il parle tout de bon;
Et l'on croirait, mon cher, à la façon
Dont monseigneur regarde cette injure,
Que c'est à lui qu'on a pris la future.

LE MARQUIS.
Et vous son père, et vous qui l'aimiez tant,
Vous qui perdez une si chère enfant,
Un tel trésor, un cœur noble, un cœur tendre,
Avez-vous pu souffrir, sans la défendre,
Que de vos bras on osât l'arracher?
Un tel malheur semble peu vous toucher.
Que devient donc l'amitié paternelle?
Vous m'étonnez.

DIGNANT.
　　　　Tout mon cœur est pour elle,
C'est mon devoir; et j'ai dû pressentir
Que par votre ordre on la faisait partir.

LE MARQUIS.
Par mon ordre?

DIGNANT.
　　Oui.

LE MARQUIS.
　　　　Quelle injure nouvelle!
Tous ces gens-ci perdent-ils la cervelle?
Allez-vous-en, laissez-moi, sortez tous.
Ah! s'il se peut, modérons mon courroux...
Non; vous, restez.

MATHURIN.
　　Qui? moi?

LE MARQUIS, à Dignant.
　　　　Non; vous, vous dis-je.

SCÈNE IV.

LE MARQUIS, sur le devant; DIGNANT, au fond.

LE MARQUIS.
Je vois d'où part l'attentat qui m'afflige.
Le chevalier m'avait presque promis
De se porter à des coups si hardis.
Il croit au fond que cette gentillesse
Est pardonnable au feu de sa jeunesse :
Il ne sait pas combien je suis choqué.
A quel excès ce fou-là m'a manqué!
Jusqu'à quel point son procédé m'offense!
Il déshonore, il trahit l'innocence;
Il perd Acanthe; et pour percer mon cœur,
Je n'ai passé que pour son ravisseur!
Un étourdi, que la débauche anime,
Me fait porter la peine de son crime :
Voilà le prix de mon affection
Pour un parent indigne de mon nom!
Il est pétri des vices de son père;
Il a ses traits, ses mœurs, son caractère;
Il périra malheureux comme lui.
Je le renonce, et je veux qu'aujourd'hui
Il soit puni de tant d'extravagance.

DIGNANT.
Puis-je en tremblant prendre ici la licence
De vous parler?
LE MARQUIS.
Sans doute, tu le peux :
Parle-moi d'elle.
DIGNANT.
Au transport douloureux
Où votre cœur devant moi s'abandonne,
Je ne reconnais plus votre personne.
Vous avez lu ce qu'on vous a porté,
Ce gros paquet qu'on vous a présenté?...
LE MARQUIS.
Eh! mon ami, suis-je en état de lire?
DIGNANT.
Vous me faites frémir.
LE MARQUIS.
Que veux-tu dire?
DIGNANT.
Quoi! ce paquet n'est pas encore ouvert?
LE MARQUIS.
Non.
DIGNANT.
Juste ciel! ce dernier coup me perd!
LE MARQUIS.
Comment?... J'ai cru que c'était un mémoire
De mes forêts.
DIGNANT.
Hélas! vous deviez croire
Que cet écrit était intéressant.
LE MARQUIS.
Eh! lisons vite... Une table à l'instant;
Approchez donc cette table.
DIGNANT.
Ah! mon maître!
Qu'aura-t-on fait, et qu'allez-vous connaître?
LE MARQUIS, assis, examine le paquet.
Mais ce paquet, qui n'est pas à mon nom,
Est cacheté des sceaux de ma maison?
DIGNANT.
Oui.
LE MARQUIS.
Lisons donc.
DIGNANT.
Cet étrange mystère
En d'autres temps aurait de quoi vous plaire;
Mais à présent il devient bien affreux.
LE MARQUIS, lisant.
Je ne vois rien jusqu'ici que d'heureux.
Je vois d'abord que le ciel la fit naître
D'un sang illustre; et cela devait être.
Oui, plus je lis, plus je bénis les cieux.
Quoi! Laure a mis ce dépôt précieux
Entre vos mains! quoi! Laure est donc sa mère?

Mais pourquoi donc lui serviez-vous de père?
Indignement pourquoi la marier?
DIGNANT.
J'en avais l'ordre, et j'ai dû vous prier
En sa faveur.
UN DOMESTIQUE.
En ce moment Dormène
Arrive ici, tremblante, hors d'haleine,
Fondant en pleurs : elle veut vous parler.
LE MARQUIS.
Ah! c'est à moi de l'aller consoler.

SCÈNE V.

LE MARQUIS, DIGNANT, DORMÈNE.

LE MARQUIS, à Dormène, qui entre.
Pardonnez-moi, j'allais chez vous, madame,
Mettre à vos pieds le courroux qui m'enflamme.
Acanthe... à peine encore entré chez moi,
J'attendais peu l'honneur que je reçoi...
Une aventure assez désagréable...
Me trouble un peu... Que Gernance est coupab
DORMÈNE.
De tous mes biens il me reste l'honneur;
Et je ne doutais pas qu'un si grand cœur
Ne respectât le malheur qui m'opprime,
Et d'un parent ne détestât le crime.
Je ne viens point vous demander raison
De l'attentat commis dans ma maison...
LE MARQUIS.
Comment? chez vous?
DORMÈNE.
C'est dans ma maison mêm
Qu'il a conduit le triste objet qu'il aime.
LE MARQUIS.
Le traître!
DORMÈNE.
Il est plus criminel cent fois
Qu'il ne croit l'être... Hélas! ma faible voix
En vous parlant expire dans ma bouche.
LE MARQUIS.
Votre douleur sensiblement me touche;
Daignez parler, et ne redoutez rien.
DORMÈNE.
Apprenez donc...

SCÈNE VI.

LE MARQUIS, DORMÈNE, DIGNANT; QUELQUES DOMESTIQUES
entrent précipitamment avec **MATHURIN**.

MATHURIN.
　　　　　　Tout va bien, tout va bien,
Tout est en paix, la femme est retrouvée;
Votre parent nous l'avait enlevée :
Il nous la rend; c'est peut-être un peu tard.
Chacun son bien; tudieu! quel égrillard!
　　　　LE MARQUIS, à Dignant.
Courez soudain recevoir votre fille;
Qu'elle demeure au sein de sa famille.
Veillez sur elle; ayez soin d'empêcher
Qu'aucun mortel ose s'en approcher.
　　　　　　MATHURIN.
Excepté moi?
　　　　　　LE MARQUIS.
　　　　　Non; l'ordre que je donne
Est pour vous-même.
　　　　　　MATHURIN.
　　　　　　　　Ouais! tout ceci m'étonne.
　　　　　　LE MARQUIS.
Obéissez...
　　　　　　MATHURIN.
　　　Par ma foi, tous ces grands
Sont dans le fond de bien vilaines gens.
Droit du seigneur, femme que l'on enlève!
Défense à moi de lui parler... Je crève.
Mais je l'aurai, car je suis fiancé :
Consolons-nous, tout le mal est passé.
　　　　　　　　(Il sort.)
　　　　　　LE MARQUIS.
Elle revient; mais l'injure cruelle
Du chevalier retombera sur elle;
Voilà le monde; et de tels attentats
Faits à l'honneur ne se réparent pas.
　　　(A Dormène.)
Eh bien! parlez, parlez; daignez m'apprendre
Ce que je brûle et que je crains d'entendre :
Nous sommes seuls.
　　　　　　DORMÈNE.
　　　　　　Il le faut donc, monsieur?
Apprenez donc le comble du malheur :
C'est peu qu'Acanthe, en secret étant née
De cette Laure, illustre infortunée,
Soit sous vos yeux prête à se marier
Indignement à ce riche fermier;

C'est peu qu'au poids de sa triste misère
On ajoutât ce fardeau nécessaire;
Votre parent qui voulait l'enlever,
Votre parent qui vient de nous prouver
Combien il tient de son coupable père,
Gernance enfin...
LE MARQUIS.
Gernance?
DORMÈNE.
Il est son frère.
LE MARQUIS.
Quel coup horrible! ô ciel! qu'avez-vous dit?
DORMÈNE.
Entre vos mains vous avez cet écrit,
Qui montre assez ce que nous devons craindre :
Lisez, voyez combien Laure est à plaindre.

(Le marquis lit.)

C'est ma parente; et mon cœur est lié
A tous ses maux que sent mon amitié.
Elle mourra de l'affreuse aventure
Qui sous ses yeux outrage la nature.
LE MARQUIS.
Ah! qu'ai-je lu! que souvent nous voyons
D'affreux secrets dans d'illustres maisons!
De tant de coups mon âme est oppressée;
Je ne vois rien, je n'ai point de pensée.
Ah! pour jamais il faut quitter ces lieux:
Ils m'étaient chers, ils me sont odieux.
Quel jour pour nous! quel parti dois-je prendre?
Le malheureux ose chez moi se rendre!
Le voyez-vous?
DORMÈNE.
Ah! monsieur, je le voi,
Et je frémis.
LE MARQUIS.
Il passe, il vient à moi.
Daignez rentrer, madame, et que sa vue
N'accroisse pas le chagrin qui vous tue;
C'est à moi seul de l'entendre; et je crois
Que ce sera pour la dernière fois.
Sachons dompter le courroux qui m'anime.

(En regardant de loin.)

Il semble, ô ciel! qu'il connaisse son crime.
Que dans ses yeux je lis d'égarement !
Ah! l'on n'est pas coupable impunément.
Comme il rougit! comme il pâlit!... le traître!
A mes regards il tremble de paraître :
C'est quelque chose.

(Tandis qu'il parle, Dormène se retire en regardant attentivement Gernance.)

SCÈNE VII.

LE MARQUIS, LE CHEVALIER.

LE CHEVALIER, de loin, se cachant le visage.
Ah, monsieur?
LE MARQUIS.
Est-ce vous?
Vous, malheureux!
LE CHEVALIER.
Je tombe à vos genoux...
LE MARQUIS.
Qu'avez-vous fait?
LE CHEVALIER.
Une faute, une offense,
Dont je ressens l'indigne extravagance,
Qui pour jamais m'a servi de leçon,
Et dont je viens vous demander pardon.
LE MARQUIS.
Vous, des remords! vous! est-il bien possible?
LE CHEVALIER.
Rien n'est plus vrai.
LE MARQUIS.
Votre faute est horrible
Plus que vous ne pensez; mais votre cœur
Est-il sensible à mes soins, à l'honneur,
A l'amitié? Vous sentez-vous capable
D'oser me faire un aveu véritable,
Sans rien cacher?
LE CHEVALIER.
Comptez sur ma candeur :
Je suis un libertin, mais point menteur;
Et mon esprit, que le trouble environne,
Est trop ému pour abuser personne.
LE MARQUIS.
Je prétends tout savoir.
LE CHEVALIER.
Je vous dirai
Que, de débauche et d'ardeur enivré
Plus que d'amour, j'avais fait la folie
De dérober une fille jolie
Au possesseur de ses jeunes appas,
Qu'à mon avis il ne mérite pas.
Je l'ai conduite à la forêt prochaine,
Dans ce château de Laure et de Dormène :
C'est une faute, il est vrai, j'en convien;
Mais j'étais fou; je ne pensais à rien.
Cette Dormène, et Laure sa compagne,
Étaient encor bien loin dans la campagne;
En étourdi je n'ai point perdu temps;

J'ai commencé par des propos galants.
Je m'attendais aux communes alarmes,
Aux cris perçants, à la colère, aux larmes ;
Mais qu'ai-je ouï ! la fermeté, l'honneur,
L'air indigné, mais calme avec grandeur :
Tout ce qui fait respecter l'innocence
S'armait pour elle, et prenait sa défense.
J'ai recouru, dans ces premiers moments,
A l'art de plaire, aux égards séduisants,
Aux doux propos, à cette déférence
Qui fait souvent pardonner la licence ;
Mais pour réponse, Acanthe à deux genoux
M'a conjuré de la rendre chez vous ;
Et c'est alors que ses yeux moins sévères
Ont répandu des pleurs involontaires.

LE MARQUIS.

Que dites-vous ?

LE CHEVALIER.

Elle voulait en vain
Me les cacher de sa charmante main :
Dans cet état, sa grâce attendrissante
Enhardissait mon ardeur imprudente ;
Et, tout honteux de ma stupidité,
J'ai voulu prendre un peu de liberté.
Ciel ! comme elle a tancé ma hardiesse !
Oui, j'ai cru voir une chaste déesse,
Qui rejetait de son auguste autel
L'impur encens qu'offrait un criminel.

LE MARQUIS.

Ah ! poursuivez.

LE CHEVALIER.

Comment se peut-il faire
Qu'ayant vécu presque dans la misère,
Dans la bassesse, et dans l'obscurité,
Elle ait cet air et cette dignité,
Ces sentiments, cet esprit, ce langage,
Je ne dis pas au-dessus du village,
De son état, de son nom, de son sang,
Mais convenable au plus illustre rang ?
Non, il n'est point de mère respectable
Qui, condamnant l'erreur d'un fils coupable,
Le rappelât avec plus de bonté
A la vertu dont il s'est écarté ;
N'employant point l'aigreur et la colère,
Fière et décente, et plus sage qu'austère.
De vous surtout elle a parlé longtemps...

LE MARQUIS.

De moi ?...

LE CHEVALIER.

Montrant à mes égarements
Votre vertu, qui devait, disait-elle,
Être à jamais ma honte ou mon modèle.
Tout interdit, plein d'un secret respect,
Que je n'avais senti qu'à son aspect,

Je suis honteux, mes fureurs se captivent.
Dans ce moment les deux dames arrivent;
Et, me voyant maître de leur logis,
Avec Acanthe, et deux ou trois bandits,
D'un juste effroi leur âme s'est remplie :
La plus âgée en tombe évanouie.
Acanthe en pleurs la presse dans ses bras :
Elle revient des portes du trépas.
Alors sur moi fixant sa triste vue,
Elle retombe, et s'écrie éperdue :
« Ah! je crois voir Gernance... c'est mon fils,
C'est lui... je meurs... » A ces mots je frémis;
Et la douleur, l'effroi de cette dame,
Au même instant ont passé dans mon âme.
Je tombe aux pieds de Dormène, et je sors,
Confus, soumis, pénétré de remords.

LE MARQUIS.

Ce repentir dont votre âme est saisie
Charme mon cœur, et nous réconcilie.
Tenez, prenez ce paquet important,
Lisez-le seul, pesez-le mûrement;
Et si pour moi vous conservez, Gernance,
Quelque amitié, quelque condescendance,
Promettez-moi, lorsque Acanthe en ces lieux
Pourra paraître à vos coupables yeux,
D'avoir sur vous un assez grand empire
Pour lui cacher ce que vous allez lire.

LE CHEVALIER.

Oui, je vous le promets, oui.

LE MARQUIS.

      Vous verrez
L'abîme affreux d'où vos pas sont tirés.

LE CHEVALIER.

Comment?

LE MARQUIS.

   Allez, vous tremblerez, vous dis-je.

SCÈNE VIII.

LE MARQUIS.

Quel jour pour moi? Tout m'étonne et m'afflige.
La belle Acanthe est donc de ma maison!
Mais sa naissance avait flétri son nom;
Son noble sang fut souillé par son père;
Rien n'est plus beau que le nom de sa mère;
Mais ce beau nom a perdu tous ses droits
Par un hymen que réprouvent nos lois.
La triste Laure, ô pensée accablante!
Fut criminelle en faisant naître Acanthe;
Je le sais trop, l'hymen fut condamné;

L'amant de Laure est mort assassiné.
De maux cruels quel tissu lamentable!
Acanthe, hélas! n'en est pas moins aimable,
Moins vertueuse; et je sais que son cœur
Est respectable au sein du déshonneur;
Il ennoblit la honte de ses pères;
Et cependant, ô préjugés sévères!
O loi du monde! injuste et dure loi!
Vous l'emportez...

SCÈNE IX.

LE MARQUIS, DORMÈNE.

LE MARQUIS.
        Madame, instruisez-moi;
Parlez, madame; avez-vous vu son frère
DORMÈNE.
Oui, je l'ai vu; sa douleur est sincère.
Il est bien étourdi; mais, entre nous,
Son cœur est bon; il est conduit par vous.
LE MARQUIS.
Eh! mais Acanthe!
DORMÈNE.
        Elle ne peut connaître
Jusqu'à présent le sang qui la fit naître.
LE MARQUIS.
Quoi! sa naissance illégitime!...
DORMÈNE.
        Hélas!
Il est trop vrai.
LE MARQUIS.
        Non, elle ne l'est pas.
DORMÈNE.
Que dites-vous?
LE MARQUIS, *relisant un papier qu'il a gardé.*
        Sa mère était sans crime;
Sa mère au moins crut l'hymen légitime;
On la trompa; son destin fut affreux.
Ah! quelquefois le ciel moins rigoureux
Daigne approuver ce qu'un monde profane
Sans connaissance avec fureur condamne.
DORMÈNE.
Laure n'est point coupable, et ses parents
Se sont conduits avec elle en tyrans.
LE MARQUIS.
Mais marier sa fille en un village!
A ce beau sang faire un pareil outrage!
DORMÈNE.
Elle est sans biens; l'âge, la pauvreté,
Un long malheur abaisse la fierté.

LE MARQUIS.

Elle est sans biens! votre noble courage
La recueillit.

DORMÈNE.

    Sa misère partage
Le peu que j'ai.

LE MARQUIS.

        Vous trouvez le moyen,
Ayant si peu, de faire encor du bien.
Riches et grands, que le monde contemple,
Imitez donc un si touchant exemple.
Nous contentons à grands frais nos désirs;
Sachons goûter de plus nobles plaisirs.
Quoi! pour aider l'amitié, la misère,
Dormène a pu s'ôter le nécessaire;
Et vous n'osez donner le superflu!
O juste ciel! qu'avez-vous résolu?
Que faire enfin?

DORMÈNE.

      Vous êtes juste et sage.
Votre famille a fait plus d'un outrage
Au sang de Laure; et ce sang généreux
Fut par vous seuls jusqu'ici malheureux.

LE MARQUIS.

Comment? comment?

DORMÈNE.

       Le comte votre père,
Homme inflexible en son humeur sévère,
Opprima Laure, et fit par son crédit
Casser l'hymen; et c'est lui qui ravit
A cette Acanthe, à cette infortunée,
Les nobles droits du sang dont elle est née.

LE MARQUIS.

Ah! c'en est trop... mon cœur est ulcéré.
Oui, c'est un crime... il sera réparé,
Je vous le jure.

DORMÈNE.

    Et que voulez-vous faire?

LE MARQUIS.

Je veux...

DORMÈNE.

  Quoi donc?

LE MARQUIS.

      Mais... lui servir de père.

DORMÈNE.

Elle en est digne.

LE MARQUIS.

     Oui... mais je ne dois pas
Aller trop loin.

DORMÈNE.

  Comment, trop loin?

LE MARQUIS.

        Hélas!...
Madame, un mot; conseillez-moi de grâce;

Que feriez-vous, s'il vous plaît, à ma place?
DORMÈNE.
En tous les temps je me ferais honneur
De consulter votre esprit, votre cœur.
LE MARQUIS.
Ah!...
DORMÈNE.
Qu'avez-vous?
LE MARQUIS.
Je n'ai rien... Mais, madame,
En quel état est Acanthe?
DORMÈNE.
Son âme
Est dans le trouble, et ses yeux dans les pleurs.
LE MARQUIS.
Daignez m'aider à calmer ses douleurs.
Allons, j'ai pris mon parti : je vous laisse;
Soyez ici souveraine maîtresse,
Et pardonnez à mon esprit confus,
Un peu chagrin, mais plein de vos vertus.
(Il sort.)

SCÈNE X.

DORMÈNE.

Dans cet état quel chagrin peut le mettre?
Qu'il est troublé! j'en juge par sa lettre;
Un style assez confus, des mots rayés,
De l'embarras, d'autres mots oubliés.
J'ai lu pourtant le mot de mariage.
Dans le pays il passe pour très-sage.
Il veut me voir, me parler, et ne dit
Pas un seul mot sur tout ce qu'il m'écrit!
Et pour Acanthe il paraît bien sensible!
Quoi! voudrait-il?... cela n'est pas possible.
Aurait-il eu d'abord quelque dessein
Sur son parent?... demandait-il ma main?
Le chevalier jadis m'a courtisée;
Mais qu'espérer de sa tête insensée?
L'amour encor n'est point connu de moi;
Je dus toujours en avoir de l'effroi;
Et le malheur de Laure est un exemple
Qu'en frémissant tous les jours je contemple :
Il m'avertit d'éviter tout lien;
Mais qu'il est triste, ô ciel! de n'aimer rien?

ACTE CINQUIÈME.

SCÈNE I.

LE MARQUIS, LE CHEVALIER.

LE MARQUIS.
Faisons la paix, chevalier; je confesse
Que tout mortel est pétri de faiblesse,
Que le sage est peu de chose; entre nous,
J'étais tout prêt de l'être moins que vous.
LE CHEVALIER.
Vous avez donc perdu votre gageure?
Vous aimez donc?
LE MARQUIS.
Oh! non, je vous le jure;
Mais par l'hymen tout prêt de me lier,
Je ne veux plus jamais me marier.
LE CHEVALIER.
Votre inconstance est étrange et soudaine.
Passe pour moi, mais que dira Dormène?
N'a-t-elle pas certains mots par écrit,
Où par hasard le mot d'hymen se lit!
LE MARQUIS.
Il est trop vrai; c'est là ce qui me gêne.
Je prétendais m'imposer cette chaîne;
Mais à la fin, m'étant bien consulté,
Je n'ai de goût que pour la liberté.
LE CHEVALIER.
La liberté d'aimer?
LE MARQUIS.
Eh bien! si j'aime,
Je suis encor le maître de moi-même,
Et je pourrai réparer tout le mal.
Je n'ai parlé d'hymen qu'en général,
Sans m'engager, et sans me compromettre;
Car en effet, si j'avais pu promettre,
Je ne pourrais balancer un moment :
A gens d'honneur promesse vaut serment.
Cher chevalier, j'ai conçu dans ma tête
Un beau dessein, qui paraît fort honnête,
Pour me tirer d'un pas embarrassant;
Et tout le monde ici sera content.
LE CHEVALIER.
Vous moquez-vous? contenter tout le monde!
Quelle folie!

LE MARQUIS.
En un mot, si l'on fronde
Mon changement, j'ose espérer au moins
Faire approuver ma conduite et mes soins.
Colette vient, par mon ordre on l'appelle ;
Je vais l'entendre, et commencer par elle.

SCÈNE II.

LE MARQUIS, LE CHEVALIER, COLETTE.

LE MARQUIS.
Venez, Colette.
COLETTE.
Oh ! j'accours, monseigneur,
Prête en tout temps, et toujours de grand cœur.
LE MARQUIS.
Voulez-vous être heureuse?
COLETTE.
Oui, sur ma vie ;
N'en doutez pas, c'est ma plus forte envie.
Que faut-il faire?
LE MARQUIS.
En voici le moyen.
Vous voudriez un époux et du bien?
COLETTE.
Oui, l'un et l'autre.
LE MARQUIS.
Eh bien donc, je vous donne
Trois mille francs pour la dot, et j'ordonne
Que Mathurin vous épouse aujourd'hui.
COLETTE.
Ou Mathurin, ou tout autre que lui ;
Qui vous voudrez, j'obéis sans réplique.
Trois mille francs ! ah ! l'homme magnifique !
Le beau présent ! que monseigneur est bon !
Que Mathurin va bien changer de ton !
Qu'il va m'aimer ! que je vais être fière !
De ce pays je serai la première ;
Je meurs de joie.
LE MARQUIS.
Et j'en ressens aussi
D'avoir déjà pleinement réussi ;
L'une des trois est déjà fort contente ;
Tout ira bien.
COLETTE.
Et mon amie Acanthe,
Que devient-elle? On va la marier,
A ce qu'on dit, à ce beau chevalier.
Tout le monde est heureux : j'en suis charmée.
Ma chère Acanthe !

LE CHEVALIER, en regardant le marquis.
Elle doit être aimée,
Et le sera.
LE MARQUIS, au chevalier.
La voici ; je ne puis
La consoler en l'état où je suis.
Venez, je vais vous dire ma pensée.

(Ils sortent.)

SCÈNE III.

ACANTHE, COLETTE.

COLETTE.
Ma chère Acanthe, on t'avait fiancée,
Moi déboutée ; on me marie.
ACANTHE.
A qui ?
COLETTE.
A Mathurin.
ACANTHE.
Le ciel en soit béni !
Et depuis quand ?
COLETTE.
Eh ! depuis tout à l'heure.
ACANTHE.
Est-il bien vrai ?
COLETTE.
Du fond de ma demeure
J'ai comparu par-devant monseigneur.
Ah ! la belle âme ! ah ! qu'il est plein d'honneur !
ACANTHE.
Il l'est, sans doute !
COLETTE.
Oui, mon aimable Acanthe ;
Il m'a promis une dot opulente,
Fait ma fortune ; et tout le monde dit
Qu'il fait la tienne, et l'on s'en réjouit.
Tu vas, dit-on, devenir chevalière :
Cela te sied, car ton allure est fière.
On te fera dame de qualité,
Et tu me recevras avec bonté.
ACANTHE.
Ma chère enfant, je suis fort satisfaite
Que ta fortune ait été sitôt faite.
Mon cœur ressent tout ton bonheur... Hélas !
Elle est heureuse, et je ne le suis pas !
COLETTE.
Que dis-tu là ? Qu'as-tu donc dans ton âme ?
Peut-on souffrir quand on est grande dame ?
ACANTHE.
Va, ces seigneurs qui peuvent tout oser
N'enlèvent point, crois-moi, pour épouser.

Pour nous, Colette, ils ont des fantaisies,
Non de l'amour ; leurs démarches hardies,
Leurs procédés, montrent avec éclat
Tout le mépris qu'ils font de notre état :
C'est ce dédain qui me met en colère.
######### COLETTE.
Bon, des dédains ! c'est bien tout le contraire ;
Rien n'est plus beau que ton enlèvement ;
On t'aime, Acanthe, on t'aime assurément.
Le chevalier va t'épouser, te dis-je,
Tout grand seigneur qu'il est... cela t'afflige?
######### ACANTHE.
Mais monseigneur le marquis, qu'a-t-il dit?
######### COLETTE.
Lui? rien du tout.
######### ACANTHE.
  Hélas !
######### COLETTE.
    C'est un esprit
Tout en dedans, secret, plein de mystère ;
Mais il paraît fort approuver l'affaire.
######### ACANTHE.
Du chevalier je déteste l'amour.
######### COLETTE.
Oui, oui, plains-toi de te voir en un jour
De Mathurin pour jamais délivrée,
D'un beau seigneur poursuivie, adorée ;
Un mariage en un moment cassé
Par monseigneur, un autre commencé :
Si ce roman n'a pas de quoi te plaire,
Tu me parais difficile, ma chère...
Tiens, le vois-tu, celui qui t'enleva?
Il vient à toi ; n'est-ce rien que cela?
T'ai-je trompée? Es-tu donc tant à plaindre?
######### ACANTHE.
Allons, fuyons.

SCÈNE IV.

ACANTHE, COLETTE, LE CHEVALIER.

######### LE CHEVALIER.
    Demeurez sans me craindre :
Le marquis veut que je sois à vos pieds.
######### COLETTE, à Acanthe.
Qu'avais-je dit?
######### LE CHEVALIER, à Acanthe.
  Eh quoi ! vous me fuyez?
######### ACANTHE.
Osez-vous bien paraître en ma présence?
######### LE CHEVALIER.
Oui, vous devez oublier mon offense ;
Par moi, vous dis-je, il veut vous consoler.

ACANTHE.
J'aimerais mieux qu'il daignât me parler.
(A Colette, qui veut s'en aller.)
Ah! reste ici : ce ravisseur m'accable...
COLETTE.
Ce ravisseur est pourtant fort aimable.
LE CHEVALIER, à Acanthe.
Conservez-vous au fond de votre cœur
Pour ma présence une invincible horreur?
ACANTHE.
Vous devez être en horreur à vous-même.
LE CHEVALIER.
Oui, je le suis; mais mon remords extrême
Répare tout, et doit vous apaiser.
Ma folle erreur avait pu m'abuser.
Je fus surpris par une indigne flamme;
Et mon devoir m'amène ici, madame.
ACANTHE.
Madame! à moi? quel nom vous me donnez!
Je sais l'état où mes parents sont nés.
COLETTE.
Madame!... oh! oh! quel est donc ce langage?
ACANTHE.
Cessez, monsieur; ce titre est un outrage;
C'est s'avilir que d'oser recevoir
Un faux honneur qu'on ne doit point avoir.
Je suis Acanthe, et mon nom doit suffire :
Il est sans tache.
LE CHEVALIER.
Ah! que puis-je vous dire?
Ce nom m'est cher : allez, vous oublierez
Mon attentat quand vous me connaîtrez;
Vous trouverez très-bon que je vous aime.
ACANTHE.
Qui? moi, monsieur!
COLETTE, à Acanthe.
C'est son remords extrême.
LE CHEVALIER.
N'en riez point, Colette; je prétends
Qu'elle ait pour moi les plus purs sentiments.
ACANTHE.
Je ne sais pas quel dessein vous anime;
Mais commencez par avoir mon estime.
LE CHEVALIER.
C'est le seul but que j'aurai désormais;
J'en serai digne, et je vous le promets.
ACANTHE.
Je le désire, et me plais à vous croire.
Vous êtes né pour connaître la gloire;
Mais ménagez la mienne, et me laissez.
LE CHEVALIER.
Non, c'est en vain que vous vous offensez.
Je ne suis point amoureux, je vous jure;
Mais je prétends rester.

COLETTE.
Bon, double injure.
Cet homme est fou, je l'ai pensé toujours.
Dormène vient, ma chère, à ton secours.
Démèle-toi de cette grande affaire ;
Ou donne grâce, ou garde ta colère.
Ton rôle est beau, tu fais ici la loi ;
Tu vois les grands à genoux devant toi.
Pour moi, je suis condamnée au village :
On ne m'enlève point, et j'en enrage.
On vient, adieu ; suis ton brillant destin,
Et je retourne à mon gros Mathurin.
(Elle sort.)

SCÈNE V.

ACANTHE, LE CHEVALIER, DORMÈNE, DIGNANT.

ACANTHE.
Hélas ! madame, une fille éperdue
En rougissant paraît à votre vue.
Pourquoi faut-il, pour combler ma douleur,
Que l'on me laisse avec mon ravisseur ?
Et vous aussi, vous m'accablez, mon père !
A ce méchant au lieu de me soustraire,
Vous m'amenez vous-même dans ces lieux ;
Je l'y revois ; mon maître fuit mes yeux.
Mon père, au moins, c'est en vous que j'espère !

DIGNANT.
O cher objet ! vous n'avez plus de père !

ACANTHE.
Que dites-vous ?

DIGNANT.
Non, je ne le suis pas.

DORMÈNE.
Non, mon enfant, de si charmants appas
Sont nés d'un sang dont vous êtes plus digne.
Préparez-vous au changement insigne
De votre sort, et surtout pardonnez
Au chevalier.

ACANTHE.
Moi ? madame !

DORMÈNE.
Apprenez,
Ma chère enfant, que Laure est votre mère.

ACANTHE.
Elle ! Est-il vrai ?

DORMÈNE.
Gernance est votre frère.

LE CHEVALIER.
Oui, je le suis ; oui, vous êtes ma sœur.

ACANTHE.
Ah! je succombe. Hélas! est-ce un bonheur?
LE CHEVALIER.
Il l'est pour moi.
ACANTHE.
De Laure je suis fille!
Et pourquoi donc faut-il que ma famille
M'ait tant caché mon état et mon nom?
D'où peut venir ce fatal abandon?
D'où vient qu'enfin, daignant me reconnaître,
Ma mère ici n'a point osé paraître?
Ah! s'il est vrai que le sang nous unit,
Sur ce mystère éclairez mon esprit.
Parlez, monsieur, et dissipez ma crainte.
LE CHEVALIER.
Ces mouvements dont vous êtes atteinte
Sont naturels, et tout vous sera dit.
DORMÈNE.
Dans ce moment, Acanthe, il vous suffit
D'avoir connu quelle est votre naissance.
Vous me devez un peu de confiance.
ACANTHE.
Laure est ma mère, et je ne la vois pas!
LE CHEVALIER.
Vous la verrez, vous serez dans ses bras.
DORMÈNE.
Oui, cette nuit je vous mène auprès d'elle.
ACANTHE.
J'admire en tout ma fortune nouvelle.
Quoi! j'ai l'honneur d'être de la maison
De monseigneur
LE CHEVALIER.
Vous honorez son nom.
ACANTHE.
Abusez-vous de mon esprit crédule?
Et voulez-vous me rendre ridicule?
Moi, de son sang! Ah! s'il était ainsi,
Il me l'eût dit; je le verrais ici.
DIGNANT.
Il m'a parlé... je ne sais quoi l'accable :
Il est saisi d'un trouble inconcevable.
ACANTHE.
Ah! je le vois.

SCÈNE VI.

ACANTHE, DORMÈNE, DIGNANT, LE CHEVALIER,
LE MARQUIS, au fond.

LE MARQUIS, au chevalier.
Il ne sera pas dit
Que cet enfant ait troublé mon esprit :

Bientôt l'absence affermira mon âme.
(Apercevant Dormène.)
Ah! pardonnez; vous étiez là, madame!
LE CHEVALIER.
Vous paraissez étrangement ému!
LE MARQUIS.
Moi?... point du tout. Vous serez convaincu
Qu'avec sang-froid je règle ma conduite.
De son destin Acanthe est-elle instruite?
ACANTHE.
Quel qu'il puisse être, il passe mes souhaits :
Je dépendrai de vous plus que jamais.
LE MARQUIS.
Permets, ô ciel! qu'ici je puisse faire
Plus d'un heureux!
LE CHEVALIER.
C'est une grande affaire.
Je ferai, moi, tout ce que vous voudrez;
Je l'ai promis.
LE MARQUIS.
Que vous m'obligerez!
(A Dormène.)
Belle Dormène, oubliez-vous l'offense,
L'égarement du coupable Gernance?
DORMÈNE.
Oui, tout est réparé.
LE MARQUIS.
Tout ne l'est pas.
Votre grand nom, vos vertueux appas,
Sont maltraités par l'aveugle fortune.
Je le sais trop; votre âme non commune
N'a pas de quoi suffire à vos bienfaits;
Votre destin doit changer désormais.
Si j'avais pu d'un heureux mariage
Choisir pour moi l'agréable esclavage,
C'eût été vous (et je vous l'ai mandé)
Pour qui mon cœur se serait décidé.
Voudriez-vous, madame, qu'à ma place
Le chevalier, pour mieux obtenir grâce,
Pour devenir à jamais vertueux,
Prît avec vous d'indissolubles nœuds?
Le meilleur frein pour ses mœurs, pour son âge,
Est une épouse aimable, noble, et sage.
Daignerez-vous accepter un château
Environné d'un domaine assez beau?
Pardonnez-vous cette offre?
DORMÈNE.
Ma surprise
Est si puissante, à tel point me maîtrise,
Que, ne pouvant encor me déclarer,
Je n'ai de voix que pour vous admirer.
LE CHEVALIER.
J'admire aussi; mais je fais plus, madame;
Je vous soumets l'empire de mon âme.

A tous les deux je devrai mon bonheur ;
Mais seconderez-vous mon bienfaiteur ?
DORMÈNE.
Consultez-vous, méritez mon estime,
Et les bienfaits de ce cœur magnanime.
LE MARQUIS.
Et... vous... Acanthe...
ACANTHE.
     Eh bien ! mon protecteur...
LE MARQUIS, à part.
Pourquoi tremblé-je en parlant ?
ACANTHE.
      Quoi ! monsieur...
LE MARQUIS.
Acanthe... vous... qui venez de renaître,
Vous qu'une mère ici va reconnaître,
Vivez près d'elle, et de ses tristes jours
Adoucissez et prolongez le cours.
Vous commencez une nouvelle vie,
Avec un frère, une mère, une amie ;
Je veux... Souffrez qu'à votre mère, à vous,
Je fasse un sort indépendant et doux.
Votre fortune, Acanthe, est assurée,
L'acte est passé, vous vivrez honorée,
Riche... contente... autant que je le peux.
J'aurais voulu... mais goûtez toutes deux,
Dormène et vous, les douceurs fortunées
Que l'amitié donne aux âmes bien nées...
Un autre bien que le cœur peut sentir
Est dangereux... Adieu... Je vais partir.
LE CHEVALIER.
Eh quoi ! ma sœur, vous n'êtes point contente?
Quoi ! vous pleurez?
ACANTHE.
    Je suis reconnaissante,
Je suis confuse... Ah ! c'en est trop pour moi.
Mais j'ai perdu plus que je ne reçoi...
Et ce n'est pas la fortune que j'aime...
Mon état change, et mon âme est la même ;
Elle doit être à vous... Ah ! permettez
Que, le cœur plein de vos rares bontés,
J'aille oublier ma première misère,
J'aille pleurer dans le sein de ma mère.
LE MARQUIS.
De quel chagrin vos sens sont agités !
Qu'avez-vous donc ? qu'ai-je fait ?
ACANTHE.
      Vous partez.
DORMÈNE.
Ah ! qu'as-tu dit ?
ACANTHE.
   La vérité, madame ;
La vérité plaît à votre belle âme.

LE MARQUIS.

Non, c'en est trop pour mes sens éperdus...
Acanthe...

ACANTHE.

Hélas !...

LE MARQUIS.

Ne partirai-je plus ?

LE CHEVALIER.

Mon cher parent, de Laure elle est la fille ;
Elle retrouve un frère, une famille ;
Et moi je trouve un mariage heureux.
Mais je vois bien que vous en ferez deux :
Vous payerez, la gageure est perdue.

LE MARQUIS.

Je vous l'avoue... Oui, mon âme est vaincue.
Dormène et Laure, Acanthe, et vous, et moi.

(A Acanthe.)

Soyons heureux... Oui, recevez ma foi,
Aimable Acanthe, allons, que je vous mène
Chez votre mère ; elle sera la mienne,
Elle oubliera pour jamais son malheur.

ACANTHE.

Ah ! je tombe à vos pieds...

LE CHEVALIER.

Allons, ma sœur,
Je fus bien fou, son cœur fut insensible ;
Mais on n'est pas toujours incorrigible.

FIN DES VARIANTES DU DROIT DU SEIGNEUR.

OLYMPIE

TRAGÉDIE EN CINQ ACTES

REPRÉSENTÉE LE 17 MARS 1764.

AVERTISSEMENT

POUR LA PRÉSENTE ÉDITION.

Dans sa brillante jeunesse, Voltaire avait mis quinze jours à ébaucher *Zaïre*. Il ne lui en avait fallu que huit pour esquisser *Rome sauvée*, à cinquante-six ans. A soixante-huit ans, six jours lui suffisent pour mettre sur pied *Olympie, ou la Famille d'Alexandre*. Il écrit au cardinal de Bernis, le 26 octobre 1761 : « La rage s'empara de moi un dimanche, et ne me quitta que le samedi suivant. J'allai toujours rimant, toujours barbouillant ; le sujet me portait à pleines voiles. La pièce est toute faite pour un cardinal. La scène est dans une église, il y a une absolution générale, une confession, une rechute, une religieuse, un évêque. Vous allez croire que j'ai encore le diable au corps en vous écrivant tout cela. Point du tout, je suis dans mon bon sens. Figurez-vous que ce sont les mystères de la Bonne Déesse, la veuve et la fille d'Alexandre retirées dans le temple ; tout ce que l'ancienne religion a de plus auguste, tout ce que les plus grands malheurs ont de touchant, les grands crimes de funeste, les passions de déchirant, et la peinture de la vie humaine de plus vrai. »

Mais la révision fut longue, comme toujours. La nouvelle tragédie ne fut représentée sur le Théâtre-Français que le 17 mars 1764. « On va nous donner encore, écrit Fréron à l'abbé Gossart, une rapsodie tragique de Voltaire, intitulée *Olympie*, et tout le monde lui applique son titre : ô l'impie ! »

Voltaire feint de croire que le jeu de mots ne s'adresse qu'à la pièce : « *O l'impie !* n'est pas juste, écrit-il à d'Alembert, car rien n'est plus pie que cette pièce ; et j'ai grand'peur qu'elle ne soit bonne qu'à être jouée dans un couvent de nonnes le jour de la fête de l'abbesse. »

Olympie fut assez favorablement accueillie ; elle eut dix représentations dans sa nouveauté.

Voltaire avait emprunté ce sujet au *Cassandre* de La Calprenède. « Il convenait au génie, dit Laharpe, d'oser nous montrer la fille d'Alexandre se précipitant dans les flammes du bûcher qui va consumer sa mère, et la dignité des personnages relevait encore cette action grande et tragique. Mais il eût fallu nous intéresser davantage à cet amour d'Olympie pour Cassandre et à celui de Cassandre pour Olympie, puisque au sacrifice de cet amour tient tout l'effet de ce dénoûment funeste, puisque Olympie ne se jette dans le bûcher que pour ne pas épouser Cassandre, puisque Cassandre se tue de désespoir d'avoir perdu Olympie. Or, dès le premier acte, l'auteur les a placés tous deux dans des circonstances qui, rendant leur union impossible, ne permettent pas qu'on s'intéresse à un amour dont il n'y a rien à espérer. »

Cette tragédie est celle peut-être que Voltaire, dans sa vieillesse, prit le plus à cœur. Il faut voir, dans la correspondance de l'année 1766, quelle joie lui cause le succès d'*Olympie* sur le théâtre de Genève; le 3 novembre il écrit à d'Argental : « La troupe de Genève, qui n'est pas absolument mauvaise, se surpassa hier en jouant *Olympie;* elle n'a jamais eu un si grand succès. La foule qui assistait à ce spectacle le redemanda pour le lendemain à grands cris. » Le 7 novembre, il écrit au même : « On est toujours fou d'*Olympie* à Genève, on la joue tous les jours. Le bûcher tourne la tête; il y avait beaucoup moins de monde au bûcher de Servet, quand vingt-cinq faquins le firent brûler. »

Il y a, dans les *Mémoires* rédigés par M. Coste sous le nom de Marie-Françoise Dumesnil, en réponse aux *Mémoires* d'Hippolyte Clairon, une anecdote à propos de cette dernière actrice et d'*Olympie*. Louis XV avait témoigné l'envie de voir les *Grâces* de Saint-Foix. La Comédie est mandée à Versailles pour jouer *Olympie*, et les *Grâces* comme petite pièce. Mais le roi avait conseil à neuf heures; il ne fallait pas perdre de temps. Mlle Clairon jouait Olympie. Les actrices, notamment Mlle D'Oligny, qui jouaient dans les *Grâces*, devaient faire partie du cortége d'Olympie; mais afin qu'elles n'eussent pas à changer de costume après la grande pièce, et que la petite pût commencer tout de suite, M. de La Ferté, intendant des menus-plaisirs, décida que les comédiennes seraient remplacées dans le cortége par des choristes de l'Opéra. Mlle Clairon : « Si l'on change quelque chose à la pompe théâtrale d'*Olympie*, je ne jouerai point. » Et, se retournant vers Mlle d'Oligny et ses compagnes : « Et vous, mesdemoiselles, je vous défends de vous laisser remplacer. » En vain M. de La Ferté insiste; Mlle Clairon répète son *ultimatum* : « Je ne jouerai point. » Il fallut laisser les comédiennes dans son cortége. La tragédie traîne en longueur. Louis XV s'impatiente : il tire sa montre; neuf heures sont sonnées; il se lève et sort en disant à haute voix : « On m'avait promis les *Grâces*. » Tel était le ton qu'avaient pris, même à la cour, les fameuses actrices de cette époque.

Et qui faillit être puni? Ce fut Fréron, qui inséra dans son journal une plainte de Saint-Foix, et qui n'évita d'aller en prison que par l'intercession du roi de Pologne.

AVERTISSEMENT

DES ÉDITEURS DE L'ÉDITION DE KEHL.

Cette tragédie parut imprimée en 1763[1] ; elle fut jouée à Ferney[2], et sur le théâtre de l'électeur palatin[3]. M. de Voltaire, alors âgé de soixante-neuf ans, la composa en six jours.

C'est l'ouvrage de six jours, écrivait-il à un philosophe illustre[4], dont il voulait savoir l'opinion sur cette pièce. *L'auteur n'aurait pas dû se reposer le septième*, lui répondit son ami. *Aussi s'est-il repenti de son ouvrage*, répliqua M. de Voltaire ; et quelque temps après il renvoya la pièce avec beaucoup de corrections.

Olympie a été traduite en italien et jouée à Venise, sur le théâtre de San-Salvatore, avec un grand succès[5].

---

1. Francfort et Leipsig, 1763, petit in-8° de viij et 156 pages, que je regarde comme l'édition originale. L'*Avis de l'Éditeur* est signé Colini, et se retrouve dans les éditions de Francfort et Leipsig, 1763, in-8° de 98 et xvj pages ; de Genève, 1763, in-8° de vj et 134 pages ; de Francfort et Leipsig (Paris, Duchesne), in-12 de 92 et xvj pages. Une édition de Paris, veuve Duchesne, 1774, in-8° de 74 pages, contient encore l'*Avis* de Colini, et présente des variantes qui ont été données, pour la première fois, en 1820, par M. Lequien. (B.)

2. Le 24 mars 1762 : voyez la lettre à Villars, du 25 mars 1762. (B.)

3. Colini, dans son *Avis de l'Éditeur*, dit le 30 septembre et le 7 octobre (1762), et son témoignage me paraît préférable à celui de Voltaire, qui, dans sa lettre à d'Argental, du 23 novembre 1762, donne le 23 septembre pour date de la représentation à Schwetzingen. (B.)

4. D'Alembert ; mais les lettres où se trouvaient les mots rapportés ici ne font pas partie de la correspondance. (B.)

5. J'ai mis au bas du texte les notes de Voltaire imprimées jusqu'ici à la fin de la pièce. « Ces notes sont pour les philosophes », écrivait Voltaire à Mme de Fontaine, le 8 février 1762. Il avait pris son sujet moins pour faire une tragédie que pour faire un livre de notes à la fin de la pièce, disait-il à d'Alembert (lettre du 25 février 1762). Les additions que j'ai faites à ces notes sont entre deux crochets. Ce signe, moins usité que la parenthèse, par cela même appelle plus l'attention du lecteur. (B.)

PERSONNAGES[1]

CASSANDRE, fils d'Antipatre, roi de Macédoine.
ANTIGONE, roi d'une partie de l'Asie.
STATIRA, veuve d'Alexandre.
OLYMPIE, fille d'Alexandre et de Statira.
L'HIÉROPHANTE, ou grand-prêtre, qui préside à la célébration des grands mystères.
SOSTÈNE, officier de Cassandre.
HERMAS, officier d'Antigone.
PRÊTRES.
INITIÉS.
PRÊTRESSES.
SOLDATS.
PEUPLE.

La scène est dans le temple d'Éphèse, où l'on célèbre les grands mystères. Le théâtre représente le temple, le péristyle, et la place qui conduit au temple.

---

1. Noms des acteurs qui jouèrent dans cette tragédie, et dans le Galant coureur, de Legrand, qui l'accompagnait : Dubois, Lekain (Cassandre), Bellecour (Antigone), Préville, Brizard (l'Hiérophante), Blainville, Molé, Dauberval, Auger, Bouret, Granger ; Mmes Dumesnil (Statira), Clairon (Olympie), Préville, Lekain, Depinay, Doligny, Fannier. — Recette : 3,668 livres. (G.A.)

OLYMPIE

TRAGÉDIE

ACTE PREMIER.

SCÈNE I.

(Le fond du théâtre représente un temple dont les trois portes fermées sont ornées de larges pilastres : les deux ailes forment un vaste péristyle. Sostène est dans le péristyle, la grande porte s'ouvre. Cassandre, troublé et agité, vient à lui : la grande porte se referme [1].)

CASSANDRE, SOSTÈNE.

CASSANDRE.

Sostène, on va finir ces mystères terribles [2].
Cassandre espère enfin des dieux moins inflexibles :

---

1. « ... La porte se referme incontinent, écrivait Voltaire, après avoir laissé voir au spectateur deux longues files de prêtres et de prêtresses couronnées de fleurs, et une décoration magnifiquement illuminée au fond du sanctuaire. L'œil, toujours curieux et avide, est fâché de ne voir qu'un instant ce beau spectacle... »
2. Ces mystères et ces expiations sont de la plus haute antiquité, et commençaient alors à devenir communs chez les Grecs. Philippe, père d'Alexandre, se fit initier aux mystères de la Samothrace avec la jeune Olympias, qu'il épousa depuis. C'est ce qu'on trouve dans Plutarque, au commencement de la vie d'Alexandre, et c'est ce qui peut servir à fonder l'initiation de Cassandre et d'Olympie.
Il est difficile de savoir chez quelle nation on inventa ces mystères. On les trouve établis chez les Perses, chez les Indiens, chez les Égyptiens, chez les Grecs. Il n'y a peut-être point d'établissement plus sage. La plupart des hommes, quand ils sont tombés dans de grands crimes, en ont naturellement des remords. Les législateurs qui établirent les mystères et les expiations voulurent également empêcher les coupables repentants de se livrer au désespoir, et de retomber dans leurs crimes.
La créance de l'immortalité de l'âme était partout le fondement de ces cérémonies religieuses. Soit que la doctrine de la métempsycose fût admise, soit qu'on reçût celle de la réunion de l'esprit humain à l'esprit universel, soit que l'on crût,

Mes jours seront plus purs, et mes sens moins troublés ;
Je respire.
SOSTÈNE.
Seigneur, près d'Éphèse assemblés,
Les guerriers qui servaient sous le roi votre père
Ont fait entre mes mains le serment ordinaire :
Déjà la Macédoine a reconnu vos lois ;
De ses deux protecteurs Éphèse a fait le choix.
Cet honneur, qu'avec vous Antigone partage,
Est de vos grands destins un auguste présage :
Ce règne, qui commence à l'ombre des autels,
Sera béni des dieux, et chéri des mortels ;
Ce nom d'initié, qu'on révère et qu'on aime,
Ajoute un nouveau lustre à la grandeur suprême.
Paraissez.
CASSANDRE.
Je ne puis : tes yeux seront témoins

comme en Égypte, que l'âme serait un jour rejointe à son propre corps ; en un mot, quelle que fût l'opinion dominante, celle des peines et des récompenses après la mort était universelle chez toutes les nations policées.

Il est vrai que les Juifs ne connurent point ces mystères, quoiqu'ils eussent pris beaucoup de cérémonies des Égyptiens. La raison en est que l'immortalité de l'âme était le fondement de la doctrine égyptienne, et n'était pas celui de la doctrine mosaïque. Le peuple grossier des Juifs, auquel Dieu daignait se proportionner, n'avait même aucun corps de doctrine ; il n'avait pas une seule formule de prière générale établie par ses lois. On ne trouve, ni dans le Deutéronome, ni dans le Lévitique, qui sont les seules lois des Juifs, ni prière, ni dogme, ni créance de l'immortalité de l'âme, ni peines, ni récompenses après la mort. C'est ce qui les distinguait des autres peuples ; et c'est ce qui prouve la divinité de la mission de Moïse, selon le sentiment de M. Warburton, évêque de Worcester [de Glocester]. Ce prélat prétend que Dieu, daignant gouverner lui-même le peuple juif, et le récompensant ou le punissant par des bénédictions ou des peines temporelles, ne devait pas lui proposer le dogme de l'immortalité de l'âme, dogme admis chez tous les voisins de ce peuple.

Les Juifs furent donc presque les seuls dans l'antiquité chez qui les mystères furent inconnus. Zoroastre les avait apportés en Perse, Orphée en Thrace, Osiris en Égypte, Minos en Crète, Cyniras en Chypre, Érechthée dans Athènes. Tous différaient, mais tous étaient fondés sur la créance d'une vie à venir, et sur celle d'un seul Dieu. C'est surtout ce dogme de l'unité de l'Être suprême qui fit donner partout le nom de mystères à ces cérémonies sacrées. On laissait le peuple adorer des dieux secondaires, des petits dieux, comme les appelle Ovide, *vulgus deorum* [*Vos quoque, plebs superum, Fauni, Satyrique, Laresque.* OVIDE, *Ibis*, 81.], c'est-à-dire les âmes des héros, que l'on croyait participantes de la Divinité, et des êtres mitoyens entre Dieu et nous. Dans toutes les célébrations des mystères en Grèce, soit à Éleusis, soit à Thèbes, soit dans la Samothrace, ou dans les autres îles, on chantait l'hymne d'Orphée :

« Marchez dans la voie de la justice, contemplez le seul maître du monde, le

De mes premiers devoirs, et de mes premiers soins.
Demeure en ces parvis... Nos augustes prêtresses
Présentent Olympie aux autels des déesses :
Elle expie en secret, remise entre leurs bras,
Mes malheureux forfaits, qu'elle ne connaît pas.
D'aujourd'hui je commence une nouvelle vie.
Puisses-tu pour jamais, chère et tendre Olympie,
Ignorer ce grand crime avec peine effacé,
Et quel sang t'a fait naître, et quel sang j'ai versé !

SOSTÈNE.

Quoi ! seigneur, une enfant vers l'Euphrate enlevée,
Jadis par votre père à servir réservée,
Sur qui vous étendiez tant de soins généreux,
Pourrait jeter Cassandre en ces troubles affreux !

CASSANDRE.

Respecte cette esclave à qui tout doit hommage :
Du sort qui l'avilit je répare l'outrage.
Mon père eut ses raisons pour lui cacher le rang

Démiourgos. Il est unique, il existe seul par lui-même, tous les autres êtres ne sont que par lui ; il les anime tous : il n'a jamais été vu par des yeux mortels, et il voit au fond de nos cœurs. »

Dans presque toutes les célébrations de ces mystères, on représentait, sur une espèce de théâtre, une nuit à peine éclairée, et des hommes à moitié nus, errant dans ces ténèbres, poussant des gémissements et des plaintes, et levant les mains au ciel. Ensuite venait la lumière, et l'on voyait le Démiourgos, qui représentait le maître et le fabricateur du monde, consolant les mortels, et les exhortant à mener une vie pure.

Ceux qui avaient commis de grands crimes les confessaient à l'hiérophante, et juraient devant Dieu de n'en plus commettre. On les appelait dans toutes les langues d'un nom qui répond à *initiatus*, initié, celui *qui commence une nouvelle vie*, et qui entre en communication avec les dieux, c'est-à-dire avec les héros et les demi-dieux ; qui ont mérité par leurs exploits bienfaisants d'être admis après leur mort auprès de l'Être suprême.

Ce sont là les particularités principales qu'on peut recueillir des anciens mystères, dans Platon, dans Cicéron, dans Porphyre, Eusèbe, Strabon, et d'autres.

Les parricides n'étaient point reçus à ces expiations ; le crime était trop énorme. Suétone [Néron, xxxiv.] rapporte que Néron, après avoir assassiné sa mère, ayant voyagé en Grèce, n'osa assister aux mystères d'Éleusine. Zosime [*Hist.* II, 9.] prétend que Constantin, après avoir fait mourir sa femme, son fils, son beau-père, et son neveu, ne put jamais trouver d'hiérophante qui l'admît à la participation des mystères.

On pourrait remarquer ici que Cassandre est précisément dans le cas où il doit être admis au nombre des initiés. Il n'est point coupable de l'empoisonnement d'Alexandre ; il n'a répandu le sang de Statira que dans l'horreur tumultueuse d'un combat, et en défendant son père. Ses remords sont plutôt d'une âme sensible et née pour la vertu, que d'un criminel qui craint la vengeance céleste. (*Note de Voltaire.*)

Que devait lui donner la splendeur de son sang...
Que dis-je? ô souvenir! ô temps! ô jour de crimes!
Il la comptait, Sostène, au nombre des victimes
Qu'il immolait alors à notre sûreté...
Nourri dans le carnage et dans la cruauté,
Seul je pris pitié d'elle, et je fléchis mon père ;
Seul je sauvai la fille, ayant frappé la mère.
Elle ignora toujours mon crime et ma fureur.
Olympie, à jamais conserve ton erreur!
Tu chéris dans Cassandre un bienfaiteur, un maître ;
Tu me détesteras si tu peux te connaître.

SOSTÈNE.

Je ne pénètre point ces étonnants secrets,
Et ne viens vous parler que de vos intérêts.
Seigneur, de tous ces rois que nous voyons prétendre
Avec tant de fureur au trône d'Alexandre,
L'inflexible Antigone est seul votre allié...

CASSANDRE.

J'ai toujours avec lui respecté l'amitié ;
Je lui serai fidèle.

SOSTÈNE.

Il doit aussi vous l'être :
Mais depuis qu'en ces murs nous le voyons paraître.
Il semble qu'en secret un sentiment jaloux
Ait altéré son cœur, et l'éloigne de vous.

CASSANDRE.

(A part.)

Et qu'importe Antigone!... O mânes d'Alexandre!
Mânes de Statira! grande ombre! auguste cendre!
Restes d'un demi-dieu, justement courroucés,
Mes remords et mes feux vous vengent-ils assez?
Olympie, obtenez de leur ombre apaisée
Cette paix à mon cœur si longtemps refusée ;
Et que votre vertu, dissipant mon effroi,
Soit ici ma défense, et parle aux dieux pour moi...
Eh quoi! vers ces parvis, à peine ouverts encore,
Antigone s'approche et devance l'aurore!

SCÈNE II.

CASSANDRE, SOSTÈNE, ANTIGONE, HERMAS.

ANTIGONE, à Hermas, au fond du théâtre.
Ce secret m'importune, il le faut arracher;
Je lirai dans son cœur ce qu'il croit me cacher.
Va, ne t'écarte pas.
CASSANDRE, à Antigone.
Quand le jour luit à peine,
Quel sujet si pressant près de moi vous amène?
ANTIGONE.
Nos intérêts, Cassandre; après que dans ces lieux
Vos expiations ont satisfait les dieux,
Il est temps de songer à partager la terre.
D'Éphèse en ces grands jours ils écartent la guerre :
Vos mystères secrets des peuples respectés
Suspendent la discorde et les calamités;
C'est un temps de repos pour les fureurs des princes :
Mais ce repos est court; et bientôt nos provinces
Retourneront en proie aux flammes, aux combats,
Que ces dieux arrêtaient, et qu'ils n'éteignent pas.
Antipatre n'est plus : vos soins, votre courage,
Sans doute, achèveront son important ouvrage;
Il n'eût jamais permis que l'ingrat Séleucus,
Le Lagide insolent, le traître Antiochus,
D'Alexandre au tombeau dévorant les conquêtes,
Osassent nous braver et marcher sur nos têtes.
CASSANDRE.
Plût aux dieux qu'Alexandre à ces ambitieux
Fît du haut de son trône encor baisser les yeux!
Plût aux dieux qu'il vécût!
ANTIGONE.
Je ne puis vous comprendre;
Est-ce au fils d'Antipatre à pleurer Alexandre?
Qui peut vous inspirer un remords si pressant?
De sa mort, après tout, vous êtes innocent.
CASSANDRE.
Ah! j'ai causé sa mort.

ANTIGONE.

Elle était légitime :
Tous les Grecs demandaient cette grande victime;
L'univers était las de son ambition.
Athène, Athène même envoya le poison ;
Perdiccas le reçut, on en chargea Cratère ;
Il fut mis dans vos mains, des mains de votre père,
Sans qu'il vous confiât cet important dessein :
Vous étiez jeune encor; vous serviez au festin,
A ce dernier festin du tyran de l'Asie.

CASSANDRE.
Non, cessez d'excuser ce sacrilége impie.

ANTIGONE.
Ce sacrilége!... Eh quoi! vos esprits abattus
Érigent-ils en dieu l'assassin de Clitus,
Du grand Parménion le bourreau sanguinaire,
Ce superbe insensé qui, flétrissant sa mère,
Au rang du fils des dieux osa bien aspirer,
Et se déshonora pour se faire adorer?
Seul il fut sacrilége; et lorsqu'à Babylone
Nous avons renversé ses autels et son trône,
Quand la coupe fatale a fini son destin,
On a vengé les dieux comme le genre humain.

CASSANDRE.
J'avouerai ses défauts; mais, quoi qu'il en puisse être,
Il était un grand homme, et c'était notre maître.

ANTIGONE.
Un grand homme[1] !

CASSANDRE.
Oui, sans doute.

---

1. Il est bon d'opposer ici le jugement de Plutarque sur Alexandre à tous les paradoxes et aux lieux communs qu'il a plu à Juvénal [*Sat.* x, 168-172; xiv, 311-314.] et à ses imitateurs [Boileau, *Sat.* xii, 100-108] de débiter contre ce héros. Plutarque, dans sa belle comparaison d'Alexandre et de César, dit que « le héros de la Macédoine semblait né pour le bonheur du monde, et le héros romain pour sa ruine ». En effet, rien n'est plus juste que la guerre d'Alexandre, général de la Grèce, contre les ennemis de la Grèce, et rien de plus injuste que la guerre de César contre sa patrie.

Remarquez surtout que Plutarque ne décide qu'après avoir pesé les vertus et les vices d'Alexandre et de César. J'avoue que Plutarque, qui donne toujours la préférence aux Grecs, semble avoir été trop loin. Qu'aurait-il dit de plus de Titus, de Trajan, des Antonins, de Julien même, sa religion à part? Voilà ceux qui paraissaient être nés pour le bonheur du monde, plutôt que le meurtrier de Clitus, de Callisthène et de Parménion. (*Note de Voltaire.*)

ANTIGONE.
             Ah! c'est notre valeur,
Notre bras, notre sang, qui fonda sa grandeur ;
Il ne fut qu'un ingrat.
           CASSANDRE.
                   O mes dieux tutélaires!
Quels mortels ont été plus ingrats que nos pères?
Tous ont voulu monter à ce superbe rang.
Mais de sa femme enfin pourquoi percer le flanc?
Sa femme!... ses enfants!... Ah! quel jour, Antigone!
           ANTIGONE.
Après quinze ans entiers ce scrupule m'étonne.
Jaloux de ses amis, gendre de Darius,
Il devenait Persan ; nous étions les vaincus :
Auriez-vous donc voulu que, vengeant Alexandre,
La fière Statira, dans Babylone en cendre,
Soulevant ses sujets, nous eût immolés tous
Au sang de sa famille, au sang de son époux?
Elle arma tout le peuple : Antipatre avec peine
Échappa dans ce jour aux fureurs de la reine;
Vous sauvâtes un père.
           CASSANDRE.
                 Il est vrai ; mais enfin
La femme d'Alexandre a péri par ma main.
           ANTIGONE.
C'est le sort des combats ; le succès de nos armes
Ne doit point nous coûter de regrets et de larmes.
           CASSANDRE.
J'en versai, je l'avoue, après ce coup affreux ;
Et, couvert de ce sang auguste et malheureux,
Étonné de moi-même, et confus de la rage
Où mon père emporta mon aveugle courage,
J'en ai longtemps gémi.
           ANTIGONE.
                 Mais quels motifs secrets
Redoublent aujourd'hui de si cuisants regrets?
Dans le cœur d'un ami j'ai quelque droit de lire :
Vous dissimulez trop.
           CASSANDRE.
                Ami... que puis-je dire?
Croyez qu'il est des temps où le cœur combattu
Par un instinct secret revole à la vertu,

Où de nos attentats la mémoire passée
Revient avec horreur effrayer la pensée.
####### ANTIGONE.
*Oubliez, croyez-moi, des meurtres expiés[1] ;
*Mais que nos intérêts ne soient point oubliés :
*Si quelque repentir trouble encor votre vie,
*Repentez-vous surtout d'abandonner l'Asie
*A l'insolente loi du traître Antiochus.
*Que mes braves guerriers et vos Grecs invaincus
*Une seconde fois fassent trembler l'Euphrate :
*De tous ces nouveaux rois dont la grandeur éclate
*Nul n'est digne de l'être, et dans ses premiers ans
*N'a servi, comme nous, le vainqueur des Persans.
*Tous nos chefs ont péri.
####### CASSANDRE.
Je le sais, et peut-être
*Dieu les immola tous aux mânes de leur maître.
####### ANTIGONE.
Nous restons, nous vivons, nous devons rétablir
Ces débris tout sanglants qu'il nous faut recueillir :
Alexandre, en mourant, les laissait au plus digne ;
Si j'ose les saisir, son ordre me désigne.
Assurez ma fortune ainsi que votre sort :
Le plus digne de tous, sans doute, est le plus fort.
Relevons de nos Grecs la puissance détruite ;
Que jamais parmi nous la discorde introduite
Ne nous expose en proie à ces tyrans nouveaux,
Eux qui n'étaient pas nés pour marcher nos égaux.
Me le promettez-vous ?
####### CASSANDRE.
Ami, je vous le jure ;
Je suis prêt à venger notre commune injure.
Le sceptre de l'Asie est en d'indignes mains,
Et l'Euphrate et le Nil ont trop de souverains :
Je combattrai pour moi, pour vous, et pour la Grèce.
####### ANTIGONE.
J'en crois votre intérêt ; j'en crois votre promesse ;
Et surtout je me fie à la noble amitié
Dont le nœud respectable avec vous m'a lié.

---

1. Les vers précédés d'une étoile étaient supprimés à la représentation.

Mais de cette amitié je vous demande un gage ;
Ne me refusez pas.
                    CASSANDRE.
                    Ce doute est un outrage.
Ce que vous demandez est-il en mon pouvoir?
C'est un ordre pour moi, vous n'avez qu'à vouloir.
                    ANTIGONE.
Peut-être vous verrez avec quelque surprise
Le peu qu'à demander l'amitié m'autorise :
Je ne veux qu'une esclave.
                    CASSANDRE.
                    Heureux de vous servir,
Ils sont tous à vos pieds ; c'est à vous de choisir.
                    ANTIGONE.
Souffrez que je demande une jeune étrangère [1]
Qu'aux murs de Babylone enleva votre père :
Elle est votre partage ; accordez-moi ce prix
De tant d'heureux travaux pour vous-même entrepris.
Votre père, dit-on, l'avait persécutée ;
J'aurai soin qu'en ma cour elle soit respectée :
Son nom est... Olympie.
                    CASSANDRE.
                    Olympie !
                    ANTIGONE.
                    Oui, seigneur,
                    CASSANDRE, à part.
De quels traits imprévus il vient percer mon cœur!...
Que je livre Olympie !
                    ANTIGONE.
                    Écoutez ; je me flatte
Que Cassandre envers moi n'a point une âme ingrate :
Sur les moindres objets un refus peut blesser ;
Et vous ne voulez pas sans doute m'offenser ?
                    CASSANDRE.
Non ; vous verrez bientôt cette jeune captive ;
Vous-même jugerez s'il faut qu'elle vous suive,
S'il peut m'être permis de la mettre en vos mains.
Ce temple est interdit aux profanes humains ;
Sous les yeux vigilants des dieux et des déesses,

---

1. L'acteur doit ici regarder attentivement Cassandre. (*Note de Voltaire.*)

Olympie est gardée au milieu des prêtresses.
Les portes s'ouvriront quand il en sera temps.
Dans ce parvis ouvert au reste des vivants,
Sans vous plaindre de moi, daignez au moins m'attendre;
Des mystères nouveaux pourront vous y surprendre;
Et vous déciderez si la terre a des rois
Qui puissent asservir Olympie à leurs lois.

(Il rentre dans le temple, et Sostène sort.)

SCÈNE III.

ANTIGONE, HERMAS, dans le péristyle.

HERMAS.

Seigneur, vous m'étonnez : quand l'Asie en alarmes
Voit cent trônes sanglants disputés par les armes,
Quand des vastes États d'Alexandre au tombeau
La fortune prépare un partage nouveau,
Lorsque vous prétendez au souverain empire,
Une esclave est l'objet où ce grand cœur aspire!

ANTIGONE.

Tu dois t'en étonner. J'ai des raisons, Hermas,
Que je n'ose encor dire, et qu'on ne connaît pas :
Le sort de cette esclave est important peut-être
A tous les rois d'Asie, à quiconque veut l'être,
A quiconque en son sein porte un assez grand cœur
Pour oser d'Alexandre être le successeur.
Sur le nom de l'esclave et sur ses aventures
J'ai formé dès longtemps d'étranges conjectures :
J'ai voulu m'éclaircir; mes yeux dans ces remparts
Ont quelquefois sur elle arrêté leurs regards;
Ses traits, les lieux, le temps, où le ciel la fit naître,
Les respects étonnants que lui prodigue un maître,
Les remords de Cassandre, et ses obscurs discours,
A ces soupçons secrets ont prêté des secours.
Je crois avoir percé ce ténébreux mystère.

HERMAS.
* On dit qu'il la chérit, et qu'il l'élève en père.

ANTIGONE.
* Nous verrons... Mais on ouvre, et ce temple sacré

* Nous découvre un autel de guirlandes paré :
* Je vois des deux côtés les prêtresses paraître ;
* Au fond du sanctuaire est assis le grand-prêtre ;
* Olympie et Cassandre arrivent à l'autel !

SCÈNE IV.

(Les trois portes du temple sont ouvertes. On découvre tout l'intérieur. Les PRÊTRES d'un côté, et les PRÊTRESSES de l'autre, s'avancent lentement. Ils sont tous vêtus de robes blanches, avec des ceintures bleues dont les bouts pendent à terre. CASSANDRE ET OLYMPIE mettent la main sur l'autel ; ANTIGONE ET HERMAS restent dans le péristyle avec une partie du PEUPLE, qui entre par les côtés [1].)

CASSANDRE.

Dieu des rois et des dieux, être unique, éternel !
Dieu qu'on m'a fait connaître en ces fêtes augustes,

---

1. Ce spectacle ferait peut-être un bel effet au théâtre, si jamais la pièce pouvait être représentée. Ce n'est pas qu'il y ait aucun mérite à faire paraître des prêtres et des prêtresses, un autel, des flambeaux, et toute la cérémonie d'un mariage : cet appareil, au contraire, ne serait qu'une misérable ressource si d'ailleurs il n'excitait pas un grand intérêt, s'il ne formait pas une situation, s'il ne produisait pas de l'étonnement et de la colère dans Antigone, s'il n'était pas lié avec les desseins de Cassandre, s'il ne servait à expliquer le véritable sujet de ses expiations. C'est tout cela ensemble qui forme une situation. Tout appareil dont il ne résulte rien est puéril. Qu'importe la décoration au mérite d'un poëme ? Si le succès dépendait de ce qui frappe les yeux, il n'y aurait qu'à montrer des tableaux mouvants. La partie qui regarde la pompe du spectacle est sans doute la dernière ; on ne doit pas la négliger, mais il ne faut pas trop s'y attacher.

Il faut que les situations théâtrales forment des tableaux animés. Un peintre qui met sur la toile la cérémonie d'un mariage n'aura fait qu'un tableau assez commun s'il n'a peint que deux époux, un autel, et des assistants ; mais s'il y ajoute un homme dans l'attitude de l'étonnement et de la colère, qui contraste avec la joie des deux époux, son ouvrage aura de la vie et de la force. Ainsi, au second acte, Statira qui embrasse Olympie avec des larmes de joie, et l'hiérophante attendri et affligé ; ainsi, au troisième acte, Cassandre reconnaissant Statira avec effroi, et Olympie dans l'embarras et dans la douleur ; ainsi, au quatrième acte, Olympie au pied d'un autel, désespérée de sa faiblesse, et repoussant Cassandre qui se jette à ses genoux ; ainsi, au cinquième, la même Olympie s'élançant dans le bûcher, aux yeux de ses amants épouvantés et des prêtres, qui, tous ensemble, sont dans cette attitude douloureuse, empressée, égarée, qui annonce une marche précipitée, les bras étendus, et prêts à courir au secours : toutes ces peintures vivantes, formées par des acteurs pleins d'âme et de feu, pourraient donner au moins quelque idée de l'excès où peuvent être poussées la terreur et la pitié, qui sont le seul but, la seule constitution de la tragédie. Mais il faudrait un ouvrage

Qui punis les pervers, et qui soutiens les justes,
Près de qui les remords effacent les forfaits,
Confirme, Dieu clément, les serments que je fais!
Recevez ces serments, adorable Olympie;
Je soumets à vos lois et mon trône et ma vie,
Je vous jure un amour aussi pur, aussi saint,
Que ce feu de Vesta qui n'est jamais éteint[1].
Et vous, filles des cieux, vous, augustes prêtresses,
Portez avec l'encens mes vœux et mes promesses
Au trône de ces dieux qui daignent m'écouter,
Et détournez les traits que je peux mériter.

OLYMPIE.

Protégez à jamais, ô dieux en qui j'espère,
Le maître généreux qui m'a servi de père,
Mon amant adoré, mon respectable époux;
Qu'il soit toujours chéri, toujours digne de vous!
Mon cœur vous est connu. Son rang et sa couronne
Sont les moindres des biens que son amour me donne:
Témoins des tendres feux à mon cœur inspirés,
Soyez-en les garants, vous qui les consacrez;
Qu'il m'apprenne à vous plaire, et que votre justice
Me prépare aux enfers un éternel supplice
Si j'oublie un moment, infidèle à vos lois,
Et l'état où je fus, et ce que je lui dois.

CASSANDRE.

Rentrons au sanctuaire où mon bonheur m'appelle.

---

dramatique qui, étant susceptible de toutes ces hardiesses, eût aussi les beautés qui rendent ces hardiesses respectables.

Si le cœur n'est pas ému par la beauté des vers, par la vérité des sentiments, les yeux ne seront pas contents de ces spectacles prodigués; et, loin de les applaudir, on les tournera en ridicule, comme de vains suppléments qui ne peuvent jamais remplacer le génie de la poésie.

Il est à croire que c'est cette crainte du ridicule qui a presque toujours resserré la scène française dans le petit cercle des dialogues, des monologues, et des récits. Il nous a manqué de l'action; c'est un défaut que les étrangers nous reprochent, et dont nous osons à peine nous corriger. On ne présente cette tragédie aux amateurs que comme une esquisse légère et imparfaite d'un genre absolument nécessaire. (*Note de Voltaire.*)

1. Le feu de Vesta était allumé dans presque tous les temples de la terre connue. Vesta signifiait *feu* chez les anciens Perses, et tous les savants en conviennent. Il est à croire que les autres nations firent une Divinité de ce feu, que les Perses ne regardèrent jamais que comme le symbole de la divinité. Ainsi une erreur de nom produisit la déesse Vesta, comme elle a produit tant d'autres choses. (*Note de Voltairre.*)

Prêtresses, disposez la pompe solennelle
Par qui mes jours heureux vont commencer leur cours ;
Sanctifiez ma vie, et nos chastes amours.
* J'ai vu les dieux au temple, et je les vois en elle ;
* Qu'ils me haïssent tous, si je suis infidèle !...
* Antigone, en ces lieux vous m'avez entendu ;
* Aux vœux que vous formiez ai-je assez répondu ?
* Vous-même prononcez si vous deviez prétendre
* A voir entre vos mains l'esclave de Cassandre :
Sachez que ma couronne et toute ma grandeur
Sont de faibles présents, indignes de son cœur.
Quelque étroite amitié qui tous deux nous unisse,
Jugez si j'ai dû faire un pareil sacrifice.

(Ils rentrent dans le temple ; les portes se ferment, le peuple sort du parvis.)

SCÈNE V.

ANTIGONE, HERMAS, dans le péristyle.

ANTIGONE.

Va, je n'en doute plus, et tout m'est découvert ;
Il m'a voulu braver ; mais sois sûr qu'il se perd,
Je reconnais en lui la fougueuse imprudence
Qui tantôt sert les dieux, et tantôt les offense ;
Ce caractère ardent qui joint la passion
Avec la politique et la religion ;
Prompt, facile, superbe, impétueux, et tendre,
Prêt à se repentir, prêt à tout entreprendre.
Il épouse une esclave ! Ah ! tu peux bien penser
Que l'amour à ce point ne saurait l'abaisser :
Cette esclave est d'un sang que lui-même il respecte.
De ses desseins cachés la trame est trop suspecte ;
Il se flatte en secret qu'Olympie a des droits
Qui pourront l'élever au rang de roi des rois.
S'il n'était qu'un amant il m'eût fait confidence
D'un feu qui l'emportait à tant de violence.
Va, tu verras bientôt succéder sans pitié
Une haine implacable à sa faible amitié.

HERMAS.

A son cœur égaré vous imputez peut-être

Des desseins plus profonds que l'amour n'en fait naître :
Dans nos grands intérêts souvent nos actions
Sont, vous le savez trop, l'effet des passions ;
On se déguise en vain leur pouvoir tyrannique,
Le faible quelquefois passe pour politique ;
Et Cassandre n'est pas le premier souverain
Qui chérit une esclave et lui donna la main ;
J'ai vu plus d'un héros, subjugué par sa flamme,
Superbe avec les rois, faible avec une femme.

ANTIGONE.

Tu ne dis que trop vrai : je pèse tes raisons ;
Mais tout ce que j'ai vu confirme mes soupçons.
Te le dirai-je enfin ? les charmes d'Olympie
Peut-être dans mon cœur portent la jalousie.
Tu n'entrevois que trop mes sentiments secrets :
L'amour se joint peut-être à ces grands intérêts :
Plus que je ne pensais leur union me blesse.
Cassandre est-il le seul en proie à la faiblesse ?

HERMAS.

Mais il comptait sur vous. Les titres les plus saints
Ne pourront-ils jamais unir les souverains ?
L'alliance, les dons, la fraternité d'armes,
Vos périls partagés, vos communes alarmes,
Vos serments redoublés, tant de soins, tant de vœux,
N'auraient-ils donc servi qu'au malheur de tous deux ?
De la sainte amitié n'est-il donc plus d'exemples ?

ANTIGONE.

L'amitié, je le sais, dans la Grèce a des temples ;
L'intérêt n'en a point, mais il est adoré.
D'ambition, sans doute, et d'amour enivré,
Cassandre m'a trompé sur le sort d'Olympie :
De mes yeux éclairés Cassandre se défie ;
Il n'a que trop raison. Va, peut-être aujourd'hui
L'objet de tant de vœux n'est pas encore à lui.

HERMAS.

Il a reçu sa main... Cette enceinte sacrée
Voit déjà de l'hymen la pompe préparée ;

(Les initiés, les prêtres et les prêtresses traversent le fond de la scène, ayant des palmes ornées de fleurs dans les mains.)

Tous les initiés, de leurs prêtres suivis,
Les palmes dans les mains, inondent ces parvis,
Et l'amour le plus tendre en ordonne la fête.

ANTIGONE.

Non, te dis-je ; on pourra lui ravir sa conquête...
Viens, je confierai tout à ton zèle, à ta foi ;
J'aurai les lois, les dieux, et les peuples pour moi.
Fuyons pour un moment ces pompes qui m'outragent.
Entrons dans la carrière où mes desseins m'engagent.
Arrosons, s'il le faut, ces asiles si saints,
Moins du sang des taureaux que du sang des humains.

FIN DU PREMIER ACTE.

ACTE DEUXIÈME.

SCÈNE I.

(Quoique cette scène et beaucoup d'autres se passent dans l'intérieur du temple, cependant, comme les théâtres sont rarement construits d'une manière favorable à la voix, les acteurs sont obligés d'avancer dans le péristyle ; mais les trois portes du temple, ouvertes, désignent qu'on est dans le temple.)

L'HIÉROPHANTE, LES PRÊTRES, LES PRÊTRESSES.

L'HIÉROPHANTE.
Quoi ! dans ces jours sacrés ! quoi ! dans ce temple auguste
Où Dieu pardonne au crime, et console le juste,
Une seule prêtresse oserait nous priver
Des expiations qu'elle doit achever !
Quoi ! d'un si saint devoir Arzane se dispense ?

UNE PRÊTRESSE [1].
Arzane en sa retraite, obstinée au silence,
Arrosant de ses pleurs les images des dieux,
Seigneur, vous le savez, se cache à tous les yeux ;
En proie à ses chagrins, de langueur affaiblie,
Elle implore la fin d'une mourante vie.

L'HIÉROPHANTE.
Nous plaignons son état, mais il faut obéir ;
Un moment aux autels elle pourra servir.
Depuis que dans ce temple elle s'est enfermée,
Ce jour est le seul jour où le sort l'a nommée :
Qu'on la fasse venir[2]. La volonté du ciel
Demande sa présence, et l'appelle à l'autel.

---

1. Ce rôle doit être joué par la prêtresse inférieure, qui est attachée à Statira. (*Note de Voltaire.*)

2. La prêtresse inférieure va chercher Arzane. (*Note de Voltaire.*)

De guirlandes de fleurs par elle couronnée,
Olympie en triomphe aux dieux sera menée.
Cassandre, initié dans nos secrets divins,
Sera purifié par ses augustes mains.
Tout doit être accompli. Nos rites, nos mystères,
Ces ordres que les dieux ont donnés à nos pères,
Ne peuvent point changer, ne sont point incertains
Comme ces faibles lois qu'inventent les humains.

SCÈNE II.

L'HIÉROPHANTE, PRÊTRES, PRÊTRESSES, STATIRA.

L'HIÉROPHANTE, à Statira.

Venez, vous ne pouvez, à vous-même contraire,
Refuser de remplir votre saint ministère.
Depuis l'instant sacré qu'en cet asile heureux
Vous avez prononcé d'irrévocables vœux,
Ce grand jour est le seul où Dieu vous a choisie
Pour annoncer ses lois aux vainqueurs de l'Asie.
Soyez digne du Dieu que vous représentez.

STATIRA, couverte d'un voile qui accompagne son visage sans le cacher, et vêtue comme les autres prêtresses.

O ciel! après quinze ans qu'en ces murs écartés,
Dans l'ombre du silence, au monde inaccessible,
J'avais enseveli ma destinée horrible,
Pourquoi me tires-tu de mon obscurité?
Tu veux me rendre au jour, à la calamité...

(A l'hiérophante.)

Ah! seigneur, en ces lieux lorsque je suis venue,
C'était pour y pleurer, pour mourir inconnue,
Vous le savez.

L'HIÉROPHANTE.

Le ciel vous prescrit d'autres lois;
Et quand vous présidez pour la première fois
Aux pompes de l'hymen, à notre grand mystère,
Votre nom, votre rang, ne peuvent plus se taire;
Il faut parler.

STATIRA.

Seigneur, qu'importe qui je sois?

Le sang le plus abject, le sang des plus grands rois,
Ne sont-ils pas égaux devant l'Être suprême ?
On est connu de lui bien plus que de soi-même.
Ce grands noms autrefois avaient pu me flatter ;
Dans la nuit de la tombe il les faut emporter.
Laissez-moi pour jamais en perdre la mémoire.

L'HIÉROPHANTE.

Nous renonçons sans doute à l'orgueil, à la gloire,
Nous pensons comme vous ; mais la Divinité
Exige un aveu simple, et veut la vérité.
Parlez... Vous frémissez !

STATIRA.

Vous frémirez vous-même...

(Aux prêtres et aux prêtresses.)

Vous qui servez d'un Dieu la majesté suprême,
Qui partagez mon sort, à son culte attachés,
Qu'entre vous et ce Dieu mes secrets soient cachés !

L'HIÉROPHANTE.

Nous vous le jurons tous.

STATIRA.

Avant que de m'entendre,
Dites-moi s'il est vrai que le cruel Cassandre
Soit ici dans le rang de nos initiés ?

L'HIÉROPHANTE.

Oui, madame.

STATIRA.

Il a vu ses forfaits expiés !...

L'HIÉROPHANTE.

Hélas ! tous les humains ont besoin de clémence.
Si Dieu n'ouvrait ses bras qu'à la seule innocence,
Qui viendrait dans ce temple encenser les autels ?
Dieu fit du repentir la vertu des mortels.
Ce juge paternel voit du haut de son trône
La terre trop coupable, et sa bonté pardonne.

STATIRA.

Eh bien ! si vous savez pour quel excès d'horreur
Il demande sa grâce et craint un dieu vengeur ;
Si vous êtes instruit qu'il fit périr son maître ;
Et quel maître, grands dieux ! si vous pouvez connaître
Quel sang il répandit dans nos murs enflammés,
Quand aux yeux d'Alexandre, à peine encor fermés,
Ayant osé percer sa veuve gémissante,

Sur le corps d'un époux il la jeta mourante ;
Vous serez plus surpris lorsque vous apprendrez
Des secrets jusqu'ici de la terre ignorés.
Cette femme élevée au comble de la gloire,
Dont la Perse sanglante honore la mémoire,
Veuve d'un demi-dieu, fille de Darius...
Elle vous parle ici, ne l'interrogez plus[1].

(Les prêtres et les prêtresses élèvent les mains, et s'inclinent.)

L'HIÉROPHANTE.

O dieux ! qu'ai-je entendu ? dieux, que le crime outrage,
De quels coups vous frappez ceux qui sont votre image !
Statira dans ce temple ! Ah ! souffrez qu'à genoux,
Dans mes profonds respects...

STATIRA.

Grand-prêtre, levez-vous.
Je ne suis plus pour vous la maîtresse du monde ;

---

1. Non-seulement les défauts de cette tragédie ont empêché l'auteur d'oser la faire jouer sur le théâtre de Paris; mais la crainte que le peu de beautés qui peut y être ne fût exposé à la raillerie a retenu l'auteur encore plus que ses défauts. La même légèreté qui fit condamner *Athalie* pendant plus de vingt années par ce même peuple qui applaudissait à la *Judith* de Boyer, les mêmes prétextes qui servirent à jeter du ridicule sur un prêtre et sur un enfant, peuvent subsister aujourd'hui. Il est à croire qu'on dirait : Voilà une tragédie jouée dans un couvent; Statira est religieuse, Cassandre a fait une confession générale, l'hiérophante est un directeur, etc.

Mais aussi il se trouvera des lecteurs éclairés et sensibles qui pourront être attendris de ces mêmes ressemblances, dans lesquelles d'autres ne trouveront que des sujets de plaisanterie. Il n'y a point de royaume en Europe qui n'ait vu des reines s'ensevelir, les derniers jours de leur vie, dans des monastères, après les plus horribles catastrophes. Il y avait de ces asiles chez les anciens, comme parmi nous. La Calprenède [dans son roman intitulé *Cassandre*] fait retrouver Statira dans un puits : ne vaut-il pas mieux la retrouver dans un temple?

Quant à la confession de ses fautes dans les cérémonies de la religion, elle est de la plus haute antiquité, et est expressément ordonnée par les lois de Zoroastre, qu'on trouve dans le *Sadder*. Les initiés n'étaient point admis aux mystères sans avoir exposé le secret de leurs cœurs en présence de l'Être suprême. S'il y a quelque chose qui console les hommes sur la terre, c'est de pouvoir être réconcilié avec le ciel et avec soi-même. En un mot, on a tâché de représenter ici ce que les malheurs des grands de la terre ont jamais eu de plus terrible, et ce que la religion ancienne a jamais eu de plus consolant et de plus auguste. Si ces mœurs, ces usages, ont quelque conformité avec les nôtres, ils doivent porter plus de terreur et de pitié dans nos âmes.

Il y a quelquefois dans le cloître je ne sais quoi d'attendrissant et d'auguste. La comparaison que fait secrètement le lecteur entre le silence de ces retraites et le tumulte du monde, entre la piété paisible qu'on suppose y régner, et les discordes sanglantes qui désolent la terre, émeut et transporte une âme vertueuse et sensible. (*Note de Voltaire.*)

Ne respectez ici que ma douleur profonde.
Des grandeurs d'ici-bas voyez quel est le sort.
Ce qu'éprouva mon père au moment de sa mort,
Dans Babylone en sang je l'éprouvai de même.
Darius, roi des rois, privé du diadème,
Fuyant dans des déserts, errant, abandonné,
Par ses propres amis se vit assassiné ;
Un étranger, un pauvre, un rebut de la terre,
De ses derniers moments soulagea la misère.
(Montrant la prêtresse inférieure.)
Voyez-vous cette femme étrangère en ma cour?
Sa main, sa seule main m'a conservé le jour ;
Seule elle me tira de la foule sanglante
Où mes lâches amis me laissaient expirante.
Elle est Éphésienne, elle guida mes pas
Dans cet auguste asile, au bout de mes États.
Je vis par mille mains ma dépouille arrachée,
De mourants et de morts la campagne jonchée ;
Les soldats d'Alexandre érigés tous en rois,
Et les larcins publics appelés grands exploits.
J'eus en horreur le monde et les maux qu'il enfante,
Loin de lui pour jamais je m'enterrai vivante.
Je pleure, je l'avoue, une fille, une enfant
Arrachée à mes bras sur mon corps tout sanglant.
Cette étrangère ici me tient lieu de famille.
J'ai perdu Darius, Alexandre, et ma fille ;
Dieu seul me reste[1].

L'HIÉROPHANTE.

Hélas! qu'il soit donc votre appui!
Du trône où vous étiez vous montez jusqu'à lui ;
Son temple est votre cour : soyez-y plus heureuse
Que dans cette grandeur auguste et dangereuse,
Sur ce trône terrible, et par vous oublié,
Devenu pour la terre un objet de pitié.

STATIRA.

Ce temple quelquefois, seigneur, m'a consolée ;
Mais vous devez sentir l'horreur qui m'a troublée
En voyant que Cassandre y parle aux mêmes dieux,
Contre sa tête impie implorés par mes vœux.

---

1. « C'est Statira qui est le grand rôle, écrivait Voltaire : ah! comme nous pleurions à ces vers. »

ACTE II, SCÈNE II.

L'HIÉROPHANTE.

Le sacrifice est grand ; je sens trop ce qu'il coûte ;
Mais notre loi vous parle, et votre cœur l'écoute :
Vous l'avez embrassée.

STATIRA.

Aurais-je pu prévoir
Qu'elle dût m'imposer cet horrible devoir?
Je sens que de mes jours, usés dans l'amertume,
Le flambeau pâlissant s'éteint et se consume ;
Et ces derniers moments que Dieu veut me donner
A quoi vont-ils servir?

L'HIÉROPHANTE.

Peut-être à pardonner.
Vous-même vous avez tracé votre carrière ;
Marchez-y sans jamais retourner en arrière.
Les mânes, affranchis d'un corps vil et mortel,
Goûtent sans passions un repos éternel ;
Un nouveau jour leur luit ; ce jour est sans nuage ;
Ils vivent pour les dieux : tel est notre partage.
Une retraite heureuse amène au fond des cœurs
L'oubli des ennemis et l'oubli des malheurs.

STATIRA.

Il est vrai, je fus reine, et ne suis que prêtresse ;
Dans mon devoir affreux soutenez ma faiblesse.
Que faut-il que je fasse?

L'HIÉROPHANTE.

Olympie à genoux
Doit d'abord en ces lieux se jeter devant vous ;
C'est à vous de bénir cet illustre hyménée.

STATIRA.

Je vais la préparer à vivre infortunée :
C'est le sort des humains.

L'HIÉROPHANTE.

Le feu sacré, l'encens,
L'eau lustrale, les dons offerts aux dieux puissants,
Tout sera présenté par vos mains respectables.

STATIRA.

Et pour qui, malheureuse! Ah! mes jours déplorables
Jusqu'au dernier moment sont-ils chargés d'horreur?
J'ai cru dans la retraite éviter mon malheur ;
Le malheur est partout, je m'étais abusée :
Allons, suivons la loi par moi-même imposée.

L'HIÉROPHANTE.

Adieu : je vous admire autant que je vous plains.
Elle vient près de vous.

(Il sort.)

SCÈNE III.

STATIRA, OLYMPIE.

(Le théâtre tremble.)

STATIRA.

Lieux funèbres et saints,
Vous frémissez !... J'entends un horrible murmure ;
Le temple est ébranlé !... Quoi ! toute la nature
S'émeut à son aspect ! et mes sens éperdus
Sont dans le même trouble, et restent confondus !

OLYMPIE, effrayée.

Ah ! madame !

STATIRA.

Approchez, jeune et tendre victime ;
Cet augure effrayant semble annoncer le crime ;
Vos attraits semblent nés pour la seule vertu.

OLYMPIE.

Dieux justes, soutenez mon courage abattu !
Et vous, de leurs décrets auguste confidente,
Daignez conduire ici ma jeunesse innocente ;
Je suis entre vos mains, dissipez mon effroi.

STATIRA.

Ah ! j'en ai plus que vous !... Ma fille, embrassez-moi...
Du sort de votre époux êtes-vous informée ?
Quel est votre pays ? Quel sang vous a formée ?

OLYMPIE.

Humble dans mon état, je n'ai point attendu
Ce rang où l'on m'élève, et qui ne m'est pas dû.
Cassandre est roi, madame ; il daigna dans la Grèce
A la cour de son père élever ma jeunesse.
Depuis que je tombai dans ses augustes mains,
J'ai vu toujours en lui le plus grand des humains.
Je chéris un époux, et je révère un maître.
Voilà mes sentiments, et voilà tout mon être.

STATIRA.

Qu'aisément, juste ciel, on trompe un jeune cœur !
De l'innocence en vous que j'aime la candeur !
Cassandre a donc pris soin de votre destinée?
Quoi ! d'un prince ou d'un roi vous ne seriez pas née?

OLYMPIE.

Pour aimer la vertu, pour en suivre les lois,
Faut-il donc être né dans la pourpre des rois?

STATIRA.

Non, je ne vois que trop le crime sur le trône.

OLYMPIE.

Je n'étais qu'une esclave.

STATIRA.

Un tel destin m'étonne.
Les dieux sur votre front, dans vos yeux, dans vos traits,
Ont placé la noblesse ainsi que les attraits.
Vous, esclave !

OLYMPIE.

Antipatre, en ma première enfance.
Par le sort des combats me tint sous sa puissance :
Je dois tout à son fils.

STATIRA.

Ainsi vos premiers jours
Ont senti l'infortune, et vu finir son cours !
Et la mienne a duré tout le temps de ma vie !...
En quels temps, en quels lieux fûtes-vous poursuivie
Par cet affreux destin qui vous mit dans les fers?

OLYMPIE.

On dit que d'un grand roi, maître de l'univers,
On termina la vie, on disputa le trône,
On déchira l'empire, et que dans Babylone
Cassandre conserva mes jours infortunés,
Dans l'horreur du carnage au glaive abandonnés.

STATIRA.

Quoi ! dans ces temps marqués par la mort d'Alexandre,
Captive d'Antipatre, et soumise à Cassandre?

OLYMPIE.

C'est tout ce que j'ai su. Tant de malheurs passés
Par mon bonheur nouveau doivent être effacés.

STATIRA.

Captive à Babylone !... O puissance éternelle !
Vous faites-vous un jeu des pleurs d'une mortelle?

Le lieu, le temps, son âge, ont excité dans moi
La joie et les douleurs, la tendresse et l'effroi.
Ne me trompé-je point? Le ciel sur son visage
Du héros mon époux semble imprimer l'image...

OLYMPIE.

Que dites-vous?

STATIRA.

Hélas! tels étaient ses regards,
Quand, moins fier et plus doux, loin des sanglants hasards,
Relevant ma famille au glaive dérobée,
Il la remit au rang dont elle était tombée,
Quand sa main se joignit à ma tremblante main.
Illusion trop chère, espoir flatteur et vain!
Serait-il bien possible?... Écoutez-moi, princesse;
Ayez quelque pitié du trouble qui me presse.
N'avez-vous d'une mère aucun ressouvenir?

OLYMPIE.

Ceux qui de mon enfance ont pu m'entretenir
M'ont tous dit qu'en ce temps de trouble et de carnage,
Au sortir du berceau, je fus en esclavage.
D'une mère jamais je n'ai connu l'amour;
J'ignore qui je suis, et qui m'a mise au jour...
Hélas! vous soupirez, vous pleurez, et mes larmes
Se mêlent à vos pleurs, et j'y trouve des charmes...
Eh quoi! vous me serrez dans vos bras languissants!
Vous faites pour parler des efforts impuissants!
Parlez-moi.

STATIRA.

Je ne puis... je succombe... Olympie!
Le trouble que je sens va me coûter la vie.

SCÈNE IV.

STATIRA, OLYMPIE, L'HIÉROPHANTE.

L'HIÉROPHANTE.

O prêtresse des dieux! ô reine des humains!
Quel changement nouveau dans vos tristes destins!
Que nous faudra-t-il faire, et qu'allez-vous entendre?

STATIRA.

Des malheurs : je suis prête, et je dois tout attendre.

L'HIÉROPHANTE.

C'est le plus grand des biens, d'amertume mêlé ;
Mais il n'en est point d'autre. Antigone troublé,
Antigone, les siens, le peuple, les armées,
Toutes les voix enfin, par le zèle animées,
Tout dit que cet objet à vos yeux présenté,
Qui longtemps comme vous fut dans l'obscurité,
Que vos royales mains vont unir à Cassandre,
Qu'Olympie...

STATIRA.

Achevez.

L'HIÉROPHANTE.

Est fille d'Alexandre [1].

STATIRA, *courant embrasser Olympie.*

Ah! mon cœur déchiré me l'a dit avant vous.
O ma fille! ô mon sang! ô nom fatal et doux!
*De vos embrassements faut-il que je jouisse,
*Lorsque par votre hymen vous faites mon supplice!

OLYMPIE.

*Quoi! vous seriez ma mère, et vous en gémissez!

STATIRA.

*Non, je bénis les dieux trop longtemps courroucés ;
Je sens trop la nature et l'excès de ma joie ;
Mais le ciel me ravit le bonheur qu'il m'envoie :
Il te donne à Cassandre!

OLYMPIE.

Ah! si dans votre flanc
Olympie a puisé la source de son sang,
Si j'en crois mon amour, si vous êtes ma mère,
Le généreux Cassandre a-t-il pu vous déplaire?

L'HIÉROPHANTE.

*Oui, vous êtes son sang, vous n'en pouvez douter ;
*Cassandre enfin l'avoue, il vient de l'attester.
*Puissiez-vous toutes deux avec lui réunies
*Concilier enfin deux races ennemies!

OLYMPIE.

*Qui? lui? votre ennemi! Tel serait mon malheur!

---

1. « Olympie, écrit Voltaire, est une petite fille de quinze ans, simple, tendre, effrayée, qui prend à la fin un parti affreux, parce que son ingénuité a causé la mort de sa mère, et qui n'élève la voix qu'au dernier vers, quand elle se jette sur le bûcher... Ce n'est point Zaïre... ce n'est point Chimène... »

STATIRA.

D'Alexandre ton père il est l'empoisonneur.
Au sein de Statira dont tu tiens la naissance,
Dans ce sein malheureux qui nourrit ton enfance,
Que tu viens d'embrasser pour la première fois,
Il plongea le couteau dont il frappa les rois.
Il me poursuit enfin jusqu'au temple d'Éphèse ;
Il y brave les dieux, et feint qu'il les apaise !
A mes bras maternels il ose te ravir ;
Et tu peux demander si je dois le haïr !

OLYMPIE.

Quoi ! d'Alexandre ici le ciel voit la famille !
Quoi ! vous êtes sa veuve ! Olympie est sa fille !
Et votre meurtrier, ma mère, est mon époux !
Je ne suis dans vos bras qu'un objet de courroux !
Quoi ! cet hymen si cher était un crime horrible !

L'HIÉROPHANTE.

Espérez dans le ciel.

OLYMPIE.

Ah ! sa haine inflexible
D'aucune ombre d'espoir ne peut flatter mes vœux ;
Il m'ouvrait un abîme en éclairant mes yeux.
Je vois ce que je suis, et ce que je dois être.
Le plus grand de mes maux est donc de me connaître !
Je devais à l'autel où vous nous unissiez
Expirer en victime, et tomber à vos pieds.

SCÈNE V.

STATIRA, OLYMPIE, L'HIÉROPHANTE,
UN PRÊTRE.

LE PRÊTRE.

On menace le temple, et les divins mystères
Sont bientôt profanés par des mains téméraires ;
Les deux rois désunis disputent à nos yeux
Le droit de commander où commandent les dieux :
Voilà ce qu'annonçaient ces voûtes gémissantes,
Et sous nos pieds craintifs nos demeures tremblantes.
Il semble que le ciel veuille nous informer

Que la terre l'offense, et qu'il faut le calmer !
Tout un peuple éperdu, que la discorde excite,
Vers les parvis sacrés vole et se précipite ;
Éphèse est divisée entre deux factions.
Nous ressemblons bientôt aux autres nations.
La sainteté, la paix, les mœurs, vont disparaître ;
Les rois l'emporteront, et nous aurons un maître.
L'HIÉROPHANTE.
Ah ! qu'au moins loin de nous ils portent leurs forfaits !
Qu'ils laissent sur la terre un asile de paix !
Leur intérêt l'exige... O mère auguste et tendre,
Et vous... dirai-je, hélas ! l'épouse de Cassandre ?
Au pied de ces autels vous pouvez vous jeter.
Aux rois audacieux je vais me présenter ;
Je connais le respect qu'on doit à leur couronne ;
Mais ils en doivent plus à ce Dieu qui la donne.
S'ils prétendent régner, qu'ils ne l'irritent pas.
Nous sommes, je le sais, sans armes, sans soldats,
Nous n'avons que nos lois, voilà notre puissance.
Dieu seul est mon appui, son temple est ma défense ;
Et, si la tyrannie osait en approcher,
C'est sur mon corps sanglant qu'il lui faudra marcher.
(L'hiérophante sort avec le prêtre inférieur.)

SCÈNE VI.

STATIRA, OLYMPIE.

STATIRA.

O destinée ! ô Dieu des autels et du trône !
Contre Cassandre au moins favorise Antigone :
Il me faut donc, ma fille, au déclin de mes jours,
De nos seuls ennemis attendre des secours,
Et chercher un vengeur, au sein de ma misère,
Chez les usurpateurs du trône de ton père !
Chez nos propres sujets, dont les efforts jaloux
Disputent cent États que j'ai possédés tous !
Ils rampaient à mes pieds, ils sont ici mes maîtres.
O trône de Cyrus ! ô sang de mes ancêtres !
Dans quel profond abîme êtes-vous descendus !
Vanité des grandeurs, je ne vous connais plus.

OLYMPIE.
Ma mère, je vous suis... Ah! dans ce jour funeste,
Rendez-moi digne au moins du grand nom qui vous reste :
Le devoir qu'il prescrit est mon unique espoir.
STATIRA.
Fille du roi des rois, remplissez ce devoir.

FIN DU DEUXIÈME ACTE.

ACTE TROISIÈME.

SCÈNE I.

(Le temple est fermé.)

CASSANDRE, SOSTÈNE, dans le péristyle.

CASSANDRE.
La vérité l'emporte, il n'est plus temps de taire
Ce funeste secret qu'avait caché mon père ;
Il a fallu céder à la publique voix.
Oui, j'ai rendu justice à la fille des rois ;
Devais-je plus longtemps, par un cruel silence,
Faire encore à son sang cette mortelle offense ?
Je fus coupable assez.
SOSTÈNE.
　　　　　Mais un rival jaloux
Du grand nom d'Olympie abuse contre vous :
Il anime le peuple ; Éphèse est alarmée ;
De la religion la fureur animée,
Qu'Antigone méprise et qu'il sait exciter,
Vous fait un crime affreux, un crime à détester,
De posséder la fille, ayant tué la mère.
CASSANDRE.
*Les reproches sanglants qu'Éphèse peut me faire,
*Vous le savez, grand Dieu! n'approchent pas des miens.
*J'ai calmé, grâce au ciel, les cœurs des citoyens ;
*Le mien sera toujours victime des furies,
*Victime de l'amour et de mes barbaries.
*Hélas ! j'avais voulu qu'elle tînt tout de moi,
*Qu'elle ignorât un sort qui me glaçait d'effroi.
*De son père en ses mains je mettais l'héritage
*Conquis par Antipatre, aujourd'hui mon partage.
*Heureux par mon amour, heureux par mes bienfaits,

* Une fois en ma vie avec moi-même en paix;
* Tout était réparé, je lui rendais justice.
* D'aucun crime, après tout, mon cœur ne fut complice;
J'ai tué Statira, mais c'est dans les combats,
C'est en sauvant mon père, en lui prêtant mon bras;
C'est dans l'emportement du meurtre et du carnage,
Où le devoir d'un fils égarait mon courage;
C'est dans l'aveuglement que la nuit et l'horreur
Répandaient sur mes yeux troublés par la fureur.
Mon âme en frémissait avant d'être punie
Par ce fatal amour qui la tient asservie.
Je me crois innocent au jugement des dieux,
Devant le monde entier, mais non pas à mes yeux;
Non pas pour Olympie, et c'est là mon supplice,
C'est là mon désespoir. Il faut qu'elle choisisse,
Ou de me pardonner, ou de percer mon cœur,
Ce cœur désespéré, qui brûle avec fureur.

SOSTÈNE.

On prétend qu'Olympie, en ce temple amenée,
Peut retirer la main qu'elle vous a donnée.

CASSANDRE.

Oui, je le sais, Sostène; et si de cette loi
L'objet que j'idolâtre abusait contre moi,
Malheur à mon rival, et malheur à ce temple!
Du culte le plus saint je donne ici l'exemple;
J'en donnerais bientôt de vengeance et d'horreur.
Écartons loin de moi cette vaine terreur.
Je suis aimé; son cœur est à moi dès l'enfance,
Et l'amour est le dieu qui prendra ma défense.
Courons vers Olympie.

SCÈNE II.

CASSANDRE, SOSTÈNE, L'HIÉROPHANTE,
sortant du temple.

CASSANDRE.

Interprète du ciel,
Ministre de clémence, en ce jour solennel,
J'ai de votre saint temple écarté les alarmes;
Contre Antigone encor je n'ai point pris les armes;
J'ai respecté ces temps à la paix consacrés;

Mais donnez cette paix à mes sens déchirés.
J'ai plus d'un droit ici, je saurai les défendre.
Je meurs sans Olympie, et vous devez la rendre.
Achevons cet hymen.
L'HIÉROPHANTE.
Elle remplit, seigneur,
Des devoirs bien sacrés, et bien chers à son cœur.
CASSANDRE.
Tout le mien les partage. Où donc est la prêtresse
Qui doit m'offrir ma femme, et bénir ma tendresse?
L'HIÉROPHANTE.
Elle va l'amener. Puissent de si beaux nœuds
Ne point faire aujourd'hui le malheur de tous deux!
CASSANDRE.
Notre malheur!... Hélas! cette seule journée
Voyait de tant de maux la course terminée.
Pour la première fois un moment de douceur
De mes affreux chagrins dissipait la noirceur.
L'HIÉROPHANTE.
Peut-être plus que vous Olympie est à plaindre.
CASSANDRE.
Comment? que dites-vous?... Eh! que peut-elle craindre?
L'HIÉROPHANTE, s'en allant.
Vous l'apprendrez trop tôt.
CASSANDRE.
Non, demeurez. Eh quoi!
Du parti d'Antigone êtes-vous contre moi?
L'HIÉROPHANTE.
Me préservent les cieux de passer les limites
Que mon culte paisible à mon zèle a prescrites!
Les intrigues des cours, les cris des factions,
Des humains que je fuis les tristes passions,
N'ont point encor troublé nos retraites obscures [1] :

---

1. Cet exemple d'un prêtre qui se renferme dans les bornes de son ministère de paix nous a paru d'une très-grande utilité, et il serait à souhaiter qu'on ne les représentât jamais autrement sur un théâtre public qui doit être l'école des mœurs. Il est vrai qu'un personnage qui se borne à prier le ciel et à enseigner la vertu n'est pas assez agissant pour la scène; mais aussi il ne doit pas être au nombre des personnages dont les passions font mouvoir la pièce. Les héros, emportés par leurs passions, agissent, et un grand-prêtre instruit. Ce mélange, heureusement employé par des mains plus habiles, pourra faire un jour un grand effet sur le théâtre.
On ose dire que le grand-prêtre Joad, dans la tragédie d'*Athalie*, semble s'éloi-

> Au dieu que nous servons nous levons des mains pures.
> Les débats des grands rois prompts à se diviser
> Ne sont connus de nous que pour les apaiser ;

gner trop de ce caractère de douceur et d'impartialité qui doit faire l'essence de son ministère. On pourrait l'accuser d'un fanatisme trop féroce, lorsque, rencontrant Mathan en conférence avec Josabeth, au lieu de s'adresser à Mathan avec la bienséance convenable, il s'écrie :

> Quoi ! fille de David, vous parlez à ce traître !
> Vous souffrez qu'il vous parle ! Et vous ne craignez pas
> Que, du fond de l'abîme entr'ouvert sous ses pas,
> Il ne sorte à l'instant des feux qui vous embrasent,
> Ou qu'en tombant sur lui ces murs ne vous écrasent !
> Que veut-il ? De quel front cet ennemi de Dieu
> Vient-il infecter l'air qu'on respire en ce lieu ?

Mathan semble lui répondre très-pertinemment en disant :

> On reconnaît Joad à cette violence.
> Toutefois il devrait montrer plus de prudence,
> Respecter une reine, etc.
>   Acte III, scène v.

On ne voit pas non plus pour quelle raison Joad, ou Joïada, s'obstine à ne vouloir pas que la reine Athalie adopte le petit Joas. Elle dit en propres termes à cet enfant [acte II, scène VII] : « Je n'ai point d'héritier,... je prétends vous traiter comme mon propre fils. »

Athalie n'avait certainement alors aucun intérêt à faire tuer Joas. Elle pouvait lui servir de mère, et lui laisser son petit royaume. Il est très-naturel qu'une vieille femme s'intéresse au seul rejeton de sa famille. Athalie, en effet, était dans la décrépitude de l'âge. Les Paralipomènes [livre II, chapitre XXII, verset 2] disent que son fils Ochozias ou Achazia avait quarante-deux ans [les *Rois*, livre IV, chap. VIII, verset 26, disent vingt-deux] quand il fut déclaré *melk* ou *roitelet*. Il régna environ un an. Sa mère, Athalie, lui survécut six ans. Supposons qu'elle fût mariée à quinze ans, il est clair qu'elle avait au moins soixante-quatre ans. Il y a bien plus ; il est dit dans le quatrième livre des *Rois* [X, 14], que Jéhu égorgea quarante-deux frères d'Ochozias, et cet Ochozias était le cadet de tous ses frères : à ce compte, pour peu qu'un des quarante-deux frères eût été majeur, Athalie devait être âgée de cent six ans quand le prêtre Joad la fit assassiner *.

Je n'examine point ici comment le père d'Ochozias pouvait avoir quarante ans [Paralip., livre II, chap. XXI, verset 20], et son fils quarante-deux quand il lui succéda, je n'examine que la tragédie. Je demande seulement de quel droit le prêtre Joad arme ses lévites contre la reine, à laquelle il a fait serment de fidélité ; de quel droit trompe-t-il Athalie en lui promettant un trésor ? de quel droit fait-il massacrer sa reine dans la plus extrême vieillesse ?

Athalie n'était certainement pas si coupable que Jéhu, qui avait fait mourir soixante et dix fils du roi Achab, et mis leurs têtes dans des corbeilles, à ce que

---

* Voici le compte :

Athalie se marie à quinze ans.	15
Elle a quarante-deux fils.	42
Ochozias, le quarante-troisième, commence à régner à quarante-deux ans.	42
Il règne un an.	1
Athalie règne, après lui, six ans.	6
Somme totale.	106

ACTE III, SCÈNE II.

Et nous ignorerions leurs grandeurs passagères,
Sans le fatal besoin qu'ils ont de nos prières.
Pour vous, pour Olympie, et pour d'autres, seigneur,

dit le quatrième livre des Rois [X, 7.] Le même livre [X, 11] rapporte qu'il fit exterminer tous les amis d'Achab, tous ses courtisans, et tous ses prêtres.

Cette reine avait à la vérité usé de représailles; mais appartenait-il à Joad de conspirer contre elle, et de la tuer? Il était son sujet; et certainement, dans nos mœurs et dans nos lois, il n'est pas plus permis à Joad de faire assassiner sa reine qu'il n'eût été permis à l'archevêque de Cantorbery d'assassiner Élisabeth parce qu'elle avait fait condamner Marie Stuart.

Il eût fallu, pour qu'un tel assassinat ne révoltât pas tous les esprits, que Dieu, qui est le maître de notre vie et des moyens de nous l'ôter, fût descendu lui-même sur la terre d'une manière visible et sensible, et qu'il eût ordonné ce meurtre : or, c'est certainement ce qu'il n'a pas fait. Il n'est pas dit même que Joad ait consulté le Seigneur, ni qu'il lui ait fait la moindre prière, avant de mettre sa reine à mort. L'Écriture dit seulement [IV Rois, xi, 10] qu'il conspira avec ses lévites, qu'il leur donna des lances, et qu'il fit assassiner Athalie *à la porte aux Chevaux* [id., xi, 16], sans dire que le Seigneur approuvât cette conduite.

N'est-il donc pas clair, après cette exposition, que le rôle et le caractère de Joad, dans *Athalie*, peuvent être du plus mauvais exemple, s'ils n'excitent pas la plus violente indignation? Car pourquoi l'action de Joad serait-elle consacrée?

Dieu n'approuve certainement pas tout ce que l'histoire des Juifs rapporte. L'Esprit-Saint a présidé à la vérité avec laquelle tous ces livres ont été écrits. Il n'a pas présidé aux actions perverses dont on y rend compte. Il ne loue ni les mensonges d'Abraham [Gen., xii, 13, et xx, 13], d'Isaac [id., xxvi, 7], et de Jacob [id., xxvii, 19], ni la circoncision imposée aux Sichimites [Genèse, xxxiv] pour les égorger plus aisément, ni l'inceste de Juda avec Thamar, sa belle-fille [Genèse, xxxviii], ni même le meurtre de l'Égyptien [Exode, ii, 12] par Moïse. Il n'est point dit que le Seigneur approuve l'assassinat d'Églon [Juges, iii, 21], roi des Moabites, par Aod ou Eud; il n'est point dit qu'il approuve l'assassinat de Sizara par Jaël [Juges, iv, 21], ni qu'il ait été content que Jephté, encore teint du sang de sa fille, fît égorger quarante-deux mille hommes d'Éphraïm, au passage du Jourdain, parce qu'ils ne pouvaient pas bien prononcer *Schibbolet* [Juges, xii, 6]. Si les Benjamites du village de Gabaa voulurent violer un lévite, si on massacra toute la tribu de Benjamin [Juges, xx], à six cents personnes près, ces actions ne sont point citées avec éloge.

Le Saint-Esprit ne donne aucune louange à David pour s'être mis [I Rois, xxii, 2], avec cinq cents brigands chargés de dettes, du parti du roitelet Akis, ennemi de sa patrie, ni pour avoir égorgé [I Rois, xxvii, 9] les vieillards, les femmes, les enfants, et les bestiaux des villages alliés du roitelet, auquel il avait juré fidélité et qui lui avait accordé sa protection.

L'Écriture ne donne point d'éloge à Salomon pour avoir fait assassiner son frère Adonias [III Rois, ii, 25]; ni à Bahasa pour avoir assassiné Nadab [III Rois, xv, 27]; ni à Zimri, ou Zamri [dans les Rois, livre III, chap. xvi, on lit Zambri], pour avoir assassiné Éla et toute sa famille; ni à Amri, ou Homri, pour avoir fait périr Zimri [III Rois, xvi, 17, 18]; ni à Jéhu pour avoir assassiné Joram [IV Rois, ix, 24].

Le Saint-Esprit n'approuve point que les habitants de Jérusalem assassinent le roi Amasias, fils de Joas [IV Rois, xiv, 19]; ni que Sellum [id., xv, 8, 10], fils de Jabès, assassine Zacharias, fils de Jéroboam; ni que Manahem assassine Sellum, [id., xv, 8, 14], fils de Jabès; ni que Facée [id., id., 23, 25], fils de Roméli, assassine Facéia, fils de Manahem; ni qu'Osée, fils d'Éla [id., id., 30], assassine Facée,

Je vais des immortels implorer la faveur.

CASSANDRE.

Olympie!...

L'HIÉROPHANTE.

En ces lieux ce moment la rappelle.
Voyez si vous avez encor des droits sur elle.
Je vous laisse.

(Il sort, et le temple s'ouvre.)

SCÈNE III.

CASSANDRE, SOSTÈNE, STATIRA, OLYMPIE.

CASSANDRE.

Elle tremble, ô ciel! et je frémis!...
Quoi! vous baissez les yeux de vos larmes remplis!

---

fils de Roméli. Il semble au contraire que ces abominations du peuple de Dieu sont punies par une suite continuelle de désastres presque aussi grands que ces forfaits.

Si donc tant de crimes et tant de meurtres ne sont point excusés dans l'Écriture, pourquoi le meurtre d'Athalie serait-il consacré sur le théâtre?

Certes, quand Athalie dit à l'enfant : « Je prétends vous traiter comme mon propre fils, » Josabeth pouvait lui répondre : « Eh bien! madame, traitez-le donc comme votre fils, car il l'est; vous êtes sa grand'mère; vous n'avez que lui d'héritier; je suis sa tante; vous êtes vieille; vous n'avez que peu de temps à vivre; cet enfant doit faire votre consolation. Si un étranger et un scélérat comme Jéhu, melk de Samarie, assassina votre père et votre mère, s'il fit égorger soixante et dix fils de vos frères, et quarante-deux de vos enfants, il n'est pas possible que, pour vous venger de cet abominable étranger, vous prétendiez massacrer le seul petit-fils qui vous reste. Vous n'êtes pas capable d'une démence si exécrable et si absurde, ni mon mari ni moi ne pouvons avoir la fureur insensée de vous en soupçonner; ni un tel crime ni un tel soupçon ne sont dans la nature. Au contraire, on élève ses petits-fils pour avoir un jour en eux des vengeurs. Ni moi ni personne ne pouvons croire que vous ayez été à la fois dénaturée et insensée. Élevez donc le petit Joas; j'en aurai soin, moi qui suis sa tante, sous les yeux de sa grand'mère. »

Voilà qui est naturel, voilà qui est raisonnable: mais ce qui ne l'est peut-être pas, c'est qu'un prêtre dise: « J'aime mieux exposer le petit enfant à périr que de le confier à sa grand'mère; j'aime mieux tromper ma reine, et lui promettre indignement de l'argent, pour l'assassiner, et risquer la vie de tous les lévites par cette conspiration, que de rendre à la reine son petit-fils; je veux garder cet enfant et égorger sa grand'mère, pour conserver plus longtemps mon autorité. » C'est là, au fond, la conduite de ce prêtre.

J'admire, comme je le dois, la difficulté surmontée dans la tragédie d'*Athalie*, la force, la pompe, l'élégance de la versification, le beau contraste du guerrier Abner et du prêtre Mathan. J'excuse la faiblesse du rôle de Josabeth, j'excuse quelques longueurs; mais je crois que si un roi avait dans ses États un homme tel que Joad, il ferait fort bien de l'enfermer. (*Note de Voltaire.*)

ACTE III, SCÈNE III.

Vous détournez de moi ce front où la nature
Peint l'âme la plus noble, et l'ardeur la plus pure!

OLYMPIE, se jetant dans les bras de sa mère.

Ah! barbare!... Ah! madame!

CASSANDRE.

Expliquez-vous, parlez.
Dans quels bras fuyez-vous mes regards désolés?
Que m'a-t-on dit? Pourquoi me causer tant d'alarmes?
Qui donc vous accompagne, et vous baigne de larmes?

STATIRA, se dévoilant et se retournant vers Cassandre.

Regarde qui je suis.

CASSANDRE.

A ses traits... à sa voix...
Mon sang se glace!.,. Où suis-je? et qu'est-ce que je vois?

STATIRA.

Tes crimes.

CASSANDRE.

Statira peut ici reparaître!

STATIRA.

Malheureux! reconnais la veuve de ton maître,
La mère d'Olympie.

CASSANDRE.

O tonnerres du ciel,
Grondez sur moi, tombez sur ce front criminel!

STATIRA.

Que n'as-tu fait plus tôt cette horrible prière?
Éternel ennemi de ma famille entière,
Si le ciel l'a voulu, si par tes premiers coups
Toi seul as fait tomber mon trône et mon époux;
Si dans ce jour de crime, au milieu du carnage,
Tu te sentis, barbare, assez peu de courage
Pour frapper une femme, et, lui perçant le flanc,
La plonger de tes mains dans les flots de son sang,
De ce sang malheureux laisse-moi ce qui reste.
Faut-il qu'en tous les temps ta main me soit funeste?
N'arrache point ma fille à mon cœur, à mes bras;
Quand le ciel me la rend, ne me l'enlève pas.
Des tyrans de la terre à jamais séparée,
Respecte au moins l'asile où je suis enterrée;
Ne viens point, malheureux, par d'indignes efforts,
Dans ces tombeaux sacrés persécuter les morts.

CASSANDRE.

Vous m'avez plus frappé que n'eût fait le tonnerre ;
Et mon front à vos pieds n'ose toucher la terre.
Je m'en avoue indigne après mes attentats ;
Et si je m'excusais sur l'horreur des combats,
Si je vous apprenais que ma main fut trompée
Quand des jours d'un héros la trame fut coupée,
Que je servais mon père en m'armant contre vous,
Je ne fléchirais point votre juste courroux.
Rien ne peut m'excuser... Je pourrais dire encore
Que je sauvai ce sang que ma tendresse adore,
Que je mets à vos pieds mon sceptre et mes États.
Tout est affreux pour vous !... Vous ne m'écoutez pas !
Ma main m'arracherait ma malheureuse vie,
Moins pleine de forfaits que de remords punie,
Si votre propre sang, l'objet de tant d'amour,
Malgré lui, malgré moi, ne m'attachait au jour.
Avec un saint respect j'élevai votre fille ;
Je lui tins lieu quinze ans de père et de famille ;
Elle a mes vœux, mon cœur, et peut-être les dieux
Ne nous ont assemblés dans ces augustes lieux
Que pour y réparer, par un saint hyménée,
L'épouvantable horreur de notre destinée.

STATIRA.

Quel hymen !... O mon sang ! tu recevrais la foi
De qui ? De l'assassin d'Alexandre et de moi ?

OLYMPIE.

Non... ma mère, éteignez ces flambeaux effroyables,
Ces flambeaux de l'hymen entre nos mains coupables ;
Éteignez dans mon cœur l'affreux ressouvenir
Des nœuds, des tristes nœuds qui devaient nous unir.
Je préfère (et ce choix n'a rien qui vous étonne)
La cendre qui vous couvre au sceptre qu'il me donne.
Je n'ai point balancé ; laissez-moi dans vos bras
Oublier tant d'amour avec tant d'attentats.
Votre fille en l'aimant devenait sa complice.
Pardonnez, acceptez mon juste sacrifice ;
Séparez, s'il se peut, mon cœur de ses forfaits ;
Empêchez-moi surtout de le revoir jamais.

STATIRA.

Je reconnais ma fille, et suis moins malheureuse.
Tu rends un peu de vie à ma langueur affreuse ;

Je renais... Ah! grands dieux! vouliez-vous que ma main
Présentât Olympie à ce monstre inhumain?
Qu'exigiez-vous de moi? quel affreux ministère
Et pour votre prêtresse, hélas! et pour sa mère!
Vous en avez pitié : vous ne prétendiez pas
M'arrêter dans le piége où vous guidiez mes pas.
   Cruel, n'insulte plus et l'autel et le trône :
Tu souillas de mon sang les murs de Babylone;
J'aimerais mieux encore une seconde fois
Voir ce sang répandu par l'assassin des rois,
Que de voir mon sujet, mon ennemi... Cassandre,
Aimer insolemment la fille d'Alexandre.

CASSANDRE.

Je me condamne encore avec plus de rigueur;
Mais j'aime, mais cédez à l'amour en fureur.
Olympie est à moi; je sais quel fut mon père;
Je suis roi comme lui, j'en ai le caractère,
J'en ai les droits, la force : elle est ma femme enfin :
Rien ne peut séparer mon sort et son destin.
Ni ses frayeurs, ni vous, ni les dieux, ni mes crimes,
Rien ne rompra jamais des nœuds si légitimes.
Le ciel de mes remords ne s'est point détourné;
Et, puisqu'il nous unit, il a tout pardonné.
Mais si l'on veut m'ôter cette épouse adorée,
Sa main qui m'appartient, sa foi qu'elle a jurée,
Il faut verser ce sang, il faut m'ôter ce cœur
Qui ne connaît plus qu'elle, et qui vous fait horreur.
Vos autels à mes yeux n'ont plus de priviége;
Si je fus meurtrier, je serai sacrilége.
J'enlèverai ma femme à ce temple, à vos bras,
Aux dieux même, à nos dieux, s'ils ne m'exauçaient pas.
Je demande la mort, je la veux, je l'envie,
Mais je n'expirerai que l'époux d'Olympie.
Il faudra, malgré vous, que j'emporte au tombeau
Et l'amour le plus tendre, et le nom le plus beau,
Et les remords affreux d'un crime involontaire,
Qui fléchiront du moins les mânes de son père.

(Cassandre sort avec Sostène.)

SCÈNE IV.

STATIRA, OLYMPIE.

STATIRA.
Quel moment! quel blasphème! ô ciel! qu'ai-je entendu?
Ah! ma fille, à quel prix mon sang m'est-il rendu?
Tu ressens, je le vois, les horreurs que j'éprouve;
Dans tes yeux effrayés ma douleur se retrouve;
Ton cœur répond au mien; tes chers embrassements,
Tes soupirs enflammés consolent mes tourments;
Ils sont moins douloureux, puisque tu les partages.
Ma fille est mon asile en ces nouveaux naufrages.
Je peux tout supporter, puisque je vois en toi
Un cœur digne en effet d'Alexandre et de moi.

OLYMPIE.
Ah! le ciel m'est témoin si mon âme est formée
Pour imiter la vôtre, et pour être animée
Des mêmes sentiments et des mêmes vertus.
O veuve d'Alexandre! ô sang de Darius!
Ma mère!... Ah! fallait-il qu'à vos bras enlevée,
Par les mains de Cassandre on me vît élevée?
Pourquoi votre assassin, prévenant mes souhaits,
A-t-il marqué pour moi ses jours par ses bienfaits?
Que sa cruelle main ne m'a-t-elle opprimée!
Bienfaits trop dangereux! pourquoi m'a-t-il aimée?

STATIRA.
Ciel! qui vois-je paraître en ces lieux retirés?
Antigone lui-même!

SCÈNE V.

STATIRA, OLYMPIE, ANTIGONE.

ANTIGONE.
O reine! demeurez.
Vous voyez un des rois formés par Alexandre,
Qui respecte sa veuve, et qui vient la défendre;

Vous pourriez remonter, du pied de cet autel,
Au premier rang du monde où vous plaça le ciel,
Y mettre votre fille, et prendre au moins vengeance
Du ravisseur altier qui tous trois nous offense.
Votre sort est connu, tous les cœurs sont à vous ;
Ils sont las des tyrans que votre auguste époux
Laissa par son trépas maîtres de son empire.
Pour ce grand changement votre nom peut suffire.
M'avouerez-vous ici pour votre défenseur ?

STATIRA.

Oui, si c'est la pitié qui conduit votre cœur,
Si vous servez mon sang, si votre offre est sincère.

ANTIGONE.

Je ne souffrirai pas qu'un jeune téméraire
Des mains de votre fille et de tant de vertus
Obtienne un double droit au trône de Cyrus ;
Il en est trop indigne, et pour un tel partage
Je n'ai pas présumé qu'il ait votre suffrage.
Je n'ai point au grand-prêtre ouvert ici mon cœur ;
Je me suis présenté comme un adorateur
Qui des divinités implore la clémence.
Je me présente à vous armé de la vengeance.
La veuve d'Alexandre, oubliant sa grandeur,
De sa famille au moins n'oubliera point l'honneur.

STATIRA.

Mon cœur est détaché du trône et de la vie ;
L'un me fut enlevé, l'autre est bientôt finie.
Mais si vous arrachez aux mains d'un ravisseur
Le seul bien que les dieux rendaient à ma douleur,
Si vous la protégez, si vous vengez son père,
Je ne vois plus en vous que mon dieu tutélaire.
Seigneur, sauvez ma fille, au bord de mon tombeau,
Du crime et du danger d'épouser mon bourreau.

ANTIGONE.

Digne sang d'Alexandre, approuvez-vous mon zèle ?
Acceptez-vous mon offre, et pensez-vous comme elle ?

OLYMPIE.

Je dois haïr Cassandre.

ANTIGONE.

Il faut donc m'accorder
Le prix, le noble prix que je viens demander.
Contre mon allié je prends votre défense ;

Je crois vous mériter; soyez ma récompense.
Toute autre est un outrage, et c'est vous que je veux.
Cassandre n'est pas fait pour obtenir vos vœux :
Parlez, et je tiendrai cette gloire suprême
De mon bras, de la reine, et surtout de vous-même;
Prononcez : daignez-vous m'honorer d'un tel prix?

STATIRA.

Décidez.

OLYMPIE.

Laissez-moi reprendre mes esprits...
J'ouvre à peine les yeux. Tremblante, épouvantée,
Du sein de l'esclavage en ce temple jetée;
Fille de Statira, fille d'un demi-dieu,
Je retrouve une mère en cet auguste lieu,
De son rang, de ses biens, de son nom dépouillée,
Et d'un sommeil de mort à peine réveillée;
J'épouse un bienfaiteur... il est un assassin.
Mon époux de ma mère a déchiré le sein.
Dans cet entassement d'horribles aventures,
Vous m'offrez votre main pour venger mes injures.
Que puis-je vous répondre?... Ah! dans de tels moments,
  (Embrassant sa mère.)
Voyez à qui je dois mes premiers sentiments;
Voyez si les flambeaux des pompes nuptiales
Sont faits pour éclairer ces horreurs si fatales,
Quelle foule de maux m'environne en un jour,
Et si ce cœur glacé peut écouter l'amour.

STATIRA.

Ah! je vous réponds d'elle, et le ciel vous la donne.
La majesté, peut-être, ou l'orgueil de mon trône
N'avait pas destiné, dans mes premiers projets,
La fille d'Alexandre à l'un de mes sujets;
Mais vous la méritez en osant la défendre.
C'est vous qu'en expirant désignait Alexandre;
Il nomma le plus digne, et vous le devenez :
Son trône est votre bien quand vous le soutenez.
Que des dieux immortels la faveur vous seconde!
Que leur main vous conduise à l'empire du monde!
Alexandre et sa veuve, ensevelis tous deux,
Lui dans la tombe, et moi dans ces murs ténébreux,
Vous verront sans regret au trône de mes pères;
Et puissent désormais les destins, moins sévères,

En écarter pour vous cette fatalité
Qui renversa toujours ce trône ensanglanté!
ANTIGONE.
Il sera relevé par la main d'Olympie.
Montrez-vous avec elle aux peuples de l'Asie,
Sortez de cet asile, et je vais tout presser
Pour venger Alexandre, et pour le remplacer.
(Il sort.)

SCÈNE VI.

STATIRA, OLYMPIE.

STATIRA.
Ma fille, c'est par toi que je romps la barrière
Qui me sépare ici de la nature entière;
Et je rentre un moment dans ce monde pervers
Pour venger mon époux, ton hymen, et tes fers.
Dieu donnera la force à mes mains maternelles
De briser avec toi tes chaînes criminelles.
Viens remplir ma promesse, et me faire oublier,
Par des serments nouveaux, le crime du premier.
OLYMPIE.
Hélas!...
STATIRA.
    Quoi! tu gémis?
OLYMPIE.
        Cette même journée
Allumerait deux fois les flambeaux d'hyménée?
STATIRA.
Que dis-tu?
OLYMPIE.
    Permettez, pour la première fois,
Que je vous fasse entendre une timide voix.
Je vous chéris, ma mère, et je voudrais répandre
Le sang que je reçus de vous et d'Alexandre,
Si j'obtenais des dieux, en le faisant couler,
De prolonger vos jours ou de les consoler.
STATIRA.
O ma chère Olympie!

OLYMPIE.
Oserai-je encor dire
Que votre asile obscur est le trône où j'aspire?
Vous m'y verrez soumise, et foulant à vos pieds
Ces trônes malheureux, pour vous seule oubliés.
Alexandre mon père, enfermé dans la tombe,
Veut-il que de nos mains son ennemi succombe?
Laissons là tous ces rois, dans l'horreur des combats,
Se punir l'un par l'autre, et venger son trépas;
Mais nous, de tant de maux victimes innocentes,
A leurs bras forcenés joignant nos mains tremblantes,
Faudra-t-il nous charger d'un meurtre infructueux?
Les larmes sont pour nous, les crimes sont pour eux.

STATIRA.
Des larmes! Et pour qui les vois-je ici répandre?
Dieux! m'avez-vous rendu la fille d'Alexandre?
Est-ce elle que j'entends?

OLYMPIE.
Ma mère...

STATIRA.
O ciel vengeur!

OLYMPIE.
Cassandre!

STATIRA.
Explique-toi; tu me glaces d'horreur.
Parle.

OLYMPIE.
Je ne le puis.

STATIRA.
Va, tu m'arraches l'âme,
Finis ce trouble affreux; parle, dis-je.

OLYMPIE.
Ah! madame,
Je sens trop de quels coups je viens de vous frapper;
Mais je vous chéris trop pour vouloir vous tromper.
Prête à me séparer d'un époux si coupable,
Je le fuis... mais je l'aime.

STATIRA.
O parole exécrable!
Dernier de mes moments! cruelle fille, hélas!
Puisque tu peux l'aimer, tu ne le fuiras pas.
Tu l'aimes! Tu trahis Alexandre et ta mère!

Grand Dieu! j'ai vu périr mon époux et mon père;
Tu m'arrachas ma fille, et ton ordre inhumain
Me la fait retrouver pour mourir de sa main!
OLYMPIE.
Je me jette à vos pieds...
STATIRA.
    Fille dénaturée!
Fille trop chère!...
OLYMPIE.
    Hélas! de douleurs dévorée,
Tremblante à vos genoux, je les baigne de pleurs.
Ma mère, pardonnez.
STATIRA.
   Je pardonne... et je meurs.
OLYMPIE.
Vivez, écoutez-moi.
STATIRA.
  Que veux-tu?
OLYMPIE.
     Je vous jure
Par les dieux, par mon nom, par vous, par la nature,
Que je m'en punirai, qu'Olympie aujourd'hui
Répandra tout son sang avant que d'être à lui.
Mon cœur vous est connu. Je vous ai dit que j'aime;
Jugez par ma faiblesse, et par cet aveu même,
Si ce cœur est à vous, et si vous l'emportez
Sur mes sens éperdus que l'amour a domptés.
Ne considérez point ma faiblesse et mon âge;
De mon père et de vous je me sens le courage:
J'ai pu les offenser, je ne peux les trahir;
Et vous me connaîtrez en me voyant mourir.
STATIRA.
Tu peux mourir, dis-tu, fille inhumaine et chère,
Et tu ne peux haïr l'assassin de ton père!
OLYMPIE.
Arrachez-moi ce cœur; vous verrez qu'un époux,
Quelque cher qu'il me fût, y régnait moins que vous;
Vous y reconnaîtrez ce pur sang qui m'anime.
Pour me justifier prenez votre victime,
Immolez votre fille.
STATIRA.
  Ah! j'en crois tes vertus;

Je te plains, Olympie, et ne t'accuse plus :
J'espère en ton devoir, j'espère en ton courage.
Moi-même j'ai pitié d'un amour qui m'outrage.
Tu déchires mon cœur, et tu sais l'attendrir ;
Console au moins ta mère en la faisant mourir.
Va, je suis malheureuse, et tu n'es point coupable.

OLYMPIE.

Qui de nous deux, ô ciel! est la plus misérable?

FIN DU TROISIÈME ACTE.

ACTE QUATRIÈME.

SCÈNE I.

ANTIGONE, HERMAS, dans le péristyle.

HERMAS.
Vous me l'aviez bien dit, les saints lieux profanés
Aux horreurs des combats vont être abandonnés :
Vos soldats près du temple occupent ce passage :
Cassandre, ivre d'amour, de douleur, et de rage,
Des dieux qu'il invoquait défiant le courroux,
Par cet autre chemin s'avance contre vous.
Le signal est donné ; mais, dans cette entreprise,
Entre Cassandre et vous le peuple se divise.
    ANTIGONE, en sortant.
Je le réunirai.

SCÈNE II.

ANTIGONE, HERMAS, CASSANDRE, SOSTÈNE.

   CASSANDRE, arrêtant Antigone.
    Demeure, indigne ami,
Infidèle allié, détestable ennemi :
M'oses-tu disputer ce que le ciel me donne ?
    ANTIGONE.
Oui. Quelle est la surprise où ton cœur s'abandonne ?
La fille d'Alexandre a des droits assez grands
Pour faire armer l'Asie, et trembler nos tyrans.
Babylone est sa dot, et son droit est l'empire.

Je prétends l'un et l'autre ; et je veux bien te dire
Que tes pleurs, tes regrets, tes expiations,
N'en imposeront pas aux yeux des nations.
Ne crois pas qu'à présent l'amitié considère
Si tu fus innocent de la mort de son père :
L'opinion fait tout ; elle t'a condamné.
Aux faiblesses d'amour ton cœur abandonné
Séduisait Olympie en cachant sa naissance ;
Tu crus ensevelir dans l'éternel silence
Ce funeste secret dont je suis informé ;
Ce n'est qu'en la trompant que tu pus être aimé.
Ses yeux s'ouvrent enfin, c'en est fait ; et Cassandre
N'ose lever les siens, n'a plus rien à prétendre.
De quoi t'es-tu flatté ? Pensais-tu que ses droits
T'élèveraient un jour au rang de roi des rois ?
Je peux de Statira prendre ici la défense ;
Mais veux-tu conserver notre antique alliance ?
Veux-tu régner en paix dans tes nouveaux États,
Me revoir ton ami, t'appuyer de mon bras ?

CASSANDRE.

Eh bien ?

ANTIGONE.

Cède Olympie, et rien ne nous sépare ;
Je périrai pour toi : sinon je te déclare
Que je suis le plus grand de tous tes ennemis.
Connais tes intérêts, pèse-les, et choisis.

CASSANDRE.

Je n'aurai pas de peine, et je venais te faire
Une offre différente, et qui pourra te plaire.
Tu ne connais ni loi, ni remords, ni pitié,
Et c'est un jeu pour toi de trahir l'amitié.
J'ai craint le ciel du moins : tu ris de sa justice,
Tu jouis des forfaits dont tu fus le complice ;
Tu n'en jouiras pas, traître...

ANTIGONE.

Que prétends-tu ?

CASSANDRE.

Si dans ton âme atroce il est quelque vertu,
N'employons pas les mains du soldat mercenaire
Pour assouvir ta rage et servir ma colère.
Qu'a de commun le peuple avec nos factions ?
Est-ce à lui de mourir pour nos divisions ?

C'est à nous, c'est à toi, si tu te sens l'audace
De braver mon courage, ainsi que ma disgrâce.
Je ne fus pas admis au commerce des dieux
Pour aller égorger mon ami sous leurs yeux ;
C'est un crime nouveau, c'est toi qui le prépares.
Va, nous étions formés pour être des barbares.
Marchons ; viens décider de ton sort et du mien,
T'abreuver de mon sang, ou verser tout le tien.

ANTIGONE.

*J'y consens avec joie, et sois sûr qu'Olympie
Acceptera la main qui t'ôtera la vie.

(Ils mettent l'épée à la main.)

SCÈNE III.

CASSANDRE, ANTIGONE, HERMAS, SOSTÈNE ;
L'HIÉROPHANTE sort du temple précipitamment, avec les
PRÊTRES et les INITIÉS, qui se jettent avec une foule de peuple
entre Cassandre et Antigone, et les désarment.

L'HIÉROPHANTE.

Profanes, c'en est trop. Arrêtez, respectez
Et le dieu qui vous parle, et ses solennités[1].
Prêtres, initiés, peuple, qu'on les sépare ;
Bannissez du lieu saint la discorde barbare ;
Expiez vos forfaits... Glaives, disparaissez.
Pardonne, Dieu puissant ! vous, rois, obéissez.

CASSANDRE.

Je cède au ciel, à vous.

---

1. Il serait à souhaiter que cette scène pût être représentée dans la place qui conduit au péristyle du temple ; mais alors cette place occupant un grand espace, le vestibule un autre, et l'intérieur du temple ayant une assez grande profondeur, les personnages qui paraissent dans ce temple ne pourraient être entendus : il faut donc que le spectateur supplée à la décoration qui manque.

On a balancé longtemps si on laisserait l'idée de ce combat subsister, ou si on la retrancherait. On s'est déterminé à la conserver, parce qu'elle paraît convenir aux mœurs des personnages, à la pièce, qui est toute en spectacles, et que l'hiérophante semble y soutenir la dignité de son caractère. Les duels sont plus fréquents dans l'antiquité qu'on ne pense. Le premier combat, dans Homère, est un duel à la tête des deux armées, qui le regardent, et qui sont oisives ; et c'est précisément ce que propose Cassandre. (*Note de Voltaire.*)

ANTIGONE.

Je persiste; et j'atteste
Les mânes d'Alexandre, et le courroux céleste,
Que tant que je vivrai je ne souffrirai pas
Qu'Olympie à mes yeux passe ici dans ses bras,
Et que cet hyménée illégitime, impie,
Soit la honte d'Éphèse et l'horreur de l'Asie.

CASSANDRE.

Sans doute il le serait si tu l'avais formé.

L'HIÉROPHANTE.

D'un esprit plus remis, d'un cœur moins enflammé,
Rendez-vous à la loi, respectez sa justice;
Elle est commune à tous, il faut qu'on l'accomplisse.
La cabane du pauvre et le trône des rois,
Également soumis, entendent cette voix;
Elle aide la faiblesse, elle est le frein du crime,
Et délie à l'autel l'innocente victime.
Si l'époux, quel qu'il soit, et quel que soit son rang,
Des parents de sa femme a répandu le sang,
Fût-il purifié dans nos sacrés mystères
Par le feu de Vesta, par les eaux salutaires,
Et par le repentir, plus nécessaire qu'eux,
Son épouse en un jour peut former d'autres nœuds;
Elle le peut sans honte, à moins que sa clémence,
A l'exemple des dieux, ne pardonne l'offense.
*La loi donne un seul jour; elle accourcit les temps
*Des chagrins attachés à ces grands changements:
*Mais surtout attendez les ordres d'une mère;
*Elle a repris ses droits, le sacré caractère
*Que la nature donne, et que rien n'affaiblit.
*A son auguste voix Olympie obéit.
Qu'osez-vous attenter, quand c'est à vous d'attendre
Les arrêts de la veuve et du sang d'Alexandre?

(Il sort avec sa suite.)

ANTIGONE.

C'est assez, j'y souscris, pontife; elle est à moi.

(Antigone sort avec Hermas.)

SCÈNE IV.

CASSANDRE, SOSTÈNE, dans le péristyle.

CASSANDRE.

Elle n'y sera pas, cœur barbare et sans foi.
Arrachons-la, Sostène, à ce fatal asile,
A l'espoir insolent de ce coupable habile,
Qui rit de mes remords, insulte à ma douleur,
Et tranquille et serein vient m'arracher le cœur.

SOSTÈNE.

Il séduit Statira, seigneur; il s'autorise
Et des lois qu'il viole, et des dieux qu'il méprise.

CASSANDRE.

Enlevons-la, te dis-je, aux dieux que j'ai servis,
Et par qui désormais tous mes soins sont trahis,
J'accepterais la mort, je bénirais la foudre;
Mais qu'enfin mon épouse ose ici se résoudre
A passer en un jour à cet autel fatal
De la main de Cassandre à la main d'un rival!
Tombe en cendres ce temple avant que je l'endure!
Ciel! tu me pardonnais. Plus tranquille et plus pure,
Mon âme à cet espoir osait s'abandonner :
Tu m'ôtes Olympie, est-ce là pardonner?

SOSTÈNE.

Il ne vous l'ôte point : ce cœur docile et tendre,
Si soumis à vos lois, si content de se rendre,
Ne peut jusqu'à l'oubli passer en un moment.
Le cœur ne connaît point un si prompt changement.
*Elle peut vous aimer sans trahir la nature.
*Vos coups dans les combats portés à l'aventure
*Ont versé, je l'avoue, un sang bien précieux;
*C'est un malheur pour vous que permirent les dieux.
Vous n'avez point trempé dans la mort de son père;
Vos pleurs ont effacé tout le sang de sa mère;
Ses malheurs sont passés, vos bienfaits sont présents.

CASSANDRE.

Vainement cette idée apaise mes tourments.
Ce sang de Statira, ces mânes d'Alexandre,
D'une voix trop terrible ici se font entendre.

6. — THÉATRE. V.

Sostène, elle est leur fille, elle a le droit affreux
De haïr sans retour un époux malheureux.
Je sens qu'elle m'abhorre, et moi je la préfère
Au trône de Cyrus, au trône de la terre.
Ces expiations, ces mystères cachés,
Indifférents aux rois, et par moi recherchés,
Elle en était l'objet; mon âme criminelle
Ne s'approchait des dieux que pour s'approcher d'elle.

SOSTÈNE, apercevant Olympie.

Hélas! la voyez-vous en proie à ses douleurs?
Elle embrasse un autel, et le baigne de pleurs.

CASSANDRE.

Au temple, à cet autel, il est temps qu'on l'enlève.
Va, cours, que tout soit prêt.

(Sostène sort.)

SCÈNE V.

CASSANDRE, OLYMPIE.

OLYMPIE, courbée sur l'autel sans voir Cassandre.

Que mon cœur se soulève!
Qu'il est désespéré!... qu'il se condamne! hélas!

(Apercevant Cassandre.)

Que vois-je?

CASSANDRE.

Votre époux.

OLYMPIE.

Non, vous ne l'êtes pas.
Non, Cassandre... jamais ne prétendez à l'être.

CASSANDRE.

Eh bien! j'en suis indigne, et je dois me connaître.
Je sais tous les forfaits que mon sort inhumain,
Pour nous perdre tous deux, a commis par ma main ;
J'ai cru les expier, j'en comble la mesure ;
Ma présence est un crime, et ma flamme une injure...
Mais, daignez me répondre... ai-je par mes secours
Aux fureurs de la guerre arraché vos beaux jours?

OLYMPIE.

Pourquoi les conserver?

CASSANDRE.

Au sortir de l'enfance

ACTE IV, SCÈNE V.

Ai-je assez respecté votre aimable innocence?
Vous ai-je idolâtrée?

OLYMPIE.

Ah! c'est là mon malheur.

CASSANDRE.

Après le tendre aveu de la plus pure ardeur,
Libre dans vos bontés, maîtresse de vous-même,
Cette voix favorable à l'époux qui vous aime,
Aux lieux où je vous parle, à ces mêmes autels,
A joint à mes serments vos serments solennels!

OLYMPIE.

Hélas! il est trop vrai... Que le courroux céleste
Ne me punisse pas d'un serment si funeste!

CASSANDRE.

Vous m'aimiez, Olympie!

OLYMPIE.

Ah! pour comble d'horreur,
Ne me reproche pas ma détestable erreur.
Il te fut trop aisé d'éblouir ma jeunesse;
D'un cœur qui s'ignorait tu trompas la faiblesse:
C'est un forfait de plus... Fuis-moi; ces entretiens
Sont un crime pour moi plus affreux que les tiens.

CASSANDRE.

Craignez d'en commettre un plus funeste peut-être
En acceptant les vœux d'un barbare et d'un traître;
Et si pour Antigone...

OLYMPIE.

Arrête, malheureux!
D'Antigone et de toi je rejette les vœux,
Après que cette main, lâchement abusée,
S'est pu joindre à ta main de mon sang arrosée,
Nul mortel désormais n'aura droit sur mon cœur.
J'ai l'hymen, et le monde, et la vie en horreur.
Maîtresse de mon choix, sans que je délibère,
Je choisis les tombeaux qui renferment ma mère;
Je choisis cet asile où Dieu doit posséder
Ce cœur qui se trompa quand il put te céder.
* J'embrasse les autels, et déteste ton trône,
* Et tous ceux de l'Asie... et surtout d'Antigone.
* Va-t-en, ne me vois plus... Va, laisse-moi pleurer
* L'amour que j'ai promis, et qu'il faut abhorrer.

CASSANDRE.

Eh bien! de mon rival si l'amour vous offense,
Vous ne sauriez m'ôter un rayon d'espérance;
Et quand votre vertu rejette un autre époux,
Ce refus est ma grâce, et je me crois à vous.
Tout souillé que je suis du sang qui vous fit naître,
Vous êtes, vous serez la moitié de mon être,
Moitié chère et sacrée, et de qui les vertus
Ont arrêté sur moi les foudres suspendus,
Ont gardé sur mon cœur un empire suprême,
Et devraient désarmer votre mère elle-même.

OLYMPIE.

Ma mère!... Quoi! ta bouche a prononcé son nom!
Ah! si le repentir, si la compassion,
Si ton amour, au moins, peut fléchir ton audace,
Fuis les lieux qu'elle habite, et l'autel que j'embrasse.
Laisse-moi.

CASSANDRE.

Non, sans vous je n'en saurais sortir.
A me suivre à l'instant vous devez consentir.
(Il la prend par la main.)
Chère épouse, venez.

OLYMPIE, la retirant avec transport.

Traite-moi donc comme elle;
Frappe une infortunée à son devoir fidèle;
Dans ce cœur désolé porte un coup plus certain :
Tout mon sang fut formé pour couler sous ta main;
Frappe, dis-je.

CASSANDRE.

Ah! trop loin vous portez la vengeance;
J'eus moins de cruauté, j'eus moins de violence,
Le ciel sait faire grâce, et vous savez punir;
Mais c'est trop être ingrate, et c'est trop me haïr.

OLYMPIE.

Ma haine est-elle juste, et l'as-tu méritée?
Cassandre, si ta main féroce, ensanglantée,
Ta main qui de ma mère osa percer le flanc,
N'eût frappé que moi seule, et versé que mon sang,
Je te pardonnerais, je t'aimerais... barbare.
Va, tout nous désunit.

CASSANDRE.

Non, rien ne nous sépare.

Quand vous auriez Cassandre encor plus en horreur,
Quand vous m'épouseriez pour me percer le cœur,
Vous me suivrez... Il faut que mon sort s'accomplisse.
Laissez-moi mon amour, du moins pour mon supplice :
Ce supplice est sans terme, et j'en jure par vous.
Haïssez, punissez, mais suivez votre époux.

SCÈNE VI.

CASSANDRE, OLYMPIE, SOSTÈNE.

SOSTÈNE.

Paraissez, ou bientôt Antigone l'emporte.
Il parle à vos guerriers, il assiége la porte,
Il séduit vos amis près du temple assemblés ;
Par sa voix redoutable ils semblent ébranlés :
Il atteste Alexandre, il atteste Olympie.
Tremblez pour votre amour, tremblez pour votre vie.
Venez.

CASSANDRE.

A mon rival ainsi vous m'immolez !
Je vais chercher la mort, puisque vous le voulez.

OLYMPIE.

Moi, vouloir ton trépas !... va, j'en suis incapable...
Vis loin de moi.

CASSANDRE.

Sans vous, le jour m'est exécrable ;
Et, s'il m'est conservé, je revole en ces lieux,
Je vous arrache au temple, ou j'y meurs à vos yeux.

(Il sort avec Sostène.)

SCÈNE VII.

OLYMPIE.

Malheureuse !... Et c'est lui qui cause mes alarmes !
Ah ! Cassandre, est-ce à toi de me coûter des larmes ?
Faut-il tant de combats pour remplir son devoir ?
Vous aurez sur mon âme un absolu pouvoir,
O sang dont je naquis, ô voix de la nature !
Je m'abandonne à vous, c'est par vous que je jure

De vous sacrifier mes plus chers sentiments...
Sur cet autel, hélas! j'ai fait d'autres serments...
Dieux! vous les receviez; ô dieux! votre clémence
A du plus tendre amour approuvé l'innocence.
Vous avez tout changé... mais changez donc mon cœur,
Donnez-lui la vertu conforme à son malheur...
* Ayez quelque pitié d'une âme déchirée,
* Qui périt infidèle, ou meurt dénaturée.
* Hélas! j'étais heureuse en mon obscurité,
* Dans l'oubli des humains, dans la captivité;
* Sans parents, sans état, à moi-même inconnue...
* Le grand nom que je porte est ce qui m'a perdue.
* J'en serai digne au moins... Cassandre, il faut te fuir,
* Il faut t'abandonner... mais comment te haïr?...
Que peut donc sur soi-même une faible mortelle?
Je déchire en pleurant ma blessure cruelle;
Et ce trait malheureux, que ma main va chercher,
Je l'enfonce en mon cœur au lieu de l'arracher.

SCÈNE VIII.

OLYMPIE, L'HIÉROPHANTE, prêtres, prêtresses.

OLYMPIE.

Pontife, où courez-vous? Protégez ma faiblesse.
Vous tremblez!... vous pleurez!...

L'HIÉROPHANTE.

Malheureuse princesse!
Je pleure votre état.

OLYMPIE.

Ah! soyez-en l'appui.

L'HIÉROPHANTE.

Résignez-vous au ciel; vous n'avez plus que lui.

OLYMPIE.

Hélas! que dites-vous?

L'HIÉROPHANTE.

O fille auguste et chère!
La veuve d'Alexandre...

OLYMPIE.

Ah! justes dieux!... ma mère!

Eh bien?...

L'HIÉROPHANTE.

Tout est perdu. Les deux rois furieux,
Foulant aux pieds les lois, armés contre les dieux,
Jusque dans les parvis de l'enceinte sacrée,
Encourageaient leur troupe au meurtre préparée.
Déjà coulait le sang; déjà, le fer en main,
Cassandre jusqu'à vous se frayait un chemin :
J'ai marché contre lui, n'ayant pour ma défense
Que nos lois qu'il oublie, et nos dieux qu'il offense.
Votre mère éperdue, et s'offrant à ses coups,
L'a cru maître à la fois et du temple et de vous :
Lasse de tant d'horreurs, lasse de tant de crimes,
Elle a saisi le fer qui frappe les victimes,
L'a plongé dans ce flanc où le ciel irrité
Vous fit puiser la vie et la calamité.

OLYMPIE, tombant entre les bras d'une prêtresse.

Je meurs... soutenez-moi... marchons... Vit-elle encore?

L'HIÉROPHANTE.

Cassandre est à ses pieds; il gémit, il l'implore;
Il ose encor prêter ses funestes secours
Aux innocentes mains qui raniment ses jours;
Il s'écrie, il s'accuse, il jette au loin ses armes.

OLYMPIE, se relevant.

Cassandre à ses genoux!

L'HIÉROPHANTE.

     Il les baigne de larmes.
A ses cris, à nos voix, elle rouvre les yeux;
Elle ne voit en lui qu'un monstre audacieux
Qui lui vient arracher les restes de sa vie,
Par cette main funeste en tout temps poursuivie :
Faible, et se soulevant par un dernier effort,
Elle tombe, elle touche au moment de la mort;
Elle abhorre à la fois Cassandre et la lumière;
Et levant à regret sa débile paupière :
« Allez, m'a-t-elle dit, ministre infortuné
D'un temple malheureux par le sang profané;
Consolez Olympie. Elle m'aime, et j'ordonne
Que, pour venger sa mère, elle épouse Antigone [1]. »

---

[1]. « L'aspect de Cassandre, augmentant les maux de nerfs de Statira, écrivait Voltaire, rend sa mort bien plus vraisemblable... Bien des gens croient que Statira, voyant que sa fille aime Cassandre, s'est aidée d'un peu de sublimé. »

OLYMPIE.
Allons mourir près d'elle... Exaucez-moi, grands dieux !
Venez, guidez mes pas, venez fermer nos yeux.

L'HIÉROPHANTE.
Armez-vous de courage, il doit ici paraître.

OLYMPIE.
J'en ai besoin, seigneur, et j'en aurai peut-être.

FIN DU QUATRIÈME ACTE.

ACTE CINQUIÈME.

SCÈNE I.

ANTIGONE, HERMAS, dans le péristyle.

HERMAS.
La pitié doit parler, et la vengeance est vaine ;
Un rival malheureux n'est pas digne de haine.
Fuyez ce lieu funeste : Olympie aujourd'hui,
Seigneur, sera perdue et pour vous et pour lui.
ANTIGONE.
Quoi ! Statira n'est plus !
HERMAS.
C'est le sort de Cassandre
D'être toujours funeste au grand nom d'Alexandre :
Statira, succombant au poids de sa douleur,
Dans les bras de sa fille expire avec horreur ;
La sensible Olympie, à ses pieds étendue,
Semble exhaler son âme à peine retenue.
Les ministres des dieux, les prêtresses en pleurs,
En mêlant leurs regrets, accroissent leurs douleurs.
Cassandre épouvanté sent toutes leurs atteintes ;
Le temple retentit de sanglots et de plaintes :
On prépare un bûcher, et ces vains ornements
Qui rappellent la mort aux regards des vivants :
On prétend qu'Olympie, en ce lieu solitaire,
Habitera l'asile où s'enfermait sa mère ;
Qu'au monde, à l'hyménée, arrachant ses beaux jours,
Elle consacre aux dieux leur déplorable cours ;
Et qu'elle doit pleurer dans l'éternel silence
Sa famille, sa mère, et jusqu'à sa naissance.
ANTIGONE.
Non, non ; de son devoir elle suivra les lois ;
J'ai sur elle à la fin d'irrévocables droits ;

Statira me la donne; et ses ordres suprêmes
Au moment du trépas sont les lois des dieux mêmes.
Ce forcené Cassandre et sa funeste ardeur
Au sang de Statira font une juste horreur.

HERMAS.

Seigneur, le croyez-vous?

ANTIGONE.

Elle-même déclare
Que son cœur désolé renonce à ce barbare.
S'il ose encor l'aimer, j'ai promis son trépas :
Je tiendrai ma parole, et tu n'en doutes pas.

HERMAS.

Mêleriez-vous du sang aux pleurs qu'on voit répandre;
Aux flammes du bûcher, à cette auguste cendre?
Frappés d'un saint respect, sachez que vos soldats
Reculeront d'horreur, et ne vous suivront pas.

ANTIGONE.

Non, je ne puis troubler la pompe funéraire;
J'en ai fait le serment; Cassandre la révère.
Je sais qu'il est des lois qu'il me faut respecter;
Que pour gagner le peuple il le faut imiter :
Vengeur de Statira, protecteur d'Olympie,
Je dois ici l'exemple au reste de l'Asie.
Tout parle en ma faveur, et mes coups différés
En auront plus de force, et sont plus assurés.

(Le temple s'ouvre.)

SCÈNE II.

ANTIGONE, HERMAS, L'HIÉROPHANTE, PRÊTRES, s'avançant lentement; OLYMPIE, soutenue par les prêtresses : elle est en deuil.

HERMAS.

On amène Olympie à peine respirante :
Je vois du temple saint l'auguste hiérophante
Qui mouille de ses pleurs les traces de ses pas;
Les prêtresses des dieux la tiennent dans leurs bras.

ANTIGONE.

Ces objets toucheraient le cœur le plus farouche,

(A Olympie.)

Je veux bien l'avouer... Permettez que ma bouche,

En mêlant mes regrets à vos tristes soupirs,
Jure encor de venger tant d'affreux déplaisirs :
L'ennemi qui deux fois vous priva d'une mère
Nourrit dans sa fureur un espoir téméraire ;
Sachez que tout est prêt pour sa punition.
N'ajoutez point la crainte à votre affliction ;
Contre ses attentats soyez en assurance.

OLYMPIE.

Ah ! seigneur, parlez moins de meurtre et de vengeance.
Elle a vécu... je meurs au reste des humains.

ANTIGONE.

Je déplore sa perte autant que je vous plains :
Je pourrais rappeler sa volonté sacrée,
Si chère à mon espoir, et par vous révérée ;
Mais je sais ce qu'on doit, dans ce premier moment,
A son ombre, à sa fille, à votre accablement.
Consultez-vous, madame, et gardez sa promesse.

(Il sort avec Hermas.)

SCÈNE III.

OLYMPIE, L'HIÉROPHANTE, PRÊTRES, PRÊTRESSES.

OLYMPIE.

Vous qui compatissez à l'horreur qui me presse,
Vous, ministre d'un dieu de paix et de douceur,
Des cœurs infortunés le seul consolateur,
Ne puis-je, sous vos yeux, consacrer ma misère
Aux autels arrosés des larmes de ma mère ?
Auriez-vous bien, seigneur, assez de dureté
Pour fermer cet asile à ma calamité ?
Du sang de tant de rois c'est l'unique héritage ;
Ne me l'enviez pas, laissez-moi mon partage.

L'HIÉROPHANTE.

Je pleure vos destins ; mais que puis-je pour vous ?
Votre mère en mourant a nommé votre époux :
Vous avez entendu sa volonté dernière,
Tandis que de nos mains nous fermions sa paupière ;
Et si vous résistez à sa mourante voix,
Cassandre est votre maître, il rentre en tous ses droits.

OLYMPIE.

J'ai juré, je l'avoue, à Statira mourante

De détourner ma main de cette main sanglante;
Je garde mes serments.
L'HIÉROPHANTE.
Libre encor dans ces lieux,
Votre main ne dépend que de vous et des dieux.
Bientôt tout va changer : vous pouvez, Olympie,
Ordonner maintenant du sort de votre vie :
On ne doit pas sans doute allumer en un jour
Et les bûchers des morts, et les flambeaux d'amour.
Ce mélange est affreux; mais un mot peut suffire,
Et j'attendrai ce mot sans oser le prescrire.
C'est à vous à sentir, dans ces extrémités,
Ce que doit votre cœur au sang dont vous sortez.
OLYMPIE.
Seigneur, je vous l'ai dit; cet hymen, et tout autre,
Est horrible à mon cœur, et doit déplaire au vôtre.
Je ne veux point trahir ces mânes courroucés;
J'abandonne un époux... c'est obéir assez.
Laissez-moi fuir l'hymen, et l'amour, et le trône.
L'HIÉROPHANTE.
Il faut suivre Cassandre ou choisir Antigone :
Ces deux héros armés, si fiers et si jaloux,
Sont forcés maintenant à s'en remettre à vous.
Vous préviendrez d'un mot le trouble et le carnage
Dont nos yeux reverraient l'épouvantable image,
Sans le respect profond qu'inspirent aux mortels
Cet appareil de mort, ce bûcher, ces autels,
Et ces derniers devoirs, et ces honneurs suprêmes,
Qui les font pour un temps rentrer tous en eux-mêmes.
La piété se lasse, et surtout chez les grands.
J'ai du sang avec peine arrêté les torrents;
Mais ce sang, dès demain, va couler dans Éphèse;
Décidez-vous, princesse, et le peuple s'apaise.
Ce peuple, qui toujours est du parti des lois,
Quand vous aurez parlé, soutiendra votre choix :
Sinon, le fer en main, dans ce temple, à ma vue,
Cassandre, en réclamant la foi qu'il a reçue,
D'un bien qu'il possédait a droit de s'emparer,
Malgré la juste horreur qu'il vous semble inspirer.
OLYMPIE.
Il suffit : je conçois vos raisons et vos craintes;
Je ne m'emporte plus en d'inutiles plaintes;

ACTE V, SCÈNE III.

Je subis mon destin; vous voyez sa rigueur;
Il me faut faire un choix... il est fait dans mon cœur;
Je suis déterminée.
L'HIÉROPHANTE.
Ainsi donc d'Antigone
Vous acceptez les vœux et la main qu'il vous donne?
OLYMPIE.
Seigneur, quoi qu'il en soit, peut-être ce moment
N'est point fait pour conclure un tel engagement.
Vous-même l'avouez; et cette heure dernière,
Où ma mère a vécu, doit m'occuper entière...
Au bûcher qui l'attend vous allez la porter?
L'HIÉROPHANTE.
De ces tristes devoirs il faut nous acquitter:
Une urne contiendra sa dépouille mortelle;
Vous la recueillerez.
OLYMPIE.
Sa fille criminelle
A causé son trépas... Cette fille du moins
A ses mânes vengeurs doit encor quelques soins.
L'HIÉROPHANTE.
Je vais tout préparer.
OLYMPIE.
Par vos lois que j'ignore,
Sur ce lit embrasé puis-je la voir encore?
Du funèbre appareil pourrai-je m'approcher?
Pourrai-je de mes pleurs arroser son bûcher?
L'HIÉROPHANTE.
Hélas! vous le devez; nous partageons vos larmes:
Vous n'avez rien à craindre; et ces rivaux en armes
Ne pourront point troubler ces devoirs douloureux.
Présentez des parfums, vos voiles, vos cheveux,
Et des libations la triste et pure offrande.
(Les prêtresses placent tout cela sur un autel.)
OLYMPIE, à l'Hiérophante.
C'est l'unique faveur que sa fille demande...
(A la prêtresse inférieure.)
Toi qui la conduisis dans ce séjour de mort,
Qui partageas quinze ans les horreurs de son sort,
Va, reviens m'avertir quand cette cendre aimée
Sera prête à tomber dans la fosse enflammée;
Que mes derniers devoirs, puisqu'ils me sont permis,

Satisfassent son ombre... Il le faut.
LA PRÊTRESSE.

>J'obéis.
>><small>(Elle sort).</small>

OLYMPIE, à l'Hiérophante.

Allez donc : élevez cette pile fatale,
Préparez les cyprès et l'urne sépulcrale,
Faites venir ici ces deux rivaux cruels ;
Je prétends m'expliquer au pied de ces autels,
A l'aspect de ma mère, aux yeux de ces prêtresses,
Témoins de mes malheurs, témoins de mes promesses.
Mes sentiments, mon choix, vont être déclarés :
Vous les plaindrez peut-être, et les approuverez.

L'HIÉROPHANTE.

De vos destins encor vous êtes la maîtresse,
Vous n'avez que ce jour ; il fuit, et le temps presse.

><small>(Il sort avec les prêtres.)</small>

SCÈNE IV.

OLYMPIE, sur le devant; LES PRÊTRESSES, en demi-cercle au fond.

OLYMPIE.

O toi qui dans mon cœur, à ce choix résolu,
Usurpas à ma honte un pouvoir absolu,
Qui triomphes encor de Statira mourante,
D'Alexandre au tombeau, de leur fille tremblante,
De la terre et des cieux contre toi conjurés,
Règne, amant malheureux, sur mes sens déchirés :
Si tu m'aimes, hélas ! si j'ose encor le croire,
Va, tu payeras bien cher ta funeste victoire.

SCÈNE V.

OLYMPIE, CASSANDRE, LES PRÊTRESSES.

CASSANDRE.

Eh bien ! je viens remplir mon devoir et vos vœux ;
Mon sang doit arroser ce bûcher malheureux.
Acceptez mon trépas, c'est ma seule espérance ;
Que ce soit par pitié plutôt que par vengeance.

OLYMPIE.
Cassandre!
CASSANDRE.
Objet sacré! chère épouse!...
OLYMPIE.
Ah! cruel!
CASSANDRE.
Il n'est plus de pardon pour ce grand criminel :
Esclave infortuné du destin qui me guide,
Mon sort en tous les temps est d'être parricide.
(Il se jette à genoux.)
Mais je suis ton époux; mais, malgré ses forfaits,
Cet époux t'idolâtre encor plus que jamais.
Respecte, en m'abhorrant, cet hymen que j'atteste :
Dans l'univers entier Cassandre seul te reste ;
La mort est le seul dieu qui peut nous séparer ;
Je veux, en périssant, te voir et t'adorer.
Venge-toi, punis-moi, mais ne sois point parjure :
Va, l'hymen est encor plus saint que la nature.
OLYMPIE.
Levez-vous, et cessez de profaner du moins
Cette cendre fatale, et mes funèbres soins.
Quand sur l'affreux bûcher dont les flammes s'allument
De ma mère en ces lieux les membres se consument,
Ne souillez pas ces dons que je dois présenter ;
N'approchez pas, Cassandre, et sachez m'écouter.

SCÈNE VI.

OLYMPIE, CASSANDRE, ANTIGONE, PRÊTRESSES.

ANTIGONE.
Enfin votre vertu ne peut plus s'en défendre ;
Statira vous dictait l'arrêt qu'il vous faut rendre.
J'ai respecté les morts et ce jour de terreur ;
Vous en pouvez juger, puisque mon bras vengeur
N'a point encor de sang inondé cet asile,
Puisqu'un moment encore à vos ordres docile,
Je vous prends en ces lieux pour son juge et le mien.
Prononcez notre arrêt, et ne redoutez rien.
On vous verra, madame, et du moins je l'espère,

Distinguer l'assassin du vengeur d'une mère.
La nature a des droits. Statira, dans les cieux,
A côté d'Alexandre, arrête ici ses yeux.
Vous êtes dans ce temple encore ensevelie;
Mais la terre et le ciel observent Olympie.
Il faut entre nous deux que vous vous déclariez.

OLYMPIE.

J'y consens; mais je veux que vous me respectiez.
Vous voyez ces apprêts, ces dons que je dois faire
A nos dieux infernaux, aux mânes d'une mère;
Vous choisissez ce temps, impétueux rivaux,
Pour me parler d'hymen au milieu des tombeaux!
Jurez-moi seulement, soldats du roi mon père [1],
Rois après son trépas, que, si je vous suis chère,
Dans ce moment du moins, reconnaissant mes lois,
Vous ne troublerez point mes devoirs et mon choix.

CASSANDRE.

Je le dois, je le jure; et vous devez connaître
Combien je vous respecte, et dédaigne ce traître.

ANTIGONE.

Oui, je le jure aussi, bien sûr que votre cœur
Pour ce rival barbare est pénétré d'horreur.
Prononcez; j'y souscris.

OLYMPIE.

Songez, quoi qu'il en coûte,
Vous-même l'avez dit, qu'Alexandre m'écoute.

ANTIGONE.

Décidez devant lui.

CASSANDRE.

J'attends vos volontés [2].

OLYMPIE.

Connaissez donc ce cœur que vous persécutez,
Et vous-mêmes jugez du parti qui me reste.
Quelque choix que je fasse, il doit m'être funeste.

---

1. Dans *Artémire*, acte Ier, scène Ire (voyez *Théâtre,* tome Ier, p. 126), Voltaire avait dit :

Soldats sous Alexandre, et rois après sa mort. (B.)

2. « C'est une situation assez forcée, assez invraisemblable, écrivait Voltaire, que deux amants viennent presser mademoiselle de faire un choix dans le temps même qu'on brûle madame sa mère; mais je voulais me donner le plaisir du bûcher, et si Olympie ne se jette pas dans le bûcher aux yeux de ses deux amants, le grand tragique est manqué. »

Vous sentez tout l'excès de ma calamité :
Apprenez plus ; sachez que je l'ai mérité.
J'ai trahi mes parents, quand j'ai pu les connaître ;
J'ai porté le trépas au sein qui m'a fait naître :
Je trouvais une mère en ce séjour d'effroi ;
Elle est morte en mes bras, elle est morte pour moi.
Elle a dit à sa fille, à ses pieds désolée :
« Épousez Antigone, et je meurs consolée. »
Elle était expirante, et moi, pour l'achever,
Je la refuse.
####### ANTIGONE.
Ainsi vous pouvez me braver,
Outrager votre mère, et trahir la nature !
####### OLYMPIE.
A ses mânes, à vous, je ne fais point d'injure ;
Je rends justice à tous, et je la rends à moi...
Cassandre, devant lui je vous donnai ma foi ;
Voyez si nos liens ont été légitimes ;
Je vous laisse en juger : vous connaissez vos crimes ;
Il serait superflu de vous les reprocher :
Réparez-les un jour.
####### CASSANDRE.
Je ne puis vous toucher !
Je ne puis adoucir cette horreur qui vous presse !
####### OLYMPIE.
Il faut vous éclairer : gardez votre promesse.

(Le temple s'ouvre ; on voit le bûcher enflammé.)

SCÈNE VII.

OLYMPIE, CASSANDRE, ANTIGONE, L'HIÉROPHANTE,
PRÊTRES, PRÊTRESSES.

####### LA PRÊTRESSE INFÉRIEURE.
Princesse, il en est temps.
####### OLYMPIE, à Cassandre.
Vois ce spectacle affreux :
Cassandre, en ce moment, plains-toi, si tu le peux ;
Contemple ce bûcher, contemple cette cendre ;
Souviens-toi de mes fers, souviens-toi d'Alexandre :
Voilà sa veuve, parle, et dis ce que je dois.

CASSANDRE.

M'immoler.

OLYMPIE.

Ton arrêt est dicté par ta voix...
Attends ici le mien[1]. Vous, mânes de ma mère,
Mânes à qui je rends ce devoir funéraire,
Vous, qu'un juste courroux doit encore animer,
Vous recevrez des dons qui pourront vous calmer.
De mon père et de vous ils sont dignes peut-être...
Toi, l'époux d'Olympie, et qui ne dus pas l'être;
Toi, qui me conservas par un cruel secours;
Toi, par qui j'ai perdu les auteurs de mes jours;
Toi, qui m'as tant chérie, et pour qui ma faiblesse
Du plus fatal amour a senti la tendresse,
Tu crois mes lâches feux de mon âme bannis...
Apprends... que je t'adore... et que je m'en punis[2].

1. Elle monte sur l'estrade de l'autel qui est près du bûcher. Les prêtresses lui présentent les offrandes. (*Note de Voltaire.*)

2. Le suicide est une chose très-commune sur la scène française. Il n'est pas à craindre que ces exemples soient imités par les spectateurs. Cependant, si on mettait sur le théâtre un homme tel que le Caton d'Addison, philosophe et citoyen, qui, ayant dans une main le *Traité de l'immortalité de l'âme* de Platon, et une épée dans l'autre, prouve par les raisonnements les plus forts qu'il est des conjonctures où un homme de courage doit finir sa vie, il est à croire que les grands noms de Platon et de Caton réunis, la force des raisonnements, et la beauté des vers, pourraient faire un assez puissant effet sur des âmes vigoureuses et sensibles pour les porter à l'imitation, dans ces moments malheureux où tant d'hommes éprouvent le dégoût de la vie.

Le suicide n'est pas permis parmi nous. Il n'était autorisé, ni chez les Grecs, ni chez les Romains, par aucune loi; mais aussi n'y en avait-il aucune qui le punît. Au contraire, ceux qui se sont donné la mort, comme Hercule, Cléomène, Brutus, Cassius, Arria, Pætus, Caton, l'empereur Othon, ont tous été regardés comme des grands hommes et comme des demi-dieux.

La coutume de finir ses jours volontairement sur un bûcher a été respectée de temps immémorial dans toute la haute Asie; et aujourd'hui même encore, on en a de fréquents exemples dans les Indes orientales.

On a tant écrit sur cette matière, que je me bornerai à un petit nombre de questions.

Si le suicide fait tort à la société, je demande si ces homicides volontaires, et légitimés par toutes les lois, qui se commettent dans la guerre, ne font pas un peu plus de tort au genre humain.

Je n'entends pas, par ces homicides, ceux qui, s'étant voués au service de leur patrie et de leur prince, affrontent la mort dans les batailles; je parle de ce nombre prodigieux de guerriers auxquels il est indifférent de servir sous une puissance ou sous une autre, qui trafiquent de leur sang comme un ouvrier vend son travail et sa journée, qui combattront demain pour celui contre qui ils étaient armés hier, et qui, sans considérer ni leur patrie ni leur famille, tuent et se font tuer pour des étrangers. Je demande en bonne foi si cette espèce d'héroïsme est comparable

ACTE V, SCÈNE VII.

Cendres de Statira, recevez Olympie[1].

(Elle se frappe, et se jette dans le bûcher.)

TOUS ENSEMBLE[2].

Ciel!

CASSANDRE, courant au bûcher.

Olympie!

LES PRÊTRES.

O ciel!

ANTIGONE.

O fureur inouïe!

CASSANDRE.

Elle n'est déjà plus, tous nos efforts sont vains.

(Revenant dans le péristyle.)

* En est-ce assez, grands dieux?... Mes exécrables mains
* Ont fait périr mon roi, sa veuve, et mon épouse!
* Antigone, ton âme est-elle encor jalouse?

à celui de Caton, de Cassius et de Brutus. Tel soldat, et même tel officier a combattu tour à tour pour la France, pour l'Autriche et pour la Prusse.

Il y a un peuple sur la terre dont la maxime, non encore démentie, est de ne se jamais donner la mort, et de ne la donner à personne; ce sont les Philadelphiens, qu'on a si sottement nommés quakers. Ils ont même longtemps refusé de contribuer aux frais de la dernière guerre qu'on faisait vers le Canada pour décider à quels marchands d'Europe appartiendrait un coin de terre endurci sous la glace pendant sept mois, et stérile pendant les cinq autres. Ils disaient, pour leurs raisons, que des vases d'argile tels que les hommes ne devaient pas se briser les uns contre les autres pour de si misérables intérêts.

Je passe à une seconde question.

Que pensent ceux qui, parmi nous, périssent par une mort volontaire? Il y en a beaucoup dans toutes les grandes villes. J'en ai connu une petite où il y avait une douzaine de suicides par an. Ceux qui sortent ainsi de la vie pensent-ils avoir une âme immortelle? Espèrent-ils que cette âme sera plus heureuse dans une autre vie? Croient-ils que notre entendement se réunit après notre mort à l'âme générale du monde? Imaginent-ils que l'entendement est une faculté, un résultat des organes, qui périt avec les organes mêmes, comme la végétation, dans les plantes, est détruite quand les plantes sont arrachées; comme la sensibilité dans les animaux, lorsqu'ils ne respirent plus; comme la force, cet être métaphysique, cesse d'exister dans un ressort qui a perdu son élasticité?

Il serait à désirer que tous ceux qui prennent le parti de sortir de la vie laissassent par écrit leurs raisons, avec un petit mot de leur philosophie: cela ne serait pas inutile aux vivants et à l'histoire de l'esprit humain. (*Note de Voltaire.*)

1. « Il faut au dernier acte, écrivait Voltaire, un air recueilli et plein d'un sombre désespoir; c'est là surtout qu'il est nécessaire de mettre de longs silences entre les vers. Il faut au moins deux ou trois secondes en récitant: *Apprends... que je t'adore... et que je m'en punis;* un silence après *apprends,* un silence après *je t'adore.* » Sur le théâtre de Ferney, les flammes du bûcher s'élevaient de quatre pieds au-dessus des acteurs. (G. A.)

2. L'hiérophante, les prêtres, et les prêtresses, témoignent leur étonnement et leur consternation. (*Note de Voltaire.*)

* Insensible témoin de cette horrible mort,
* Envieras-tu toujours la douceur de mon sort?
* De ma félicité si ton grand cœur s'irrite,
* Partage-la, crois-moi, prends ce fer, et m'imite.

(Il se tue.)

L'HIÉROPHANTE.

Arrêtez!... O saint temple! ô Dieu juste et vengeur!
Dans quel palais profane a-t-on vu plus d'horreur!

ANTIGONE.

Ainsi donc Alexandre, et sa famille entière,
Successeurs, assassins, tout est cendre et poussière!
Dieux, dont le monde entier éprouve le courroux,
Maîtres des vils humains, pourquoi les formiez-vous?
Qu'avait fait Statira? qu'avait fait Olympie?
A quoi réservez-vous ma déplorable vie?

FIN D'OLYMPIE.

VARIANTES

DE LA TRAGÉDIE D'*OLYMPIE*.

Page 100, vers 18 :
>Eh! devrait-il moins l'être?

Page 104, vers 13 :
>Tous les chefs ont péri.

Ibid., vers 15 :
>Ils sont tous expiés : nous devons rétablir, etc.

Nota. En adoptant cette leçon, il faut supprimer les vers précédés d'une étoile.

Page 106, vers 12 :
>Lorsque vous prétendez *un* souverain empire.

Ibid., vers 28. — Après ce vers, le même personnage continue :
>On ouvre. Quel spectacle au fond du sanctuaire!
>De quelle pompe, ô ciel! préparée avec soin
>Cassandre a-t-il osé me vouloir pour témoin!
>Faut-il me voir forcé de souffrir cet outrage,
>Et qu'un vain fanatisme enchaîne ici ma rage?
>Olympie et Cassandre arrivent à l'autel.

Et les vers suivants, précédés d'une étoile, sont nuls.

Page 108, dernier vers :
>Pour hâter les instants d'une union si belle.

Page 109, vers 4. — Au lieu des six vers précédés d'une étoile, on lit :
>Antigone, jugez si vous deviez prétendre
>Qu'on remit en vos mains l'esclave de Cassandre :
>Sachez, etc.

Page 109, vers 13 :

> *Voyez* si j'ai dû faire un pareil sacrifice.

Page 113, vers 5. — C'est ainsi qu'on lit dans l'édition originale, dans celle de Genève, 1763, dans l'édition in-4°, et dans l'édition de 1775. Les deux autres éditions de 1763, celle de 1774 et celles de Kehl, portent :

> Nos rits et nos mystères. (B.)

Page 114, vers 10 :

> Vous *frémiriez* vous-même...

Ibid., vers 23. — Ces deux derniers vers sont conformes à l'édition de Kehl. Dans trois éditions de 1763, et dans celle de 1774, on lit :

> Tel est l'ordre éternel à qui je m'abandonne,
> Que la terre est coupable et que le ciel pardonne.

Ibid., vers 26. — Toutes les éditions antérieures à celle de Kehl portent :

> Si vous êtes instruit *qui* fit périr son maître.

Ibid., vers 29 :

> Quand *les* yeux d'Alexandre à peine encor fermés.

Page 115, premier vers :

> Sur *mille corps sanglants* il la jeta mourante.

Page 117, vers 28 :

> J'ai cru dans *ma* retraite éviter mon malheur.

Page 120, vers 24. — Ce vers est conforme à l'édition de 1763 et à celle de 1774. Dans l'édition de Kehl, on lit : *me va,* au lieu de : *va me.*

Page 121, vers 3 :

> Antigone, les siens, *les peuples,* les armées.

Ibid., vers 9 :

> Ah! mon cœur déchiré me l'a dit *devant* vous.

On lit ainsi dans une édition de 1763 et dans celle de 1774.

Ibid., vers 14. — Les quatre vers précédés d'une étoile sont supprimés dans l'édition de 1774.

Page 121, avant-dernier vers. — Les quatre vers précédés d'une étoile sont supprimés dans l'édition de 1774. Le troisième est conforme à deux éditions de 1763. Dans l'édition de Kehl, on lit : *Pourrez-vous,* au lieu de : *Puissiez-vous.*

Ibid., dernier vers.— Dans l'édition de 1774, ce vers termine la phrase qui précède les quatre vers supprimés; et on lit : *Quoi! lui?* au lieu de : *Qui? lui?*

Page 123, vers 16 :
> S'ils *aiment* à régner, qu'ils ne l'irritent pas.

Ibid., vers 25. — Dans une édition de 1763 et dans celle de 1774 on lit :
> De nos seuls ennemis attendre *du* secours.

Ibid., vers 26. — Ce vers est conforme à plusieurs éditions de 1763 et à celle de 1774. Dans l'édition de Kehl on lit : *Rechercher* au lieu de : *Et chercher.*

Page 125, vers 4. — Entre ce vers et le suivant on lit, dans l'édition de 1774 :
> De son père en ses mains j'ai remis l'héritage
> Conquis par Antipatre, aujourd'hui mon partage :
> Heureux par mon amour, heureux par mes bienfaits,
> Une fois en ma vie, avec moi-même en paix.

Ces quatre vers se trouvent un peu plus loin dans cette édition.

Page 126, vers 3. — Au lieu des treize vers précédés d'une étoile, on lit, dans l'édition de 1774 :
> C'est un reproche affreux qu'Éphèse peut me faire :
> J'ai tué, etc.

Page 129, vers 2 :
> Sans le *pressant* besoin qu'ils ont de nos prières.

Page 131, vers 18 :
> Tu *t'es senti,* barbare, assez peu de courage.

Ibid., avant-dernier vers :
> Ne viens point, malheureux, par *différents* efforts.

Page 133, vers 11 :
> Que de voir mon sujet, mon *meurtrier...* Cassandre.

Page 131, vers 25 :

>Mais si vous arrachez, *au moins*, d'un ravisseur.

Cette leçon est conforme à deux éditions de 1763 et à celle de 1774.

Page 136, vers 32. — Voltaire a plusieurs fois changé cette tirade de Statira. La première version est perdue; mais d'après une observation du cardinal de Bernis (voyez la lettre du 19 juillet 1762), une première correction portait :

>Allez, et que des dieux la faveur vous seconde;
>Que la vertu vous guide à l'empire du monde :
>Combattez et régnez.

Ce passage laisse des lacunes avec le texte définitif. (B.)

Page 138, vers 22 :

>O destin qui m'accable!

Page 139, vers 17. — On voit dans la lettre de Voltaire au marquis de Chauvelin, du 17 octobre 1762, que l'auteur avait d'abord mis :

>Du sang dont je naquis je me sens le courage.
>J'ai pu vous offenser, je ne peux vous trahir. (B.)

Page 143, vers 10 :

>J'y consens avec joie, et mon impatience
>Par le moindre délai se ferait violence.

Ibid., vers 11. — D'après la lettre au duc de Villars, du 25 mars 1762, cette scène III de l'acte IV commençait par ce vers :

>Qu'osez-vous attenter, inhumains que vous êtes? (B.)

Ibid., vers 12 :

>Et le dieu qui vous parle, et *les* solennités.

On lit ainsi dans deux éditions de 1763 et dans celle de 1774.

Page 144, vers 6 :

>*Est* la honte d'Éphèse, et l'horreur de l'Asie.

Ce vers se trouve ainsi dans trois éditions de 1763 et dans celle de 1774 : alors le verbe *est* complète *j'atteste*, au lieu que *soit* complète *je ne souffrirais pas*...

Ibid., vers 7 :

>Va, ton lâche artifice est ce qui fait horreur.

L'HIÉROPHANTE.
Modérez l'un et l'autre une indigne fureur;
Rendez-vous à la loi, révérez sa justice.
Elle est, etc.

Page 144, vers 20. — Ce vers se trouve ainsi dans trois éditions de 1763 et dans celle de 1774. Dans l'édition de Kehl on lit :

Son épouse en ce jour peut former d'autres nœuds.

Ibid., vers 23. — Au lieu des six vers précédés d'une étoile on lit, dans l'édition de 1774 :

Statira vit enfin, et vous devez savoir
Que sa fille est encor soumise à son pouvoir.
Respectez les malheurs et les droits d'une mère,
Les lois des nations, le sacré caractère
Que la nature donne, et que rien n'affaiblit :
A son auguste voix Olympie obéit.
Qu'osez-vous, etc.

Une autre variante des premiers vers est conservée dans la lettre à Colini, du 21 janvier 1763 :

Statira vit encore, et vous devez penser
Que du sort de sa fille elle peut disposer.
Respectez les malheurs, etc.

Page 145, vers 22. — Les quatre vers précédés d'une étoile sont retranchés dans l'édition de 1774.

Page 146, vers 13 :

Qu'il est désespéré!... qu'il se *déteste!* hélas!

Page 147, vers 28. — Ces quatre derniers vers sont retranchés de l'édition de 1774.

Page 148, vers 14. — Voltaire a fait de grands changements à cette scène : on voit dans la lettre à d'Argental, du 16 février 1762, qu'Olympie, au lieu d'engager Cassandre à fuir l'autel qu'elle embrasse, lui disait :

De ce temple surtout garde-toi de sortir. (B.)

Ibid., vers 21 :

C'est là ma destinée.
CASSANDRE.
Ah! c'est trop de vengeance.

Ibid., vers 24 :

Est-ce donc votre époux qu'il vous fallait haïr? (B.)

Page 148, vers 27. — Dans la lettre au duc de Villars, du 25 mars 1762, on lit :

. . . . a déchiré le flanc.

J'ai négligé d'autres variantes aussi peu importantes. (B.)

Ibid., dernier vers. — Dans l'édition de 1774, cette scène se termine ainsi :

CASSANDRE.
Non, rien ne nous sépare.
Vous ne punirez point des crimes, des malheurs,
Vengés par mes remords, effacés par mes pleurs,
Oubliés par les dieux, expiés par vous-même.
Vous avez à l'autel prononcé : Je vous aime ;
Ce mot saint et sacré ne peut se profaner.
OLYMPIE.
Ah ! si ma mère encor pouvait le pardonner...
CASSANDRE.
Donnez-lui cet exemple.
OLYMPIE.
Eh ! le puis-je ?
CASSANDRE.
Oui, cruelle ;
J'aurai ma grâce enfin des dieux, de vous, et d'elle.
Mais, eussiez-vous Cassandre encor plus en horreur,
Dussiez-vous m'épouser pour me percer le cœur,
Vous me suivrez... Il faut que mon sort s'accomplisse.
*Laissez-moi mon amour, du moins pour mon supplice :
*Ce supplice est sans terme, et j'en jure par vous.
*Haïssez, punissez, mais suivez votre époux.

Page 150, vers 7. — Les huit vers précédés d'une étoile sont retranchés dans l'édition de 1774.

Ibid., vers 15 :

Ah !... Que peut sur soi-même une faible mortelle ?

Page 151, vers 15. — Dans l'édition de 1774, cette scène se termine ainsi :

OLYMPIE.
Je meurs... Soutenez-moi... Respire-t-elle encore ?
Que j'expire à ses yeux, que ce sang que j'abhorre,
Confondu dans le sien...
L'HIÉROPHANTE.
Soumettez-vous aux dieux :
Elle vit, vous attend ; venez fermer ses yeux ;
*Armez-vous de courage, il doit ici paraître.
OLYMPIE.
*J'en ai besoin, seigneur, et j'en aurai peut-être.

Page 153, vers 5. — La lettre à Mme de Fontaine, du 4 janvier 1762, contient un passage qui ne se rattache plus au texte actuel :

> Cassandre à cette reine est fatal en tout temps.
> Elle tourne sur lui ses regards expirants;
> Et croyant voir encore un ennemi funeste
> Qui venait de sa vie arracher ce qui reste,
> Faible, et ne pouvant plus soutenir sa terreur,
> Dans les bras de sa fille expire avec horreur;
> Soit que de tant de maux la pénible carrière
> Précipitât l'instant de son heure dernière,
> Ou soit que des poisons empruntant le secours,
> Elle-même ait tranché la trame de ses jours. (B.)

Page 158, vers 2 :

> Achevez donc, seigneur, cette pompe fatale.

Ibid., vers 4 :

> J'attends, puisqu'il le faut, ces deux rivaux cruels.

Page 159, vers 10. — Dans l'édition de 1774, après ce vers, on lit :

> OLYMPIE.
> O dieux qui l'entendez, dieux, cachez-lui mes larmes !
> CASSANDRE.
> Mais, indigne de vivre, indigne de tes charmes,
> J'ose encore exiger qu'un barbare après moi,
> Un rival odieux n'obtienne point ta foi;
> Ta bouche l'a promis, ton cœur n'est point parjure;
> * Va, l'hymen est encor plus saint que la nature.
> OLYMPIE.
> Levez-vous, etc.

Ibid., scène VI. — Dans l'édition de 1774, la scène VI commence ainsi :

> ANTIGONE.
> S'il ose vous parler, j'aurai la même audace :
> J'ai le droit qu'il usurpe : il vous demande grâce,
> Je demande justice; il insulte les morts,
> Je viens pour les venger.
> CASSANDRE.
>   Non, perfide, je sors;
> Suis-moi.
> ANTIGONE.
>   Je te suivrai. Commence par entendre
> L'irrévocable arrêt que sa bouche doit rendre.
> Princesse, prononcez, et ne redoutez rien;
> Vous êtes en ces lieux et son juge et le mien;
> Vous saurez aisément, et du moins je l'espère,
> Distinguer, etc.

Page 161, vers 20 :

>*Je vais* vous *éclaircir* : gardez votre promesse.

Ce vers se trouve ainsi dans trois éditions de 1763, et dans celle de 1774.

Page 162, vers 5 :

>Vous recevrez *les* dons qui pourront vous calmer.

Ce vers se trouve ainsi dans deux éditions de 1763, et dans celle de 1774.

Page 163, vers 4. — Au lieu des sept vers précédés d'une étoile, on lit, dans l'édition de 1774 :

>Dieux, vous avez comblé mes funestes destins.
>Eh bien! mânes si chers qui fûtes mes victimes,
>Recevez tout mon sang pour expier mes crimes.
>   (Il se tue.)

FIN DES VARIANTES D'OLYMPIE.

LE TRIUMVIRAT

TRAGÉDIE EN CINQ ACTES

REPRÉSENTÉE SUR LE THÉATRE-FRANÇAIS LE 5 JUILLET 1764.

AVERTISSEMENT

POUR LA PRÉSENTE ÉDITION.

Le 13 juillet 1763, Voltaire écrivait au comte d'Argental qu'il avait en tête un drame un peu barbare, un peu à l'anglaise, « destiné à faire un très-grand effet sur le théâtre ». Il ne voulait le donner qu'incognito : « Soyez persuadé que le public ne se tournera jamais de mon côté, quand il verra que je veux paraître toujours sur la scène; on se lasse de voir toujours le même homme. » Pour dérouter le monde, il voulait y mettre un style dur. Il y aurait de l'assassinat. Elle serait bien loin de nos mœurs douces; le spectacle serait assez beau, quelquefois très-pittoresque. Ce drame serait l'œuvre d'un jeune homme qui promettrait quelque chose de bien sinistre, et qu'il faudrait encourager. « Ne serait-ce pas un grand plaisir pour vous de vous moquer de ce public si frivole, si changeant, si incertain dans ses goûts, si volage, si français? »

Il s'agissait du *Triumvirat*. Voltaire hésite toutefois à prendre ce titre déjà employé par Crébillon. « Le titre me ferait soupçonner, et on dirait que je suis le savetier qui raccommode toujours les vieux cothurnes de Crébillon; cependant il est difficile de donner un autre titre à l'ouvrage. »

Dans l'intimité, Voltaire appelait sa pièce *les Roués*. « Ce n'est pas, écrit-il à d'Argental, ce n'est pas un ex-jésuite qui a fait *les Roués*, c'est un jeune novice, qui demanda son congé dès qu'il sut la banqueroute du P. La Valette et qu'il apprit que nosseigneurs du parlement avaient un malin vouloir contre saint Ignace de Loyola. Le public, sans doute, protégera ce pauvre diable; mais le bon de l'affaire, c'est qu'elle amusera mes anges. Je crois déjà les voir rire sous cape à la représentation. »

Le succès ne répondit pas à l'attente de l'auteur, qui retira sa pièce après la première représentation, et se mit à la corriger et à la refondre avec une infatigable ardeur.

AVERTISSEMENT

DES ÉDITEURS DE L'ÉDITION DE KEHL.

Cette pièce, jouée en 1764[1], fut imprimée à Paris en 1766[2]. « L'auteur, disait M. de Voltaire dans son *Avertissement*[3], n'avait composé cet ouvrage que pour avoir occasion de développer, dans des notes, les caractères des principaux Romains, au temps du triumvirat, et pour placer convenablement l'histoire de tant d'autres proscriptions qui effrayent et qui déshonorent la nature humaine, depuis la proscription de vingt-trois mille Hébreux en un jour, à l'occasion d'un veau d'or, et de vingt-quatre mille en un autre jour, pour une fille madianite, jusqu'aux proscriptions des Vaudois du Piémont. »

La pièce imprimée est très-différente du manuscrit qui a servi aux représentations. C'est sur ce manuscrit que nous avons recueilli les variantes. Elle était accompagnée, dans toutes les éditions, de deux ouvrages en prose : l'un sur *le Gouvernement et la Divinité d'Auguste* ; l'autre intitulé *des Conspirations contre les Peuples, et des Proscriptions*.

Nous avons cru que ces deux morceaux, purement historiques, et qui n'ont avec cette tragédie qu'un rapport éloigné, seraient mieux placés dans la partie historique de cette édition[4].

1. Le 5 juillet.
2. Mais avec la date de 1767, et sous ce titre : *Octave et le jeune Pompée, ou le Triumvirat, avec des remarques sur les proscriptions*, in-8° de viij et 180 pages. (B.)
3. C'est la Préface qui suit.
4. Les éditeurs de Kehl avaient placé ces deux morceaux dans *les Mélanges historiques*.

Quant aux notes de l'auteur, relatives à sa tragédie et qui, depuis la première édition jusqu'à ce jour, avaient été rejetées à la fin de la pièce, je les ai mises au bas du texte. Les additions que j'y ai faites sont entre deux crochets. Plusieurs passages de ces notes ont été reproduits par Voltaire dans ses *Questions sur l'Encyclopédie*, au mot Auguste Octave. (B.)

PRÉFACE

DE L'ÉDITEUR [1].

Cette tragédie, assez ignorée, m'étant tombée entre les mains, j'ai été étonné d'y voir l'histoire presque entièrement falsifiée, et cependant les mœurs des Romains, du temps du triumvirat, représentées avec le pinceau le plus fidèle.

Ce contraste singulier m'a engagé à la faire imprimer avec des remarques que j'ai faites sur ces temps illustres et funestes d'un empire qui, tout détruit qu'il est, attirera toujours les regards de vingt royaumes élevés sur ses débris, et dont chacun se vante aujourd'hui d'avoir été une province des Romains, et une des pièces de ce grand édifice. Il n'y a point de petite ville qui ne cherche à prouver qu'elle a eu l'honneur autrefois d'être saccagée par quelque consul romain, et on va même jusqu'à supposer des titres de cette espèce de vanité humiliante. Tout vieux château dont on ignore l'origine a été bâti par César, du fond de l'Espagne au bord du Rhin : on voit partout une tour de César, qui ne fit élever aucune tour dans les pays qu'il subjugua, et qui préférait ses camps retranchés à des ouvrages de pierre et de ciment, qu'il n'avait pas le temps de construire dans la rapidité de ses expéditions. Enfin les temps des Scipion, de Sylla, de César, d'Auguste, sont beaucoup plus présents à notre mémoire que les premiers événements de nos propres monarchies. Il semble que nous soyons encore sujets des Romains.

J'ose dire dans mes notes ce que je pense de la plupart de ces hommes célèbres, tels que César, Pompée, Antoine, Auguste, Caton, Cicéron, en ne jugeant que par les faits, et en ne me préoccupant pour personne. Je ne prétends point juger la pièce. J'ai fait une étude particulière de l'histoire, et non pas du théâtre, que je connais assez peu, et qui me semble un objet de goût plutôt que

---

1. Cet éditeur est Voltaire lui-même. Sa *Préface* était dans l'édition originale dont j'ai parlé dans une note ci-dessus. (B.)

de recherches. J'avoue que j'aime à voir dans un ouvrage dramatique les mœurs de l'antiquité, et à comparer les héros qu'on met sur le théâtre avec la conduite et le caractère que les historiens leur attribuent. Je ne demande pas qu'ils fassent sur la scène ce qu'ils ont réellement fait dans leur vie ; mais je me crois en droit d'exiger qu'ils ne fassent rien qui ne soit dans leurs mœurs : c'est là ce qu'on appelle la vérité théâtrale.

Le public semble n'aimer que les sentiments tendres et touchants, les emportements et les craintes des amantes affligées. Une femme trahie intéresse plus que la chute d'un empire. J'ai trouvé dans cette pièce des objets qui se rapprochent plus de ma manière de penser et de celle de quelques lecteurs qui, sans exclure aucun genre, aiment les peintures des grandes révolutions, ou plutôt des hommes qui les ont faites. S'il n'avait été question que des amours d'Octave et du jeune Pompée dans cette pièce, je ne l'aurais ni commentée ni imprimée. Je m'en suis servi comme d'un sujet qui m'a fourni des réflexions sur le caractère des Romains, sur ce qui intéresse l'humanité, et sur ce qu'on peut découvrir de vérités historiques.

J'aurais désiré qu'on eût commenté ainsi les tragédies de *Pompée*, de *Sertorius*, de *Cinna*, des *Horaces*, et qu'on eût démêlé ce qui appartient à la vérité, et ce qui appartient à la fable. Il est certain, par exemple, que César ne tint à Ptolémée aucun des discours que lui prête le sublime et inégal auteur de *la Mort de Pompée*[1], et que Cornélie ne parla point à César comme on l'a fait parler[2], puisque Ptolémée était un enfant de douze à treize ans, et Cornélie une femme de dix-huit, qui ne vit jamais César, qui n'aborda point en Égypte, et qui ne joua aucun rôle dans les guerres civiles. Il n'y a jamais eu d'Émilie qui ait conspiré avec Cinna ; tout cela est une invention du génie du poëte. La conspiration de Cinna n'est probablement qu'un sujet fabuleux de déclamation, inventé par Sénèque, comme je le dis dans mes notes[3].

De toutes les tragédies que nous avons, celle qui s'écarte le moins de la vérité historique, et qui peint le cœur le plus fidèlement, serait *Britannicus*, si l'intrigue n'était pas uniquement fondée sur les prétendues amours de Britannicus et de Junie, et sur la jalousie de Néron. J'espère que les éditeurs[4] qui ont

---

1. Acte III, scène II.
2. Acte III, scène IV.
3. Voyez la première des notes sur la scène Ire de l'acte II, page 198. (B.)
4. Luneau de Boisjermain ; l'édition qu'il donna des *OEuvres de Racine avec des commentaires* est de 1768, en sept volumes in-8°. (B.)

annoncé les commentaires des ouvrages de Racine par souscription n'oublieront pas de remarquer comment ce grand homme a fondu et embelli Tacite dans sa pièce. Je pense que, si Néron n'avait pas la puérilité de se cacher derrière une tapisserie pour écouter l'entretien de Britannicus et de Junie, et si le cinquième acte pouvait être plus animé, cette pièce serait celle qui plairait le plus aux hommes d'État et aux esprits cultivés.

En un mot, on voit assez quel est mon but dans l'édition que je donne. Le manuscrit de cette tragédie est intitulé *Octave et le jeune Pompée*; j'y ai ajouté le titre du *Triumvirat* : il m'a paru que ce titre réveille plus l'attention, et présente à l'esprit une image plus forte et plus grande. Je sais gré à l'auteur d'avoir supprimé Lépide, et de n'avoir parlé de cet indigne Romain que comme il le méritait.

Encore une fois[1] je ne prétends point juger de la pièce. Il faut toujours attendre le jugement du public; mais il me semble que l'auteur écrit plus pour les lecteurs que pour les spectateurs. Sa pièce m'a paru tenir beaucoup plus du terrible que du genre qui attendrit le cœur et qui le déchire.

On m'assure même que l'auteur n'a point prétendu faire une tragédie pour le théâtre de Paris, et qu'il n'a voulu que rendre odieux la plupart des personnages de ces temps atroces : c'est en quoi il m'a paru qu'il avait réussi. La pièce est peut-être dans le goût anglais. Il est bon d'avoir des ouvrages dans tous les genres.

Il m'importe peu de connaître l'auteur : je ne me suis occupé que de faire sur cet ouvrage des notes qui peuvent être utiles. Les gens de lettres qui aiment ces recherches, et pour qui seuls j'écris, en seront les juges.

J'ai employé la nouvelle orthographe[2]. Il m'a paru qu'on doit écrire, autant qu'on le peut, comme on parle; et quand il n'en coûte qu'un *a* au lieu d'un *o* pour distinguer les Français de saint François d'Assise, comme dit l'auteur de *la Henriade*, et pour faire sentir qu'on prononce Anglais et Danois, ce n'est ni une grande peine ni une grande difficulté de mettre un *a* qui indique la vraie prononciation, à la place de cet *o* qui vous trompe.

1. C'est page 178, ligne 28, que cela a déjà été dit.
2. Voyez *Théâtre*, tome Ier, page 41, 555.

PERSONNAGES[1]

OCTAVE, surnommé depuis Auguste.
MARC-ANTOINE.
LE JEUNE POMPÉE.
JULIE, fille de Lucius César.
FULVIE, femme de Marc-Antoine.
ALBINE, suivante de Fulvie.
AUFIDE, tribun militaire.
TRIBUNS, CENTURIONS, LICTEURS, SOLDATS.

---

1. Noms des acteurs qui jouèrent dans cette tragédie : Armand, Dubois, Lekain (Octave), Brizard, Molé (Pompée), Dauberval, Bouret, Granger, Mmes Dumesnil (Fulvie), Lekain, Dubois (Julie), d'Épinay, Doligny, Luzy, Fatanville. — Recette : 2,511 livres. — Après la première représentation l'auteur retira sa pièce. (G. A.)

LE TRIUMVIRAT

TRAGÉDIE

ACTE PREMIER.

SCÈNE I.

(Le théâtre représente l'île où les triumvirs firent les proscriptions et le partage du monde. La scène est obscurcie; on entend le tonnerre, on voit des éclairs. La scène découvre des rochers, des précipices, et des tentes dans l'éloignement.)

FULVIE, ALBINE.

FULVIE.
Quelle effroyable nuit! Que le courroux céleste
Éclate avec justice en cette île funeste[1]!
ALBINE.
Ces tremblements soudains, ces rochers renversés,
Ces volcans infernaux jusqu'au ciel élancés,
Ce fleuve soulevé roulant sur nous son onde,
Ont fait craindre aux humains les derniers jours du monde.
La foudre a dévoré ce détestable airain,
Ces tables de vengeance où le fatal burin
Épouvantait nos yeux d'une liste de crimes,

---

1. Cette île, où les triumvirs commencèrent les proscriptions, est dans la rivière Réno, auprès de Bononia, que nous nommons Bologne. Elle n'est pas si grande qu'elle semble l'être dans cette tragédie, mais je crois qu'on peut très-bien supposer, surtout en poésie, que l'île et la rivière étaient plus considérables autrefois qu'aujourd'hui; et surtout ce tremblement de terre dont il est parlé dans Pline peut avoir diminué l'une et l'autre. Il y a dans l'histoire plusieurs exemples de pareils changements produits par des volcans et par des tremblements de terre. Ce fut dans ce temps-là même que la nouvelle ville d'Épidaure, sur le golfe Adriatique, fut renversée de fond en comble, et le cours de la rivière sur laquelle elle était située fut changé et très-diminué. (*Note de Voltaire.*)

De l'ordre du carnage, et des noms des victimes.
Vous voyez en effet que nos proscriptions
Sont en horreur au ciel ainsi qu'aux nations.

FULVIE.

Tombe sur nos tyrans cette foudre égarée,
Qui, frappant vainement une terre abhorrée,
A détruit dans les mains de nos maîtres cruels
Les instruments du crime, et non les criminels !
Je voudrais avoir vu cette île anéantie,
Avec l'indigne affront dont on couvre Fulvie.
Que font nos trois tyrans dans ce désordre affreux ?
Quelques remords au moins ont-ils approché d'eux ?

ALBINE.

Dans cette île tremblante aux éclats du tonnerre,
Tranquilles dans leur tente ils partageaient la terre ;
Du sénat et du peuple ils ont réglé le sort,
Et dans Rome sanglante ils envoyaient la mort.

FULVIE.

Antoine me la donne, ô jour d'ignominie !
Il me quitte, il me chasse, il épouse Octavie[1] ;
D'un divorce odieux j'attends l'infâme écrit ;
Je suis répudiée, et c'est moi qu'on proscrit.

ALBINE.

Il vous brave à ce point ! Il vous fait cette injure !

FULVIE.

L'assassin des Romains craint-il d'être parjure ?
Je l'ai trop bien servi : tout barbare est ingrat,
Il prétexte envers moi l'intérêt de l'État ;
Mais ce grand intérêt n'est que celui d'un traître
Qui ménageant Octave en est trompé peut-être.

ALBINE.

Octave vous aima[2] : se peut-il qu'aujourd'hui

---

1. Il est bon d'observer qu'Antoine n'épousa Octavie que longtemps après ; mais c'est assez qu'il ait été beau-frère d'Octave. Il ne répudia point Octavie ; mais il fut sur le point de la répudier quand il fut amoureux de Cléopâtre, et elle mourut de chagrin et de colère. (*Note de Voltaire.*)

2. Les historiens disent que Fulvie fit les avances à Octave, et qu'il ne la trouva pas assez belle : ce qui parait en effet par les vers licencieux qu'il fit contre Fulvie.

Quod f.... Glaphyram Antonius, hanc mihi pœnam
    Fulvia constituit, se quoque uti f....
Aut f.... aut pugnemus, ait ! quid quod mihi vita
    Carior est ipsa mentula, signa canant.

Cette abominable épigramme est un des plus forts témoignages de l'infamie des

ACTE I, SCÈNE I.

Vos malheurs, vos affronts, ne viennent que de lui?

FULVIE.

Qui peut connaître Octave? Et que son caractère
Est différent en tout du grand cœur de son père!
Je l'ai vu, dans l'erreur de ses égarements,
Passer Antoine même en ses emportements[1];

mœurs d'Auguste. Peut-être l'auteur de la pièce en a-t-il inféré qu'Octave s'était dégoûté de Fulvie; ce qui arrive toujours dans ces commerces scandaleux. Octave et Fulvie étaient également ennemis des mœurs, et prouvent l'un et l'autre la dépravation de ces temps exécrables; et cependant Auguste affecta depuis des mœurs sévères. (*Note de Voltaire.*)

1. Il est très-vrai qu'Auguste fut longtemps livré à des débauches de toute espèce. Suétone nous en apprend quelques-unes. Ce même Sextus Pompée, dont nous parlerons, lui reprocha des faiblesses infâmes, *effeminatum insectatus est.* Antoine, avant le triumvirat, déclara que César, grand-oncle d'Auguste, ne l'avait adopté pour son fils que parce qu'il avait servi à ses plaisirs; *adoptionem avunculi stupro meritum.* Lucius lui fit le même reproche, et prétendit même qu'il avait poussé la bassesse jusqu'à vendre son corps à Hirtius pour une somme très-considérable. Son impudence alla depuis jusqu'à arracher une femme consulaire à son mari, au milieu d'un souper : il passa quelque temps avec elle dans un cabinet voisin, et la ramena ensuite à la table sans que lui, ni elle, ni son mari, en rougissent.

Nous avons encore une lettre d'Antoine à Auguste, conçue en ces mots :

« Ita valeas ut, hanc epistolam quum leges, non inieris Testulam, aut Terentillam, aut Russilam, aut Salviam, aut omnes. Anne refert ubi et in quam arrigas? » On n'ose traduire cette lettre licencieuse.

Rien n'est plus connu que ce scandaleux festin de cinq compagnons de ses plaisirs avec six principales femmes de Rome. Ils étaient habillés en dieux et en déesses, et ils en imitaient toutes les impudicités inventées dans les fables :

Dum nova divorum cœnat adulteria.
(SUET., *Oct.*, chap. 70.)

Enfin on le désigna publiquement sur le théâtre par ce fameux vers :

Videsne ut cinædus orbem digito temperet?
(Id., 168.)

Presque tous les auteurs latins qui ont parlé d'Ovide prétendent qu'Auguste n'eut l'insolence d'exiler ce chevalier romain, qui était beaucoup plus honnête homme que lui, que parce qu'il avait été surpris par lui dans un inceste avec sa propre fille Julia, et qu'il ne relégua même sa fille que par jalousie. Cela est d'autant plus vraisemblable que Caligula publiait hautement que sa mère était née de l'inceste d'Auguste et de Julie : c'est ce que dit Suétone dans la vie de Caligula [chap. XXIII].

On sait qu'Auguste avait répudié la mère de Julie le jour même qu'elle accoucha d'elle, et il enleva le même jour Livie à son mari, grosse de Tibère, autre monstre qui lui succéda. Voilà l'homme à qui Horace disait [livre II, épître 1re, vers 2-3] :

Res Italas armis tuteris, moribus ornes,
Legibus emendes, etc.

Antoine n'était pas moins connu par ses débordements effrénés. On le vit parcourir toute l'Apulie dans un char superbe traîné par des lions, avec la courtisane

Je l'ai vu des plaisirs chercher la folle ivresse ;
Je l'ai vu des Catons affecter la sagesse.
Après m'avoir offert un criminel amour,
Ce Protée à ma chaîne échappa sans retour.
Tantôt il est affable, et tantôt sanguinaire :
Il adore Julie, il a proscrit son père ;
Il hait, il craint Antoine, et lui donne sa sœur :
Antoine est forcené, mais Octave est trompeur.
Ce sont là les héros qui gouvernent la terre ;

Cithéris, qu'il caressait publiquement en insultant au peuple romain. Cicéron lui reproche encore un pareil voyage fait aux dépens des peuples, avec une baladine nommée Hippias et des farceurs. C'était un soldat grossier, qui jamais, dans ses débauches, n'avait eu de respect pour la bienséance ; il s'abandonnait à la plus honteuse ivrognerie et aux plus infâmes excès. Le détail de toutes ces horreurs passera à la dernière postérité, dans les *Philippiques* de Cicéron : *Sed jam stupra et flagitia omittam ; sunt quædam quæ honeste non possum dicere*, etc. (Philip. 2.) Voilà Cicéron qui n'ose dire devant le sénat ce qu'Antoine a osé faire ; preuve bien évidente que la dépravation des mœurs n'était point autorisée à Rome, comme on l'a prétendu. Il y avait même des lois contre les gitons, qui ne furent jamais abrogées. Il est vrai que ces lois ne punissaient point par le feu un vice qu'il faut tâcher de prévenir, et qu'il faut souvent ignorer. Antoine et Octave, le grand César et Sylla, furent atteints de ce vice ; mais on ne le reprocha jamais aux Scipion, aux Métellus, aux Caton, aux Brutus, aux Cicéron : tous étaient des gens de bien ; tous périrent cruellement.

Leurs vainqueurs furent des brigands plongés dans la débauche. On ne peut pardonner aux historiens flatteurs ou séduits qui ont mis de pareils monstres au rang des grands hommes ; et il faut avouer que Virgile et Horace ont montré plus de bassesse dans les éloges prodigués à Auguste, qu'ils n'ont déployé de goût et de génie dans ces tristes monuments de la plus lâche servitude.

Il est difficile de n'être pas saisi d'indignation en lisant, à la tête des *Géorgiques*, qu'Auguste est un des plus grands dieux, et qu'on ne sait quelle place il daignera occuper un jour dans le ciel, s'il régnera dans les airs, où s'il sera le protecteur des villes, ou bien s'il acceptera l'empire des mers.

An deus immensi venias maris, ac tua nautæ
Numina sola colant : tibi serviat ultima Thule.

L'Arioste parle bien plus sensément, comme aussi avec plus de grâce, quand il dit dans son admirable trente-cinquième chant :

Non fu sì santo, nè benigno Augusto,
Come la tuba di Virgilio suona ;
L'aver avuto in poesia buon gusto,
La proscrizione iniqua gli perdona, etc. (Ott. xxvi.)

Tacite fait aisément comprendre comment le peuple romain s'accoutuma enfin au joug de ce tyran habile et heureux, et comme les lâches fils des plus dignes républicains crurent être nés pour l'esclavage. Nul d'eux, dit-il, n'avait vu la république*. (*Note de Voltaire.*)

---

* Presque toute cette note se trouve dans le *Dictionnaire philosophique*, sous la rubrique AUGUSTE OCTAVE.

Ils font, en se jouant, et la paix et la guerre;
Du sein des voluptés ils nous donnent des fers.
A quels maîtres, grands dieux, livrez-vous l'univers[1]!
Albine, les lions, au sortir des carnages,
Suivent, en rugissant, leurs compagnes sauvages;
Les tigres font l'amour avec férocité :
Tels sont nos triumvirs. Antoine ensanglanté
Prépare de l'hymen la détestable fête.
Octave a de Julie entrepris la conquête;
Et dans ce jour de sang, de tristesse, et d'horreur,
L'amour de tous côtés se mêle à la fureur;
Julie abhorre Octave; elle n'est occupée
Que de livrer son cœur au fils du grand Pompée.
Si Pompée est écrit sur ce livre fatal,
Octave en l'immolant frappe en lui son rival.
Voilà donc les ressorts du destin de l'empire,
Ces grands secrets d'État, que l'ignorance admire!
Ils étonnent de loin les vulgaires esprits,
Ils inspirent de près l'horreur et le mépris.

ALBINE.
Que de bassesse, ô ciel! et que de tyrannie!
Quoi! les maîtres du monde en sont l'ignominie!
Je vous plains : je pensais que Lépide aujourd'hui
Contre ces deux ingrats vous servirait d'appui.
Vous unîtes vous-même Antoine avec Lépide.

FULVIE.
A peine est-il compté dans leur troupe homicide.
Subalterne tyran, pontife méprisé,
De son faible génie ils ont trop abusé;
Instrument odieux de leurs sanglants caprices,
C'est un vil scélérat soumis à ses complices;
Il signe leurs décrets sans être consulté,
Et pense agir encore avec autorité[2].
Mais si dans mes chagrins quelques douceurs me restent,
C'est que mes deux tyrans en secret se détestent[3].

---

1. Ce vers célèbre renferme toute l'idée de cette tragédie. (G. A.)
2. Ces vers furent d'allusion sous le consulat Bonaparte, Sieyès, Roger-Ducos. (G. A.)
3. Non-seulement Octave et Antoine se haïssaient et se craignaient l'un et l'autre, non-seulement ils s'étaient déjà fait la guerre auprès de Modène, mais Octave avait voulu assassiner Antoine; et quand ils conférèrent ensemble dans l'île de Réno, ils commencèrent par se fouiller réciproquement, se soupçonnant égale-

Cet hymen d'Octavie et ses faibles appas
Éloignent la rupture et ne l'empêchent pas.
Ils se connaissent trop; ils se rendent justice.
Un jour je les verrai, préparant leur supplice,
Allumer la discorde avec plus de fureur
Que leur fausse amitié n'étale ici d'horreur.

SCÈNE II.

FULVIE, ALBINE, AUFIDE.

FULVIE.

Aufide, qu'a-t-on fait? Quelle est ma destinée?
A quel abaissement suis-je enfin condamnée?

AUFIDE.

Le divorce est signé de cette même main
Que l'on voit à longs flots verser le sang romain;
Et bientôt vos tyrans viendront sous cette tente
Partager des proscrits la dépouille sanglante.

FULVIE.

Puis-je compter sur vous?

---

ment l'un et l'autre d'être des assassins. Il est bien évident que la vengeance du meurtre de César ne fut jamais que le prétexte de leur ambition. Ils n'agirent que pour eux-mêmes, soit quand ils furent ennemis, soit quand ils furent alliés. Il me semble que l'auteur de la tragédie a bien raison de dire:

> A quels maîtres, grands dieux, livrez-vous l'univers!

Le monde fut ravagé, depuis l'Euphrate jusqu'au fond de l'Espagne, par deux scélérats sans pudeur, sans loi, sans honneur, sans probité, fourbes, ingrats, sanguinaires, qui, dans une république bien policée, auraient péri par le dernier supplice. Nous sommes encore éblouis de leur splendeur, et ne devrions être étonnés que de l'atrocité de leur conduite. Si on nous racontait de pareilles actions de deux citoyens d'une petite ville, elles nous dégoûteraient; mais l'éclat de la grandeur de Rome se répand sur eux: elle nous en impose, et nous fait presque respecter ce que nous haïssons dans le fond du cœur.

Les derniers temps de l'empire d'Auguste sont encore cités avec admiration, parce que Rome goûta sous lui l'abondance, les plaisirs, et la paix. Il régna avec gloire; mais enfin il ne fut jamais cité comme un bon prince. Quand le sénat complimentait les empereurs à leur avénement, que leur souhaitait-il? d'être plus heureux qu'Auguste, meilleurs que Trajan, *felicior Augusto, melior Trajano*. L'opinion de l'empire romain fut donc qu'Auguste n'avait été qu'heureux, mais que Trajan avait été bon. En effet, comment peut-on tenir compte à un brigand enrichi d'avoir joui en paix du fruit de ses rapines et de ses cruautés? *Clementiam non voco*, dit Sénèque, *lassam crudelitatem*. (*Note de Voltaire.*)

AUFIDE.
            Né dans votre maison,
Si je sers sous Antoine, et dans sa légion,
Je ne suis qu'à vous seule. Autrefois mon épée
Aux champs thessaliens servit le grand Pompée :
Je rougis d'être ici l'esclave des fureurs
Des vainqueurs de Pompée et de vos oppresseurs.
Mais que résolvez-vous?

FULVIE.
De me venger.

AUFIDE.
            Sans doute,
Vous le devez, Fulvie.

FULVIE.
            Il n'est rien qui me coûte,
Il n'est rien que je craigne; et dans nos factions
On a compté Fulvie au rang des plus grands noms.
Je n'ai qu'une ressource, Aufide, en ma disgrâce;
Le parti de Pompée est celui que j'embrasse;
Et Lucius César a des amis secrets [1]
Qui sauront à ma cause unir ses intérêts.
Il est, vous le savez, le père de Julie :
Il fut proscrit; enfin tout me le concilie.
Julie est-elle à Rome?

AUFIDE.
            On n'a pu l'y trouver.
Octave tout-puissant l'aura fait enlever;
Le bruit en a couru.

FULVIE.
            Le rapt et l'homicide,
Ce sont là ses exploits! Voilà nos lois, Aufide.
Mais le fils de Pompée est-il en sûreté?
Qu'en avez-vous appris?

AUFIDE.
            Son arrêt est porté;

---

1. Ce Lucius César avait épousé une tante d'Antoine, et Antoine le proscrivit. Il fut sauvé par les soins de sa femme, qui s'appelait Julie. Je n'ai trouvé dans aucun historien qu'il ait eu une fille du même nom; je laisse à ceux qui connaissent mieux que moi les règles du théâtre et les priviléges de la poésie à décider s'il est permis d'introduire sur la scène un personnage important qui n'a pas réellement existé. Je crois que si cette Julie était aussi connue qu'Antoine et Octave, elle ferait un plus grand effet. Je propose cette idée moins comme une critique que comme un doute. (*Note de Voltaire.*)

Et l'infâme avarice, au pouvoir asservie[1],
Doit trancher à prix d'or une si belle vie ;
Tels sont les vils Romains.

FULVIE.

Quoi ! tout espoir me fuit !
Non, je défie encor le sort qui me poursuit ;

---

[1]. Le prix de chaque tête était de 100,000 sesterces, qui font aujourd'hui environ 22,000 livres de notre monnaie. Mais il est très-probable que le sang de Sextus Pompée, de Cicéron et des principaux proscrits, fut mis à un prix plus haut, puisque Popilius Lænas, assassin de Cicéron, reçut la valeur de 200,000 francs pour sa récompense.

Au reste, le prix ordinaire de 100,000 sesterces pour les hommes libres qui assassineraient des citoyens fut réduit à 40,000 pour les esclaves. L'ordonnance en fut affichée dans toutes les places publiques de Rome. Il y eut trois cents sénateurs de proscrits, deux mille chevaliers, plus de cent négociants, tous pères de famille. Mais les vengeances particulières et la fureur de la déprédation firent périr beaucoup plus de citoyens que les triumvirs n'en avaient condamné. Tous ces meurtres horribles furent colorés des apparences de la justice. On assassina en vertu d'un édit ; et qui osait donner cet édit ? trois citoyens qui alors n'avaient aucune prérogative que celle de la force.

L'avarice eut tant de part dans ces proscriptions, de la part même des triumvirs, qu'ils imposèrent une taxe exorbitante sur les femmes et sur les filles des proscrits, afin qu'il n'y eût aucun genre d'atrocité dont ces prétendus vengeurs de la mort de César ne souillassent leur usurpation.

Il y eut encore une autre espèce d'avarice dans Antoine et dans Octave ; ce fut la rapine et la déprédation qu'ils exercèrent l'un et l'autre dans la guerre civile qui survint bientôt après entre eux.

Antoine dépouilla l'Orient, et Auguste força les Romains et tous les peuples d'Occident, soumis à Rome, de donner le quart de leurs revenus, indépendamment des impôts sur le commerce. Les affranchis payèrent le huitième de leurs fonds. Les citoyens romains, depuis le triomphe de Paul-Émile jusqu'à la mort de César, n'avaient été soumis à aucun tribut ; ils furent vexés et pillés lorsqu'ils combattirent pour savoir de qui ils seraient esclaves, ou d'Octave ou d'Antoine.

Ces déprédateurs ne s'en tinrent pas là. Octave, immédiatement avant la guerre de Pérouse, donna à ses vétérans toutes les terres du territoire de Mantoue et de Crémone ; il chassa de leurs foyers un nombre prodigieux de familles innocentes pour enrichir les meurtriers qui étaient à ses gages. César, son père, n'en avait point usé ainsi ; et même, quoique dans les Gaules il eût exercé tous les brigandages qui sont les suites de la guerre, on ne voit pas qu'il ait dépouillé une seule famille gauloise de son héritage. Nous ne savons pas si, lorsque les Bourguignons, et après eux les Francs, vinrent dans la Gaule, ils s'approprièrent les terres des vaincus. Il est bien prouvé que Clovis et les siens pillèrent tout ce qu'ils trouvèrent de précieux, et qu'ils mirent les anciens colons dans une dépendance qui approchait de la servitude ; mais enfin ils ne les chassèrent pas des terres que leurs pères avaient cultivées. Ils le pouvaient, en qualité d'étrangers, de barbares, et de vainqueurs ; mais Octave dépouillait ses compatriotes.

Remarquons encore que toutes ces abominations romaines sont du temps où les arts étaient perfectionnés en Italie, et que les brigandages des Francs et des Bourguignons sont d'un temps où les arts étaient absolument ignorés dans cette partie du monde, alors presque sauvage.

La philosophie morale, qui avait fait tant de progrès dans Cicéron, dans Atticus,

Les tumultes des camps ont été mes asiles :
Mon génie était né pour les guerres civiles[1],
Pour ce siècle effroyable où j'ai reçu le jour.
Je veux... Mais j'aperçois dans ce sanglant séjour
Les licteurs des tyrans, leurs lâches satellites,
Qui de ce camp barbare occupent les limites.
Vous qu'un emploi funeste attache ici près d'eux,
Demeurez ; écoutez leurs complots ténébreux ;
Vous m'en avertirez ; et vous viendrez m'apprendre
Ce que je dois souffrir, ce qu'il faut entreprendre.
(Elle sort avec Albine.)

AUFIDE.

Moi, le soldat d'Antoine ! A quoi suis-je réduit !
De trente ans de travaux quel exécrable fruit !

(Tandis qu'il parle, on avance la tente où Octave et Antoine vont se placer. Les licteurs l'entourent, et forment un demi-cercle. Aufide se range à côté de la tente.)

SCÈNE III.

OCTAVE, ANTOINE, debout dans la tente, une table derrière eux.

ANTOINE.

Octave, c'en est fait, et je la répudie ;
Je resserre nos nœuds par l'hymen d'Octavie ;
Mais ce n'est pas assez pour éteindre ces feux
Qu'un intérêt jaloux allume entre nous deux.
Deux chefs toujours unis sont un exemple rare ;
Pour les concilier il faut qu'on les sépare.
Vingt fois votre Agrippa, vos confidents, les miens,
Depuis que nous régnons, ont rompu nos liens.

---

dans Lucrèce, dans Memmius, et dans les esprits de tant d'autres dignes Romains, ne put rien contre les fureurs des guerres civiles. Il est absurde et abominable de dire que les belles-lettres avaient corrompu les mœurs. Antoine, Octave, et leurs suivants, ne furent pas méchants à cause de l'étude des lettres, mais malgré cette étude. C'est ainsi que, du temps de la Ligue, les Montaigne, les Charron, les de Thou, les L'Hospital, ne purent s'opposer au torrent de crimes dont la France fut inondée. (*Note de Voltaire.*)

1. Fulvie se rend ici une exacte justice. Elle précipita le frère d'Antoine dans sa ruine ; elle cabala avec Auguste et contre Auguste ; elle fut l'ennemie mortelle de Cicéron ; elle était digne de ces temps funestes. Je ne connais aucune guerre civile où quelque femme n'ait joué un rôle. (*Note de Voltaire.*)

Un compagnon de plus, ou qui du moins croit l'être,
Sur le trône avec nous affectant de paraître,
Lépide, est un fantôme aisément écarté[1],
Qui rentre de lui-même en son obscurité.
Qu'il demeure pontife, et qu'il préside aux fêtes
Que Rome en gémissant consacre à nos conquêtes;
La terre n'est qu'à nous et qu'à nos légions.
Il est temps de fixer le sort des nations;
Réglons surtout le nôtre; et, quand tout nous seconde,
Cessons de différer le partage du monde.

(Ils s'asseyent à la table où ils doivent signer.)

OCTAVE.

Mes desseins dès longtemps ont prévenu vos vœux;
J'ai voulu que l'empire appartînt à tous deux.
Songez que je prétends la Gaule et l'Illyrie,
Les Espagnes, l'Afrique, et surtout l'Italie;
L'Orient est à vous[2].

ANTOINE.

Telle est ma volonté,
Tel est le sort du monde entre nous arrêté.
Vous l'emportez sur moi dans ce nouveau partage;
Je ne me cache point quel est votre avantage;
Rome va vous servir: vous aurez sous vos lois
Les vainqueurs de la terre, et je n'ai que des rois[3].

1. Il était en effet tel que l'auteur le dépeint ici. Le lâche proscrivit jusqu'à son propre frère, pour s'attirer l'affection de ses deux collègues, qu'il ne put jamais obtenir. Il fut obligé de se démettre de sa place de triumvir après la bataille de Philippes : il demeura pontife, comme l'auteur le dit, mais sans crédit et sans honneurs. Octave et lui moururent paisibles, l'un tout-puissant, l'autre oublié. (*Note de Voltaire.*)

2. Ce ne fut point ainsi que fut fait le partage dans l'île de Réno. Ce ne fut qu'après la bataille de Philippes qu'Octave se réserva l'Italie; et ce nouveau partage même fut la source de tous les malheurs d'Antoine, et de la prospérité d'Auguste. Mais n'est-on pas étonné de voir deux citoyens débauchés, dont l'un même n'était pas guerrier, partager tranquillement tout ce que possèdent aujourd'hui le sultan des Turcs, l'empereur de Maroc, la maison d'Autriche, les rois de France, d'Angleterre, d'Espagne, de Naples, de Sardaigne, les républiques de Venise, de Suisse, et de Hollande? Et ce qui est encore plus singulier, c'est que cette vaste domination fut le fruit de sept cents ans de victoires consécutives, depuis Romulus jusqu'à César. (*Note de Voltaire.*)

3. On remarque en effet qu'avant la bataille d'Actium il y eut un jour quatorze rois dans l'antichambre d'Antoine; mais ces rois ne valaient ni les légions romaines, ni même le seul Agrippa, qui gagna la bataille, et qui fit triompher le peu courageux Auguste de la valeur d'Antoine. Ce maître de l'Asie faisait peu de cas des rois qui le servaient : il fit fouetter le roi de Judée, Antigone, après quoi

Je veux bien vous céder. J'exige en récompense
Que votre autorité, secondant ma puissance,
Extermine à jamais les restes abattus
Du parti de Pompée et du traître Brutus ;
Qu'aucun n'échappe aux lois que nous avons portées.
OCTAVE.
D'assez de sang peut-être elles sont cimentées.
ANTOINE.
Comment! vous balancez! Je ne vous connais plus.
Qui peut troubler ainsi vos vœux irrésolus?
OCTAVE.
Le ciel même a détruit ces tables si cruelles.
ANTOINE.
Le ciel qui nous seconde en permet de nouvelles.
Craignez-vous un augure[1]?
OCTAVE.
Et ne craignez-vous pas
De révolter la terre à force d'attentats?
Nous voulons enchaîner la liberté romaine.
Nous voulons gouverner; n'excitons plus la haine.
ANTOINE.
Nommez-vous la justice une inhumanité?
Octave, un triumvir par César adopté,
Quand je venge un ami, craint de venger un père!
Vous oublieriez son sang pour flatter le vulgaire!
A qui prétendez-vous accorder un pardon,
Quand vous m'avez vous-même immolé Cicéron?

---

ce petit monarque fut mis en croix. Le prétendu royaume d'Antigone se bornait au territoire pierreux de Jérusalem et à la Galilée. Antoine avait donné le pays de Jéricho à Cléopâtre, qui jouissait de la terre promise. Il dépouillait souvent un roi d'une province pour en gratifier un favori. Il est bon de faire attention à tant d'insolence d'un côté, et à tant d'abrutissement de l'autre. (*Note de Voltaire.*)

1. Auguste feignit toujours d'être superstitieux; et peut-être le fut-il quelquefois. Il eut, au rapport de Suétone, la faiblesse de croire qu'un poisson qui sautait hors de la mer sur le rivage d'Actium lui présageait le gain de la bataille. Ayant ensuite rencontré un ânier, il lui demanda le nom de son âne; l'ânier lui répondit qu'il s'appelait *Vainqueur*: Octave ne douta plus qu'il ne dût remporter la victoire. Il fit faire des statues d'airain de l'ânier, de l'âne, et du poisson; il les plaça dans le Capitole. On rapporte de lui beaucoup d'autres petitesses qui, en contrastant avec tant de cruautés, forment le portrait d'un méchant méprisable, mais qui devint habile : et c'est à lui qu'on a dressé des autels de son vivant!

A quels maîtres, grands dieux, livrez-vous l'univers !

(*Note de Voltaire.*)

OCTAVE.

Rome pleure sa mort.

ANTOINE.

Elle pleure en silence.
Cassius et Brutus, réduits à l'impuissance,
Inspireront peut-être aux autres nations
Une éternelle horreur de nos proscriptions.
Laissons-les en tracer d'effroyables images,
Et contre nos deux noms révolter tous les âges.
Assassins de leur maître et de leur bienfaiteur,
C'est leur indigne nom qui doit être en horreur :
Ce sont les cœurs ingrats qu'il est temps qu'on punisse ;
Seuls ils sont criminels, et nous faisons justice.
Ceux qui les ont servis, qui les ont approuvés,
Aux mêmes châtiments seront tous réservés [1].
De vingt mille guerriers, péris dans nos batailles,
D'un œil sec et tranquille on voit les funérailles ;
Sur leurs corps étendus, victimes du trépas,
Nous volons, sans pâlir, à de nouveaux combats ;
Et de la trahison cent malheureux complices
Seraient au grand César de trop chers sacrifices !

OCTAVE.

Dans Rome en ce jour même on venge encor sa mort ;
Mais sachez qu'à mon cœur il en coûte un effort.
Trop d'horreur à la fin peut souiller sa vengeance ;
Je serais plus son fils si j'avais sa clémence.

ANTOINE.

La clémence aujourd'hui peut nous perdre tous deux.

OCTAVE.

L'excès des cruautés serait plus dangereux.

ANTOINE.

Redoutez-vous le peuple ?

OCTAVE.

Il faut qu'on le ménage ;
Il faut lui faire aimer le frein de l'esclavage.
D'un œil d'indifférence il voit la mort des grands ;
Mais quand il craint pour lui, malheur à ses tyrans [2] !

1. Ces vers furent appliqués aux jacobins survivants qu'on transporta, en 1800, aux îles Séchelles. (G. A.)
2. Imitation de ces vers où Juvénal dit de Domitien :

Sed periit postquam *cerdonibus esse timendus*
Cœperat, hoc nocuit lamiarum cæde madenti, etc.

ANTOINE.

J'entends : à mes périls vous cherchez à lui plaire,
Vous voulez devenir un tyran populaire.

OCTAVE.

Vous m'imputez toujours quelques secrets desseins.
Sacrifier Pompée[1], est-ce plaire aux Romains?
Mes ordres aujourd'hui renversent leur idole.
Tandis que je vous parle, on le frappe, on l'immole :
Que voulez-vous de plus?

ANTOINE.

Vous ne m'abusez pas;
Il vous en coûta peu d'ordonner son trépas :
A nos vrais intérêts sa mort fut nécessaire[2].
Mais d'un rival secret vous voulez vous défaire;
Il adorait Julie, et vous étiez jaloux;
Votre amour outragé conduisait tous vos coups.
De nos engagements remplissez l'étendue :
De Lucius César la mort est suspendue;
Oui, Lucius César, contre nous conjuré...

OCTAVE.

Arrêtez.

ANTOINE.

Ce coupable est-il pour nous sacré?
Je veux qu'il meure...

OCTAVE, se levant.

Lui? le père de Julie?

ANTOINE.

Oui, lui-même.

OCTAVE.

Écoutez : notre intérêt nous lie;
L'hymen étreint ces nœuds; mais si vous persistez
A demander le sang que vous persécutez,
Dès ce jour entre nous je romps toute alliance.

---

1. Ce Sextus Pompéius, dont nous avons déjà parlé, était fils du grand Pompée. Son caractère était noble, violent, et téméraire. Il se fit une réputation immortelle dans le temps des proscriptions; il eut le courage de faire afficher dans Rome qu'il donnerait, à ceux qui sauveraient les proscrits, le double de ce que les triumvirs promettaient aux assassins. Il finit par être tué en Phrygie par ordre d'Antoine. Son frère Cnéius avait été tué en Espagne, à la bataille de Munda. Ainsi toute cette famille si chère aux Romains, et qui combattait pour les lois, périt malheureusement; et Auguste, si longtemps l'ennemi de toutes les lois, mourut dans la vieillesse la plus honorée. (*Note de Voltaire.*)

2. On a appliqué ces vers au duc d'Enghien. (G. A.)

ANTOINE.

Octave, je sais trop que notre intelligence
Produira la discorde et trompera nos vœux.
Ne précipitons point des temps si dangereux.
Voulez-vous m'offenser?

OCTAVE.

Non ; mais je suis le maître
D'épargner un proscrit qui ne devait pas l'être.

ANTOINE.

Mais vous-même avec moi vous l'aviez condamné :
De tous nos ennemis c'est le plus obstiné.
Qu'importe si sa fille un moment vous fut chère?
A notre sûreté je dois le sang du père.
Les plaisirs inconstants d'un amour passager
A nos grands intérêts n'ont rien que d'étranger.
Vous avez jusqu'ici peu connu la tendresse ;
Et je n'attendais pas cet excès de faiblesse.

OCTAVE.

De faiblesse!... Et c'est vous qui m'oseriez blâmer?
C'est Antoine aujourd'hui qui me défend d'aimer?

ANTOINE.

Nous avons tous les deux mêlé dans les alarmes
Les fêtes, les plaisirs à la fureur des armes :
César en fit autant[1] ; mais par la volupté
Le cours de ses exploits ne fut point arrêté.
Je le vis dans l'Égypte, amoureux et sévère,
Adorer Cléopâtre en immolant son frère.

OCTAVE.

Ce fut pour la servir. Je puis vous voir un jour

---

1. Cela est incontestable, et je crois qu'on peut remarquer que presque tous les chefs de parti, dans les guerres civiles, ont été des voluptueux, si l'on en excepte peut-être quelques guerres fanatiques, comme celle dans laquelle Cromwell se signala. Les chefs de la Fronde, ceux de la Ligue, ceux des maisons de Bourgogne et d'Orléans, ceux de la Rose blanche, et ceux de la Rose rouge, s'abandonnèrent aux plaisirs au milieu des horreurs de la guerre. Ils insultèrent toujours aux misères publiques, en se livrant à la plus énorme licence, et les rapines les plus odieuses servirent toujours à payer leurs plaisirs. On en voit de grands exemples dans les *Mémoires du cardinal de Retz.* Lui-même s'abandonnait quelquefois à la plus basse débauche, et bravait les mœurs en donnant des bénédictions. Le duc de Borgia, fils du pape Alexandre VI, en usait ainsi dans le temps qu'il assassinait tous les seigneurs de la Romagne, et le peuple stupide osait à peine murmurer. Tout cela n'est pas étonnant : la guerre civile est le théâtre de la licence, et les mœurs y sont immolées avec les citoyens. (*Note de Voltaire.*)

Plus aveuglé que lui, plus faible à votre tour.
Je vous connais assez ; mais, quoi qu'il en arrive,
J'ai rayé Lucius, et je prétends qu'il vive.
ANTOINE.
Je n'y consentirai qu'en vous voyant signer
L'arrêt de ces proscrits qu'on ne peut épargner.
OCTAVE.
Je vous l'ai déjà dit, j'étais las du carnage
Où la mort de César a forcé mon courage.
Mais, puisqu'il faut enfin ne rien faire à demi,
Que le salut de Rome en doit être affermi,
Qu'il me faut consommer l'horreur qui nous rassemble ;
(Il s'assied, et signe.)
Je cède, je me rends... j'y souscris... Ma main tremble.
Allez, tribuns, portez ces malheureux édits :
(A Antoine, qui s'assied et signe.)
Et nous, puissions-nous être à jamais réunis !
ANTOINE.
Vous, Aufide, demain vous conduirez Fulvie ;
Sa retraite est marquée aux champs de l'Apulie :
Que je n'entende plus ses cris séditieux.
OCTAVE.
Écoutons ce tribun qui revient en ces lieux ;
Il arrive de Rome, et pourra nous apprendre
Quel respect à nos lois le sénat a dû rendre.

SCÈNE IV.

OCTAVE, ANTOINE, AUFIDE, un tribun, licteurs.

ANTOINE, au tribun.
A-t-on des triumvirs accompli les desseins ?
Le sang assure-t-il le repos des humains ?
LE TRIBUN.
Rome tremble et se tait au milieu des supplices.
Il nous reste à frapper quelques secrets complices,
Quelques vils ennemis d'Antoine et des Césars,
Restes des conjurés de ces ides de Mars,
Qui, dans les derniers rangs cachant leur haine obscure,
Vont du peuple en secret exciter le murmure.

Paulus, Albin, Cotta, les plus grands sont tombés ;
A la proscription peu se sont dérobés.
OCTAVE.
A-t-on de l'univers affermi la conquête?
Et du fils de Pompée apportez-vous la tête?
Pour le bien de l'État j'ai dû la demander.
LE TRIBUN.
Les dieux n'ont pas voulu, seigneur, vous l'accorder :
Trop chéri des Romains, ce jeune téméraire
Se parait à leurs yeux des vertus de son père ;
Et lorsque, par mes soins, des têtes des proscrits
Aux murs du Capitole on affichait le prix,
Pompée à leur salut mettait des récompenses.
Il a par des bienfaits combattu vos vengeances ;
Mais, quand vos légions ont marché sur nos pas,
Alors, fuyant de Rome et cherchant les combats,
Il s'avance à Césène, et vers les Pyrénées
Doit au fils de Caton joindre ses destinées ;
Tandis qu'en Orient Cassius et Brutus,
Conjurés trop fameux par leurs fausses vertus,
A leur faible parti rendant un peu d'audace,
Osent vous défier dans les champs de la Thrace.
ANTOINE.
Pompée est échappé !
OCTAVE.
Ne vous alarmez pas ;
En quelque endroit qu'il soit, la mort est sur ses pas.
Si mon père a du sien triomphé dans Pharsale,
J'attends contre le fils une fortune égale ;
Et le nom de César, dont je suis honoré,
De sa perte à mon bras fait un devoir sacré.
ANTOINE.
Préparons donc soudain cette grande entreprise ;
Mais que notre intérêt jamais ne nous divise.
Le sang du grand César est déjà joint au mien ;
Votre sœur est ma femme ; et ce double lien
Doit affermir le joug où nos mains triomphantes
Tiendront à nos genoux les nations tremblantes.

SCÈNE V.

OCTAVE, LE TRIBUN, éloigné.

OCTAVE.
Que feront tous ces nœuds? Nous sommes deux tyrans!
Puissances de la terre, avez-vous des parents?
Dans le sang des Césars Julie a pris naissance ;
Et, loin de rechercher mon utile alliance,
Elle n'a regardé cette triste union
Que comme un des arrêts de la proscription.
(Au tribun.)
Revenez... Quoi! Pompée échappe à ma vengeance?
Quoi! Julie avec lui serait d'intelligence?
On ignore en quels lieux elle a porté ses pas?
LE TRIBUN.
Son père en est instruit, et l'on n'en doute pas.
Lui-même de sa fille a préparé la fuite.
OCTAVE.
De quoi s'informe ici ma raison trop séduite?
Quoi! lorsqu'il faut régir l'univers consterné,
Entouré d'ennemis, du meurtre environné,
Teint du sang des proscrits, que j'immole à mon père,
Détesté des Romains, peut-être d'un beau-frère,
Au milieu de la guerre, au sein des factions,
Mon cœur serait ouvert à d'autres passions!
Quel mélange inouï! quelle étonnante ivresse
D'amour, d'ambition, de crimes, de faiblesse!
Quels soucis dévorants viennent me consumer!
Destructeur des humains, t'appartient-il d'aimer?

FIN DU PREMIER ACTE.

ACTE DEUXIÈME.

SCÈNE I.

FULVIE, AUFIDE.

AUFIDE.

Oui, j'ai tout entendu ; le sang et le carnage
Ne coûtaient rien, madame, à votre époux volage.
Je suis toujours surpris que ce cœur effréné,
Plongé dans la licence, au vice abandonné,
Dans les plaisirs affreux qui partagent sa vie,
Garde une cruauté tranquille et réfléchie.
Octave même, Octave en paraît indigné ;
Il regrettait le sang où son bras s'est baigné ;
Il n'était plus lui-même : il semble qu'il rougisse
D'avoir eu si longtemps Antoine pour complice.
Peut-être aux yeux des siens il feint un repentir
Pour mieux tromper la terre, et mieux l'assujettir ;
Ou peut-être son âme, en secret révoltée,
De sa propre furie était épouvantée.
J'ignore s'il est né pour éprouver un jour
Vers l'humaine équité quelque faible retour[1] ;

---

1. Il faut avouer qu'Auguste eut de ces retours heureux, quand le crime ne lui fut plus nécessaire, et qu'il vit qu'étant maître absolu il n'avait plus d'autre intérêt que celui de paraître juste : mais il me semble qu'il fut toujours plus impitoyable que clément ; car, après la bataille d'Actium, il fit égorger le fils d'Antoine au pied de la statue de César, et il eut la barbarie de faire trancher la tête au jeune Césarion, fils de César et de Cléopâtre, que lui-même avait reconnu pour roi d'Égypte.

Ayant un jour soupçonné le préteur Gallius Quintus d'être venu à l'audience avec un poignard sous sa robe, il le fit appliquer en sa présence à la torture ; et, dans l'indignation où il fut de s'entendre appeler tyran par ce sénateur, il lui arracha lui-même les yeux, si on en croit Suétone.

On sait que César, son père adoptif, fut assez grand pour pardonner à presque

ACTE II, SCÈNE I.

Mais il a disputé sur le choix des victimes,
Et je l'ai vu trembler en signant tant de crimes.

FULVIE.

Qu'importe à mes affronts ce faible et vain remord?
Chacun d'eux tour à tour me donne ici la mort.
Octave, que tu crois moins dur et moins féroce,
Sous un air plus humain cache un cœur plus atroce;
Il agit en barbare, et parle avec douceur;
Je vois de son esprit la profonde noirceur;

---

tous ses ennemis; mais je ne vois pas qu'Auguste ait pardonné à un seul. Je doute fort de sa prétendue clémence envers Cinna. Tacite ni Suétone ne disent rien de cette aventure. Suétone, qui parle de toutes les conspirations faites contre Auguste, n'aurait pas manqué de parler de la plus célèbre. La singularité d'un consulat donné à Cinna pour prix de la plus noire perfidie n'aurait pas échappé à tous les historiens contemporains. Dion Cassius n'en parle qu'après Sénèque, et ce morceau de Sénèque ressemble plus à une déclamation qu'à une vérité historique. De plus, Sénèque met la scène en Gaule, et Dion à Rome. Il y a là une contradiction qui achève d'ôter toute vraisemblance à cette aventure. Aucune de nos histoires romaines, compilées à la hâte et sans choix, n'a discuté ce fait intéressant. L'histoire de Laurent Échard est aussi fautive que tronquée. L'esprit d'examen a rarement conduit les écrivains.

Il se peut que Cinna ait été soupçonné ou convaincu par Auguste de quelque infidélité, et qu'après l'éclaircissement Auguste lui eût accordé le vain honneur du consulat; mais il n'est nullement probable que Cinna eût voulu, par une conspiration, s'emparer de la puissance suprême, lui qui n'avait jamais commandé d'armée, qui n'était appuyé d'aucun parti, qui n'était pas enfin un homme considérable dans l'empire. Il n'y a pas d'apparence qu'un simple courtisan ait eu la folie de vouloir succéder à un souverain affermi par un règne de vingt années, qui avait des héritiers; et il n'est nullement probable qu'Auguste l'eût fait consul immédiatement après la conspiration.

Si l'aventure de Cinna est vraie, Auguste ne pardonna que malgré lui, vaincu par les raisons ou par les importunités de Livie, qui avait pris sur lui un grand ascendant, et qui lui persuada que le pardon lui serait plus utile que le châtiment. Ce ne fut donc que par politique qu'on le vit une fois exercer la clémence; ce ne fut certainement point par générosité.

Je sais que le public n'a pu souffrir dans le *Cinna* de Corneille que Livie lui inspirât la clémence qu'on a vantée. Je n'examine ici que la vérité des faits; *une tragédie n'est pas une histoire.* On reprochait à Corneille d'avoir avili son héros, en donnant à Livie tout l'honneur du pardon. Je ne déciderai point si on a eu raison ou tort de supprimer cette partie de la pièce, qui est aujourd'hui regardée comme une vérité, sur la foi de la déclamation de Sénèque.

Je crois bien qu'Auguste a pu pardonner quelquefois par politique, et affecter de la grandeur d'âme: mais je suis persuadé qu'il n'en avait pas; et, sous quelques traits héroïques qu'on puisse le représenter sur le théâtre, je ne puis avoir d'autre idée de lui que celle d'un homme uniquement occupé de son intérêt pendant toute sa vie. Heureux quand cet intérêt s'accordait avec la gloire! Après tout, un trait de clémence est toujours grand au théâtre, et surtout quand cette clémence expose à quelque danger. Il faut, dit-on, sur la scène, être plus grand que nature. (*Note de Voltaire.*)

Le sphinx est son emblème [1], et nous dit qu'il préfère
Ce symbole du fourbe aux aigles de son père.
A tromper l'univers il mettra tous ses soins.
De vertus incapable, il les feindra du moins;
Et l'autre aura toujours dans sa vertu guerrière
Les vices forcenés de son âme grossière.
Ils osent me bannir; c'est là ce que je veux.
Je ne demandais pas à gémir auprès d'eux,
A respirer encore un air qu'ils empoisonnent.
Remplissons sans tarder les ordres qu'ils me donnent;
Partons. Dans quels pays, dans quels lieux ignorés
Ne les verrons-nous pas comme à Rome abhorrés?
Je trouverai partout l'aliment de ma haine.

SCÈNE II.

FULVIE, ALBINE, AUFIDE.

AUFIDE.

Madame, espérez tout; Pompée est à Césène :
Mille Romains en foule ont devancé ses pas;
Son nom et ses malheurs enfantent des soldats;
On dit qu'à la valeur joignant la diligence,
Dans cette île barbare il porte la vengeance;
Que les trois assassins à leur tour sont proscrits,
Que de leur sang impur on a fixé le prix.
On dit que Brutus même avance vers le Tibre,
Que la terre est vengée, et qu'enfin Rome est libre.
Déjà dans tout le camp ce bruit s'est répandu,
Et le soldat murmure, ou demeure éperdu.

---

1. Il est vrai qu'Auguste porta longtemps au doigt un anneau sur lequel un sphinx était gravé. On dit qu'il voulait marquer par là qu'il était impénétrable. Pline le Naturaliste rapporte que, lorsqu'il fut seul maître de la République, les applications odieuses, trop souvent faites par les Romains à l'occasion du sphinx, le déterminèrent à ne plus se servir de ce cachet, et il y substitua la tête d'Alexandre : mais il me semble que cette tête d'Alexandre devait lui attirer des railleries encore plus fortes, et que la comparaison qu'on devait faire continuellement d'Alexandre et de lui n'était pas à son avantage. Celui qui, par son courage héroïque, vengea la Grèce de la tyrannie du plus puissant roi de la terre, n'avait rien de commun avec le petit-fils d'un simple chevalier qui se servit de ses concitoyens pour asservir sa patrie. Voyez les remarques suivantes. (*Note de Voltaire.*)

####### FULVIE.

On en dit trop, Albine ; un bien si désirable
Est trop prompt et trop grand pour être vraisemblable ;
Mais ces rumeurs au moins peuvent me consoler,
Si mes persécuteurs apprennent à trembler.

####### AUFIDE.

Il est des fondements à ce bruit populaire.
Un peu de vérité fait l'erreur du vulgaire.
Pompée a su tromper le fer des assassins,
C'est beaucoup ; tout le reste est soumis aux destins.
Je sais qu'il a marché vers les murs de Césène ;
De son départ au moins la nouvelle est certaine,
Et le bruit qu'on répand nous confirme aujourd'hui
Que les cœurs des Romains se sont tournés vers lui ;
Mais son danger est grand ; des légions entières
Marchent sur son passage, et bordent les frontières ;
Pompée est téméraire, et ses rivaux prudents.

####### FULVIE.

La prudence est surtout nécessaire aux méchants ;
Mais souvent on la trompe ; un heureux téméraire
Confond, en agissant, celui qui délibère.
Enfin Pompée approche. Unis par la fureur,
Nos communs intérêts m'annoncent un vengeur.
Les révolutions, fatales ou prospères,
Du sort qui conduit tout sont les jeux ordinaires :
La fortune à nos yeux fit monter sur son char
Sylla, deux Marius, et Pompée, et César ;
Elle a précipité ces foudres de la guerre ;
De leur sang tour à tour elle a rougi la terre,
Rome a changé de lois, de tyrans, et de fers.
Déjà nos triumvirs éprouvent des revers.
Cassius et Brutus menacent l'Italie.
J'irais chercher Pompée aux sables de Libye.
Après mes deux affronts, indignement soufferts,
Je me consolerais en troublant l'univers.
Rappelons et l'Espagne et la Gaule irritée
A cette liberté que j'ai persécutée ;
Puissé-je, dans le sang de ces monstres heureux,
Expier les forfaits que j'ai commis pour eux !
Pardonne, Cicéron, de Rome heureux génie,
Mes destins t'ont vengé, tes bourreaux m'ont punie ;
Mais je mourrai contente en des malheurs si grands,

Si je meurs comme toi le fléau des tyrans.
(A Aufide.)
Avant que de partir, tâchez de vous instruire
Si de quelque espérance un rayon peut nous luire.
Profitez des moments où les soldats troublés
Dans le camp des tyrans paraissent ébranlés.
Annoncez-leur Pompée; à ce grand nom peut-être
Ils se repentiront d'avoir un autre maître.
Allez.

(Ici on voit dans l'enfoncement Julie couchée entre des rochers.)

SCÈNE III.

FULVIE, ALBINE.

FULVIE.

Que vois-je au loin dans ces rochers déserts,
Sur ces bords escarpés d'abîmes entr'ouverts,
Que présente à mes yeux la terre encor tremblante?

ALBINE.

Je vois, ou je me trompe, une femme expirante.

FULVIE.

Est-ce quelque victime immolée en ces lieux?
Peut-être les tyrans l'exposent à nos yeux,
Et par un tel spectacle, ils ont voulu m'apprendre
De leur triumvirat ce que je dois attendre.
Allez : j'entends d'ici ses sanglots et ses cris :
Dans son cœur oppressé rappelez ses esprits;
Conduisez-la vers moi.

SCÈNE IV.

FULVIE, sur le devant du théâtre; JULIE, au fond, vers un des côtés, soutenue par ALBINE.

JULIE.

Dieux vengeurs que j'adore!
Ecoutez-moi, voyez pour qui je vous implore!
Secourez un héros, ou faites-moi mourir.

FULVIE.
De ses plaintifs accents je me sens attendrir.
JULIE.
Où suis-je? et dans quels lieux les flots m'ont-ils jetée!
Je promène en tremblant ma vue épouvantée.
Où marcher!... Quelle main m'offre ici son secours?
Et qui vient ranimer mes misérables jours?
FULVIE.
Sa gémissante voix ne m'est point inconnue.
Avançons... Ciel! que vois-je! en croirai-je ma vue?
Destins qui vous jouez des malheureux mortels,
Amenez-vous Julie en ces lieux criminels?
Ne me trompé-je point?.. N'en doutons plus, c'est elle.
JULIE.
Quoi! d'Antoine, grands dieux! c'est l'épouse cruelle!
Je suis perdue!
FULVIE.
Hélas! que craignez-vous de moi?
Est-ce aux infortunés d'inspirer quelque effroi?
Voyez-moi sans trembler; je suis loin d'être à craindre;
Vous êtes malheureuse, et je suis plus à plaindre.
JULIE.
Vous!
FULVIE.
Quel événement et quels dieux irrités
Ont amené Julie en ces lieux détestés?
JULIE.
Je ne sais où je suis: un déluge effroyable
Qui semblait engloutir une terre coupable,
Des tremblements affreux, des foudres dévorants,
Dans les flots débordés ont plongé mes suivants.
Avec un seul guerrier de la mort échappée,
J'ai marché quelque temps dans cette île escarpée;
Mes yeux ont vu de loin des tentes, des soldats;
Ces rochers ont caché ma terreur et mes pas;
Celui qui me guidait a cessé de paraître,
A peine devant vous puis-je me reconnaître;
Je me meurs.
FULVIE.
Ah, Julie!
JULIE.
Eh quoi! vous soupirez!

FULVIE.

De vos maux et des miens mes sens sont déchirés.

JULIE.

Vous souffrez comme moi! quel malheur vous opprime?
Hélas! où sommes-nous?

FULVIE.

Dans le séjour du crime,
Dans cette île exécrable où trois monstres unis
Ensanglantent le monde, et restent impunis.

JULIE.

Quoi! c'est ici qu'Antoine et le barbare Octave
Ont condamné Pompée, et font la terre esclave?

FULVIE.

C'est sous ces pavillons qu'ils règlent notre sort;
De Pompée ici même ils ont signé la mort.

JULIE.

Soutenez-moi, grands dieux !

FULVIE.

De cet affreux repaire
Ces tigres sont sortis : leur troupe sanguinaire
Marche en ce même instant au rivage opposé.
L'endroit où je vous parle est le moins exposé ;
Mes tentes sont ici; gardez qu'on ne nous voie.
Venez ; calmez ce trouble où votre âme se noie.

JULIE.

Et la femme d'Antoine est ici mon appui!

FULVIE.

Grâces à ses forfaits je ne suis plus à lui.
Je n'ai plus désormais de parti que le vôtre.
Le destin par pitié nous rejoint l'une à l'autre.
Qu'est devenu Pompée?

JULIE.

Ah! que m'avez-vous dit?
Pourquoi vous informer d'un malheureux proscrit?

FULVIE.

Est-il en sûreté? Parlez en assurance :
J'atteste ici les dieux, et Rome, et ma vengeance,
Ma haine pour Octave, et mes transports jaloux,
Que mes soins répondront de Pompée et de vous,
Que je vais vous défendre au péril de ma vie.

JULIE.

Hélas! c'est donc à vous qu'il faut que je me fie!

Si vous avez aussi connu l'adversité,
Vous n'aurez pas, sans doute, assez de cruauté
Pour achever ma mort, et trahir ma misère.
Vous voyez où des dieux me conduit la colère.
Vous avez dans vos mains, par d'étranges hasards,
Le destin de Pompée et du sang des Césars.
J'ai réuni ces noms ; l'intérêt de la terre
A formé notre hymen au milieu de la guerre.
Rome, Pompée et moi, tout est prêt à périr ;
Aurez-vous la vertu d'oser les secourir ?

FULVIE.

J'oserai plus encor. S'il est sur ce rivage,
Qu'il daigne seulement seconder mon courage.
Oui, je crois que le ciel, si longtemps inhumain,
Pour nous venger tous trois l'a conduit par la main ;
Oui, j'armerai son bras contre la tyrannie.
Parlez : ne craignez plus.

JULIE.

   Errante, poursuivie,
Je fuyais avec lui le fer des assassins
Qui de Rome sanglante inondaient les chemins ;
Nous allions vers son camp : déjà sa renommée
Vers Césène assemblait les débris d'une armée ;
A travers les dangers près de nous renaissants
Il conduisait mes pas incertains et tremblants.
La mort était partout ; les sanglants satellites
Des plaines de Césène occupaient les limites.
La nuit nous égarait vers ce funeste bord
Où règnent les tyrans, où préside la mort.
Notre fatale erreur n'était point reconnue,
Quand la foudre a frappé notre suite éperdue.
La terre en mugissant s'entr'ouvre sous nos pas.
Ce séjour en effet est celui du trépas.

FULVIE.

Eh bien ! est-il encore en cette île terrible ?
S'il ose se montrer, sa perte est infaillible,
Il est mort.

JULIE.

 Je le sais.

FULVIE.

   Où dois-je le chercher ?
Dans quel secret asile a-t-il pu se cacher ?

JULIE.

Ah ! madame...

FULVIE.

Achevez ; c'est trop de défiance ;
Je pardonne à l'amour un doute qui m'offense.
Parlez, je ferai tout.

JULIE.

Puis-je le croire ainsi ?

FULVIE.

Je vous le jure encore.

JULIE.

Eh bien !... il est ici.

FULVIE.

C'en est assez ; allons.

JULIE.

Il cherchait un passage
Pour sortir avec moi de cette île sauvage ;
Et ne le voyant plus dans ces rochers déserts,
Des ombres du trépas mes yeux se sont couverts.
Je mourais, quand le ciel, une fois favorable,
M'a présenté par vous une main secourable.

SCÈNE V.

FULVIE, JULIE, ALBINE, un TRIBUN.

LE TRIBUN, à Fulvie.

Madame, une étrangère est ici près de vous.
De leur autorité les triumvirs jaloux
De l'île à tout mortel ont défendu l'entrée.

JULIE.

Ah ! j'atteste la foi que vous m'avez jurée !

LE TRIBUN.

Je la dois amener devant leur tribunal.

FULVIE, à Julie.

Gardez-vous d'obéir à cet ordre fatal.

JULIE.

Avilirais-je ainsi l'honneur de mes ancêtres ?
Soldats des triumvirs, allez dire à vos maîtres
Que Julie, entraînée en ce séjour affreux,
Attend, pour en sortir, des secours généreux ;

Que partout je suis libre, et qu'ils peuvent connaître,
Ce qu'on doit de respect au sang qui m'a fait naître,
A mon rang, à mon sexe, à l'hospitalité,
Aux droits des nations et de l'humanité.
Conduisez-moi chez vous, magnanime Fulvie.

FULVIE.

Votre noble fierté ne s'est point démentie ;
Elle augmente la mienne ; et ce n'est pas en vain
Que le sort vous conduit sur ce bord inhumain.
Puissé-je en mes desseins ne m'être point trompée !

JULIE.

O dieux ! prenez ma vie, et veillez sur Pompée !
Dieux ! si vous me livrez à mes persécuteurs,
Armez-moi d'un courage égal à leurs fureurs.

FIN DU DEUXIÈME ACTE.

ACTE TROISIÈME.

SCÈNE I.

SEXTUS POMPÉE.

Je ne la trouve plus : quoi ! mon destin fatal
L'amène à mes tyrans, la livre à mon rival !
Les voilà, je les vois, ces pavillons horribles
Où nos trois meurtriers, retirés et paisibles,
Ordonnent le carnage avec des yeux sereins,
Comme on donne une fête et des jeux aux Romains.
O Pompée ! ô mon père ! infortuné grand homme !
Quel est donc le destin des défenseurs de Rome ?
O dieux ! qui des méchants suivez les étendards,
D'où vient que l'univers est fait pour les Césars ?
J'ai vu périr Caton[1], leur juge et votre image :

---

[1]. Je propose quelques réflexions sur la vie et sur la mort de Caton. Il ne commanda jamais d'armée ; il ne fut que simple préteur : et cependant nous prononçons son nom avec plus de vénération que celui des César, des Pompée, des Brutus, des Cicéron, et des Scipion même : c'est que tous ont eu beaucoup d'ambition ou de grandes faiblesses. C'est comme citoyen vertueux, c'est comme stoïcien rigide, qu'on révère Caton malgré soi ; tant l'amour de la patrie est respecté par ceux mêmes à qui les vertus patriotiques sont inconnues ; tant la philosophie stoïcienne force à l'admiration ceux mêmes qui en sont le plus éloignés. Il est certain que Caton fit tout pour le devoir, tout pour la patrie, et jamais rien pour lui. Il est presque le seul Romain de son temps qui mérite cet éloge. Lui seul, quand il fut questeur, eut le courage non-seulement de refuser aux exécuteurs des proscriptions de Sylla l'argent qu'ils redemandaient encore en vertu des rescriptions que Sylla leur avait laissées sur le trésor public, mais il les accusa de concussion et d'homicide, et les fit condamner à mort, donnant ainsi un terrible exemple aux triumvirs, qui dédaignèrent d'en profiter. Il fut ennemi de quiconque aspirait à la tyrannie. Retiré dans Utique, après la bataille de Tapsa, que César avait gagnée, il exhorte les sénateurs d'Utique à imiter son courage, à se défendre contre l'usurpateur ; il les trouve intimidés, il a l'humanité de pourvoir à leur sûreté dans leur fuite. Quand il voit qu'il ne lui reste plus aucune espérance de sauver sa patrie,

Les Scipion sont morts aux déserts de Carthage [1];
Cicéron, tu n'es plus [2], et ta tête et tes mains

et que sa vie est inutile, il sort de la vie sans écouter un moment l'instinct qui nous attache à elle; il se rejoint à l'Être des êtres, loin de la tyrannie.

On trouve dans les odes de Lamotte un couplet contre Caton :

> Caton, d'une âme plus égale,
> Sous l'heureux vainqueur de Pharsale
> Eût souffert que l'homme pliât;
> Mais, incapable de se rendre,
> Il n'eut pas la force d'attendre
> Un pardon qui l'humiliât.

On voit dans ces vers quelle est l'énorme différence d'un bourgeois de nos jours et d'un héros de Rome. Caton n'aurait pas eu une âme égale, mais très-inégale, si, ayant toute sa vie soutenu la cause divine de la liberté, il l'eût enfin abandonnée. On lui reproche ici d'être incapable de se rendre, c'est-à-dire d'être incapable de lâcheté. On prétend qu'il devait attendre son pardon; on le traite comme s'il eût été un rebelle révolté contre son souverain légitime et absolu, auquel il aurait fait volontairement serment de fidélité.

Les vers de Lamotte sont d'un cœur esclave qui cherche de l'esprit. Je rougis quand je vois quels grands hommes de l'antiquité nous nous efforçons tous les jours de dégrader, et quels hommes communs nous célébrons dans notre petite sphère.

D'autres, plus méprisables, ont jugé Caton par les principes d'une religion qui ne pouvait être la sienne, puisqu'elle n'existait pas encore; rien n'est plus injuste ni plus extravagant. Il faut le juger par les principes de Rome, de l'héroïsme et du stoïcisme, puisqu'il était Romain, héros et stoïcien. (*Note de Voltaire.*)

1. Je ne sais pas ce que l'auteur entend par ce vers. Je ne connais que Métellus Scipion qui fit la guerre contre César en Afrique, conjointement avec le roi Juba. Il perdit la grande bataille de Tapsa; et voulant ensuite traverser la mer d'Afrique, la flotte de César coula son vaisseau à fond. Scipion périt dans les flots, et non dans les déserts. J'aimerais mieux que l'auteur eût mis :

> Les Scipion sont morts aux syrtes de Carthage.

Il faut de la vérité autant qu'on le peut. (*Note de Voltaire.*)

2. Je remarquerai, sur le meurtre de Cicéron, qu'il fut assassiné par un tribun militaire nommé Popilius Lænas, pour lequel il avait daigné plaider, et auquel il avait sauvé la vie. Ce meurtrier reçut d'Antoine 200,000 livres de notre monnaie pour la tête et les deux mains de Cicéron, qu'il lui apporta dans le forum. Antoine les fit clouer à la tribune aux harangues. Les siècles suivants ont vu des assassinats, mais aucun qui fût marqué par une si horrible ingratitude, ni qui ait été payé si chèrement. Les assassins de Valstein, du maréchal d'Ancre, du duc de Guise le Balafré, du duc de Parme Farnèse, bâtard du pape Paul III, et de tant d'autres, étaient à la vérité des gentilshommes, ce qui rend leur attentat encore plus infâme; mais du moins ils n'avaient pas reçu de bienfaits des princes qu'ils massacrèrent : ils furent les indignes instruments de leurs maîtres; et cela ne prouve que trop que quiconque est armé du pouvoir, et peut donner de l'argent, trouve toujours des bourreaux mercenaires quand il le veut : mais des bourreaux gentilshommes, c'est là ce qui est le comble de l'infamie.

Remarquons que cette horreur et cette bassesse ne furent jamais connues dans le temps de la chevalerie : je ne vois aucun chevalier assassin pour de l'argent.

Si l'auteur de *l'Esprit des lois* avait dit que l'honneur était autrefois le ressort et le mobile de la chevalerie, il aurait eu raison; mais prétendre que l'hon-

> Ont servi de trophée aux derniers des humains.
> Mon sort va me rejoindre à ces grandes victimes.
> Le fer des Achillas et celui des Septimes,
> D'un vil roi de l'Égypte instruments criminels,
> Ont fait couler le sang du plus grand des mortels[1].

neur est le mobile de la monarchie, après les assassinats à prix fait du maréchal d'Ancre et du duc de Guise, et après que tant de gentilshommes se sont faits bourreaux et archers, après tant d'autres infamies de tous les genres, cela est aussi peu convenable que de dire que la vertu est le mobile des républiques. Rome était encore république du temps des proscriptions de Sylla, de Marius, et des triumvirs. Les massacres d'Irlande, la Saint-Barthélemy, les Vêpres siciliennes, les assassinats des ducs d'Orléans et de Bourgogne, le faux monnayage, tout cela fut commis dans des monarchies.

Revenons à Cicéron. Quoique nous ayons ses ouvrages, Saint-Évremond est le premier qui nous ait avertis qu'il fallait considérer en lui l'homme d'État et le bon citoyen. Il n'est bien connu que par l'histoire excellente que Middleton nous a donnée de ce grand homme [l'*Histoire de Cicéron par Middleton* a été traduite en français par l'abbé Prévost]. Il était le meilleur orateur de son temps et le meilleur philosophe. Ses *Tusculanes* et son *Traité de la Nature des dieux*, si bien traduits par l'abbé d'Olivet, et enrichis de notes savantes, sont si supérieurs dans leur genre que rien ne les a égalés depuis, soit que nos bons auteurs n'aient pas osé prendre un tel essor, soit qu'ils n'aient pas eu les ailes assez fortes. Cicéron disait tout ce qu'il voulait; il n'en est pas ainsi parmi nous. Ajoutons encore que nous n'avons aucun traité de morale qui approche de ses *Offices*; et ce n'est pas faute de liberté que nos auteurs modernes ont été si au-dessous de lui en ce genre; car de Rome à Madrid on est sûr d'obtenir la permission d'ennuyer en moralités.

Je doute que Cicéron ait été un aussi grand homme en politique. Il se laissa tromper à l'âge de soixante-trois ans par le jeune Octave, qui le sacrifia bientôt au ressentiment de Marc-Antoine. On ne vit en lui ni la fermeté de Brutus, ni la circonspection d'Atticus; il n'eut d'autre fonction, dans l'armée du grand Pompée, que celle de dire des bons mots. Il courtisa ensuite César : il devait, après avoir prononcé les *Philippiques*, les soutenir les armes à la main. Mais je m'arrête; je ne veux pas faire la satire de Cicéron. (*Note de Voltaire.*)

1. Je propose ici une conjecture. Il me semble que l'intérêt des ministres du jeune Ptolémée, âgé de treize ans, n'était point du tout d'assassiner Pompée, mais de le garder en otage, comme un gage des faveurs qu'ils pouvaient obtenir du vainqueur, et comme un homme qu'ils pouvaient lui opposer s'il voulait les opprimer.

Après la victoire de Pharsale, César dépêcha des émissaires secrets à Rhodes, pour empêcher qu'on ne reçût Pompée. Il dut, ce me semble, prendre les mêmes précautions avec l'Égypte : il n'y a personne qui, en pareil cas, négligeât un intérêt si important. On peut croire que César prit cette précaution nécessaire, et que les Égyptiens allèrent plus loin qu'il ne voulait : ils crurent s'assurer de sa bienveillance en lui présentant la tête de Pompée. On a dit qu'il versa des larmes en la voyant; mais ce qui est bien plus sûr, c'est qu'il ne vengea point sa mort; il ne punit point Septime, tribun romain, qui était le plus coupable de cet assassinat; et lorsque ensuite il fit tuer Achillas, ce fut dans la guerre d'Alexandrie, et pour un sujet tout différent. Il est donc très-vraisemblable que si César n'ordonna pas la mort de Pompée, il fut au moins la cause très-prochaine de cette mort. L'impunité accordée à Septime est une preuve bien forte contre César. Il aurait pardonné à Pompée, je le crois, s'il l'avait eu entre ses mains; mais je crois aussi qu'il ne le regretta pas; et une preuve indubitable, c'est que la première chose

Ce n'est que par sa mort que son fils lui ressemble.
Des brigands réunis, que la rapine assemble,
Un prétendu César, un fils de Cépias[1],
Qui commande le meurtre, et qui fuit les combats,
Dans leur tranquille rage ordonnent de ma vie!
Octave est maître enfin du monde et de Julie.
De Julie! Ah! tyran, ce dernier coup du sort
Atterre mon esprit luttant contre la mort.
Détestable rival, usurpateur infâme,
Tu ne m'assassinais que pour ravir ma femme!
Et c'est moi qui la livre à tes indignes feux!
Tu règnes, et je meurs, et je te laisse heureux!
Et tes flatteurs, tremblants sur un tas de victimes,
Déjà du nom d'Auguste ont décoré tes crimes!
Quel est cet assassin qui s'avance vers moi?

SCÈNE II.

POMPÉE, AUFIDE.

POMPÉE, l'épée à la main.
Approche, et puisse Octave expirer avec toi!
AUFIDE.
Jugez mieux d'un soldat qui servit votre père.

qu'il fit, ce fut de confisquer tous ses biens à Rome. On vendit à l'encan la belle maison de Pompée; Antoine l'acheta, et les enfants de Pompée n'eurent aucun héritage. (*Note de Voltaire.*)

1. Dion Cassius nous apprend que le surnom du père d'Auguste était Cépias. Cet Octavianus Cépias fut le premier sénateur de sa branche. Le grand-père d'Auguste n'était qu'un riche chevalier qui négociait dans la petite ville de Veletri, et qui épousa la sœur aînée de César, soit qu'alors la famille des César fût pauvre, soit qu'elle voulût plaire au peuple par cette alliance disproportionnée. J'ai déjà dit qu'on reprochait à Auguste que son bisaïeul avait été un petit marchand, un changeur à Veletri. Ce changeur passait même pour le fils d'un affranchi. Antoine osa appeler Octave du nom de Spartacus dans un de ses édits, en faisant allusion à sa famille, qu'on prétendait descendre d'un esclave. Vous trouverez cette anecdote dans la huitième Philippique de Cicéron : *quem Spartacum in edictis appellat*, etc.

Il y a mille exemples de grandes fortunes qui ont eu une basse origine, ou que l'orgueil appelle basse : il n'y a rien de bas aux yeux du philosophe, et quiconque s'est élevé doit avoir eu cette espèce de mérite qui contribue à l'élévation. Mais on est toujours surpris de voir Auguste, né d'une famille si mince, un provincial sans nom, devenir le maître absolu de l'empire romain, et se placer au rang des dieux.

On lui donne des remords dans cette pièce; on lui attribue des sentiments magnanimes : je suis persuadé qu'il n'en eut point; mais je suis persuadé qu'il en faut au théâtre. (*Note de Voltaire.*)

POMPÉE.

Et tu sers un tyran !

AUFIDE.

Je l'abjure, et j'espère
N'être pas inutile, en ce séjour affreux,
Au fils, au digne fils d'un héros malheureux.
Seigneur, je viens à vous de la part de Fulvie.

POMPÉE.

Est-ce un piége nouveau que tend la tyrannie?
A son barbare époux viens-tu pour me livrer?

AUFIDE.

Du péril le plus grand je viens pour vous tirer.

POMPÉE.

L'humanité, grands dieux, est-elle ici connue?

AUFIDE.

Sur ce billet, au moins, daignez jeter la vue.

(Il lui donne des tablettes.)

POMPÉE.

Julie! ô ciel! Julie! Est-il bien vrai?

AUFIDE.

Lisez.

POMPÉE.

O fortune! ô mes yeux, êtes-vous abusés?
Retour inattendu de mes destins prospères!
Je mouille de mes pleurs ces divins caractères.

(Il lit.)

« Le sort paraît changer, et Fulvie est pour nous;
Écoutez ce Romain; conservez mon époux. »
Qui que tu sois, pardonne; à toi je me confie;
Je te crois généreux sur la foi de Julie.
Quoi! Fulvie a pris soin de son sort et du mien!
Qui l'y peut engager? quel intérêt?

AUFIDE.

Le sien.
D'Antoine abandonnée avec ignominie,
Elle est des trois tyrans la plus grande ennemie.
Elle ne borne pas sa haine et ses desseins
A dérober vos jours au fer des assassins;
Il n'est point de péril que son courroux ne brave:
Elle veut vous venger.

POMPÉE.

Oui, vengeons-nous d'Octave.

Élevé dans l'Asie, au milieu des combats,
Je n'ai connu de lui que ses assassinats;
Et dans les champs d'honneur, qu'il redoute peut-être,
Ses yeux, qu'il eût baissés, ne m'ont point vu paraître.
Antoine d'un soldat a du moins la vertu.
Il est vrai que mon bras ne l'a point combattu;
Et depuis que mon père expira sous un traître,
Nous fûmes ennemis sans jamais nous connaître.
Commençons par Octave; allons, et que ma main,
Au bord de mon tombeau, se plonge dans son sein.

AUFIDE.

Venez donc chez Fulvie, et sachez qu'elle est prête
D'Octave, s'il le faut, à vous livrer la tête.
De quelques vétérans je tenterai la foi;
Sous votre illustre père ils servaient comme moi.
On change de parti dans les guerres civiles :
Aux desseins de Fulvie ils peuvent être utiles.
L'intérêt, qui fait tout, les pourrait engager
A vous donner retraite, et même à vous venger.

POMPÉE.

Je pourrais arracher Julie à ce perfide?
Je pourrais des Romains immoler l'homicide?
Octave périrait?

AUFIDE.

Seigneur, n'en doutez pas.

POMPÉE.

Marchons.

SCÈNE III.

POMPÉE, AUFIDE, JULIE.

JULIE.

Que faites-vous? Où portez-vous vos pas?
On vous cherche, on poursuit tous ceux que cet orage
Put jeter comme moi sur cet affreux rivage.
Votre père, en Égypte, aux assassins livré,
D'ennemis plus sanglants n'était pas entouré.
L'amitié de Fulvie est funeste et cruelle;
C'est un danger de plus qu'elle traîne après elle :
On l'observe, on l'épie, et tout me fait trembler;
Dans ces horribles lieux je crains de vous parler.

Regagnons ces rochers et ces cavernes sombres
Où la nuit va porter ses favorables ombres.
Demain les trois tyrans, aux premiers traits du jour,
Partent avec la mort de ce fatal séjour;
Ils vont, loin de vos yeux, ensanglanter le Tibre.
Ne précipitez rien, demain vous êtes libre.

POMPÉE.

Noble et tendre moitié d'un guerrier malheureux,
O vous! ainsi que Rome, objet de tous mes vœux!
Laissez-moi m'opposer au destin qui m'outrage.
Si j'étais dans des lieux dignes de mon courage,
Si je pouvais guider nos braves légions
Dans les camps de Brutus, ou dans ceux des Catons,
Vous ne me verriez pas attendre de Fulvie
Un secours incertain contre la tyrannie.
Les dieux nous ont conduits dans ces sanglants déserts;
Marchons aux seuls sentiers que ces dieux m'ont ouverts.

JULIE.

Octave en ce moment doit entrer chez Fulvie;
Si vous êtes connu, c'est fait de votre vie.

AUFIDE.

Seigneur, craignez plutôt d'être ici découvert;
Aux tribuns, aux soldats, ce passage est ouvert;
Entre ces deux dangers que prétendez-vous faire?

JULIE.

Pompée, au nom des dieux, au nom de votre père,
Dont le malheur vous suit, et qui ne s'est perdu
Que par sa confiance et son trop de vertu,
Ayez quelque pitié d'une épouse alarmée!
Avons-nous un parti, des amis, une armée?
Trois monstres tout-puissants ont détruit les Romains,
Vous êtes seul ici contre mille assassins...
Ils viennent, c'en est fait, et je les vois paraître.

AUFIDE.

Ah! laissez-vous conduire; on peut vous reconnaître:
Le temps presse, venez; vous vous perdez sans fruit.

JULIE.

Je ne vous quitte pas.

POMPÉE.

A quoi suis-je réduit!

SCÈNE IV.

POMPÉE, JULIE, AUFIDE, sur le devant; OCTAVE,
LICTEURS, au fond.

OCTAVE.
Je prétends vous parler; ne fuyez point, Julie.
JULIE.
Aufide me ramène aux tentes de Fulvie.
OCTAVE.
(A Aufide.)
Demeurez, je le veux... Vous, quel est ce Romain ?
Est-il de votre suite ?
JULIE.
Ah ! je succombe enfin.
AUFIDE.
C'est un de mes soldats dont l'utile courage
S'est distingué dans Rome en ces jours de carnage;
Et de Rome à mon ordre il arrive aujourd'hui.
OCTAVE, à Pompée.
Parle; que fait Pompée? Où Pompée a-t-il fui ?
POMPÉE.
Il ne fuit point, Octave; il vous cherche, et peut-être
Avant la fin du jour vous le verrez paraître.
OCTAVE.
Tu sais en quel état il faut le présenter :
C'est sa tête, en un mot, qu'il me faut apporter;
Et tu dois être instruit quelle est la récompense.
POMPÉE.
Elle est publique assez.
JULIE.
O terreur
POMPÉE.
O vengeance !

SCÈNE V.

POMPÉE, JULIE, AUFIDE, OCTAVE, un tribun.

LE TRIBUN.
Vous êtes obéi : grâce à votre heureux sort,
Pompée en ce moment est ou captif ou mort.

OCTAVE.
Que dis-tu ?

LE TRIBUN.
   Ses suivants s'avançaient dans la plaine
Qui s'étend de Pisaure aux remparts de Césène ;
Les rebelles, bientôt entourés et surpris,
De leurs témérités ont eu le digne prix.

POMPÉE.
Ah ciel !

LE TRIBUN.
  A la valeur que tous ont fait paraître,
On croit qu'ils combattaient sous les yeux de leur maître.

POMPÉE, à part.
Je perds tous mes amis !

LE TRIBUN.
    S'il est parmi les morts,
Vos soldats à vos pieds vont apporter son corps.
S'il est vivant, s'il fuit, il va tomber, sans doute,
Aux piéges que nos mains ont tendus sur sa route ;
Il ne peut échapper au trépas qui l'attend.

OCTAVE.
Allez, continuez ce service important.
Vous, Aufide, en tout temps j'éprouvai votre zèle ;
Je sais qu'Antoine en vous trouve un guerrier fidèle :
Allez : si ce soldat peut servir aujourd'hui,
Souvenez-vous surtout de répondre de lui.
Vous, licteurs, arrêtez le premier téméraire
Qui viendrait sans mon ordre en ce lieu solitaire.

POMPÉE, à Aufide.
Viens guider mes fureurs.

JULIE.
    O dieux qui m'écoutez,
Dans quel péril nouveau vous nous précipitez !

SCÈNE VI[1].

OCTAVE, JULIE.

OCTAVE, arrêtant Julie.
Je vous ai déjà dit que vous deviez m'entendre.
Votre abord en cette île a droit de me surprendre ;
Mais cessez de me craindre, et calmez votre cœur.
JULIE.
Seigneur, je ne crains rien, mais je frémis d'horreur.
OCTAVE.
Vous changerez peut-être en connaissant Octave.
JULIE.
J'ai le sort des Romains, il me traite en esclave.
Vous pouviez respecter mon nom et mon malheur.
OCTAVE.
Sachez que de tous deux je suis le protecteur.
Les respects des humains et Rome vous attendent ;
Ce nom que vous portez, et leurs vœux vous demandent ;
Je dois vous y conduire, et le sang des Césars
Ne doit plus qu'en triomphe entrer dans ses remparts.
Pourquoi les quittez-vous? Ne pourrai-je connaître
Qui vous dérobe à Rome, où le ciel vous fit naître?
JULIE.
Demandez-moi plutôt, dans ces horribles temps,
Pourquoi dans Rome encore il est des habitants.
La ruine, la mort de tous côtés s'annonce ;
Mon père était proscrit ; et voilà ma réponse.
OCTAVE.
Mes soins veillent sur lui ; ses jours sont assurés ;
Je les ai défendus, vous les rendez sacrés.
JULIE.
Ainsi je dois bénir vos lois et votre empire,
Lorsque vous permettez que mon père respire
OCTAVE.
Il s'arma contre moi ; mais tout est oublié :

---

1. « Le pauvre diable confesse, écrivait Voltaire à d'Argental, qu'il ne peut réchauffer cette scène, et il dit qu'il lui est impossible de faire d'Octave un amoureux violent. L'impuissance dont il convient lui fait beaucoup de peine ; mais il dit que c'est le seul vice dont on ne peut pas se corriger. »

Ne lui ressemblez point par son inimitié.
Mais enfin près de moi qui vous a pu conduire?
JULIE.
La colère des dieux obstinés à me nuire.
OCTAVE.
Ces dieux se calmeront. Ma sévère équité
A vengé le héros qui m'avait adopté.
Il n'appartient qu'à moi d'honorer dans Julie
Le sang, l'auguste sang dont vous êtes sortie.
Je dois compte de vous à Rome, aux demi-dieux
Que le monde à genoux révère en vos aïeux.
JULIE.
Vous!
OCTAVE.
Un fils de César ne doit jamais permettre
Qu'en d'étrangères mains on ose vous remettre.
JULIE.
Vous son fils!... ô héros! ô généreux vainqueur!
Quel fils as-tu choisi? Quel est ton successeur?
César vous a laissé son pouvoir en partage;
Sa magnanimité n'est pas votre héritage :
S'il versa quelquefois le sang du citoyen,
Ce fut dans les combats, en répandant le sien;
C'est par d'autres exploits que vous briguez l'empire.
Il savait pardonner, et vous savez proscrire :
Prodigue de bienfaits, et vous d'assassinats,
Vous n'êtes point son fils, je ne vous connais pas.
OCTAVE.
Il vous parle par moi, Julie; il vous pardonne
Les noms injurieux que votre erreur me donne.
Ne me reprochez plus ces arrêts rigoureux
Qu'arrache à ma justice un devoir malheureux.
La paix va succéder aux jours de la vengeance.
JULIE.
Quoi! vous me donneriez un rayon d'espérance!
OCTAVE.
Vous pouvez tout.
JULIE.
Qui? moi?
OCTAVE.
Vous devez présumer
Quel est le seul moyen qui peut me désarmer,

ACTE III, SCÈNE VI.

Et qui de ma clémence est la cause et le gage.
JULIE.
Vous parlez de clémence au milieu du carnage!
Hélas! si tant de sang, de supplices, de morts,
Ont pu laisser dans vous quelque accès aux remords;
Si vous craignez du moins cette haine publique,
Cette horreur attachée au pouvoir tyrannique;
Ou, si quelques vertus germent dans votre cœur,
En les mettant à prix n'en souillez point l'honneur;
N'en avilissez pas le caractère auguste.
Est-ce à vos passions à vous rendre plus juste?
Soyez grand par vous-même.
OCTAVE.
Allez, je vous entends;
Et j'avais bien prévu vos refus insultants.
Un rival criminel, une race ennemie...
JULIE.
Qui?
OCTAVE.
Vous le demandez! vous savez trop, Julie,
Quel est depuis longtemps l'objet de mon courroux,
Et Pompée...
JULIE.
Ah! cruel, quel nom prononcez-vous?
Pompée est loin de moi : qui vous dit que je l'aime?
OCTAVE.
Qui me le dit? vos pleurs. Qui me le dit? vous-même.
Pompée est loin de vous, et vous le regrettez!
Vous pensez m'adoucir lorsque vous m'insultez!
Lorsque de Rome enfin votre imprudente fuite
Du sein de vos parents vous entraîne à sa suite!
JULIE.
Ainsi vous ajoutez l'opprobre à vos fureurs.
Ah! ce n'est pas à vous à m'enseigner les mœurs.
Je ne suis point réduite à tant d'ignominie;
Et ce n'est pas pour vous que je me justifie.
J'ai quitté mon pays que vous ensanglantez,
Mes parents et mes dieux que vous persécutez.
J'ai dû sortir de Rome où vous allez paraître;
Mon père l'ordonnait, vous le savez peut-être;
C'est vous que je fuyais; mes funestes destins
Quand je vous évitais m'ont remise en vos mains.

Commandez, s'il le faut, à la terre asservie;
Mon cœur ne dépend point de votre tyrannie.
Vous pouvez tout sur Rome, et rien sur mon devoir.

OCTAVE.

Vous ignorez mes droits, ainsi que mon pouvoir.
Vous vous trompez, Julie, et vous pourrez apprendre
Que Lucius sans moi ne peut choisir un gendre;
Que c'est à moi surtout que l'on doit obéir.
Déjà Rome m'attend; soyez prête à partir.

JULIE.

Voilà donc ce grand cœur, ce héros magnanime,
Qui du monde calmé veut mériter l'estime!
Voilà ce règne heureux de paix et de douceur!
Il fut un meurtrier, il devient ravisseur!

OCTAVE.

Il est juste envers vous; mais, quoi qu'il en puisse être,
Sachez que le mépris n'est pas fait pour un maître.
Que vous aimiez Pompée, ou qu'un autre rival,
Encouragé par vous, cherche l'honneur fatal
D'oser un seul moment disputer ma conquête,
On sait si je me venge; il y va de sa tête :
C'est un nouveau proscrit que je dois condamner;
Et je jure par vous de ne point pardonner.

JULIE.

Moi, j'atteste ici Rome et son divin génie,
Tous ces héros armés contre la tyrannie,
Le pur sang des Césars, et dont vous n'êtes pas,
Qu'à vos proscriptions vous joindrez mon trépas
Avant que vous forciez cette âme indépendante
A joindre une main pure à votre main sanglante.
Les meurtres que dans Rome ont commis vos fureurs,
De celui que j'attends sont les avant-coureurs.
Un nouvel Appius a trouvé Virginie;
Son sang eut des vengeurs; il fut une patrie;
Rome subsiste encor. Les femmes en tout temps
Ont servi dans nos murs à punir les tyrans.
Les rois, vous le savez, furent chassés pour elles.
Nouveau Tarquin, tremblez!

(Elle sort.)

SCÈNE VII.

OCTAVE.

Que d'injures nouvelles !
Quel reproche accablant pour mon cœur oppressé !
Ce cœur m'en a dit plus qu'elle n'a prononcé.
Le cruel est haï, j'en fais l'expérience ;
Je suis puni déjà de ma toute-puissance ;
A peine je gouverne, à peine j'ai goûté
Ce pouvoir qu'on m'envie, et qui m'a tant coûté.
Tu veux régner, Octave, et tu chéris la gloire ;
Tu voudrais que ton nom vécût dans la mémoire ;
Il portera ta honte à la postérité.
Être à jamais haï ! quelle immortalité !
Mais l'être de Julie, et l'être avec justice !
Entendre cet arrêt qui fait seul ton supplice !
Le peux-tu supporter ce tourment douloureux
D'un esprit emporté par de contraires vœux,
Qui fait le mal qu'il hait, et fuit le bien qu'il aime[1],
Qui cherche à se tromper, et qui se hait lui-même ?
Faut-il donc que l'amour ajoute à mes fureurs ?
Ah ! l'amour était fait pour adoucir nos mœurs.
D'indignes voluptés corrompaient mon jeune âge :
L'ambition succède avec toute sa rage.
Par quel nouveau torrent je me laisse emporter !
Que d'ennemis à vaincre ! et comment les dompter ?
Mânes du grand César ! ô mon maître ! ô mon père !
Que Brutus immola, mais que Brutus révère ;
Héros terrible et doux à tous tes ennemis,
Tu m'as laissé l'empire à ta valeur soumis ;
La moitié de ce faix accable ma jeunesse.
Je n'ai que tes défauts, je n'ai que ta faiblesse ;
Et je sens dans mon cœur, de remords combattu,
Que je n'ose avec toi disputer de vertu.

---

1. Vers de Racine dans ses *Cantiques sacrés*. Voy. OEuvres complètes de Racine, édition de MM. Saint-Marc Girardin et Louis Moland, tome V, page 382.

FIN DU TROISIÈME ACTE.

ACTE QUATRIÈME.

SCÈNE I.

FULVIE, ALBINE.

ALBINE.
Quand sous vos pavillons, de sa crainte occupée,
Invoquant en secret l'ombre du grand Pompée,
Les sanglots à la bouche et la mort dans les yeux,
Julie appelle en vain les enfers et les dieux,
Vous la laissez, Fulvie, à sa douleur mortelle.
FULVIE.
Qu'elle se plaigne aux dieux, je vais agir pour elle.
J'attends ici Pompée.
ALBINE.
Eh! ne pouviez-vous pas
De cette île avec eux précipiter vos pas?
FULVIE.
Non, de nos ennemis la fureur attentive
Couvre de meurtriers et l'une et l'autre rive :
Rien ne peut nous tirer de ce gouffre d'horreur,
J'y reste encore un jour, et c'est pour leur malheur.
ALBINE.
Qu'espérez-vous d'un jour?
FULVIE.
La mort ; mais la vengeance.
ALBINE.
Eh! peut-on se venger de la toute-puissance?
FULVIE.
Oui, quand on ne craint rien.
ALBINE.
Dans nos vaines douleurs,
D'un sexe infortuné les armes sont les pleurs.

Le puissant foule aux pieds le faible qui menace,
Et rit, en l'écrasant, de sa débile audace.

FULVIE.

Désormais à Fulvie ils n'insulteront plus ;
Ils ne se joueront pas de mes pleurs superflus.
Je sais que ces brigands, affamés de rapine,
En comblant mon opprobre, ont juré ma ruine.
Prodigues ravisseurs, et bas intéressés,
Ils m'enlèvent les biens que mon père a laissés ;
On les donne pour dot à ma fière rivale.
Mais, Albine, crois-moi, la pompe nuptiale
Peut se changer encore en un trop juste deuil
Et tout usurpateur est près de son cercueil.
J'ai pris le seul parti qui reste à ma fortune.
De Pompée et de moi la querelle est commune :
Je l'attends ; il suffit.

ALBINE.
Il est seul, sans secours.

FULVIE.
Il en aura dans moi.

ALBINE.
Vous hasardez ses jours.

FULVIE.
Je prodigue les miens. Va, retourne à Julie ;
Soutiens son désespoir et sa force affaiblie ;
Porte-lui tes conseils, son âge en a besoin ;
Et de mon sort affreux laisse-moi tout le soin.

ALBINE.
L'état où je vous vois m'épouvante et m'afflige.

FULVIE.
Porte ailleurs ton effroi ; va, laisse-moi, te dis-je.
Pompée arrive enfin ; je le vois. Dieux vengeurs,
Ainsi que nos affronts unissez nos fureurs !

SCÈNE II.

POMPÉE, FULVIE.

FULVIE.

Êtes-vous affermi ?

POMPÉE.
J'ai consulté ma gloire

J'ai craint qu'elle ne vît une action trop noire
Dans le meurtre inouï qui nous tient occupés.

FULVIE.

Elle parle avec Rome ; elle vous dit : Frappez.
Ils partent dès demain, ces destructeurs du monde ;
Ils partent triomphants : et cette nuit profonde
Est le temps, le seul temps, où nous pouvons tous deux,
Sans autre appui que nous, venger Rome sur eux.
Seriez-vous en suspens?

POMPÉE.

Non : mes mains seront prêtes.
Je voudrais de cette hydre abattre les trois têtes.
Je ne puis immoler qu'un de mes ennemis :
Octave est le plus grand ; c'est lui que je choisis.

FULVIE.

Vous courez à la mort.

POMPÉE.

Elle ennoblit ma cause.
De cet indigne sang c'est peu que je dispose ;
C'est peu de me venger ; je n'aurais qu'à rougir
De frapper sans péril, et sans savoir mourir.

FULVIE.

Vous faites encor plus ; vous vengez la patrie,
Et le sang innocent qui s'élève et qui crie ;
Vous servez l'univers.

POMPÉE.

J'y suis déterminé.
L'assassin des Romains doit être assassiné.
Ainsi mourut César ; il fut clément et brave ;
Et nous pardonnerions à ce lâche d'Octave !
Ce que Brutus a pu, je ne le pourrais pas !
Et j'irais pour ma cause emprunter d'autres bras !
Le sort en est jeté. Faites venir Aufide.

FULVIE.

Il veille près de nous dans ce camp homicide.
Qu'on l'appelle... Déjà les feux sont presque éteints[1],
Et le silence règne en ces lieux inhumains.

---

1. On voit dans l'éloignement des restes de feux faiblement allumés autour des tentes, et le théâtre représente une nuit. (*Note de Voltaire.*)

SCÈNE III.

POMPÉE, FULVIE, AUFIDE.

FULVIE, à Aufide.

Approchez. Que fait-on dans ces tentes coupables?
AUFIDE.
Le sommeil y répand ses pavots favorables,
Lorsque les murs de Rome, au carnage livrés,
Retentissent au loin des cris désespérés
Que jettent vers les cieux les filles et les mères,
Sur les corps étendus des enfants et des pères.
Le sang ruisselle à Rome; Octave dort en paix.
POMPÉE.
Vengeance, éveille-toi! Mort, punis ses forfaits!
Dis-moi dans quels lieux ses tentes sont dressées.
FULVIE.
Vous avez remarqué ces roches entassées
Qui laissent un passage à ces vallons secrets,
Arrosés d'un ruisseau que bordent des cyprès ;
Le pavillon d'Antoine est auprès du rivage;
Passez, et dédaignez de venger mon outrage :
Vous trouverez plus loin l'enceinte et les palis
Où du clément César est le barbare fils.
Avancez, vengez-vous.
AUFIDE.
Une troupe sanglante,
Dans la nuit, à toute heure, environne sa tente.
Des plaisirs de leurs chefs affreux imitateurs,
Ils dorment auprès d'eux dans le sein des horreurs.
POMPÉE.
Vous avez préparé votre fidèle esclave?
FULVIE.
Il vous attend : marchez jusques au lit d'Octave.
POMPÉE, à Fulvie.
Je laisse entre vos mains, dans ce cruel séjour,
L'objet, le seul objet pour qui j'aimais le jour,
Le seul qui pût unir deux familles fatales,
Deux races de héros en infortune égales,
Le sang des vrais Césars. Ayez soin de son sort;

Enseignez à son cœur à supporter ma mort.
Qu'elle envisage moins ma perte que ma gloire;
Que, mort pour la venger, je vive en sa mémoire :
C'est tout ce que je veux. Mais en portant mes coups,
Je vous laisse exposée, et je frémis pour vous.
Antoine est en ces lieux maître de votre vie,
Il peut venger sur vous le frère d'Octavie.

FULVIE.

Qui? lui! qui? ce mortel sans pudeur et sans foi?
Cet oppresseur de Rome, et du monde, et de moi?
Lui, qui m'ose exiler? Quoi! dans mon entreprise
Vous pensez qu'un tyran, qu'une mort me suffise?
Aviez-vous soupçonné que je ne saurais pas
Porter, ainsi que vous, et souffrir le trépas;
Que je dévorerais mes douleurs impuissantes?
Voyez de ces tyrans les demeures sanglantes;
C'est l'école du meurtre, et j'ai dû m'y former;
De leur esprit de rage ils ont su m'animer;
Leur loi devient la mienne, il faut que je la suive;
Il faut qu'Antoine meure, et non pas que je vive.
Il périra, vous dis-je.

POMPÉE.

Et par qui?

FULVIE.

Par ma main[1].

POMPÉE.

Osez-vous bien remplir un si hardi dessein?

FULVIE.

Osez-vous en douter? Le destin nous rassemble
Pour délivrer la terre, et pour mourir ensemble.
Que le triumvirat, par nous deux aboli,
Dans la tombe avec nous demeure enseveli.
J'ai trop vécu comme eux : le terme de ma vie

---

1. Ce trait n'est pas historique, mais il ne m'étonne point dans Fulvie; c'était une femme extrême en ses fureurs, et digne, comme elle le dit, du temps funeste où elle était née. Elle fut presque aussi sanguinaire qu'Antoine. Cicéron rapporte, dans sa troisième Philippique, que Fulvie étant à Brindes avec son mari, quelques centurions mêlés à des citoyens voulurent faire passer trois légions dans le parti opposé; qu'il les fit venir chez lui l'un après l'autre sous divers prétextes, et les fit tous égorger. Fulvie y était présente; son visage était tout couvert de leur sang : *Os uxoris sanguine respersum constabat.* Elle fut accusée d'avoir arraché la langue à Cicéron après sa mort, et de l'avoir percée de son aiguille de tête. (*Note de Voltaire.*)

Est conforme aux horreurs dont les dieux l'ont remplie ;
Et Pompée, aux enfers descendant sans effroi,
Y va traîner Octave avec Antoine et moi.

AUFIDE.

Non, espérez encor ; les soldats de ces traîtres
Ont changé quelquefois de drapeaux et de maîtres :
Ils ont trahi Lépide [1] ; ils pourront aujourd'hui
Vendre au fils de Pompée un mercenaire appui.
Pour gagner les Romains, pour forcer leur hommage,
Il ne faut qu'un grand nom, de l'or et du courage.
On a vu Marius entraîner sur ses pas [2]
Les mêmes assassins payés pour son trépas.
Nous séduirons les uns, nous combattrons le reste.
Ce coup désespéré peut vous être funeste ;
Mais il peut réussir. Brutus et Cassius [3]
N'avaient pas, après tout, des projets mieux conçus.
Téméraires vengeurs de la cause commune,
Ils ont frappé César et tenté la fortune.

---

1. Cette réflexion d'Aufide est très-convenable, puisqu'elle est fondée sur la vérité : car, après la bataille de Modène, qu'Antoine avait perdue, il eut la confiance de se présenter presque seul devant le camp de Lépide ; plus de la moitié des légions passa de son côté. Lépide fut obligé de s'unir avec lui, et cette aventure même fut l'origine du triumvirat. (*Note de Voltaire.*)

2. Non-seulement ceux de Minturne, qui avaient ordre de tuer Marius, se déclarèrent en sa faveur, mais étant encore proscrit en Afrique, il alla droit à Rome avec quelques Africains, et leva des troupes dès qu'il y fut arrivé. (*Note de Voltaire.*)

3. Il est constant que Brutus et Cassius n'avaient pris aucune mesure pour se maintenir contre la faction de César. Ils ne s'étaient pas assurés d'une seule cohorte ; et même après avoir commis le meurtre, ils furent obligés de se réfugier au Capitole. Brutus harangua le peuple du haut de cette forteresse, et on ne lui répondit que par des injures et des outrages ; on fut prêt de l'assiéger. Les conjurés eurent beaucoup de peine à ramener les esprits ; et lorsque Antoine eut montré aux Romains le corps de César sanglant, le peuple, animé par ce spectacle, et furieux de douleur et de colère, courut le fer et la flamme à la main vers les maisons de Brutus et de Cassius ; ils furent obligés de sortir de Rome : le peuple déchira un citoyen nommé Cinna, qu'il crut être un des meurtriers. Ainsi il est clair que l'entreprise de Brutus, de Cassius, et de leurs associés, fut soudaine et téméraire. Ils résolurent de tuer le tyran, à quelque prix que ce fût, quoi qu'il en pût arriver.

Il y a vingt exemples d'assassinats produits par la vengeance ou par l'enthousiasme de la liberté, qui furent l'effet d'un mouvement violent plutôt que d'une conspiration bien réfléchie et prudemment méditée. Tel fut l'assassinat du duc de Parme Farnèse, bâtard du pape Paul III ; telle fut même la conspiration des Pazzi, qui n'étaient point sûrs des Florentins en assassinant les Médicis, et qui se confièrent à la fortune. (*Note de Voltaire.*)

Ils devaient mille fois périr dans le sénat;
Ils vivent cependant, ils partagent l'État;
Et dans Rome avec vous je les verrai peut-être.
Mes guerriers sur vos pas à l'instant vont paraître.
Nous vous suivrons de près; il en est temps, marchons.

POMPÉE.

Je t'invoque, Brutus! je t'imite; frappons!

(Il sort avec Aufide.)

SCÈNE IV.

FULVIE, JULIE, ALBINE.

JULIE.

Il m'échappe, il me fuit; ô ciel! m'a-t-il trompée?
Autel! fatal autel! mânes du grand Pompée!
Votre fils devant vous m'a-t-il fait prosterner
Pour trahir mes douleurs, et pour m'abandonner?

FULVIE.

S'il arrive un malheur, armez-vous de courage :
Il faut s'attendre à tout.

JULIE.

Quel horrible langage!
S'il arrive un malheur! Est-il donc arrivé?

FULVIE.

Non, mais ayez un cœur plus grand, plus élevé.

JULIE.

Il l'est; mais il gémit : vous haïssez, et j'aime.
Je crains tout pour Pompée, et non pas pour moi-même.
Que fait-il?

FULVIE.

Il vous sert... Les flambeaux dans ces lieux
De leur faible clarté ne frappent plus mes yeux [1].
Sommeil! sommeil de mort, favorise ma rage!

JULIE.

Où courez-vous?

FULVIE.

Restez; j'ai pitié de votre âge,
De vos tristes amours, et de tant de douleurs.
Gémissez, s'il le faut; laissez-moi mes fureurs!

---

1. Les flambeaux qui éclairent les tentes s'éteignent. (*Note de Voltaire.*)

SCÈNE V.

JULIE, ALBINE.

JULIE.
Que veut-elle me dire, et qu'est-ce qu'on prépare?
Séjour de meurtriers, île affreuse et barbare!
Je l'avais bien prévu, tu seras mon tombeau.
Albine, instruisez-moi de mon malheur nouveau :
Pompée est-il connu? Voit-il sa dernière heure?
N'est-il plus d'espérance? Est-il temps que je meure?
Je suis prête, parlez.
ALBINE.
Dans cette horrible nuit,
J'ignore, ainsi que vous, s'il succombe ou s'il fuit,
Si Fulvie au trépas aura pu le soustraire :
Elle suit les conseils d'une aveugle colère,
Qu'en ses transports soudains rien ne peut captiver;
Elle expose Pompée, au lieu de le sauver.
JULIE.
Je m'y suis attendue; et quand ma destinée,
Dans cet orage affreux m'a près d'elle amenée,
Je ne me flattais pas d'y rencontrer un port.
Je sais que c'est ici le séjour de la mort.
Je suis perdue, Albine, et ne suis point trompée.
La fille d'un César, la veuve d'un Pompée,
Sera digne du moins, dans ces extrémités,
Du sang qu'elle a reçu, des noms qu'elle a portés.
On ne me verra point déshonorer sa cendre
Par d'inutiles cris qu'on dédaigne d'entendre,
Rougir de lui survivre, et tromper mes douleurs
Par l'espoir incertain de trouver des vengeurs.
Pour affronter la mort, il échappe à ma vue :
Il a craint ma faiblesse; il m'a trop mal connue :
S'il prétend que je vive, il m'outrage en effet.
Allons.

SCÈNE VI.

JULIE, ALBINE, POMPÉE.

JULIE.

O dieux! Pompée!

POMPÉE.

Il est mort, c'en est fait.

JULIE.

Qui?

POMPÉE.

L'univers est libre.

JULIE.

O Rome! ô ma patrie!
Octave est mort par vous!

POMPÉE.

Oui, je vous ai servie.
De la terre et de vous j'ai puni l'oppresseur.

JULIE.

O succès inouï! trop heureuse fureur!

POMPÉE.

Ses gardes assoupis, dans leur infâme ivresse,
Laissaient un accès libre à ma main vengeresse :
Un de ses favoris, un de ses assassins,
Un ministre odieux de ses affreux desseins,
Seul auprès du tyran reposait dans sa tente :
J'entre ; un dieu me conduit ; une idée effrayante,
De la mort que j'apporte un songe avant-coureur,
Dans son profond sommeil excitant sa terreur,
De ses proscriptions lui présentait l'image ;
Quelques sons mal formés de sang et de carnage
S'échappaient de sa bouche, et son perfide cœur
Jusque dans le repos déployait sa fureur ;
De funèbres accents ont prononcé *Pompée* :
Dans son cœur à ce nom j'ai plongé cette épée ;
Mon rival a passé du sommeil au trépas,
Trépas encor trop doux pour tant d'assassinats ;
Il aurait dû périr par un supplice insigne.
Je sais que de Pompée il eût été plus digne
D'attaquer un César au milieu des combats,
Mais un César tyran ne le méritait pas.

Le silence et la mort ont servi ma retraite.
JULIE.
Je goûte en frémissant une joie inquiète.
L'effroi qui me saisit, corrompant mon espoir,
Empoisonne en secret le bonheur de vous voir.
Pourrez-vous fuir du moins de cette île exécrable?
POMPÉE.
Moi, fuir!
JULIE.
Il reste encore un tyran redoutable.
POMPÉE.
Si le ciel nous seconde, il n'en restera plus.
JULIE.
Et comment rassurer mes esprits éperdus?
Antoine va venger la mort de son complice.
POMPÉE.
D'Antoine en ce moment les dieux vous font justice;
Et je mourrai du moins, heureux dans mes malheurs,
Sur les corps tout sanglants de nos deux oppresseurs.
Venez, il n'est plus temps d'écouter vos alarmes.
JULIE.
Ciel! pourquoi ces flambeaux, ces cris, ce bruit des armes?
POMPÉE.
Je ne vois plus l'esclave à qui j'étais remis,
Et qui, me conduisant parmi mes ennemis,
Jusques au lit d'Octave a guidé ma furie.

SCÈNE VII.

POMPÉE, JULIE, ALBINE, AUFIDE.

AUFIDE.
Tout serait-il perdu? L'esclave de Fulvie,
Saisi par les soldats, est déjà dans les fers.
De César dans le camp le nom remplit les airs.
On marche, on est armé : le reste, je l'ignore.
J'ai des soldats. Allons.
JULIE, à Aufide.
Ah! c'est toi que j'implore,
C'est toi qui de Pompée es devenu l'appui.

AUFIDE.

Je vous réponds du moins de mourir près de lui.

POMPÉE.

Mettez votre courage à supporter ma perte.
La tente de Fulvie à vos pas est ouverte ;
Rentrez, attendez-y les derniers coups du sort :
Confondez vos tyrans encore après ma mort,
Conservez pour eux tous une haine éternelle ;
C'est ainsi qu'à Pompée il faut être fidèle.
Pour moi, digne de vivre et mourir votre époux,
Je leur vendrai bien cher des jours qui sont à vous.
Le lâche fuit en vain, la mort vole à sa suite ;
C'est en la défiant que le brave l'évite [1].

1. Dans la lettre à d'Argental, du 23 juin 1764, se trouve un vers qui avait place ici ; mais on n'a pas les autres qui faisaient partie de la même version. (B.)

FIN DU QUATRIÈME ACTE.

ACTE CINQUIÈME.

SCÈNE I.

JULIE, FULVIE; GARDES dans le fond.

JULIE.
Vous me l'aviez bien dit qu'il me fallait tout craindre.
Voilà donc nos succès !

FULVIE.
Vous êtes seule à plaindre :
Vous aviez devant vous un avenir heureux :
Vous perdez de beaux jours, et moi des jours affreux.
Vivez, si vous l'osez : je déteste la vie ;
Ma main n'a pu suffire à mon âme hardie.
Ces monstres que le ciel veut encor protéger
Sont plus heureux que nous dans l'art de se venger.
Pompée, en s'approchant de ce perfide Octave[1],
En croyant le punir, n'a frappé qu'un esclave,
Qu'un des vils instruments de ses sanglants complots,
Indigne de mourir sous la main d'un héros.
D'un plus grand ennemi j'allais purger le monde ;
Je marchais, j'avançais dans cette nuit profonde ;
Mon bras était levé, lorsque de toutes parts
Les flambeaux rallumés ont frappé mes regards.
Octave tout sanglant a paru dans la tente.

---

1. Il y eut quelques exemples de pareille méprise dans les guerres civiles de Rome. L'esprit de vertige qui animait alors les Romains est presque inconcevable. Lucius Terentius, voulant tuer le père du grand Pompée, pénétra seul jusque dans sa tente, et crut longtemps l'avoir percé de coups ; il ne reconnut son erreur que lorsqu'il voulut faire soulever les troupes, et qu'il vit paraître à leur tête celui qu'il croyait avoir égorgé. On dit que la même chose arriva depuis à Maximien Hercule, quand il voulut se venger de Constantin, son gendre. Vous voyez aussi, dans la tragédie de *Venceslas*, que Ladislas assassine son propre frère, quand il croit assassiner le duc, son rival. (*Note de Voltaire.*)

De leurs lâches licteurs une troupe insolente
Me conduit en ces lieux captive auprès de vous.
Fléchissez vos tyrans ; je brave ici leurs coups.
Qu'on me laisse le jour, ou bien qu'on me punisse,
Ma vengeance est perdue, et voilà mon supplice.
Ciel ! si tu veux encor prolonger mes destins,
Que ce soit seulement pour mieux armer mes mains,
Pour mieux servir ma haine et ma fureur trompée.

JULIE.

Hélas ! avez-vous su ce que devient Pompée ?
Est-il vivant ou mort en ces déserts sanglants ?
Aufide aura-t-il pu dérober aux tyrans
Ce héros tant proscrit que la terre abandonne ?

FULVIE.

Il n'ose m'en flatter : mais aucun ne soupçonne
Que Pompée en effet soit errant sur ces bords.
Vers Césène aujourd'hui tous ses amis sont morts ;
Le bruit de son trépas commence à se répandre ;
Les tyrans sont trompés ; et vous pouvez comprendre
Que ce bruit peut servir encore à le sauver ;
C'est un soin que mes mains n'ont pu se réserver.
Vous êtes libre au moins ; son salut vous regarde :
Vous me voyez captive, on m'arrête, on me garde ;
Je ne puis rien pour vous, ni pour lui, ni pour moi.
J'attends la mort.

SCÈNE II.

JULIE, FULVIE, OCTAVE, ANTOINE, TRIBUNS, LICTEURS.

ANTOINE.

Tribuns, exécutez ma loi ;
Gardez cette coupable, et répondez-moi d'elle ;
Suivez de ses complots la trace criminelle,
Qu'on l'observe, et surtout que nous soyons instruits
Des complices secrets par son ordre introduits.

FULVIE.

Je n'ai point de complice ; et ces noms méprisables
Sont faits pour vos suivants, sont faits pour vos semblables,
Pour ces Romains nouveaux, qui, formés pour servir,
Se sont déshonorés jusqu'à vous obéir.

Traîtres, ne cherchez point la main qui vous menace ;
La voici : vous deviez connaître mon audace.
L'art des proscriptions, que j'apprenais sous vous,
M'enseignait à vous perdre, et dirigeait mes coups.
Je n'ai pu sur vous deux assouvir ma vengeance ;
Je l'attends de vous seuls et de votre alliance ;
Je l'attends des forfaits qui vous ont faits amis ;
Ils vont vous diviser comme ils vous ont unis :
Il n'est point d'amitiés entre les parricides.
L'un de l'autre jaloux, l'un vers l'autre perfides,
Vous détestant tous deux, du monde détestés,
Traînant de mers en mers vos infidélités,
L'un par l'autre écrasés, et bourreaux et victimes,
Puissent vos maux sans nombre être égaux à vos crimes !
Citoyens révoltés, prétendus souverains,
Qui vous faites un jeu du malheur des humains,
Qui, passant du carnage aux bras de la mollesse,
Du meurtre et du plaisir goûtez en paix l'ivresse,
Mon nom deviendra cher aux siècles à venir
Pour avoir seulement tenté de vous punir.

ANTOINE.

Qu'on la remène ; allez.

SCÈNE III.

JULIE, OCTAVE, ANTOINE, GARDES.

JULIE, à Octave.

Ah ! souffrez que Julie
Loin de ses oppresseurs accompagne Fulvie.
Mon bras n'est point armé ; je n'ai contre vous trois
Que mon cœur, ma misère, et nos dieux, et nos lois :
Vous les méprisez tous ; mais si César encore,
Ce nom sacré pour vous, ce nom que Rome honore,
Sur vos cœurs endurcis a quelque autorité,
Osez-vous à son sang ravir la liberté ?
Pensait-il qu'en ces lieux sa nièce fugitive
Du fils qu'il adopta deviendrait la captive ?

OCTAVE.

Pensait-il que Julie avec tant de fureur
Du sang qui la forma pourrait trahir l'honneur ?

Je ne crois point votre âme encore assez hardie
Pour oser partager les crimes de Fulvie :
Mais, sans vous imputer ses forfaits insensés,
L'amante de Pompée est criminelle assez.

JULIE.

Oui, je l'aime, César, et vous l'avez dû croire.
Je l'aime, je le dis, j'en fais toute ma gloire.
J'ai préféré Pompée errant, abandonné,
A César tout-puissant, à César couronné.
Caton contre les dieux prit le parti du père :
Je mourrai pour le fils ; cette mort m'est plus chère
Que ne l'est à vos yeux tout le sang des proscrits :
Sa main les rachetait ; mon cœur en fut le prix.
Ne lui disputez pas sa noble récompense ;
César, contentez-vous de la toute-puissance.
S'il honora dans Rome, et surtout aux combats,
Un nom dont il est digne et qu'il n'usurpe pas ;
Si vous êtes jaloux du nom qu'il fait revivre,
Songez à l'égaler, plutôt qu'à le poursuivre.

OCTAVE.

Oui, César est jaloux comme il est irrité.
Je crois valoir Pompée, et j'en suis peu flatté.
Et vous... Mais nous allons approfondir le crime.

SCÈNE IV.

OCTAVE, ANTOINE, JULIE, un tribun, gardes.

ANTOINE.

Eh bien ! qu'avez-vous fait ?

LE TRIBUN.

On conduit la victime.

JULIE.

Quelle victime, ô ciel !

OCTAVE.

Quel est ce malheureux ?
Où l'a-t-on retrouvé ?

LE TRIBUN.

Vers ces antres affreux,
Au milieu des rochers qu'a frappés le tonnerre ;
Du sang de nos soldats il a rougi la terre.

Aufide, de Fulvie un secret confident,
A côté de ce traître est mort en combattant;
Il n'a cédé qu'à peine au nombre, à ses blessures.
Nos soins multipliés dans ces roches obscures
Ont du sang qu'il perdait arrêté les torrents,
Et rappelé la vie en ses membres sanglants.
On a besoin qu'il vive, et que dans les supplices
Il vous instruise au moins du nom de ses complices.

ANTOINE.

C'est quelqu'un des proscrits, qui, frappant au hasard,
Nous rapportait la mort aux lieux dont elle part.
On l'aura pu choisir dans une foule obscure.
Casca fit à César la première blessure[1].
Je reconnais Fulvie et ses vaines fureurs,
Qui toujours contre nous armeront des vengeurs;
Mais je la forcerai de nommer ce perfide.

LE TRIBUN.

Il n'en est pas besoin; sa fureur intrépide
De ce grand attentat se fait encore honneur :
Il n'en cachera pas le motif et l'auteur.

OCTAVE.

Vous pâlissez, Julie!

LE TRIBUN.

Il vient.

JULIE.

Ciel implacable,
Vous nous abandonnez!

SCÈNE V.

LES PRÉCÉDENTS; POMPÉE, blessé et soutenu; GARDES.

OCTAVE.

Quel es-tu? misérable!
A ce meurtre inouï qui pouvait t'engager?

---

1. L'auteur se trompe ici. Casca n'était point un homme du peuple. Il est vrai qu'il n'y eut en lui rien de recommandable; mais enfin c'était un sénateur, et on ne devait pas le traiter d'homme obscur, à moins qu'on n'entende par ce mot un homme sans gloire; ce qui me semble un peu forcé. (*Note de Voltaire.*)

POMPÉE.

Est-ce Octave qui parle et m'ose interroger?

LE TRIBUN.

Réponds au triumvir.

POMPÉE.

Eh bien! ce nom funeste,
Eh bien! ce titre affreux que la terre déteste,
Devait t'apprendre assez mon devoir, mes desseins.

JULIE.

Je me meurs!

OCTAVE.

Qui sont-ils?

POMPÉE.

Ceux de tous les Romains.

ANTOINE.

Dans un simple soldat quelle étrange arrogance!

OCTAVE.

Sa fermeté m'étonne ainsi que sa vaillance.
Qu'es-tu donc?

POMPÉE.

Un Romain digne d'un meilleur sort.

OCTAVE.

Qui t'amenait ici?

POMPÉE.

Ton châtiment, ta mort;
Tu sais qu'elle était juste.

JULIE.

Enfin la nôtre est sûre!

POMPÉE.

Du monde entier sur toi j'ai dû venger l'injure.
Apprenez, triumvirs, oppresseurs des humains,
Qu'il est des Scévola comme il est des Tarquins,
Même erreur m'a trompé... Licteurs, qu'on me présente
Le feu qui doit punir ma main trop imprudente;
Elle est prête à tomber dans le brasier vengeur,
Ainsi qu'elle fut prête à te percer le cœur.

OCTAVE.

Lui, le soldat d'Aufide! A ce nouvel outrage,
A ces discours hardis, et surtout au courage
Que ce Romain déploie à mes yeux confondus,
A ces traits de grandeur sur son front répandus,
Si je n'étais instruit que Pompée en sa fuite,

Au pied de l'Apennin, brave encor ma poursuite,
Je croirais... Mais déjà vous me tirez d'erreur.
Vous pleurez, vous tremblez ; c'est Pompée.
JULIE.

Ah, seigneur !
POMPÉE.
Tu ne t'es pas trompé : le Romain qui te brave,
Qui vengeait sa patrie et d'Antoine et d'Octave,
Possède un nom trop beau, trop cher à l'univers,
Pour ne pas s'en vanter dans l'opprobre des fers.
De Pompée en ces lieux je t'ai promis la tête :
Frappez, maîtres du monde ; elle est votre conquête.
JULIE.
Malheureuse !
OCTAVE.
O destins !
JULIE.
O pur sang des héros !
POMPÉE.
Je n'ai pu de mon père égaler les travaux :
Je cède à des tyrans ainsi que ce grand homme ;
Et je meurs comme lui le défenseur de Rome.
JULIE.
Octave, es-tu content ? Tu tiens entre tes mains
Et Julie, et Pompée, et le sort des humains.
Prétends-tu qu'à tes pieds mes lâches pleurs s'épuisent ?
Le faible les répand, les tyrans les méprisent.
Je me reprocherais jusqu'au moindre soupir
Qui serait inutile, et le ferait rougir.
Je ne te parle plus du vainqueur de Pharsale.
Si ton père a du sien pleuré la mort fatale,
Celui qui des Romains n'est plus que le bourreau
N'est pas digne de suivre un exemple si beau.
Tes édits l'ont proscrit, arrache-lui la vie ;
Mais commence par moi, commence par Julie :
Tandis que je vivrai tes jours sont en danger.
Va, ne me laisse point un héros à venger.
Toi qui m'osas aimer, apprends à me connaître ;
Tyran, tu vois sa femme ; elle est digne de l'être.
OCTAVE.
Par un crime de plus fléchit-on mon courroux ?
Il n'est que plus coupable en étant votre époux.

Antoine, vous voyez ce que nos lois demandent.
ANTOINE.
Son supplice : il le faut; nos légions l'attendent.
Je ne balance point; César a pardonné;
Mais César bienfaisant est mort assassiné.
Les intérêts, les temps, les hommes, tout diffère.
Je combattis longtemps, et j'honorai son père;
Il s'arma noblement pour le sénat romain :
Je ne connais son fils que pour un assassin.
POMPÉE.
Lâches! par d'autres mains vous frappez vos victimes.
J'ai fait une vertu de ce qui fait vos crimes;
Je n'ai pu vous frapper au milieu des combats;
Vous aviez vos bourreaux, je n'avais que mon bras.
J'ai sauvé cent proscrits; et je l'étais moi-même :
Vous l'êtes par les lois. Votre grandeur suprême
Fut votre premier crime, et méritait la mort.
Par le droit des brigands, arbitres de mon sort,
Vous croyez m'abaisser! vous! Dans votre insolence,
Sachez qu'aucun mortel n'aura cette puissance.
Le ciel même, le ciel, qui me laisse périr,
Peut accabler Pompée, et non pas l'avilir.
ANTOINE.
Vous voyez sa fureur; elle nous justifie.
Assurez notre empire, assurez notre vie.
JULIE.
Barbares!
OCTAVE.
  Je connais son courage effréné;
Et Julie en l'aimant l'a déjà condamné.
ANTOINE.
Sa mort, depuis longtemps, fut par nous préparée;
Elle est trop légitime, elle est trop différée.
C'est vous qu'il attaquait, c'est vous seul qui devez
Annoncer le destin que vous lui réservez.
OCTAVE.
Vous approuvez ainsi l'arrêt que je vais rendre?
ANTOINE.
Prononcez, j'y souscris.
POMPÉE.
   Je suis prêt à l'entendre,
A le subir.

ACTE V, SCÈNE V.

OCTAVE, *après un long silence.*

Je suis le maître de son sort.
Si je n'étais que juge, il irait à la mort;
Je suis fils de César, j'ai son exemple à suivre;
C'est à moi d'en donner... Je pardonne; il doit vivre.
Antoine, imitez-moi : j'annonce aux nations
Que je finis le meurtre et les proscriptions;
Elles ont trop duré; je veux que Rome apprenne...

ANTOINE.

Que vous voulez sur moi laisser tomber la haine,
Ramener les esprits pour m'en mieux éloigner,
Séduire les Romains, pardonner pour régner.

OCTAVE.

Non, je veux vous apprendre à vaincre la vengeance :
L'amour est plus terrible, a plus de violence;
A mon âge peut-être, il devait m'emporter;
Il me combat encore, et je veux le dompter.
Commençons l'un et l'autre un empire plus juste.
Que l'on oublie Octave, et qu'on chérisse Auguste[1].
Soyez jaloux de moi, mais pour mieux effacer
Jusqu'aux traces du sang qu'il nous fallut verser.
Pardonnons à Fulvie, à ces malheureux restes
Des proscrits échappés à nos ordres funestes;
Par les cris des humains laissons-nous désarmer;
Et puisse Rome un jour apprendre à nous aimer[2]!

---

1. C'est de bonne heure qu'Octave prend ici le nom d'Auguste. Suétone nous dit qu'Octave ne fut surnommé *Auguste*, par un décret du sénat, qu'après la bataille d'Actium. On balança si on lui donnerait le titre d'*Augustus* ou de *Romulus*. Celui d'Augustus fut préféré; il signifie vénérable, et même quelque chose de plus, qui répond au grec *sebastos*. Il est bien plaisant de voir aujourd'hui quelles gens prennent le titre de *vénérables*.

Il paraît pourtant qu'Octave avait déjà osé s'arroger le surnom d'*Auguste* à son premier consulat, qu'il se fit donner à l'âge de vingt ans, contre toutes les lois, ou plutôt qu'Agrippa et les légions lui firent donner. Ce fut cet Agrippa qui fit sa fortune; mais Octave sut ensuite la conserver et l'accroître. (*Note de Voltaire.*)

2. Il est constant que ce fut à la fin le but d'Octave, après tant de crimes. Il vécut assez longtemps pour que la génération qu'il vit naître oubliât presque les malheurs de ses pères. Il y eut toujours des cœurs romains qui détestèrent la tyrannie, non-seulement sous lui, mais sous ses successeurs : on regretta la république, mais on ne put la rétablir; les empereurs avaient l'argent et les troupes. Ces troupes enfin furent les maîtresses de l'État; car les tyrans ne peuvent se maintenir que par les soldats; tôt ou tard les soldats connaissent leurs forces; ils assassinent le maître qui les paye, et vendent l'empire à d'autres. Cette Rome, si superbe, si amoureuse de la liberté, fut gouvernée comme Alger; elle n'eut pas même

(A Julie.)

Je vous rends à Pompée, en lui rendant la vie ;
Il n'aurait rien reçu s'il vivait sans Julie.

(A Pompée.)

Sois pour ou contre nous, brave ou subis nos lois,
Sans te craindre ou t'aimer je t'en laisse le choix.
Soutenons à l'envi les grands noms de nos pères,
Ou généreux amis, ou nobles adversaires.
Si du peuple romain tu te crois le vengeur,
Ne sois mon ennemi que dans les champs d'honneur ;
Loin du triumvirat va chercher un refuge.
Je prends entre nous deux la victoire pour juge.
Ne versons plus de sang qu'au milieu des hasards ;
Je m'en remets aux dieux, ils sont pour les Césars.

---

l'honneur de l'être comme Constantinople, où du moins la race des Ottomans est respectée. L'empire romain eut très-rarement trois empereurs de suite de la même famille depuis Néron. Rome n'eut jamais d'autre consolation que celle de voir les empereurs égorgés par les soldats. Saccagée enfin plusieurs fois par les Barbares, elle est réduite à l'état où nous la voyons aujourd'hui.

Je finirai par remarquer ici que l'entreprise désespérée que le poëte attribue à Sextus Pompée et à Fulvie est un trait de furieux qui veulent se venger à quelque prix que ce soit, sûrs de perdre la vie en se vengeant ; car si l'auteur leur donne quelque espérance de pouvoir faire déclarer les soldats en leur faveur, c'est plutôt une illusion qu'une espérance. Mais enfin ce n'est pas un trait d'ingratitude lâche comme la conspiration de Cinna. Fulvie est criminelle, mais le jeune Pompée ne l'est pas. Il est proscrit, on lui enlève sa femme ; il se résout à mourir, pourvu qu'il punisse le tyran et le ravisseur. Auguste fait ici une belle action en le laissant aller comme un brave ennemi qu'il veut combattre les armes à la main. Cette générosité même est préparée dans la pièce par les remords qu'Octave éprouve dès le premier acte. Mais assurément cette magnanimité n'était pas alors dans le caractère d'Octave : le poëte lui fait ici un honneur qu'il ne méritait pas.

Le rôle qu'on fait jouer à Antoine est peu de chose, quoique assez conforme à son caractère : il n'agit point dans la pièce ; il y est sans passion ; c'est une figure dans l'ombre, qui ne sert, à mon avis, qu'à faire sortir le personnage d'Octave. Je pense que c'est pour cette raison que le manuscrit porte seulement pour titre *Octave et le jeune Pompée*, et non pas *le Triumvirat* ; mais j'y ai ajouté ce nouveau titre, comme je le dis dans ma préface, parce que les triumvirs étaient dans l'île, et que les proscriptions furent ordonnées par eux.

J'aurais beaucoup de choses à dire sur le caractère barbare des Romains depuis Sylla jusqu'à la bataille d'Actium, et sur leur bassesse après qu'Auguste les eut assujettis. Ce contraste est bien frappant : on vit des tigres changés en chiens de chasse qui lèchent les pieds de leurs maîtres.

On prétend que Caligula désigna consul un cheval de son écurie ; que Domitien consulta les sénateurs sur la sauce d'un turbot ; et il est certain que le sénat romain rendit en faveur de Pallas, affranchi de Claude, un décret qu'à peine on eût porté, du temps de la république, en faveur de Paul-Émile et des Scipions. (*Note de Voltaire.*)

JULIE.

Octave, est-ce bien vous ? est-il vrai ?

POMPÉE.

Tu m'étonnes !
En vain tu deviens grand, en vain tu me pardonnes ;
Rome, l'État, mon nom, nous rendent ennemis.
La haine qu'entre nous nos pères ont transmis
Est par eux commandée, et comme eux immortelle.
Rome, par toi soumise, à son secours m'appelle.
J'emploierai tes bienfaits, mais pour la délivrer :
Va, je la dois servir, mais je dois t'admirer.

FIN DU TRIUMVIRAT.

VARIANTES

DE LA TRAGÉDIE DU *TRIUMVIRAT*.

Page 195, vers 19. — Au lieu de la scène entre Auguste et Antoine, il y avait, dans le premier acte, cette scène entre Antoine et Fulvie.

La scène entre les deux triumvirs ouvrait le deuxième acte; on la trouvera ici telle qu'elle était dans le premier manuscrit.

(Antoine parle bas à un tribun; il aperçoit Fulvie, et se détourne.)

ANTOINE.

Ah! c'est elle...

FULVIE.

Arrêtez, ne craignez point Fulvie.
Je suis une étrangère, aucun nœud ne nous lie;
Et je ne parle plus à mon perfide époux.
Mais après les hasards où j'ai couru pour vous,
Lorsque, pour cimenter votre grandeur suprême,
Je consens au divorce, et m'immole moi-même;
Quand j'ai sacrifié mon rang et mon amour,
Puis-je obtenir de vous une grâce à mon tour?

ANTOINE.

Le divorce à mes yeux ne vous rend pas moins chère.
Avec la sœur d'Octave un hymen nécessaire
Ne saurait vous ravir mon estime et mon cœur.

FULVIE.

Je le veux croire ainsi, du moins pour votre honneur.
Eh bien! si de nos nœuds vous gardez la mémoire,
Je veux m'en souvenir pour sauver votre gloire.
Voyons à vous prier si je m'abaisse en vain.

ANTOINE.

Que me demandez-vous? Que faut-il?

FULVIE.

Être humain,
Être éclairé du moins; savoir avec prudence
A tant de cruautés mêler quelque indulgence.
Un pardon généreux pourrait faire oublier
Des excès dont j'ai honte et qu'il faut expier.
Je demande, en un mot, la grâce de Pompée.

ANTOINE.

Vous? De quel intérêt votre âme est occupée!
Qui vous rejoint à lui? Pourquoi sauver ses jours?

FULVIE.

L'intérêt dans les cœurs domine-t-il toujours?
A la simple pitié ne peuvent-ils se rendre?
Apprenez que sa voix se fait encore entendre.
Quand je voulus du sang, je n'eus point de refus;
Quand il faut pardonner, on ne m'écoute plus!
Cette grâce à vous-même est utile peut-être.

ANTOINE.

Madame, il n'est plus temps : je n'en suis plus le maître.
Son trépas importait à notre sûreté,
Et l'arrêt aujourd'hui doit être exécuté.

FULVIE.

C'est assez, et ce trait manquait à votre outrage;
Voilà ce que des cieux m'annonçait le présage,
Quand la foudre, trop lente à punir les mortels,
A brisé dans vos mains vos édits criminels!
C'est donc là de César cet ami magnanime!
Allez, vous n'imitez qu'Achillas et Septime.
Son nom vous était cher, et vous l'avez terni;
Et si César vivait, il vous aurait puni.
Je rends grâce à l'affront qui tous deux nous sépare :
C'est moi qui répudie un assassin barbare.
Par un divorce heureux j'ai dû vous prévenir;
Et les nœuds des forfaits cessent de nous unir.

ANTOINE.

Je pardonne au courroux, et le droit de vous plaindre
Doit vous être laissé quand il n'est plus à craindre.
Ce n'est pas à Fulvie à me rien reprocher;
De nos sévérités on la vit approcher;
Sa main pour Cicéron montra peu d'indulgence.
Elle s'est emportée à quelque violence;
Et je n'attendais pas qu'elle pût s'offenser
Des justes châtiments qu'on la vit exercer.

FULVIE.

Il est vrai, j'ai trop loin porté votre vengeance;
J'en obtiens aujourd'hui la digne récompense.
Je n'ai que trop rougi de l'excès d'un courroux
Dont j'écoutai la voix en faveur d'un époux.
A trop d'emportement je me suis avilie :
Vous en étonnez-vous? je vous étais unie;
Un moment de fureur a fait mes cruautés.
Mais vous, toujours égal en vos atrocités,
Vous, assassin tranquille et bourreau sans colère,
Vous vous livrez sans peine à votre caractère;
Pour être moins barbare il vous faut des efforts.
J'imitai vos fureurs, imitez mes remords.

ACTE DEUXIÈME.

SCÈNE I.

OCTAVE, ANTOINE.

ANTOINE.
Ainsi Pompée échappe à la mort qui le suit !
OCTAVE.
Antoine, croyez-moi, c'est en vain qu'il la fuit :
Si mon père a du sien triomphé dans Pharsale,
J'attends contre le fils une fortune égale ;
Et ce nom de César, dont je suis honoré,
De sa perte à mon bras fait un devoir sacré :
Mon intérêt s'y joint.
ANTOINE.
Qu'il périsse ou qu'il vive,
Le Tibre dès demain nous attend sur sa rive.
Marchons au Capitole : il faut que les Romains
Apprennent à trembler devant leurs souverains.
Mais, avant de partir, lorsque tout nous seconde,
Il est temps de signer le partage du monde.
OCTAVE.
Je suis prêt : mes desseins ont prévenu vos vœux,
Je consens que la terre appartienne à nous deux.
Songez que je prétends la Gaule et l'Illyrie,
Les Espagnes, l'Afrique, et surtout l'Italie.
L'Orient est à vous.
ANTOINE.
Telle est ma volonté,
Tel est le sort du monde entre nous arrêté.
OCTAVE.
Par des serments sacrés que notre foi s'engage ;
Jurons au nom des dieux d'observer ce partage.
ANTOINE.
Des serments entre nous ? Nos armes, nos soldats,
Nos communs intérêts, le destin des combats,
Ce sont là nos serments. Le frère d'Octavie
Devrait s'en reposer sur le nœud qui nous lie.
Nous nous connaissons trop : pourquoi cacher nos cœurs ?
Les serments sont-ils faits pour les usurpateurs ?
Je me croirais trompé si vous en vouliez faire.
Laissons-les à Lépide, aux lâches, au vulgaire.
Je vous parle en soldat : je ne puis vous celer
Que vous affectez trop l'art de dissimuler.
César dans ses traités invoquait la victoire ;
Agissons comme lui, si vous voulez m'en croire.

VARIANTES DU TRIUMVIRAT.

OCTAVE.

A votre audace altière il faut souvent céder;
N'en parlons plus. Quel rang voulez-vous accorder
A cet associé, triumvir inutile,
Qui reste sans armée et bientôt sans asile?

ANTOINE.

Qu'il abdique.

OCTAVE.

Il le doit.

ANTOINE.

On n'en a plus besoin.
De nos temples, dans Rome, on lui laisse le soin :
Qu'il demeure pontife, et qu'il préside aux fêtes
Que Rome, en gémissant, consacre à nos conquêtes.

. . . .
. . . .

OCTAVE.

La foudre avait frappé ces tables criminelles.

ANTOINE.

Le destin qui nous sert en produit de nouvelles.
Craignez-vous un augure?

OCTAVE.

Et ne craignez-vous pas
De révolter la terre à force d'attentats?

ANTOINE.

C'est le dernier arrêt, le dernier sacrifice
Qu'aux mânes de César devait notre justice.

OCTAVE.

Je n'en veux qu'à Pompée; et je vous avertis
Qu'il nous suffit du sang de nos grands ennemis :
Le reste est une foule impuissante, éperdue,
Qui sur elle en tremblant voit la mort suspendue,
Que dans Rome jamais nous ne redouterons,
Et qui nous bénira quand nous l'épargnerons.
On nous reproche assez une rage inhumaine :
Nous voulons gouverner, n'excitons plus la haine.

ANTOINE.

Nommez-vous la justice une inhumanité?
Octave, un triumvir par César adopté,
Quand je venge un ami, craint de venger un père!
Vous trahissez son sang pour flatter le vulgaire!
Sur sa cendre avec moi n'avez-vous pas promis
La mort des conjurés et de leurs vils amis?
N'avez-vous pas déjà, par un zèle intrépide,
Sur nos plus chers parents vengé le parricide?
A qui prétendez-vous accorder un pardon,
Quand vous m'avez vous-même immolé Cicéron?
Cicéron fut nommé père de la patrie,
Rome l'avait aimé jusqu'à l'idolâtrie;
Mais lorsqu'à ma vengeance un tribun l'a livré,
Rome, où nous commandons, a-t-elle murmuré?
Elle a gémi tout bas et gardé le silence.
Cassius et Brutus, réduits à l'impuissance,
Inspireront peut-être à quelques nations

Une éternelle horreur de nos proscriptions ;
Laissons-les en tracer d'effroyables images,
Et contre nos deux noms révolter les deux âges :
Assassins de leur maître et de leur bienfaiteur,
C'est leur indigne nom qui doit être en horreur.
Ce sont les cœurs ingrats qu'il faut que l'on punisse ;
Seuls ils sont criminels, et nous faisons justice.
Ceux qui les ont aidés, ceux qui les ont servis,
Qui les ont approuvés, seront tous poursuivis.
De vingt mille guerriers péris dans nos batailles,
D'un œil sec et tranquille on voit les funérailles ;
Sur leurs corps étendus, victimes du trépas,
Nous volons, sans pâlir, à de nouveaux combats,
Et de la trahison cent malheureux complices
Seraient au grand César de trop chers sacrifices

OCTAVE.

Sans doute on doit punir ; mais ne comparez pas
Le danger honorable et les assassinats.
César est satisfait ; ce héros magnanime
N'aurait jamais puni le crime par le crime.
Je ne me repens point d'avoir vengé sa mort ;
Mais sachez qu'à mon cœur il en coûte un effort.
Je vois que trop de sang peut souiller la vengeance ;
Je serais plus son fils en suivant sa clémence :
Quiconque veut la gloire avec l'autorité,
Ne doit verser le sang que par nécessité.
 Pourquoi de Rome encor fouiller tous les asiles ?
Je ne puis approuver des meurtres inutiles.
C'est aux chefs, c'est aux grands, aux Brutus, aux Catons,
Aux enfants de Pompée, à ceux des Scipions,
C'est à de tels proscrits que la mort se destine.
Notre sécurité dépend de leur ruine.
Épargnons un ramas de citoyens sans nom,
Qui seront subjugués par l'espoir du pardon :
C'est leur utile sang qu'il faut que l'on ménage ;
Ne forçons point le peuple à sortir d'esclavage.
D'un œil d'indifférence...

Il y avait dans ce même acte une scène entre Octave et Fulvie, qui a été retranchée.

FULVIE.

Que le frère d'Antoine et l'amant de Julie
Ne craignent point de moi des reproches honteux,
Ma tranquille fierté les épargne à tous deux.
Mon cœur, indifférent aux maux qui le remplissent,
N'a rien à regretter dans ceux qui me trahissent.
Tout ce que je prétends et d'Antoine et de vous,
C'est de fuir loin d'Octave et d'un perfide époux.
Ne me réduisez point à cette ignominie
De parer le triomphe et le char d'Octavie ;
Allez : régnez dans Rome, et foulez à vos pieds
Dans des ruisseaux de sang les citoyens noyés.
Au Capitole assis, partagez votre proie,

De mes nouveaux affronts goûtez la noble joie ;
Mêlez dans votre gloire et dans vos attentats
Les jeux et les plaisirs à vos assassinats.
Mais laissez-moi cacher dans d'obscures retraites,
Loin de vous, loin de lui, l'horreur que vous me faites,
Ma haine pour vous deux, et mon mépris pour lui,
C'est tout ce qui me reste et me flatte aujourd'hui.
Délivrez-vous de moi, d'un témoin de vos crimes,
D'un cœur que vous mettez au rang de vos victimes ;
C'est l'unique faveur que je viens demander :
Maîtres de l'univers, daignez-vous l'accorder ?

OCTAVE.

De votre sort toujours vous serez la maîtresse ;
Je partage avec vous la douleur qui vous presse.
Je sais qu'Antoine et moi, forcés de vous trahir,
Devant vous désormais nous n'avons qu'à rougir ;
Que nous sommes ingrats, qu'il est de votre gloire
D'oublier de nous deux l'importune mémoire.
Mais quels que soient les lieux que vous ayez choisis,
Gardez-vous de vous joindre avec nos ennemis.
C'est ce qu'exige Antoine, et la seule prière
Que ma triste amitié se hasarde à vous faire.

Page 246, dernier vers. — Dans le premier manuscrit, Julie ne se trouve point avec Pompée au commencement de cet acte ; ils ne paraissent point ensemble devant Octave ; mais Pompée paraît seul devant les deux triumvirs, qui ont ensuite la scène suivante entre eux.

ANTOINE.

Dans quel chagrin votre âme est-elle ensevelie ?
Que craignez-vous ?

OCTAVE.

Mon cœur, et les pleurs de Julie.

ANTOINE.

Des pleurs vous toucheraient ?

OCTAVE.

Son trouble, son effroi,
Dans mon étonnement ont passé jusqu'à moi.
J'ai frémi de la voir, j'ai frémi de l'entendre,
Couvert de tout ce sang que ma main fait répandre.
Fulvie en prendra soin : ces bords ensanglantés
Effarouchent ses yeux encore épouvantés.
Mais il faut dès demain que cette fugitive
Connaisse ses devoirs, m'obéisse, et me suive.
Je dois répondre d'elle ; elle est de ma maison.

ANTOINE.

Vous êtes éperdu...

OCTAVE.

J'en ai trop de raison.

ANTOINE.

Vous l'aimez trop, Octave.

OCTAVE.

Il est vrai, ma jeunesse

Des plaisirs passagers connut la folle ivresse;
J'ai cherché comme vous, au sein des voluptés,
L'oubli de mes chagrins et de mes cruautés.
Plus endurci que moi, vous bravez l'amertume
De ce remords secret dont l'horreur me consume.
Vous ne connaissez pas ces tourments douloureux
D'un esprit entrainé par de contraires vœux,
Qui fait le mal qu'il hait, et fuit le bien qu'il aime,
Qui cherche à se tromper, et qui se hait lui-même.
Je passai du carnage à ces égarements
Dont les honteux attraits flattaient en vain mes sens.
J'ai cru qu'en terminant la discorde civile,
J'aurais près de Julie un destin plus tranquille :
Je suis encor trompé; l'amour, l'ambition,
L'espoir, le repentir, tout n'est qu'illusion.

ANTOINE.

Peut-être que Julie, en ces lieux amenée,
Venait entre vos mains mettre sa destinée.

OCTAVE.

Non, je ne le puis croire.

ANTOINE.

Il n'appartient qu'à vous
De régler ses destins, de choisir son époux.
Elle a pu, dans ces jours de vengeance et d'alarmes,
Apporter à vos pieds ses terreurs et ses larmes;
Vous en serez instruit.

OCTAVE.

Quoi! dans ses jeunes ans,
S'arracher sans scrupule au sein de ses parents!
Vous savez les soupçons dont mon âme est frappée.

ANTOINE.

On dit qu'elle est promise à ce jeune Pompée.

OCTAVE.

C'est mon rival en tout. Ce redoutable nom
Sera dans tous les temps l'horreur de ma maison.
En vain notre puissance à Rome est établie;
Il soulève la terre, il règne sur Julie;
Et Julie en secret a peut-être aujourd'hui
L'audacieux projet de s'unir avec lui.
De son sexe autrefois la timide décence
N'aurait jamais connu cet excès d'imprudence.
Mais la guerre civile, et surtout nos fureurs,
Ont corrompu les lois, les esprits, et les mœurs.
Aujourd'hui rien n'effraye, et tout est légitime :
Notre fatal empire est le siècle du crime.

ANTOINE.

Je ne vous connais plus, et depuis quelques jours
Un repentir secret règne en tous vos discours;
Je ne vous vois jamais d'accord avec vous-même.

OCTAVE.

N'en soyez point surpris, si vous savez que j'aime.

ANTOINE.

Rien ne m'a subjugué. Peut-être quelque jour
Comme César et vous je connaitrai l'amour.

VARIANTES DU TRIUMVIRAT.

Cependant je vous laisse avec l'infortunée
Qu'on amène à vos yeux tremblante et consternée;
Vous pouvez aisément adoucir ses douleurs;
Gardez-vous de laisser trop d'empire à ses pleurs.
Aimez, puisqu'il le faut, mais en maître du monde.

Page 218, vers 22 :

OCTAVE.

Votre reproche est juste, et c'est un trait de flamme
Qui sort de votre bouche, et pénètre mon âme.
Vous pouvez tout sur moi : j'atteste à vos genoux
Le dieu qui vous envoie, et qui parle par vous,
Que le monde opprimé vous devra ma clémence.
Songez que c'est par vous et par notre alliance
Que le ciel veut finir le malheur des humains.
Rome, l'empire, et moi, tout est entre vos mains :
Son bonheur et le mien sur votre hymen se fonde.
Disposez de la foi d'un des maîtres du monde.
César du haut des cieux ordonne ce lien,
Et vous rendez mon nom aussi grand que le sien.

JULIE.

Je rends grâces au ciel, si sa voix vous inspire,
Si le fils de César mérite son empire,
Si vous lui ressemblez, si vous n'ajoutez pas
Le crime de tromper à tous vos attentats.
Soyez juste en effet, c'est peu de le paraître;
Pour un César alors je puis vous reconnaître.
Vous êtes de mon sang, et du sang des héros :
Allez à l'univers accorder le repos;
Mais sachez que ma foi n'en peut être le gage.
Ne devez qu'à vous-même un si grand avantage;
Ne cherchez la vertu qu'au fond de votre cœur;
En la mettant à prix vous en souillez l'honneur,
Vous en avilissez le caractère auguste.
Est-ce à vos passions à vous rendre plus juste?
J'en rougirais pour vous.

OCTAVE.

Eh bien! je vous entends :
Je sais de vos refus les motifs insultants;
Et vous ne me parlez de vertu, de clémence,
Que pour voir impuni le rival qui m'offense.
Le ciel vous a trompée; il vous met dans mes mains
Pour vous sauver l'affront d'accomplir vos desseins.
Vous m'osez préférer l'ennemi de ma race!
Son sang va me payer sa honte et son audace;
Il ne peut échapper à mon juste courroux;
Et Pompée...

JULIE.

Ah! cruel! quel nom prononcez-vous?
Pompée est loin de moi... Qui vous dit que je l'aime?

OCTAVE.

Vos pleurs, votre mépris de ma grandeur suprême :
Lui seul à cet excès a pu vous égarer.

C'est le seul des mortels qu'on peut me préférer ;
Et c'est le seul aussi que mes coups vont poursuivre.
J'aurais pu me forcer jusqu'à le laisser vivre ;
Mais vous le condamnez quand vous suivez ses pas.
Vous l'aimez : c'est à vous qu'il devra son trépas.

JULIE, à part.

O Pompée!

OCTAVE.

Oubliez le nom d'un téméraire
Que je dois immoler aux mânes de mon père,
A l'intérêt de Rome, à mes transports jaloux ;
Et demain soyez prête à partir avec nous.

Page 220, vers 43 :

Il est juste envers vous : ou vous veniez vous-même
Vous soumettre à la loi d'un maître qui vous aime,
Ou vous osiez chercher au milieu des hasards
L'ennemi de mon règne et du nom des Césars ;
Je dispose de vous dans ces deux conjonctures.
Je ne souffrirai pas que les races futures
Puissent me reprocher d'avoir laissé trahir
La majesté d'un nom que je dois soutenir.
Je comblerai de biens votre infidèle père,
J'imiterai le mien, sans prétendre à vous plaire,
Mais je perdrai le jour avant qu'aucun mortel
Dans sa témérité soit assez criminel
Pour m'oser un moment disputer ma conquête.

Page 223, scène II. — L'ordre des scènes du quatrième acte n'était pas le même dans le premier manuscrit que dans la pièce imprimée. Après une scène entre Fulvie et ses confidents, l'auteur avait placé les scènes suivantes; ensuite Fulvie et Pompée restaient seuls.

SCÈNE II.

JULIE.

Fulvie!
Soutenez mon courage et ma force affaiblie!
Pompée, absent de moi dans ce jour malheureux,
Quand j'invoque Pompée est un augure affreux!
Que fait-il, où va-t-il? Vous connaissez ma crainte :
Elle est juste; et l'horreur qui dans vos yeux est peinte,
Ce front pâle et glacé, redoublent mon effroi.

FULVIE.

Julie, attendez tout de Pompée et de moi.
Gardons que dans ces lieux on ne nous puisse entendre :
Partout on nous observe, et l'on peut nous surprendre.
Veillez-y, cher Aufide; allez : de mes suivants
Choisissez les plus prompts et les plus vigilants ;
Et qu'au moindre danger leur voix nous avertisse.

VARIANTES DU TRIUMVIRAT.

AUFIDE.

Dans leur camp retirés, Antoine et son complice
Ont fait tout préparer pour un départ soudain.
Demain du Capitole ils prendront le chemin ;
Ils vous y conduiront.

FULVIE.

Leur marche triomphante
N'est pas encor bien sûre, et peut être sanglante.

(Aufide sort.)

JULIE.

Que dites-vous ?

FULVIE.

J'espère....

JULIE.

En quels dieux ? en quels bras ?

FULVIE.

J'espère en la vengeance.

JULIE.

Elle ne suffit pas.
Si je perds mon époux, que me sert la vengeance ?
Il dissimule en vain son auguste naissance ;
Sa présence trahit un nom si glorieux,
Sa grandeur mal cachée éclate dans ses yeux.
Le perfide Agrippa, Ventidius peut-être,
L'auront vu dans l'Asie, et vont le reconnaître.
Ah ! périsse avec moi le détestable jour
Où l'un des triumvirs, épris d'un vain amour,
Des vrais Césars en moi voyant l'unique reste,
Osa me destiner un rang que je déteste !
Tout est funeste en lui : sa triste passion
Tient de la cruauté de sa proscription.
Sur les autels d'hymen portant ses barbaries,
Il y vient allumer le flambeau des furies.
Le sang des nations commence d'y couler ;
Et c'est Pompée enfin qu'il y doit immoler.
J'aurais moins craint de lui s'il m'avait méprisée.
Les dieux dans vos malheurs vous ont favorisée,
Quand votre indigne époux vous a ravi son cœur ;
La haine des tyrans est pour nous un bonheur.
Mais plaire pour servir, ramper sous un barbare
Qui traîne sa victime à l'autel qu'il prépare,
Et recevoir de lui pour présent nuptial
Le sang de mon amant versé par son rival !
Tombe plutôt sur moi cette foudre égarée
Qui, frappant dans la nuit cette infâme contrée,
Et se perdant en vain dans ces rochers affreux,
Épargnait nos tyrans, et dût tomber sur eux !

FULVIE.

Et moi je vous prédis que du moins ce perfide
N'accomplira jamais cet hymen homicide.

JULIE.

Je le sais comme vous ; ma mort l'empêchera.

FULVIE.

Et la sienne peut-être ici la préviendra.

JULIE.
De quel espoir trompeur êtes-vous animée?
Avez-vous un parti, des amis, une armée?
Nous sommes deux roseaux par l'orage pliés,
L'un sur l'autre en tremblant vainement appuyés;
Le puissant foule aux pieds le faible qui menace,
Et rit, en l'écrasant, de sa débile audace.
Tout tombe, tout gémit; qui peut vous seconder?
FULVIE.
Croyez du moins Pompée, et laissez-vous guider.

SCÈNE III.

JULIE, FULVIE, POMPÉE.

JULIE.
Héros né d'un héros, vous qu'une juste crainte
Me défend de nommer dans cette horrible enceinte,
Où portez-vous vos pas égarés, incertains?
Quel trouble vous agite? Et quels sont vos desseins?
Regagnez ces rochers et ces retraites sombres
Où la nuit va porter ses favorables ombres.
Demain les trois tyrans, aux premiers traits du jour,
Partent avec la mort de ce fatal séjour;
Ils vont, loin de vos yeux, ensanglanter le Tibre.
Ne vous exposez point, demain vous serez libre.
POMPÉE.
C'est la première fois que le ciel a permis
Que mon front se cachât à des yeux ennemis.
JULIE.
Il le faut.
POMPÉE.
O Julie!
JULIE.
Eh bien?
POMPÉE.
Quoi! le barbare
Vous enlève à mes bras! Ce monstre nous sépare!
Fulvie, écoutez-moi...
FULVIE.
Calmez-vous.
POMPÉE.
Ah! grands dieux!
Éloignez-la de moi, sauvez-la de ces lieux.
JULIE.
Que crains-tu? N'as-tu pas ce fer et ton courage?
Ne saurais-tu finir notre indigne esclavage?
Eh! ne peux-tu mourir en m'arrachant le jour?
Frappe.
POMPÉE.
Ah! qu'un autre sang....

JULIE.
> Frappe, au nom de l'amour !

Frappe, au nom de l'hymen, au nom de la patrie !

POMPÉE.
Au nom de tous les trois, accordez-moi, Julie,
Ce que j'ai demandé, ce que j'attends de vous,
Pour le salut de Rome et celui d'un époux.
Achevez, évoquez les mânes de mon père :
J'ai dû ce sacrifice à cette ombre si chère ;
Il faut une main pure ainsi que votre encens.

JULIE.
Que serviront mes vœux et mes cris impuissants ?
De Pompée au tombeau que pouvons-nous attendre ?
Du fer des assassins il n'a pu se défendre ;
Le Phare est encor teint de son sang précieux.

POMPÉE.
Il n'était qu'homme alors ; il est auprès des dieux.
De Pharsale et du Phare ils ont puni le crime :
Songez que César même est tombé sa victime,
Et qu'aux pieds de mon père il a fini son sort.

JULIE.
Puisse Octave à son tour subir la même mort !

POMPÉE.
Julie !... Il la mérite.

JULIE.
> Ah ! s'il était possible !...

Mais si vous paraissez, la vôtre est infaillible.

FULVIE, à Julie.
Si vous restez ici, c'est vous qui l'exposez ;
Bientôt les yeux jaloux seront désabusés.
On le croit un soldat qui, dans ces temps de crimes,
A l'or des trois tyrans vient vendre des victimes ;
Avec vous dans ces lieux s'il était découvert,
Je ne pourrais plus rien. Votre amour seul le perd.

POMPÉE.
Levez au ciel les mains : la mienne se prépare
A vous tirer au moins de celles du barbare.

JULIE.
Cruel ! pouvez-vous bien vous exposer sans moi ?

POMPÉE.
Allez, ne craignez rien, je fais ce que je dois ;
Faites ce que je veux.

JULIE.
> A vous je m'abandonne ;

Mais qu'allez-vous tenter ?

POMPÉE.
> Ce que mon père ordonne.

JULIE.
Peut-être comme lui vous marchez au trépas !
Mais soyez sûr au moins qu'on ne me verra pas,
Par d'inutiles pleurs arrosant votre cendre,
Jeter d'indignes cris qu'on dédaigne d'entendre.
Les Romains apprendront que nous étions tous deux
Dignes de vivre ensemble, ou de mourir pour eux.

Page 224, vers 15 :

FULVIE.

Vengeons sur des méchants le monde qu'on opprime
POMPÉE.
Punir un criminel, ce n'est pas faire un crime :
C'est servir son pays; j'y suis déterminé....

Page 225, vers 22 :

POMPÉE.

Peut-être il est encor des yeux trop vigilants
Qui, pour sa sûreté, sont ouverts en tout temps.
Mes esclaves partout ont une libre entrée;
On ne craint rien de moi.
POMPÉE.
Sa perte est assurée;
Mon sang sera mêlé dans les flots de son sang.
(A Aufide.)
Quel mot a-t-on donné?
AUFIDE.
Seigneur, de rang en rang
La parole a couru : c'est *Pompée* et *Pharsale*.
POMPÉE.
Elle coûtera cher, elle sera fatale;
Et le nom de Pompée est un arrêt du sort
Qui du fils de César a prononcé la mort.
Mais je tremble pour vous, je tremble pour Julie;
Antoine vengera le frère d'Octavie.

Page 233, acte V. — Cet acte V commençait par la scène suivante entre Octave et Antoine : on amenait ensuite successivement Fulvie avec Julie et Pompée.

OCTAVE.
Ainsi donc cette nuit l'implacable Fulvie
Allait nous arracher l'empire avec la vie?
ANTOINE.
Du fer qu'elle portait légèrement blessé,
Je vois avec mépris son courroux insensé.
Dans son emportement, sa main mal assurée
N'a porté dans mon sein qu'une atteinte égarée.
Son esprit, étonné de ce nouveau forfait,
Laissait son bras sans force et son crime imparfait;
Aisément à mes yeux désarmée et saisie,
Dans la tente prochaine elle est avec Julie.
OCTAVE.
Il le faut avouer, de si grands attentats
Sont dignes de nos jours, et ne m'étonnent pas.
ANTOINE.
Mais quel est le Romain qui jusque dans nos tentes
A porté, sans frémir, ses fureurs impuissantes?
OCTAVE.
D'Icile à mes côtés on a percé le sein.

. . . .

Je goûtais, je l'avoue, un sommeil bien funeste.
Il semble qu'en effet quelque pouvoir céleste
Persécute mes nuits, et grave dans mon cœur
Des traits de désespoir et des tableaux d'horreur.
Je vois des morts, du sang, des tourments qu'on apprête ;
Je vois le fer vengeur suspendu sur ma tête ;
On m'abreuve du sang des Romains expirants.
Ces fantômes affreux fatiguaient tous mes sens.
Mon âme succombait d'épouvante frappée,
J'entendais une voix qui me criait : *Pompée !*
Je tressaille à ce nom, je m'arrache au sommeil ;
Le sang d'Icile mort me couvre à mon réveil.
Je m'arme, je m'écrie ; on saisit le perfide,
On n'aperçoit en lui qu'un Africain timide,
Un malheureux sans force, interdit, désarmé,
De qui la voix tremblante et l'œil inanimé
Nous découvraient assez qu'un si lâche coupable
D'un meurtre aussi hardi n'a point été capable.
Lui-même il en ignore et la cause et l'auteur,
Et pour oser tromper il a trop de terreur.
L'indomptable Fulvie a-t-elle en sa colère
Employé pour me perdre une main mercenaire,
Tandis que de la sienne elle osait vous frapper ?

ANTOINE.
L'assassin, tel qu'il soit, ne nous peut échapper.

OCTAVE.
Est-ce quelque proscrit qui, jusqu'en ces contrées,
Ose armer contre nous ses mains désespérées ;
Et dans l'égarement se vengeant au hasard,
Venait porter la mort aux lieux dont elle part ?

ANTOINE.
L'esclave nous a peint ce mortel téméraire ;
Il ignorait, dit-il, son dessein sanguinaire.

OCTAVE.
Mais il est à Fulvie.

ANTOINE.
Une femme en fureur
Sans doute a contre nous trouvé plus d'un vengeur ;
Elle a pu le choisir dans une foule obscure.
Casca fit à César la première blessure.
Les plus vils des humains, ainsi que les plus grands,
S'armeront contre nous, puisqu'on nous croit tyrans.
Ne nous attendons pas à des destins tranquilles,
Mais aux meurtres secrets, mais aux guerres civiles,
Aux complots renaissants, aux conspirations ;
C'est le fruit éternel de nos proscriptions ;
Il est semé par nous, en voilà les prémices.
Les dieux à nos desseins ne sont pas moins propices ;
Notre empire absolu n'est pas moins cimenté ;
On ne peut le chérir, mais il est redouté.
La terreur est la base où le pouvoir se fonde ;
Et ce n'est qu'à ce prix qu'on gouverne le monde.

OCTAVE.
Que n'ai-je pu régner par des moyens plus doux !

Mais ce meurtre hardi rallume mon courroux.
Quoi! dans le même jour où Julie expirante
Par le sort est jetée en cette île sanglante,
Un meurtrier pénètre au milieu de la nuit,
A travers de ma garde, en ma tente, à mon lit!
Deux femmes, contre nous par la fureur unies,
A cet étrange excès se seront enhardies!
Julie aime Pompée, et par ce coup sanglant
Elle a voulu venger le sang de son amant.
Dans l'école du meurtre elle s'est introduite ;
Elle en a profité ; je vois qu'elle m'imite.

ANTOINE.

Nous allons démêler le fil de ces complots.

OCTAVE.

Je suis assez instruit, et trop pour mon repos!
Je me vois détesté : que savoir davantage?
On ne m'apprendra point un plus sensible outrage.

Page 236, vers 4 :

JULIE.

Je ne m'en défends plus : oui, je suivais sa trace,
Oui, j'attachais mon sort à sa noble disgrâce.
J'ai préféré Pompée abandonné des dieux,
A César fortuné, puissant, victorieux.
    Que me reprochez-vous? cent peuples en alarmes
Ou rampent sous vos fers, ou tombent sous vos armes ;
Le monde épouvanté reconnaît votre loi ;
Au fils du grand Pompée il ne reste que moi.
Oui, mon cœur est à lui ; laissez-lui son partage ;
Respectez ses malheurs, respectez son courage.
J'ai voulu rapprocher, après tant de revers,
Deux noms aimés du ciel et chers à l'univers.
Dignes de notre race en héros si féconde,
Nous nous aimions tous deux pour le bonheur du monde.
    Voilà mon crime, Octave ; osez-vous m'en punir?
Dans vos indignes fers m'osez-vous retenir?
Quand César a pleuré sur la cendre du père,
Portez-vous sur le fils une main sanguinaire?
Il l'honora dans Rome, et surtout aux combats.
. . . .
. . . .

FIN DES VARIANTES DU TRIUMVIRAT.

LES SCYTHES

TRAGÉDIE EN CINQ ACTES

REPRÉSENTÉE, SUR LE THÉATRE-FRANÇAIS, LE 26 MARS 1767.

AVERTISSEMENT

POUR LA PRÉSENTE ÉDITION.

Voltaire, après avoir composé *les Scythes*, est, comme toujours, dans l'enchantement de son œuvre. Il écrit à d'Argental (20 novembre 1766) : « Maman Denis et un des acteurs de notre petit théâtre de Ferney, fou du *tripot* et difficile (c'est sans doute lui-même), disent qu'il n'y a plus rien à faire, que tout dépendra du jeu des comédiens; qu'ils doivent jouer *les Scythes* comme ils ont joué *le Philosophe sans le savoir*, et que *les Scythes* doivent faire le plus grand effet si les acteurs ne jouent ni froidement ni à contre-sens. Maman Denis et mon vieux comédien de Ferney assurent qu'il n'y a pas un seul rôle dans la pièce qui ne puisse faire valoir son homme. Le contraste qui anime la pièce d'un bout à l'autre doit servir la déclamation, et prête beaucoup au jeu muet, aux attitudes théâtrales, à toutes les expressions d'un tableau vivant. » Il écrit à Damilaville (17 décembre 1766) : « Elle (la nouvelle pièce) est intitulée *les Scythes*. C'est une opposition continuelle des mœurs d'un peuple libre aux mœurs des courtisans. Mme Denis et tous ceux qui l'ont lue ont pleuré et frémi. »

Malgré la bonne opinion de leur auteur, *les Scythes* ne réussirent pas à Paris. Voltaire s'en plaint dans sa correspondance : « On dit qu'il y a eu beaucoup de bruit à la première représentation des *Scythes*, et qu'il y avait dans le parterre des barbares qui n'ont eu nulle pitié de la vieillesse. » Il se résigne malaisément à cette chute. Il insiste pour avoir encore une ou deux représentations à la réouverture après Pâques : « Je vous assure, mande-t-il à d'Argental, que le second acte, récité par Mme Laharpe, arrache des larmes. Soyez bien persuadé que si la scène du troisième acte entre Athamare et Obéide était bien jouée, elle ferait une très-vive impression. »

Il dit au sujet de Mlle Durancy, qui avait créé le rôle d'Obéide à Paris : « Vous me faites bien du plaisir, mon cher ange, de me dire que Mlle Durancy a enfin saisi l'esprit de son rôle et qu'elle a très-bien joué; mais je doute qu'elle ait pleuré, et c'est là l'essentiel. Mme Laharpe pleure. »

D'autre part, si l'on s'en rapporte à ce qu'il écrit au roi de Prusse (5 avril 1767), il prend son parti et passe condamnation : « *Les Scythes* sont un ouvrage fort médiocre. Ce sont plutôt les petits cantons suisses et un marquis français que les Scythes et un prince persan. Thiériot aura l'honneur d'envoyer de Paris cette rapsodie à Votre Majesté. »

AVERTISSEMENT

DE BEUCHOT.

C'est dans sa lettre à d'Argental, du 26 septembre 1766, que Voltaire parle, pour la première fois, des *Scythes*. La pièce fut faite en dix jours, dit-il dans sa lettre du 19 novembre : imprimée la même année, elle fut jouée, le 26 mars 1767, sur le Théâtre-Français, et n'y eut que quatre représentations ; mais on en fit plusieurs éditions. Celle de Lyon est due aux soins de Charles Bordes (né le 6 septembre 1711, mort le 15 février 1781). Le *Mercure* de mai 1767 contient un sixain par M. de C... (peut-être Cideville), *A M. de Voltaire, sur ce que bien des gens avaient critiqué sa tragédie des Scythes*. Du Belloy ayant adressé à Voltaire des *Vers sur la première représentation des Scythes* (imprimés dans le *Mercure* de juin 1767), Voltaire l'en remercia par sa lettre du 19 avril. L'*Examen des Scythes*, 1767, in-8º de 33 pages, est d'un auteur resté inconnu. Plusieurs bibliographes attribuent à J.-B. Milliet, mort en 1774, une *Lettre à un ami de province sur les Scythes et les Guèbres*. Je n'ai pu trouver cette *Lettre* ; elle est peut-être enfouie dans quelque journal. Si elle existe, elle ne peut être que de 1769.

ÉPITRE DÉDICATOIRE

Il y avait autrefois en Perse un bon vieillard[1], qui cultivait son jardin ; car il faut finir par là ; et ce jardin était accompagné de vignes et de champs, *et paulum silvæ super his erat*[2]; et ce jardin n'était pas auprès de Persépolis, mais dans une vallée immense entourée des montagnes du Caucase, couvertes de neiges éternelles ; et ce vieillard n'écrivait ni sur la population ni sur l'agriculture, comme on faisait par passe-temps à Babylone, ville qui tire son nom de Babil ; mais il avait défriché des terres incultes, et triplé le nombre des habitants autour de sa cabane.

Ce bonhomme vivait sous Artaxercès, plusieurs années après l'aventure d'Obéide et d'Indatire ; et il fit une tragédie en vers persans, qu'il fit représenter par sa famille et par quelques bergers du mont Caucase ; car il s'amusait à faire des vers persans assez passablement, ce qui lui avait attiré de violents ennemis dans Babylone, c'est-à-dire une demi-douzaine de gredins qui aboyaient sans cesse après lui, et qui lui imputaient les plus grandes platitudes, et les plus impertinents livres qui eussent jamais déshonoré la Perse ; et il les laissait aboyer, et griffonner, et calomnier ; et c'était pour être loin de cette racaille qu'il s'était retiré avec sa famille auprès du Caucase, où il cultivait son jardin.

Mais, comme dit le poëte persan Horace, *Principibus placuisse viris, non ultima laus est*[3]. Il y avait à la cour d'Artaxercès un principal satrape, et son nom était Élochivis[4], comme qui dirait habile, généreux, et plein d'esprit, tant la langue persane a d'énergie. Non-seulement le grand satrape Élochivis versa sur le

---

1. Ce bon vieillard est Voltaire lui-même. (B.)
2. Horace, livre II, satire VI, vers 3.
3. Horace, livre Ier, épître XVII, vers 35.
4. L'auteur désignait par cette anagramme M. le duc de Choiseul, et par Nalrisp, M. le duc de Praslin. (K.)

jardin de ce bonhomme les douces influences de la cour, mais il fit rendre à ce territoire les libertés et franchises dont il avait joui du temps de Cyrus[1]; et de plus il favorisa une famille adoptive du vieillard[2]. La nation surtout lui avait une très-grande obligation de ce qu'ayant le département des meurtres[3], il avait travaillé avec le même zèle et la même ardeur que Nalrisp, ministre de paix[4], à donner à la Perse cette paix[5] tant désirée, ce qui n'était jamais arrivé qu'à lui.

Ce satrape avait l'âme aussi grande que Giafar le Barmécide, et Aboulcasem; car il est dit dans les annales de Babylone, recueillies par Mir-Kond, que lorsque l'argent manquait dans le trésor du roi, appelé *l'oreiller*, Élochivis en donnait souvent du sien; et qu'en une année il distribua ainsi dix mille dariques, que dom Calmet évalue à une pistole la pièce. Il payait quelquefois trois cents dariques ce qui ne valait pas trois aspres; et Babylone craignait qu'il ne se ruinât en bienfaits.

Le grand satrape Nalrisp joignait aussi au goût le plus sûr et à l'esprit le plus naturel l'équité et la bienfaisance; il faisait les délices de ses amis; et son commerce était enchanteur : de sorte que les Babyloniens, tout malins qu'ils étaient, respectaient et aimaient ces deux satrapes; ce qui était assez rare en Perse.

Il ne fallait pas les louer en face; *recalcitrabant undique tuti*[6] : c'était la coutume autrefois, mais c'était une mauvaise coutume, qui exposait l'encenseur et l'encensé aux méchantes langues.

Le bon vieillard fut assez heureux pour que ces deux illustres Babyloniens daignassent lire sa tragédie persane, intitulée *les Scythes*. Ils en furent assez contents. Ils dirent qu'avec le temps ce campagnard pourrait se former; qu'il y avait dans sa rapsodie du naturel et de l'extraordinaire, et même de l'intérêt, et que pour peu qu'on corrigeât seulement trois cents vers à chaque

---

1. Le duc de Choiseul avait accordé à Voltaire la franchise de ses terres; voyez la lettre à Mme du Deffant, du 3 décembre 1759.

2. Le duc et la duchesse de Choiseul avaient souscrit pour vingt exemplaires de l'édition de Corneille, donnée par Voltaire en 1764, au profit de Mlle Corneille que Voltaire avait reçue chez lui, mariée et dotée. C'était le duc de Choiseul qui avait obtenu du roi une souscription de deux cents exemplaires. (B.)

3. Le duc de Choiseul était ministre de la guerre.

4. Le duc de Praslin fut ministre des affaires étrangères de 1761 à avril 1766.

5. Paix de 1763. Voyez le *Précis du siècle de Louis XV*.

6. On lit dans Horace, livre II, satire Ire, vers 20 :

Recalcitrat undique tutus.

acte, la pièce pourrait être à l'abri de la censure des malintentionnés ; mais les malintentionnés prirent la chose à la lettre.

Cette indulgence ragaillardit le bonhomme, qui leur était bien respectueusement dévoué, et qui avait le cœur bon, quoiqu'il se permît de rire quelquefois aux dépens des méchants et des orgueilleux. Il prit la liberté de faire une épître dédicatoire à ses deux patrons, en grand style qui endormit toute la cour et toutes les académies de Babylone, et que je n'ai jamais pu retrouver dans les annales de la Perse.

PRÉFACE

DE L'ÉDITION DE PARIS[1].

On sait que chez des nations polies et ingénieuses, dans des grandes villes comme Paris et Londres, il faut absolument des spectacles dramatiques : on a peu besoin d'élégies, d'odes, d'églogues ; mais les spectacles étant devenus nécessaires, toute tragédie, quoique médiocre, porte son excuse avec elle, parce qu'on en peut donner quelques représentations au public, qui se délasse par des nouveautés passagères des chefs-d'œuvre immortels dont il est rassasié.

La pièce qu'on présente ici aux amateurs peut du moins avoir un caractère de nouveauté, en ce qu'elle peint des mœurs qu'on n'avait point encore exposées sur le théâtre tragique. Brumoy s'imaginait, comme on l'a déjà remarqué ailleurs[2], qu'on ne pouvait traiter que des sujets historiques. Il cherchait les raisons pour lesquelles les sujets d'invention n'avaient point réussi ; mais la véritable raison est que les pièces de Scudéri et de Boisrobert, qui sont dans ce goût, manquent en effet d'invention, et ne sont que des fables insipides, sans mœurs et sans caractères. Brumoy ne pouvait deviner le génie.

Ce n'est pas assez, nous l'avouons, d'inventer un sujet dans lequel, sous des noms nouveaux, on traite des passions usées et des événements communs ; *omnia jam vulgata*[3]. Il est vrai que les spectateurs s'intéressent toujours pour une amante abandonnée, pour une mère dont on immole le fils, pour un héros

---

1. Cette *Préface* est ainsi intitulée dans le tome V de l'édition in-4º (des *OEuvres de Voltaire*) daté de 1768. Elle est en effet dans l'édition des *Scythes*; Paris, Lacombe, 1767, in-8º de xvj et 78 pages. (B.)
2. Voyez *Théâtre*, tome III, pages 497-498, la dissertation sur la tragédie, en tête de *Sémiramis*.
3. Virgile, *Géorgiques*, III, 4.

aimable en danger, pour une grande passion malheureuse : mais s'il n'est rien de neuf dans ces peintures, les auteurs alors ont le malheur de n'être regardés que comme des imitateurs. La place de Campistron[1] est triste; le lecteur dit : Je connaissais tout cela, et je l'avais vu bien mieux exprimé.

Pour donner au public un peu de ce neuf qu'il demande toujours, et que bientôt il sera impossible de trouver, un amateur du théâtre a été forcé de mettre sur la scène l'ancienne chevalerie, le contraste des mahométans et des chrétiens, celui des Américains et des Espagnols, celui des Chinois et des Tartares[2]. Il a été forcé de joindre à des passions si souvent traitées des mœurs que nous ne connaissions pas sur la scène.

On hasarde aujourd'hui le tableau contrasté des anciens Scythes et des anciens Persans, qui peut-être est la peinture de quelques nations modernes. C'est une entreprise un peu téméraire d'introduire des pasteurs, des laboureurs, avec des princes, et de mêler les mœurs champêtres avec celles des cours. Mais enfin cette invention théâtrale (heureuse ou non) est puisée entièrement dans la nature. On peut même rendre héroïque cette nature si simple; on peut faire parler des pâtres guerriers et libres avec une fierté qui s'élève au-dessus de la bassesse que nous attribuons très-injustement à leur état, pourvu que cette fierté ne soit jamais boursouflée; car qui doit l'être? Le boursouflé, l'ampoulé ne convient pas même à César. Toute grandeur doit être simple.

C'est ici, en quelque sorte, l'état de nature mis en opposition avec l'état de l'homme artificiel, tel qu'il est dans les grandes villes. On peut enfin étaler dans des cabanes des sentiments aussi touchants que dans des palais.

On avait souvent traité en burlesque cette opposition si frappante des citoyens des grandes villes avec les habitants des campagnes; tant le burlesque est aisé, tant les choses se présentent en ridicule à certaines nations.

On trouve beaucoup de peintres qui réussissent dans le grotesque, et peu dans le grand. Un homme de beaucoup d'esprit, et qui a un nom dans la littérature, s'étant fait expliquer le sujet d'*Alzire*, qui n'avait pas encore été représentée, dit à celui qui lui exposait ce plan : « J'entends, c'est Arlequin sauvage. »

Il est certain qu'*Alzire* n'aurait pas réussi, si l'effet théâtral

---

1. Imitateur de Racine. (G. A.)
2. *Tancrède.* — *Zaïre.* — *Alzire.* — *L'Orphelin de la Chine.*

n'avait convaincu les spectateurs que ces sujets peuvent être aussi propres à la tragédie que les aventures des héros les plus connus et les plus imposants.

La tragédie des *Scythes* est un plan beaucoup plus hasardé. Qui voit-on paraître d'abord sur la scène? deux vieillards auprès de leurs cabanes, des bergers, des laboureurs. De qui parle-t-on? d'une fille qui prend soin de la vieillesse de son père, et qui fait le service le plus pénible. Qui épouse-t-elle? un pâtre qui n'est jamais sorti des champs paternels. Les deux vieillards s'asseyent sur un banc de gazon. Mais que des acteurs habiles pourraient faire valoir cette simplicité!

Ceux qui se connaissent en déclamation et en expression de la nature sentiront surtout quel effet pourraient faire deux vieillards, dont l'un tremble pour son fils, et l'autre pour son gendre, dans le temps que le jeune pasteur est aux prises avec la mort; un père, affaibli par l'âge et par la crainte, qui chancelle, qui tombe sur un siége de mousse, qui se relève avec peine, qui crie d'une voix entrecoupée qu'on coure aux armes, qu'on vole au secours de son fils; un ami éperdu qui partage ses douleurs et sa faiblesse, qui l'aide d'une main tremblante à se relever : ce même père qui, dans ces moments de saisissement et d'angoisse, apprend que son fils est tué, et qui, le moment d'après, apprend que son fils est vengé; ce sont là, si je ne me trompe, de ces peintures vivantes et animées qu'on ne connaissait pas autrefois, et dont M. Lekain a donné des leçons terribles qu'on doit imiter désormais.

C'est là le véritable art de l'acteur. On ne savait guère auparavant que réciter proprement des couplets, comme nos maîtres de musique apprenaient à chanter proprement. Qui aurait osé, avant Mlle Clairon, jouer dans *Oreste* la scène de l'urne comme elle l'a jouée? qui aurait imaginé de peindre ainsi la nature, de tomber évanouie tenant l'urne d'une main, en laissant l'autre descendre immobile et sans vie? Qui aurait osé, comme M. Lekain, sortir, les bras ensanglantés, du tombeau de Ninus, tandis que l'admirable actrice[1] qui représentait Sémiramis se traînait mourante sur les marches du tombeau même? Voilà ce que les petits-maîtres et les petites-maîtresses appelèrent d'abord des postures, et ce que les connaisseurs, étonnés de la perfection inattendue de l'art, ont appelé des tableaux de Michel-Ange. C'est là en effet la véritable action théâtrale. Le reste était une conversation quelquefois passionnée.

---

1. Mlle Dumesnil.

C'est dans ce grand art de parler aux yeux qu'excelle le plus grand acteur qu'ait jamais eu l'Angleterre, M. Garrick, qui a effrayé et attendri parmi nous ceux mêmes qui ne savaient pas sa langue.

Cette magie a été fortement recommandée il y a quelques années par un philosophe[1] qui, à l'exemple d'Aristote, a su joindre aux sciences abstraites l'éloquence, la connaissance du cœur humain, et l'intelligence du théâtre. Il a été en tout de l'avis de l'auteur de *Sémiramis*, qui a toujours voulu qu'on animât la scène par un plus grand appareil, par plus de pittoresque, par des mouvements plus passionnés qu'elle ne semblait en comporter auparavant. Ce philosophe sensible a même proposé des choses que l'auteur de *Sémiramis*, d'*Oreste* et de *Tancrède* n'oserait jamais hasarder. C'est bien assez qu'il ait fait entendre les cris et les paroles de Clytemnestre qu'on égorge derrière la scène, paroles qu'une actrice doit prononcer d'une voix aussi terrible que douloureuse, sans quoi tout est manqué. Ces paroles faisaient dans Athènes un effet prodigieux ; tout le monde frémissait quand il entendait : ὦ τέκνον, τέκνον, οἴκτειρε τὴν τεκοῦσαν. Ce n'est que par degrés qu'on peut accoutumer notre théâtre à ce grand pathétique :

> Mais il est des objets que l'art judicieux
> Doit offrir à l'oreille, et reculer des yeux.

Souvenons-nous toujours qu'il ne faut pas pousser le terrible jusqu'à l'horrible. On peut effrayer la nature, mais non pas la révolter et la dégoûter.

Gardons-nous surtout de chercher dans un grand appareil, et dans un vain jeu de théâtre, un supplément à l'intérêt et à l'éloquence. Il vaut cent fois mieux, sans doute, savoir faire parler ses acteurs que de se borner à les faire agir. Nous ne pouvons trop répéter que quatre beaux vers de sentiment valent mieux que quarante belles attitudes. Malheur à qui croirait plaire par des pantomimes avec des solécismes ou avec des vers froids et durs, pires que toutes les fautes contre la langue ! Il n'est rien de beau en aucun genre que ce qui soutient l'examen attentif de l'homme de goût.

L'appareil, l'action, le pittoresque, font un grand effet sans doute ; mais ne mettons jamais le bizarre et le gigantesque à la place de la nature, et le forcé à la place du simple ; que le déco-

---

1. Diderot, dans ses *Entretiens sur le Fils naturel.* Voyez *Œuvres complètes de Diderot*, édition Garnier frères, tome VII, p. 85.

rateur ne l'emporte point sur l'auteur; car alors, au lieu de tragédies, on aurait la rareté, la curiosité.

La pièce qu'on soumet ici aux lumières des connaisseurs est simple, mais très-difficile à bien jouer : on ne la donne point au théâtre, parce qu'on ne la croit point assez bonne; d'ailleurs, presque tous les rôles étant principaux, il faudrait un concert et un jeu de théâtre parfait pour faire supporter la pièce à la représentation. Il y a plusieurs tragédies dans ce cas, telles que *Brutus*, *Rome sauvée*, *la Mort de César*, qu'il est impossible de bien jouer dans l'état de médiocrité où on laisse tomber le théâtre, faute d'avoir des écoles de déclamation, comme il y en eut chez les Grecs, et chez les Romains leurs imitateurs.

Le concert unanime des acteurs est très-rare dans a tragédie. Ceux qui sont chargés des seconds rôles ne prennent jamais de part à l'action; ils craignent de contribuer à former un grand tableau; ils redoutent le parterre, trop enclin à donner du ridicule à tout ce qui n'est pas d'usage. Très-peu savent distinguer le familier du naturel. D'ailleurs la misérable habitude de débiter des vers comme de la prose, de méconnaître le rhythme et l'harmonie, a presque anéanti l'art de la déclamation.

L'auteur, n'osant donc pas donner *les Scythes* au théâtre, ne présente cet ouvrage que comme une très-faible esquisse que quelqu'un des jeunes gens qui s'élèvent aujourd'hui pourra finir un jour.

On verra alors que tous les états de la vie humaine peuvent être représentés sur la scène tragique, en observant toujours toutefois les bienséances, sans lesquelles il n'y a point de vraies beautés chez les nations policées, et surtout aux yeux des cours éclairées.

Enfin l'auteur des *Scythes* s'est occupé pendant quarante ans du soin d'étendre la carrière de l'art. S'il n'y a pas réussi, il aura du moins dans sa vieillesse la consolation de voir son objet rempli par des jeunes gens qui marcheront d'un pas plus ferme que lui dans une route qu'il ne peut plus parcourir.

PRÉFACE

DES ÉDITEURS QUI NOUS ONT PRÉCÉDÉ IMMÉDIATEMENT[1].

L'édition que nous donnons de la tragédie des *Scythes* est la plus ample et la plus correcte qu'on ait faite jusqu'à présent. Nous pouvons assurer qu'elle est entièrement conforme au manuscrit d'après lequel la pièce a été jouée sur le théâtre de Ferney, et sur celui de M. le marquis de Langallerie; car nous savons qu'elle n'avait été composée que comme un amusement de société, pour exercer les talents de quelques personnes de mérite qui ont du goût pour le théâtre.

L'édition de Paris ne pouvait être aussi fidèle que la nôtre, puisqu'elle ne fut entreprise que sur la première édition de Genève, à laquelle l'auteur changea plus de cent vers, que le théâtre de Paris ni celui de Lyon n'eurent pas le temps de se procurer. Pierre Pellet imprima depuis la pièce à Genève; mais il y manque quelques morceaux qui jusqu'à présent n'ont été qu'entre nos mains. D'ailleurs il a omis l'épître dédicatoire, qui est dans un goût aussi nouveau que la pièce, et la préface, que les amateurs ne veulent pas perdre.

Pour l'édition de Hollande, on croira sans peine qu'elle n'approche pas de la nôtre, les éditeurs hollandais n'étant pas à portée de consulter l'auteur.

Ceux qui ont fait l'édition de Bordeaux sont dans le même cas : enfin, de huit éditions qui ont paru, la nôtre est la plus complète.

---

1. Tel est l'intitulé de cette *Préface* dans l'édition in-4° (tome V, daté de 1768) des *OEuvres de Voltaire*. Cet intitulé a été répété, sans aucune explication, dans l'édition de 1775, puis dans celle de Kehl. Je ne sais quels peuvent être ces *éditeurs qui ont précédé immédiatement* ceux de 1768; car la *Préface* n'était pas en tête des *Scythes* dans le tome IV des *Nouveaux Mélanges*, portant le millésime 1767. Elle est, au reste, l'œuvre de Voltaire. (B.)

PRÉFACE.

Il faut de plus considérer que, dans presque toutes les pièces nouvelles, il y a des vers qu'on ne récite point d'abord sur la scène, soit par des convenances qui n'ont qu'un temps, soit par crainte de fournir un prétexte à des allusions malignes. Nous trouvons, par exemple, dans notre exemplaire, ces vers de Sozame à la troisième scène du premier acte :

> .... Ah! crois-moi ; tous ces exploits affreux,
> Ce grand art d'opprimer, trop indigne du brave,
> D'être esclave d'un roi pour faire un peuple esclave,
> De ramper par fierté pour se faire obéir,
> M'ont égaré longtemps, et font mon repentir.

Il y a dans l'édition de Paris :

> .... Ah! crois-moi; tous ces lauriers affreux,
> Les exploits des tyrans, des peuples les misères,
> Des États dévastés par des mains mercenaires,
> Ces honneurs, cet éclat, par le meurtre achetés,
> Dans le fond de mon cœur je les ai détestés.

Ce n'est pas à nous à décider lesquels sont les meilleurs ; nous présentons seulement ces deux leçons différentes aux amateurs qui sont en état d'en juger : mais sûrement il n'y a personne qui puisse avec raison faire la moindre application des conquêtes des Perses et du despotisme de leurs rois avec les monarchies et les mœurs de l'Europe telle qu'elle est aujourd'hui.

L'auteur des *Scythes* nous apprend[1] qu'on retrancha à Paris, dans *l'Orphelin de la Chine*, des vers de Gengis-Kan, que l'on récite aujourd'hui sur tous les théâtres.

On sait que ce fut bien pis à *Mahomet*, et ce qu'il fallut de peines, de temps, et de soins, pour rétablir sur la scène française cette tragédie unique en son genre, dédiée à un des plus vertueux papes que l'Église ait eus jamais.

Ce qui occasionne quelquefois des variantes que les éditeurs ont peine à démêler, c'est la mauvaise humeur des critiques de profession qui s'attachent à des mots, surtout dans des pièces simples, lesquelles exigent un style naturel, et bannissent cette pompe majestueuse dont les esprits sont subjugués aux premières représentations dans des sujets plus importants.

---

1. Voyez l'*Avis au lecteur*, à la fin des *Scythes*, et dans *l'Orphelin de la Chine* (tome IV, du *Théâtre*, page 320), la scène v de l'acte II.

PRÉFACE.

C'est ainsi que la *Bérénice* de l'illustre Racine essuya tant de reproches sur mille expressions familières que son sujet semblait permettre :

> Belle reine, et pourquoi vous offenseriez-vous?
> Arsace, entrerons-nous?... Et pourquoi donc partir?
> A-t-on vu de ma part le roi de Comagène?
> Il suffit. Et que fait la reine Bérénice?
> On sait qu'elle est charmante, et de si belles mains....
> Cet amour est ardent, il le faut confesser.
> Encore un coup, allons, il n'y faut plus penser.
> Comme vous je m'y perds d'autant plus que j'y pense.
> Si Titus est jaloux, Titus est amoureux.
> Adieu : ne quittez point ma princesse, ma reine.
> ...... Eh quoi! seigneur, vous n'êtes point parti[1]!
> Remettez-vous, madame, et rentrez en vous-même ;
> Car enfin, ma princesse, il faut nous séparer.
> Dites, parlez.... Hélas! que vous me déchirez!
> Pourquoi suis-je empereur? pourquoi suis-je amoureux?
> Allons : Rome en dira ce qu'elle en voudra dire.
> Quoi! seigneur.... Je ne sais, Paulin, ce que je dis.

Environ cinquante vers dans ce goût furent les armes que les ennemis de Racine tournèrent contre lui : on les parodia à la farce italienne. Des gens qui n'avaient pu faire quatre vers supportables dans leur vie ne manquèrent pas de décider dans vingt brochures que le plus éloquent, le plus exact, le plus harmonieux de nos poëtes ne savait pas faire des vers tragiques. On ne voulait pas voir que ces petites négligences, ou plutôt ces naïvetés, qu'on appelait négligences, étaient liées à des beautés réelles, à des sentiments vrais et délicats que ce grand homme savait seul exprimer. Aussi, quand il s'est trouvé des actrices capables de jouer *Bérénice*, elle a toujours été représentée avec de grands applaudissements ; elle a fait verser des larmes : mais la nature accorde presque aussi rarement les talents nécessaires pour bien déclamer qu'elle accorde le don de faire des tragédies dignes d'être représentées. Les esprits justes et désintéressés les jugent dans le cabinet, mais les acteurs seuls les font réussir au théâtre.

Racine eut le courage de ne céder à aucune des critiques que l'on fit de *Bérénice;* il s'enveloppa dans la gloire d'avoir fait une pièce touchante d'un sujet dont aucun de ses rivaux, quel qu'il

---

1. C'est Bérénice qui dit ce vers à Antiochus. Visé, qui était dans le parterre, cria : « Qu'il parte. » (*Note de Voltaire.*)

pût être, n'aurait pu tirer deux ou trois scènes ; que dis-je ? une seule qui eût pu contenter la délicatesse de la cour de Louis XIV.

Ce qui fait bien connaître le cœur humain, c'est que personne n'écrivit contre la *Bérénice* de Corneille qu'on jouait en même temps, et que cent critiques se déchaînaient contre la *Bérénice* de Racine. Quelle en était la raison ? C'est qu'on sentait dans le fond de son cœur la supériorité de ce style naturel, auquel personne ne pouvait atteindre ; on sentait que rien n'est plus aisé que de coudre ensemble des scènes ampoulées, et rien de plus difficile que de bien parler le langage du cœur.

Racine, tant critiqué, tant poursuivi par la médiocrité et par l'envie, a gagné à la longue tous les suffrages. Le temps seul a vengé sa mémoire.

Nous avons vu des exemples non moins frappants de ce que peuvent la malignité et le préjugé. *Adélaïde du Guesclin* fut rebutée dès le premier acte jusqu'au dernier. On s'est avisé, après plus de trente années[1], de la remettre au théâtre, sans y changer un seul mot, et elle y a eu le succès le plus constant.

Dans toutes les actions publiques, la réussite dépend beaucoup plus des accessoires que de la chose même. Ce qui entraîne tous les suffrages dans un temps aliène tous les esprits dans un autre. Il n'est qu'un seul genre pour lequel le jugement du public ne varie jamais, c'est celui de la satire grossière, qu'on méprise, même en s'en amusant quelques moments ; c'est cette critique acharnée et mercenaire d'ignorants qui insultent à prix fait aux arts qu'ils n'ont jamais pratiqués, qui dénigrent les tableaux du Salon sans avoir su dessiner, qui s'élèvent contre la musique de Rameau sans savoir solfier : misérables bourdons qui vont de ruche en ruche se faire chasser par les abeilles laborieuses !

1. Voyez *Théâtre*, tome II, page 76.

LES SCYTHES

PERSONNAGES[1]

HERMODAN, père d'Indatire, habitant d'un canton scythe.
INDATIRE.
ATHAMARE, prince d'Ecbatane.
SOZAME, ancien général persan, retiré en Scythie.
OBÉIDE, fille de Sozame.
SULMA, compagne d'Obéide.
HIRCAN, officier d'Athamare.
SCYTHES ET PERSANS.

---

[1]. Noms des acteurs qui jouèrent dans cette tragédie et dans *la Famille extravagante*, de Legrand, qui l'accompagnait : BONNEVAL, PAULIN, LEKAIN (Athamare), BRIZARD (Hermodan), MOLÉ (Indatire), DAUBERVAL (Sozame), AUGER, FEULLIE, BELLEMONT, VELLENNE; Mmes PRÉVILLE, LUZZY, LA CHASSAIGNE, LIVRY, DURANCY (Obéide). Recette : 3,630 livres — (G. A.)

LES SCYTHES

TRAGEDIE

ACTE PREMIER.

(Le théâtre représente un bocage et un berceau, avec un banc de gazon; on voit dans le lointain des campagnes et des cabanes.)

SCÈNE I.

HERMODAN, INDATIRE, ET DEUX SCYTHES, couverts de peaux de tigres ou de lions.

HERMODAN.

Indatire, mon fils, quelle est donc cette audace ?
Qui sont ces étrangers? Quelle insolente race
A franchi les sommets des rochers d'Immaüs ?
Apportent-ils la guerre aux rives de l'Oxus?
Que viennent-ils chercher dans nos forêts tranquilles?

INDATIRE.

Mes braves compagnons, sortis de leurs asiles,
Avec rapidité se sont rejoints à moi,
Ainsi qu'on les voit tous s'attrouper sans effroi
Contre les fiers assauts des tigres d'Hircanie.
Notre troupe assemblée est faible, mais unie,
Instruite à défier le péril et la mort.
Elle marche aux Persans, elle avance; et d'abord
Sur un coursier superbe à nos yeux se présente
Un jeune homme entouré d'une pompe éclatante;
L'or et les diamants brillent sur ses habits;
Son turban disparaît sous les feux des rubis :
Il voudrait, nous dit-il, parler à notre maître.

Nous le saluons tous, en lui faisant connaître
Que ce titre de maître, aux Persans[1] si sacré,
Dans l'antique Scythie est un titre ignoré :
« Nous sommes tous égaux sur ces rives si chères,
Sans rois et sans sujets, tous libres et tous frères.
Que veux-tu dans ces lieux? Viens-tu pour nous traiter
En hommes, en amis, ou pour nous insulter? »
Alors il me répond, d'une voix douce et fière,
Que, des États persans visitant la frontière,
Il veut voir à loisir ce peuple si vanté
Pour ses antiques mœurs et pour sa liberté.
Nous avons avec joie entendu ce langage :
Mais j'observais pourtant je ne sais quel nuage,
L'empreinte des ennuis ou d'un dessein profond,
Et les sombres chagrins répandus sur son front.
Nous offrons cependant à sa troupe brillante
Des hôtes de nos bois la dépouille sanglante,
Nos utiles toisons, tout ce qu'en nos climats
La nature indulgente a semé sous nos pas ;
Mais surtout des carquois, des flèches, des armures,
Ornements des guerriers, et nos seules parures.
Ils présentent alors à nos regards surpris
Des chefs-d'œuvre d'orgueil sans mesure et sans prix,
Instruments de mollesse, où sous l'or et la soie
Des inutiles arts tout l'effort se déploie.
Nous avons rejeté ces présents corrupteurs,
Trop étrangers pour nous, trop peu faits pour nos mœurs,
Superbes ennemis de la simple nature :
L'appareil des grandeurs au pauvre est une injure ;
Et recevant enfin des dons moins dangereux,
Dans notre pauvreté nous sommes plus grands qu'eux.
Nous leur donnons le droit de poursuivre en nos plaines,
Sur nos lacs, en nos bois, aux bords de nos fontaines,
Les habitants des airs, de la terre, et des eaux.
Contents de notre accueil, ils nous traitent d'égaux ;
Enfin nous nous jurons une amitié sincère.
Ce jour, n'en doutez point, nous est un jour prospère.
Ils pourront voir nos jeux et nos solennités,
Les charmes d'Obéide et mes félicités.

---

1. Répétons que les Persans figurent les Français, et que la Scythie est la Suisse. Voltaire disait même qu'Indatire était né dans le canton de Zug. (G. A.)

HERMODAN.

Ainsi donc, mon cher fils, jusqu'en notre contrée
La Perse est triomphante ; Obéide adorée
Par un charme invincible a subjugué tes sens !
Cet objet, tu le sais, naquit chez les Persans.

INDATIRE.

On le dit ; mais qu'importe où le ciel la fit naître ?

HERMODAN.

Son père jusqu'ici ne s'est point fait connaître ;
Depuis quatre ans entiers qu'il goûte dans ces lieux
La liberté, la paix, que nous donnent les dieux,
Malgré notre amitié, j'ignore quel orage
Transplanta sa famille en ce désert sauvage.
Mais dans ses entretiens j'ai souvent démêlé
Que d'une cour ingrate il était exilé.
Il est persécuté : la vertu malheureuse
Devient plus respectable, et m'est plus précieuse ;
Je vois avec plaisir que du sein des honneurs
Il s'est soumis sans peine à nos lois, à nos mœurs,
Quoiqu'il soit dans un âge où l'âme la plus pure
Peut rarement changer le pli de la nature.

INDATIRE.

Son adorable fille est encore au-dessus :
De son sexe et du nôtre elle unit les vertus ;
Courageuse et modeste, elle est belle et l'ignore ;
Sans doute elle est d'un rang que chez elle on honore ;
Son âme est noble au moins, car elle est sans orgueil ;
Simple dans ses discours, affable en son accueil ;
Sans avilissement à tout elle s'abaisse ;
D'un père infortuné soulage la vieillesse,
Le console, le sert, et craint d'apercevoir
Qu'elle va quelquefois par delà son devoir.
On la voit supporter la fatigue obstinée
Pour laquelle on sent trop qu'elle n'était point née ;
Elle brille surtout dans nos champêtres jeux,
Nobles amusements d'un peuple belliqueux ;
Elle est de nos beautés l'amour et le modèle ;
Le ciel la récompense en la rendant plus belle.

HERMODAN.

Oui, je la crois, mon fils, digne de tant d'amour :
Mais d'où vient que son père, admis dans ce séjour,
Plus formé qu'elle encore aux usages des Scythes,

Adorateur des lois que nos mœurs ont prescrites,
Notre ami, notre frère en nos cœurs adopté,
Jamais de son destin n'a rien manifesté?
Sur son rang, sur les siens, pourquoi se taire encore?
Rougit-on de parler de ce qui nous honore?
Et puis-je abandonner ton cœur trop prévenu
Au sang d'un étranger qui craint d'être connu?
INDATIRE.
Quel qu'il soit, il est libre, il est juste, intrépide;
Il m'aime, il est enfin le père d'Obéide.
HERMODAN.
Que je lui parle au moins.

SCÈNE II.

HERMODAN, INDATIRE, SOZAME.

INDATIRE, allant à Sozame.
O vieillard généreux!
O cher concitoyen de nos pâtres heureux!
Les Persans, en ce jour venus dans la Scythie,
Seront donc les témoins du saint nœud qui nous lie!
Je tiendrai de tes mains un don plus précieux
Que le trône où Cyrus se crut égal aux dieux.
J'en atteste les miens et le jour qui m'éclaire,
Mon cœur se donne à toi comme il est à mon père;
Je te sers comme lui. Quoi! tu verses des pleurs!
SOZAME.
J'en verse de tendresse; et si dans mes malheurs
Cette heureuse alliance, où mon bonheur se fonde,
Guérit d'un cœur flétri la blessure profonde,
La cicatrice en reste; et les biens les plus chers
Rappellent quelquefois les maux qu'on a soufferts.
INDATIRE.
J'ignore tes chagrins; ta vertu m'est connue:
Qui peut donc t'affliger? Ma candeur ingénue
Mérite que ton cœur au mien daigne s'ouvrir.
HERMODAN.
A la tendre amitié tu peux tout découvrir;
Tu le dois.

SOZAME.

O, mon fils ! ô mon cher Indatire !
Ma fille est, je le sais, soumise à mon empire ;
Elle est l'unique bien que les dieux m'ont laissé.
J'ai voulu cet hymen, je l'ai déjà pressé ;
Je ne la gêne point sous la loi paternelle ;
Son choix ou son refus, tout doit dépendre d'elle.
Que ton père aujourd'hui, pour former ce lien,
Traite son digne sang comme je fais le mien ;
Et que la liberté de ta sage contrée
Préside à l'union que j'ai tant désirée.
Avec ce digne ami laisse-moi m'expliquer :
Va, ma bouche jamais ne pourra révoquer
L'arrêt qu'en ta faveur aura porté ma fille.
Va, cher et noble espoir de ma triste famille,
Mon fils, obtiens ses vœux, je te réponds des miens.

INDATIRE.

J'embrasse tes genoux, et je revole aux siens.

SCÈNE III.

HERMODAN, SOZAME[1].

SOZAME.

Ami, reposons-nous sur ce siége sauvage,
Sous ce dais qu'ont formé la mousse et le feuillage.
La nature nous l'offre ; et je hais dès longtemps
Ceux que l'art a tissus dans les palais des grands.

HERMODAN.

Tu fus donc grand en Perse ?

SOZAME.

  Il est vrai.

HERMODAN.

      Ton silence
M'a privé trop longtemps de cette confidence.
Je ne hais point les grands ; j'en ai vu quelquefois
Qu'un désir curieux attira dans nos bois :

---

1. « La pièce est difficile à jouer, écrivait Voltaire. Elle a surtout besoin de deux vieillards qui soient naturels et attendrissants. »

J'aimai de ces Persans les mœurs nobles et fières.
Je sais que les humains sont nés égaux et frères ;
Mais je n'ignore pas que l'on doit respecter
Ceux qu'en exemple au peuple un roi veut présenter ;
Et la simplicité de notre république
N'est point une leçon pour l'état monarchique.
Craignais-tu qu'un ami te fût moins attaché ?
Crois-moi, tu t'abusais.

SOZAME.
Si je t'ai tant caché
Mes honneurs, mes chagrins, ma chute, ma misère,
La source de mes maux, pardonne au cœur d'un père :
J'ai tout perdu : ma fille est ici sans appui ;
Et j'ai craint que le crime, et la honte d'autrui
Ne rejaillît sur elle et ne flétrît sa gloire.
Apprends d'elle et de moi la malheureuse histoire.

(Ils s'asseyent tous deux.)

HERMODAN.
Sèche tes pleurs, et parle.

SOZAME.
Apprends que sous Cyrus
Je portais la terreur aux peuples éperdus.
Ivre de cette gloire à qui l'on sacrifie,
Ce fut moi dont la main subjugua l'Hircanie,
Pays libre autrefois.

HERMODAN.
Il est bien malheureux ;
Il fut libre.

SOZAME.
Ah ! crois-moi, tous ces exploits affreux[1],
Ce grand art d'opprimer, trop indigne du brave,
D'être esclave d'un roi pour faire un peuple esclave,
De ramper par fierté pour se faire obéir,
M'ont égaré longtemps, et font mon repentir...
Enfin Cyrus, sur moi, répandant ses largesses,
M'orna de dignités, me combla de richesses ;
A ses conseils secrets je fus associé.
Mon protecteur mourut, et je fus oublié.
J'abandonnai Cambyse, illustre téméraire,

---

1. Voyez la seconde préface, page 271.

Indigne successeur de son auguste père ;
Ecbatane, du Mède autrefois le séjour,
Cacha mes cheveux blancs à sa nouvelle cour :
Mais son frère Smerdis, gouvernant la Médie,
Smerdis, de la vertu persécuteur impie,
De mes jours honorés empoisonna la fin.
Un enfant de sa sœur, un jeune homme sans frein,
Généreux, il est vrai, vaillant, peut-être aimable,
Mais dans ses passions caractère indomptable,
Méprisant son épouse en possédant son cœur,
Pour la jeune Obéide épris avec fureur,
Prétendit m'arracher, en maître despotique,
Ce soutien de mon âge et mon espoir unique.
Athamare est son nom ; sa criminelle ardeur
M'entraînait au tombeau couvert de déshonneur.

HERMODAN.
As-tu par son trépas repoussé cet outrage ?

SOZAME.
J'osai l'en menacer. Ma fille eut le courage
De me forcer à fuir les transports violents
D'un esprit indomptable en ses emportements :
De sa mère en ce temps les dieux l'avaient privée ;
Par moi seul à ce prince elle fut enlevée.
Les dignes courtisans de l'infâme Smerdis,
Monstres par ma retraite à parler enhardis,
Employèrent bientôt leurs armes ordinaires,
L'art de calomnier en paraissant sincères ;
Ils feignaient de me plaindre en osant m'accuser,
Et me cachaient la main qui savait m'écraser ;
C'est un crime en Médie, ainsi qu'à Babylone,
D'oser parler en homme à l'héritier du trône.

HERMODAN.
O de la servitude effets avilissants !
Quoi ! la plainte est un crime à la cour des Persans !

SOZAME.
Le premier de l'État, quand il a pu déplaire,
S'il est persécuté, doit souffrir et se taire.

HERMODAN.
Comment recherchas-tu cette basse grandeur[1] ?
(Les deux vieillards se lèvent.)

---

1. La censure laissa passer ces vers. « La police a jugé sagement, écrivait Voltaire, que ces choses-là n'arrivaient qu'en Perse. »

SOZAME.

Ce souvenir honteux soulève encor mon cœur.
Ami, tout ce que peut l'adroite calomnie,
Pour m'arracher l'honneur, la fortune et la vie,
Tout fut tenté par eux, et tout leur réussit :
Smerdis proscrit ma tête ; on partage, on ravit,
Mes emplois et mes biens, le prix de mon service[1] :
Ma fille en fait sans peine un noble sacrifice,
Ne voit plus que son père ; et, subissant son sort,
Accompagne ma fuite et s'expose à la mort.
Nous partons ; nous marchons de montagne en abîme ;
Du Taurus escarpé nous franchissons la cime.
Bientôt dans vos forêts, grâce au ciel parvenu,
J'y trouvai le repos qui m'était inconnu.
J'y voudrais être né. Tout mon regret, mon frère,
Est d'avoir parcouru ma fatale carrière
Dans les camps, dans les cours, à la suite des rois,
Loin des seuls citoyens gouvernés par les lois ;
Mais je sens que ma fille, aux déserts enterrée,
Du faste des grandeurs autrefois entourée,
Dans le secret du cœur pourrait entretenir
De ses honneurs passés l'importun souvenir ;
J'ai peur que la raison, l'amitié filiale,
Combattent faiblement l'illusion fatale,
Dont le charme trompeur a fasciné toujours
Des yeux accoutumés à la pompe des cours :
Voilà ce qui tantôt, rappelant mes alarmes,
A rouvert un moment la source de mes larmes[2].

HERMODAN.

Que peux-tu craindre ici ? Qu'a-t-elle à regretter ?
Nous valons pour le moins ce qu'elle a su quitter :
Elle est libre avec nous, applaudie, honorée ;
D'aucuns soins dangereux sa paix n'est altérée.
La franchise qui règne en notre heureux séjour
Fait mépriser les fers et l'orgueil de ta cour.

SOZAME.

Je mourrais trop content si ma chère Obéide
Haïssait comme moi cette cour si perfide.

---

1. Voltaire raconte ici sa propre histoire, avant son refuge en Suisse. (G. A.)
2. Mme Denis, sa nièce, regretta longtemps Paris, et c'est pour la distraire que le philosophe eut à Ferney un si grand train de maison.

Pourra-t-elle en effet penser, dans ses beaux ans,
Ainsi qu'un vieux soldat détrompé par le temps?
Tu connais, cher ami, mes grandeurs éclipsées,
Et mes soupçons présents, et mes douleurs passées;
Cache-les à ton fils, et que de ses amours
Mes chagrins inquiets n'altèrent point le cours.

HERMODAN.

Va, je te le promets; mais apprends qu'on devine
Dans ces rustiques lieux ton illustre origine;
Tu n'en es pas moins cher à nos simples esprits.
Je tairai tout le reste, et surtout à mon fils;
Il s'en alarmerait.

SCÈNE IV.

HERMODAN, SOZAME, INDATIRE.

INDATIRE.

Obéide se donne,
Obéide est à moi, si ta bonté l'ordonne,
Si mon père y souscrit.

SOZAME.

Nous l'approuvons tous deux;
Notre bonheur, mon fils, est de te voir heureux.
Cher ami, ce grand jour renouvelle ma vie;
Il me fait citoyen de ta noble patrie.

SCÈNE V.

SOZAME, HERMODAN, INDATIRE, UN SCYTHE.

LE SCYTHE.

Respectables vieillards, sachez que nos hameaux
Seront bientôt remplis de nos hôtes nouveaux.
Leur chef est empressé de voir dans la Scythie
Un guerrier qu'il connut aux champs de la Médie;
Il nous demande à tous en quels lieux est caché
Ce vieillard malheureux qu'il a longtemps cherché.

HERMODAN, à Sozame.

O ciel! jusqu'en mes bras il viendrait te poursuivre!

INDATIRE.
Lui, poursuivre Sozame! Il cesserait de vivre.
LE SCYTHE.
Ce généreux Persan ne vient point défier
Un peuple de pasteurs innocent et guerrier;
Il paraît accablé d'une douleur profonde :
Peut-être est-ce un banni qui se dérobe au monde,
Un illustre exilé qui, dans nos régions,
Fuit une cour féconde en révolutions.
Nos pères en ont vu qui, loin de ces naufrages,
Rassasiés de trouble, et fatigués d'orages,
Préféraient de nos mœurs la grossière âpreté
Aux attentats commis avec urbanité.
Celui-ci paraît fier, mais sensible, mais tendre;
Il veut cacher les pleurs que je l'ai vu répandre.

HERMODAN, à Sozame.
Ses pleurs me sont suspects, ainsi que ses présents.
Pardonne à mes soupçons, mais je crains les Persans ;
Ces esclaves brillants veulent au moins séduire.
Peut-être c'est à toi qu'on cherche encore à nuire;
Peut-être ton tyran, par ta fuite trompé,
Demande ici ton sang à sa rage échappé,
D'un prince quelquefois le malheureux ministre
Pleure en obéissant à son ordre sinistre.

SOZAME.
Oubliant tous les rois dans ces heureux climats,
Je suis oublié d'eux, et je ne les crains pas[1].

INDATIRE, à Sozame.
Nous mourrions à tes pieds avant qu'un téméraire
Pût manquer seulement de respect à mon père.

LE SCYTHE.
S'il vient pour te trahir, va, nous l'en punirons;
Si c'est un exilé, nous le protégerons.

INDATIRE.
Ouvrons en paix nos cœurs à la pure allégresse.
Que nous fait d'un Persan la joie ou la tristesse?
Et qui peut chez le Scythe envoyer la terreur?
Ce mot honteux de crainte a révolté mon cœur.
Mon père, mes amis, daignez de vos mains pures

---

1. Toujours Voltaire à Ferney. (G. A.)

Préparer cet autel redouté des parjures ;
Ces festons, ces flambeaux, ces gages de ma foi.
(A Sozame.)
Viens présenter la main qui combattra pour toi,
Cette main trop heureuse, à ta fille promise,
Terrible aux ennemis, à toi toujours soumise.

FIN DU PREMIER ACTE.

ACTE DEUXIÈME.

SCÈNE I.

OBÉIDE, SULMA.

SULMA.

Vous y résolvez-vous ?

OBÉIDE[1].

Oui, j'aurai le courage
D'ensevelir mes jours en ce désert sauvage ;
On ne me verra point, lasse d'un long effort,
D'un père inébranlable attendre ici la mort
Pour aller dans les murs de l'ingrate Ecbatane
Essayer d'adoucir la loi qui le condamne,
Pour aller recueillir des débris dispersés
Que tant d'avides mains ont en foule amassés.
Quand sa fuite en ces lieux fut par lui méditée,
Ma jeunesse peut-être en fut épouvantée ;
Mais j'eus honte bientôt de ce secret retour
Qui rappelait mon cœur à mon premier séjour.
J'ai sans doute à ce cœur fait trop de violence
Pour démentir jamais tant de persévérance.
Je me suis fait enfin, dans ces grossiers climats,
Un esprit et des mœurs que je n'espérais pas.
Ce n'est plus Obéide à la cour adorée,
D'esclaves couronnés à toute heure entourée ;
Tous ces grands de la Perse, à ma porte rampants,
Ne viennent plus flatter l'orgueil de mes beaux ans.
D'un peuple industrieux les talents mercenaires
De mon goût dédaigneux ne sont plus tributaires ;
J'ai pris un nouvel être ; et, s'il m'en a coûté

---

1. Voilà maintenant Mme Denis. (G. A.)

Pour subir le travail avec la pauvreté,
La gloire de me vaincre et d'imiter mon père,
En m'en donnant la force, est mon noble salaire.
SULMA.
Votre rare vertu passe votre malheur :
Dans votre abaissement je vois votre grandeur,
Je vous admire en tout; mais le cœur est-il maître
De renoncer aux lieux où le ciel nous fit naître?
La nature a ses droits; ses bienfaisantes mains
Ont mis ce sentiment dans les faibles humains.
On souffre en sa patrie, elle peut nous déplaire;
Mais quand on l'a perdue, alors elle est bien chère.
OBÉIDE.
Le ciel m'en donne une autre, et je la dois chérir,
La supporter du moins, y languir, y mourir;
Telle est ma destinée... Hélas! tu l'as suivie!
Tu quittas tout pour moi, tu consoles ma vie;
Mais je serais barbare en t'osant proposer
De porter ce fardeau qui commence à peser.
Dans les lâches parents qui m'ont abandonnée
Tu trouveras peut-être une âme assez bien née,
Compatissante assez pour acquitter vers toi
Ce que le sort m'enlève, et ce que je te doi;
D'une pitié bien juste elle sera frappée
En voyant de mes pleurs une lettre trempée.
Pars, ma chère Sulma; revois, si tu le veux,
La superbe Ecbatane et ses peuples heureux;
Laisse dans ces déserts ta fidèle Obéide.
SULMA.
Ah! que la mort plutôt frappe cette perfide
Si jamais je conçois le criminel dessein
De chercher loin de vous un bonheur incertain!
J'ai vécu pour vous seule, et votre destinée
Jusques à mon tombeau tient la mienne enchaînée;
Mais je vous l'avouerai, ce n'est pas sans horreur
Que je vois tant d'appas, de gloire, de grandeur,
D'un soldat de Scythie être ici le partage.
OBÉIDE.
Après mon infortune, après l'indigne outrage
Qu'a fait à ma famille, à mon âge, à mon nom,
De l'immortel Cyrus un fatal rejeton;
De la cour à jamais lorsque tout me sépare,

Quand je dois tant haïr ce funeste Athamare ;
Sans état, sans patrie, inconnue en ces lieux,
Tous les humains, Sulma, sont égaux à mes yeux ;
Tout m'est indifférent.

SULMA.

Ah ! contrainte inutile !
Est-ce avec des sanglots qu'on montre un cœur tranquille ?

OBÉIDE.

Cesse de m'arracher, en croyant m'éblouir,
Ce malheureux repos dont je cherche à jouir.
Au parti que je prends je me suis condamnée.
Va, si mon cœur m'appelle aux lieux où je suis née,
Ce cœur doit s'en punir ; il se doit imposer
Un frein qui le retienne, et qu'il n'ose briser.

SULMA.

D'un père infortuné, victime volontaire,
Quels reproches, hélas ! auriez-vous à vous faire ?

OBÉIDE.

Je ne m'en ferai plus. Dieux ! je vous le promets,
Obéide à vos yeux ne rougira jamais.

SULMA.

Qui, vous ?

OBÉIDE.

Tout est fini. Mon père veut un gendre,
Il désigne Indatire, et je sais trop l'entendre :
Le fils de son ami doit être préféré.

SULMA.

Votre choix est donc fait ?

OBÉIDE.

Tu vois l'autel sacré
Que préparent déjà mes compagnes heureuses,
Ignorant de l'hymen les chaînes dangereuses,
Tranquilles, sans regrets, sans cruel souvenir[1].

SULMA.

D'où vient qu'à cet aspect vous paraissez frémir ?

---

1. Voltaire voulait que pendant cette scène de jeunes bergères, vêtues de blanc, vinssent attacher des guirlandes aux arbres qui entourent l'autel. (G. A.)

SCÈNE II.

OBÉIDE, SULMA, INDATIRE.

INDATIRE.

Cet autel me rappelle en ces forêts si chères ;
Tu conduis tous mes pas ; je devance nos pères :
Je viens lire en tes yeux, entendre de ta voix,
Que ton heureux époux est nommé par ton choix :
L'hymen est parmi nous le nœud que la nature
Forme entre deux amants de sa main libre et pure ;
Chez les Persans, dit-on, l'intérêt odieux,
Les folles vanités, l'orgueil ambitieux,
De cent bizarres lois la contrainte importune,
Soumettent tristement l'amour à la fortune :
Ici le cœur fait tout, ici l'on vit pour soi ;
D'un mercenaire hymen on ignore la loi ;
On fait sa destinée. Une fille guerrière
De son guerrier chéri court la noble carrière,
Se plaît à partager ses travaux et son sort,
L'accompagne aux combats, et sait venger sa mort[1].
Préfères-tu nos mœurs aux mœurs de ton empire ?
La sincère Obéide aime-t-elle Indatire ?

OBÉIDE.

Je connais tes vertus, j'estime ta valeur,
Et de ton cœur ouvert la naïve candeur ;
Je te l'ai déjà dit, je l'ai dit à mon père ;
Et son choix et le mien doivent te satisfaire.

INDATIRE.

Non, tu sembles parler un langage étranger,
Et même en m'approuvant tu viens de m'affliger.
Dans les murs d'Ecbatane est-ce ainsi qu'on s'explique ?
Obéide, est-il vrai qu'un astre tyrannique
Dans cette ville immense a pu te mettre au jour ?
Est-il vrai que tes yeux brillèrent à la cour,
Et que l'on t'éleva dans ce riche esclavage
Dont à peine en ces lieux nous concevons l'image ?
Dis-moi, chère Obéide, aurais-je le malheur
Que le ciel t'eût fait naître au sein de la grandeur ?

---

1. Ces vers préparent le cinquième acte.

OBÉIDE.

Ce n'est point ton malheur, c'est le mien... Ma mémoire
Ne me retrace plus cette trompeuse gloire ;
Je l'oublie à jamais.

INDATIRE.

Plus ton cœur adoré
En perd le souvenir, plus je m'en souviendrai.
Vois-tu d'un œil content cet appareil rustique,
Le monument heureux de notre culte antique,
Où nos pères bientôt recevront les serments
Dont nos cœurs et nos dieux sont les sacrés garants?
Obéide, il n'a rien de la pompe inutile
Qui fatigue ces dieux dans ta superbe ville ;
Il n'a pour ornement que des tissus de fleurs,
Présents de la nature, images de nos cœurs.

OBÉIDE.

Va, je crois que des cieux le grand et juste maître
Préfère ce saint culte et cet autel champêtre
A nos temples fameux que l'orgueil a bâtis.
Les dieux qu'on y fait d'or y sont bien mal servis [1].

INDATIRE.

Sais-tu que ces Persans venus sur ces rivages
Veulent voir notre fête et nos riants bocages?
Par la main des vertus ils nous verront unis.

OBÉIDE.

Les Persans!.... Que dis-tu?... Les Persans!

INDATIRE.

Tu frémis!
Quelle pâleur, ô ciel, sur ton front répandue!
Des esclaves d'un roi peux-tu craindre la vue?

OBÉIDE.

Ah, ma chère Sulma!

SULMA.

Votre père et le sien
Viennent former ici votre éternel lien.

INDATIRE.

Nos parents, nos amis, tes compagnes fidèles,

---

1. On lit dans *Philémon et Baucis,* de La Fontaine :

> Jamais le ciel ne fut aux humains si facile
> Que quand Jupiter même était de simple bois.
> Depuis qu'on l'a fait d'or il est sourd à nos voix.

Viennent tous consacrer nos fêtes solennelles.
OBÉIDE, à Sulma.
Allons... je l'ai voulu.

SCÈNE III.

OBÉIDE, SULMA, INDATIRE, SOZAME, HERMODAN.

(Des filles couronnées de fleurs, et des Scythes sans armes, font un demi-cercle autour de l'autel.)

HERMODAN.
Voici l'autel sacré,
L'autel de la nature à l'amour préparé,
Où je fis mes serments, où jurèrent nos pères.
(A Obéide.)
Nous n'avons point ici de plus pompeux mystères :
Notre culte, Obéide, est simple comme nous.
SOZAME, à Obéide.
De la main de ton père accepte ton époux.
(Obéide et Indatire mettent la main sur l'autel.)
INDATIRE.
Je jure à ma patrie, à mon père, à moi-même,
A nos dieux éternels, à cet objet que j'aime,
De l'aimer encor plus quand cet heureux moment
Aura mis Obéide aux mains de son amant ;
Et, toujours plus épris, et toujours plus fidèle,
De vivre, de combattre, et de mourir pour elle.
OBÉIDE.
Je me soumets, grands dieux ! à vos augustes lois ;
Je jure d'être à lui... Ciel ! qu'est-ce que je vois ?
(Ici Athamare et des Persans paraissent.
SULMA.
Ah ! madame.
OBÉIDE.
Je meurs ; qu'on m'emporte.
INDATIRE.
Ah ! Sozame,
Quelle terreur subite a donc frappé son âme ?
Compagnes d'Obéide, allons à son secours.
(Les femmes scythes sortent avec Indatire.)

SCÈNE IV.

SOZAME, HERMODAN, ATHAMARE, HIRCAN, scythes.

ATHAMARE[1].

Scythes, demeurez tous...

SOZAME.

Voici donc de mes jours
Le jour le plus étrange et le plus effroyable !

ATHAMARE.

Me reconnais-tu bien ?

SOZAME.

Quel sort impitoyable
T'a conduit dans ces lieux de retraite et de paix ?
Tu dois être content des maux que tu m'as faits.
Ton indigne monarque avait proscrit ma tête ;
Viens-tu la demander ? malheureux ! elle est prête ;
Mais tremble pour la tienne. Apprends que tu te vois
Chez un peuple équitable et redouté des rois.
Je demeure étonné de l'audace inouïe
Qui t'amène si loin pour hasarder ta vie.

ATHAMARE.

Peuple juste, écoutez ; je m'en remets à vous :
Le neveu de Cyrus vous fait juge entre nous.

HERMODAN.

Toi ! neveu de Cyrus ! et tu viens chez les Scythes !

ATHAMARE.

L'équité m'y conduit... Vainement tu t'irrites,
Infortuné Sozame, à l'aspect imprévu
Du fatal ennemi par qui tu fus perdu.
Je te persécutai ; ma fougueuse jeunesse
Offensa ton honneur, accabla ta vieillesse ;
Un roi t'a dépouillé de tes biens, de ton rang ;
Un jugement inique a poursuivi ton sang.
Scythes, ce roi n'est plus ; et la première idée
Dont après son trépas mon âme est possédée
Est de rendre justice à cet infortuné.
Oui, Sozame, à tes pieds les dieux m'ont amené
Pour expier ma faute, hélas ! trop pardonnable :

---

1. Imaginez un marquis français. (G. A.)

La suite en fut terrible, inhumaine, exécrable ;
Elle accabla mon cœur : il la faut réparer.
Dans tes honneurs passés daigne à la fin rentrer :
Je partage avec toi mes trésors, ma puissance ;
Ecbatane est du moins sous mon obéissance :
C'est tout ce qui demeure aux enfants de Cyrus ;
Tout le reste a subi les lois de Darius.
Mais je suis assez grand si ton cœur me pardonne ;
Ton amitié, Sozame, ajoute à ma couronne.
Nul monarque avant moi, sur le trône affermi,
N'a quitté ses États pour chercher un ami ;
Je donne cet exemple, et ton maître te prie ;
Entends sa voix, entends la voix de ta patrie ;
Cède aux vœux de ton roi qui vient te rappeler,
Cède aux pleurs qu'à tes yeux mes remords font couler.

HERMODAN.
Je me sens attendri d'un spectacle si rare.

SOZAME.
Tu ne me séduis point, généreux Athamare.
Si le repentir seul avait pu t'amener,
Malgré tous mes affronts je saurais pardonner.
Tu sais quel est mon cœur, il n'est point inflexible ;
Mais je lis dans le tien ; je le connais sensible ;
Je vois trop les chagrins dont il est désolé ;
Et ce n'est pas pour moi que tes pleurs ont coulé.
Il n'est plus temps ; adieu. Les champs de la Scythie
Me verront achever ma languissante vie.
Instruit bien chèrement, trop fier et trop blessé,
Pour vivre dans ta cour où tu m'as offensé,
Je mourrai libre ici... Je me tais ; rends-moi grâce
De ne pas révéler ta dangereuse audace.
Ami, courons chercher et ma fille et ton fils.

HERMODAN.
Viens, redoublons les nœuds qui nous ont tous unis.

SCÈNE V.

ATHAMARE, HIRCAN.

ATHAMARE.
Je demeure immobile. O ciel ! ô destinée !
O passion fatale à me perdre obstinée !

Il n'est plus temps, dit-il ; il a pu sans pitié
Voir son roi repentant, son maître humilié !
Ami, quand nous percions cette horde assemblée,
J'ai vu près de l'autel une femme voilée,
Qu'on a soudain soustraite à mon œil égaré.
Quel est donc cet autel de guirlandes paré ?
Quelle était cette fête en ces lieux ordonnée ?
Pour qui brûlaient ici les flambeaux d'hyménée ?
Ciel ! quel temps je prenais ! A cet aspect d'horreur
Mes remords douloureux se changent en fureur.
Grands dieux, s'il était vrai !

HIRCAN.

Dans les lieux où vous êtes
Gardez-vous d'écouter ces fureurs indiscrètes :
Respectez, croyez-moi, les modestes foyers
D'agrestes habitants, mais de vaillants guerriers,
Qui, sans ambition, comme sans avarice,
Observateurs zélés de l'exacte justice,
Ont mis leur seule gloire en leur égalité,
De qui vos grandeurs même irritent la fierté.
N'allez point alarmer leur noble indépendance ;
Ils savent la défendre ; ils aiment la vengeance ;
Ils ne pardonnent point quand ils sont offensés.

ATHAMARE.

Tu t'abuses, ami ; je les connais assez ;
J'en ai vu dans nos camps, j'en ai vu dans nos villes,
De ces Scythes altiers, à nos ordres dociles,
Qui briguaient, en vantant leurs stériles climats,
L'honneur d'être comptés au rang de nos soldats[1].

HIRCAN.

Mais, souverains chez eux...

ATHAMARE.

Ah ! c'est trop contredire
Le dépit qui me ronge, et l'amour qui m'inspire :
Ma passion m'emporte, et ne raisonne pas.
Si j'eusse été prudent, serais-je en leurs États ?
Au bout de l'univers Obéide m'entraîne ;
Son esclave échappé lui rapporte sa chaîne,
Pour l'enchaîner moi-même au sort qui me poursuit,
Pour l'arracher des lieux où sa douleur me fuit,

---

1. Il s'agit ici des Suisses mercenaires au service de la France. (G. A.)

ACTE II, SCÈNE V.

Pour la sauver enfin de l'indigne esclavage
Qu'un malheureux vieillard impose à son jeune âge ;
Pour mourir à ses pieds d'amour et de fureur,
Si ce cœur déchiré ne peut fléchir son cœur.

HIRCAN.

Mais si vous écoutiez...

ATHAMARE.

Non... je n'écoute qu'elle.

HIRCAN.

Attendez.

ATHAMARE.

Que j'attende! et que de la cruelle
Quelque rival indigne, à mes yeux possesseur,
Insulte mon amour, outrage mon honneur!
Que du bien qu'il m'arrache il soit en paix le maître!
Mais trop tôt, cher ami, je m'alarme peut-être ;
Son père à ce vil choix pourra-t-il la forcer ?
Entre un Scythe et son maître a-t-elle à balancer ?
Dans son cœur autrefois j'ai vu trop de noblesse
Pour croire qu'à ce point son orgueil se rabaisse.

HIRCAN.

Mais si dans ce choix même elle eût mis sa fierté ?

ATHAMARE.

De ce doute offensant je suis trop irrité.
Allons ; si mes remords n'ont pu fléchir son père,
S'il méprise mes pleurs... qu'il craigne ma colère.
Je sais qu'un prince est homme, et qu'il peut s'égarer ;
Mais lorsqu'au repentir facile à se livrer,
Reconnaissant sa faute, et s'oubliant soi-même,
Il va jusqu'à blesser l'honneur du rang suprême,
Quand il répare tout, il faut se souvenir
Que s'il demande grâce, il la doit obtenir.

FIN DU DEUXIÈME ACTE.

ACTE TROISIÈME.

SCÈNE I.

ATHAMARE, HIRCAN.

ATHAMARE.
Quoi! c'était Obéide! Ah! j'ai tout pressenti;
Mon cœur désespéré m'avait trop averti :
C'était elle, grands dieux!
HIRCAN.
Ses compagnes tremblantes
Rappelaient ses esprits sur ses lèvres mourantes...
ATHAMARE.
Elle était en danger? Obéide!
HIRCAN.
Oui, seigneur;
Et, ranimant à peine un reste de chaleur,
Dans ces cruels moments, d'une voix affaiblie,
Sa bouche a prononcé le nom de la Médie.
Un Scythe me l'a dit, un Scythe qu'autrefois
La Médie avait vu combattre sous nos lois.
Son père et son époux sont encore auprès d'elle.
ATHAMARE.
Qui? son époux, un Scythe?
HIRCAN.
Eh quoi! cette nouvelle
A votre oreille encor, seigneur, n'a pu voler?
ATHAMARE.
Eh! qui des miens, hors toi, m'ose jamais parler?
De mes honteux secrets quel autre a pu s'instruire?
Son époux, me dis-tu?
HIRCAN.
Le vaillant Indatire,
Jeune, et de ces cantons l'espérance et l'honneur,
Lui jurait ici même une éternelle ardeur,
Sous ces mêmes cyprès, à cet autel champêtre,

Aux clartés des flambeaux que j'ai vus disparaître.
Vous n'étiez pas encore arrivé vers l'autel
Qu'un long tressaillement, suivi d'un froid mortel,
A fermé les beaux yeux d'Obéide oppressée.
Des filles de Scythie une foule empressée
La portait en pleurant sous ces rustiques toits,
Asile malheureux dont son père a fait choix :
Ce vieillard la suivait d'une démarche lente,
Sous le fardeau des ans affaiblie et pesante,
Quand vous avez sur vous attiré ses regards.
ATHAMARE.
Mon cœur, à ce récit, ouvert de toutes parts,
De tant d'impressions sent l'atteinte subite,
Dans ses derniers replis un tel combat s'excite
Que sur aucun parti je ne puis me fixer;
Et je démêle mal ce que je puis penser.
Mais d'où vient qu'en ce temple Obéide rendue
En touchant cet autel est tombée éperdue?
Parmi tous ces pasteurs elle aura d'un coup d'œil
Reconnu des Persans le fastueux orgueil;
Ma présence à ses yeux a montré tous mes crimes,
Mes amours emportés, mes feux illégitimes,
A l'affreuse indigence un père abandonné,
Par un monarque injuste à la mort condamné,
Sa fuite, son séjour en ce pays sauvage,
Cette foule de maux qui sont tous mon ouvrage;
Elle aura rassemblé ces objets de terreur :
Elle imite son père, et je lui fais horreur.
HIRCAN.
Un tel saisissement, ce trouble involontaire,
Pourraient-ils annoncer la haine et la colère?
Les soupirs, croyez-moi, sont la voix des douleurs,
Et les yeux irrités ne versent point de pleurs.
ATHAMARE.
Ah! lorsqu'elle m'a vu, si son âme surprise
D'une ombre de pitié s'était au moins éprise;
Si, lisant dans mon cœur, son cœur eût éprouvé
Un tumulte secret faiblement élevé!...
Si l'on me pardonnait! Tu me flattes peut-être;
Ami, tu prends pitié des erreurs de ton maître.
Qu'ai-je fait, que ferai-je, et quel sera mon sort?
Mon aspect en tout temps lui porta donc la mort!

Mais, dis-tu, dans le mal qui menaçait sa vie,
Sa bouche a prononcé le nom de sa patrie?
>HIRCAN.

Elle l'aime, sans doute.
>ATHAMARE.

Ah! pour me secourir
C'est une arme du moins qu'elle daigne m'offrir.
Elle aime sa patrie!... elle épouse Indatire!
Va, l'honneur dangereux où le barbare aspire
Lui coûtera bientôt un sanglant repentir :
C'est un crime trop grand pour ne le pas punir.
>HIRCAN.

Pensez-vous être encor dans les murs d'Ecbatane?
Là votre voix décide, elle absout ou condamne;
Ici vous péririez. Vous êtes dans des lieux
Que jadis arrosa le sang de vos aïeux.
>ATHAMARE.

Eh bien! j'y périrai.
>HIRCAN.

Quelle fatale ivresse!
Age des passions, trop aveugle jeunesse,
Où conduis-tu les cœurs à leurs penchants livrés!
>ATHAMARE.

Qui vois-je donc paraître en ces champs abhorrés?
>(Indatire passe dans le fond du théâtre, à la tête d'une troupe de guerriers.)

Que veut, le fer en main, cette troupe rustique?
>HIRCAN.

On m'a dit qu'en ces lieux c'est un usage antique;
Ce sont de simples jeux par le temps consacrés,
Dans les jours de l'hymen noblement célébrés.
Tous leurs jeux sont guerriers; la valeur les apprête :
Indatire y préside; il s'avance à leur tête.
Tout le sexe est exclu de ces solennités;
Et les mœurs de ce peuple ont des sévérités
Qui pourraient des Persans condamner la licence [1].
>ATHAMARE.

Grands dieux! vous me voulez conduire en sa présence!
Cette fête du moins m'apprend que vos secours
Ont dissipé l'orage élevé sur ses jours.
Oui, mes yeux la verront.

---

1. Voltaire dépeint ici les tirs suisses. (G. A.)

HIRCAN.

Oui, seigneur, Obéide
Marche vers la cabane où son père réside.

ATHAMARE.

C'est elle; je la vois. Tâche de désarmer
Ce père malheureux que je n'ai pu calmer...
Des chaumes! des roseaux! voilà donc sa retraite!
Ah! peut-être elle y vit tranquille et satisfaite;
Et moi...

SCÈNE II.

OBÉIDE, SULMA, ATHAMARE.

ATHAMARE.

Non, demeurez, ne vous détournez pas;
De vos regards du moins honorez mon trépas;
Qu'à vos genoux tremblants un malheureux périsse.

OBÉIDE.

Ah! Sulma, qu'en tes bras mon désespoir finisse;
C'en est trop... Laisse-moi, fatal persécuteur;
Va, c'est toi qui reviens pour m'arracher le cœur.

ATHAMARE.

Écoute un seul moment.

OBÉIDE.

Eh! le dois-je, barbare?
Dans l'état où je suis que peut dire Athamare?

ATHAMARE.

Que l'amour m'a conduit du trône en tes forêts,
Qu'épris de tes vertus, honteux de mes forfaits,
Désespéré, soumis, mais furieux encore,
J'idolâtre Obéide autant que je m'abhorre.
Ah! ne détourne point tes regards effrayés:
Il me faut ou mourir ou régner à tes pieds.
Frappe, mais entends-moi [1]. Tu sais déjà peut-être
Que de mon sort enfin les dieux m'ont rendu maître;
Que Smerdis et ma femme, en un même tombeau,
De mon fatal hymen ont éteint le flambeau;

---

1. Dans *Tancrède*, acte III, scène VI, Aménaïde dit:

Frappez, mais écoutez.

C'est la célèbre réponse: *Frappe, mais écoute*, faite par Alcibiade aux menaces d'Eurybiade. (B.)

Qu'Ecbatane est à moi... Non, pardonne, Obéide ;
Ecbatane est à toi : l'Euphrate, la Perside,
Et la superbe Égypte, et les bords indiens,
Seraient à tes genoux s'ils pouvaient être aux miens.
Mais mon trône et ma vie, et toute la nature,
Sont d'un trop faible prix pour payer ton injure.
Ton grand cœur, Obéide, ainsi que ta beauté,
Est au-dessus d'un rang dont il n'est point flatté :
Que la pitié du moins le désarme et le touche.
Les climats où tu vis l'ont-ils rendu farouche?
O cœur né pour aimer, ne peux-tu que haïr?
Image de nos dieux, ne sais-tu que punir?
Ils savent pardonner[1]. Va, ta bonté doit plaindre
Ton criminel amant que tu vois sans le craindre.

OBÉIDE.

Que m'as-tu dit, cruel? Et pourquoi de si loin
Viens-tu de me troubler prendre le triste soin?
Tenter dans ces forêts ma misère tranquille,
Et chercher un pardon... qui serait inutile?
Quand tu m'osas aimer pour la première fois,
Ton roi d'un autre hymen t'avait prescrit les lois :
Sans un crime à mon cœur tu ne pouvais prétendre,
Sans un crime plus grand je ne saurais t'entendre.
Ne fais point sur mes sens d'inutiles efforts :
Je me vois aujourd'hui ce que tu fus alors;
Sous la loi de l'hymen Obéide respire ;
Prends pitié de mon sort... et respecte Indatire.

ATHAMARE.

Un Scythe! un vil mortel!

OBÉIDE.

Pourquoi méprises-tu
Un homme, un citoyen... qui te passe en vertu?

ATHAMARE.

Nul ne m'eût égalé si j'avais pu te plaire ;
Tu m'aurais des vertus aplani la carrière ;
Ton amant deviendrait le premier des humains.
Mon sort dépend de toi : mon âme est dans tes mains ;
Un mot peut la changer : l'amour la fit coupable,

---

1. Corneille a dit dans *Cinna* :

> Grands dieux, qui la rendez comme vous adorable,
> Rendez-la comme vous à mes vœux exorable!

ACTE III, SCÈNE II.

L'amour au monde entier la rendrait respectable.

OBÉIDE.

Ah! que n'eus-tu plus tôt ces nobles sentiments,
Athamare!

ATHAMARE.

Obéide! il en est encor temps.
De moi, de mes États, auguste souveraine,
Viens embellir cette âme esclave de la tienne,
Viens régner.

OBÉIDE.

Puisses-tu, loin de mes tristes yeux,
Voir ton règne honoré de la faveur des dieux!

ATHAMARE.

Je n'en veux point sans toi.

OBÉIDE.

Ne vois plus que ta gloire.

ATHAMARE.

Elle était de t'aimer.

OBÉIDE.

Périsse la mémoire
De mes malheurs passés, de tes cruels amours!

ATHAMARE.

Obéide à la haine a consacré ses jours!

OBÉIDE.

Mes jours étaient affreux; si l'hymen en dispose,
Si tout finit pour moi, toi seul en es la cause;
Toi seul as préparé ma mort dans ces déserts.

ATHAMARE.

Je t'en viens arracher.

OBÉIDE.

Rien ne rompra mes fers;
Je me les suis donnés.

ATHAMARE.

Tes mains n'ont point encore
Formé l'indigne nœud dont un Scythe s'honore.

OBÉIDE.

J'ai fait serment au ciel.

ATHAMARE.

Il ne le reçoit pas.
C'est pour l'anéantir qu'il a guidé mes pas.

OBÉIDE.

Ah!... c'est pour mon malheur...

ATHAMARE.

Obtiendrais-tu d'un père
Qu'il laissât libre au moins une fille si chère,
Que son cœur envers moi ne fût point endurci,
Et qu'il cessât enfin de s'exiler ici ?
Dis-lui...

OBÉIDE.

N'y compte pas. Le choix que j'ai dû faire
Devenait un parti conforme à ma misère :
Il est fait ; mon honneur ne peut le démentir,
Et Sozame jamais n'y pourrait consentir :
Sa vertu t'est connue ; elle est inébranlable.

ATHAMARE.

Elle l'est dans la haine ; et lui seul est coupable.

OBÉIDE.

Tu ne le fus que trop ; tu l'es de me revoir,
De m'aimer, d'attendrir un cœur au désespoir.
Destructeur malheureux d'une triste famille,
Laisse pleurer en paix et le père et la fille.
Il vient ; sors.

ATHAMARE.

Je ne puis.

OBÉIDE.

Sors ; ne l'irrite pas.

ATHAMARE.

Non, tous deux à l'envi donnez-moi le trépas.

OBÉIDE.

Au nom de mes malheurs et de l'amour funeste
Qui des jours d'Obéide empoisonne le reste,
Fuis ; ne l'outrage plus par ton fatal aspect.

ATHAMARE.

Juge de mon amour ; il me force au respect.
J'obéis... Dieux puissants, qui voyez mon offense,
Secondez mon amour, et guidez ma vengeance !

SCÈNE III.

SOZAME, OBÉIDE, SULMA.

SOZAME.

Eh quoi ! notre ennemi nous poursuivra toujours !
Il vient flétrir ici les derniers de mes jours.

ACTE III, SCÈNE III.

Qu'il ne se flatte pas que le déclin de l'âge
Rende un père insensible à ce nouvel outrage.

OBÉIDE.

Mon père... il vous respecte... il ne me verra plus :
Pour jamais à le fuir mes vœux sont résolus.

SOZAME.

Indatire est à toi.

OBÉIDE.

Je le sais.

SOZAME.

Ton suffrage,
Dépendant de toi seule, a reçu son hommage.

OBÉIDE.

J'ai cru vous plaire au moins... j'ai cru que sans fierté
Le fils de votre ami devait être accepté.

SOZAME.

Sais-tu ce qu'Athamare à ma honte propose
Par un de ces Persans dont son pouvoir dispose ?

OBÉIDE.

Qu'a-t-il pu demander?

SOZAME.

De violer ma foi,
De briser tes liens, de le suivre avec toi,
D'arracher ma vieillesse à ma retraite obscure,
De mendier chez lui le prix de ton parjure,
D'acheter par la honte une ombre de grandeur.

OBÉIDE.

Comment recevez-vous cette offre?

SOZAME.

Avec horreur.
Ma fille, au repentir il n'est aucune voie.
Triomphant dans nos jeux, plein d'amour et de joie,
Indatire, en tes bras, par son père conduit,
De l'amour le plus pur attend le digne fruit :
Rien n'en doit altérer l'innocente allégresse.
Les Scythes sont humains, et simples sans bassesse ;
Mais leurs naïves mœurs ont de la dureté ;
On ne les trompe point avec impunité :
Et surtout, de leurs lois vengeurs impitoyables,
Ils n'ont jamais, ma fille, épargné des coupables.

OBÉIDE.

Seigneur, vous vous borniez à me persuader ;

Pour la première fois pourquoi m'intimider?
Vous savez si, du sort bravant les injustices,
J'ai fait depuis quatre ans d'assez grands sacrifices ;
S'il en fallait encor, je les ferais pour vous.
Je ne craindrai jamais mon père ou mon époux.
Je vois tout mon devoir... ainsi que ma misère.
Allez... Vous n'avez point de reproche à me faire.

SOZAME.

Pardonne à ma tendresse un reste de frayeur,
Triste et commun effet de l'âge et du malheur.
Mais qu'il parte aujourd'hui, que jamais sa présence
Ne profane un asile ouvert à l'innocence.

OBÉIDE.

C'est ce que je prétends, seigneur ; et plût aux dieux
Que son fatal aspect n'eût point blessé mes yeux !

SOZAME.

Rien ne troublera plus ton bonheur qui s'apprête,
Et je vais de ce pas en préparer la fête.

SCÈNE IV.

OBÉIDE, SULMA.

SULMA.

Quelle fête cruelle ! Ainsi dans ce séjour
Vos beaux jours enterrés sont perdus sans retour ?

OBÉIDE.

Ah, dieux !

SULMA.

Votre pays, la cour qui vous vit naître,
Un prince généreux... qui vous plaisait peut-être,
Vous les abandonnez sans crainte et sans pitié ?

OBÉIDE.

Mon destin l'a voulu... j'ai tout sacrifié.

SULMA.

Haïriez-vous toujours la cour et la patrie ?

OBÉIDE.

Malheureuse !... jamais je ne l'ai tant chérie.

SULMA.

Ouvrez-moi votre cœur : je le mérite.

OBÉIDE.
Hélas!
Tu n'y découvrirais que d'horribles combats;
Il craindrait trop ta vue et ta plainte importune.
Il est des maux, Sulma, que nous fait la fortune;
Il en est de plus grands dont le poison cruel,
Préparé par nos mains, porte un coup plus mortel.
Mais lorsque dans l'exil, à mon âge, on rassemble,
Après un sort si beau, tant de malheurs ensemble,
Lorsque tous leurs assauts viennent se réunir,
Un cœur, un faible cœur les peut-il soutenir?

SULMA.
Ecbatane... un grand prince...
OBÉIDE.
Ah! fatal Athamare!
Quel démon t'a conduit dans ce séjour barbare?
Que t'a fait Obéide? et pourquoi découvrir
Ce trait longtemps caché qui me faisait mourir?
Pourquoi, renouvelant ma honte et ton injure,
De tes funestes mains déchirer ma blessure?

SULMA.
Madame, c'en est trop : c'est trop vous immoler
A ces préjugés vains qui viennent vous troubler,
A d'inhumaines lois d'une horde étrangère,
Dont un père exilé chargea votre misère.
Hélas! contre les rois son trop juste courroux
Ne sera donc jamais retombé que sur vous!
Quand vous le consolez, faut-il qu'il vous opprime?
Soyez sa protectrice, et non pas sa victime.
Athamare est vaillant, et de braves soldats
Ont jusqu'en ces déserts accompagné ses pas.
Athamare, après tout, n'est-il pas votre maître?

OBÉIDE.
Non.

SULMA.
C'est en ses États que le ciel vous fit naître.
N'a-t-il donc pas le droit de briser un lien,
L'opprobre de la Perse, et le vôtre, et le sien?
M'en croirez-vous? partez, marchez sous sa conduite.
Si vous avez d'un père accompagné la fuite,
Il est temps à la fin qu'il vous suive à son tour;
Qu'il renonce à l'orgueil de dédaigner sa cour;

Que sa douleur farouche, à vous perdre obstinée,
Cesse enfin de lutter contre sa destinée.

OBÉIDE.

Non, ce parti serait injuste et dangereux ;
Il coûterait du sang ; le succès est douteux ;
Mon père expirerait de douleur et de rage...
Enfin l'hymen est fait,.. je suis dans l'esclavage.
L'habitude à souffrir pourra fortifier
Mon courage éperdu qui craignait de plier.

SULMA.

Vous pleurez cependant, et votre œil qui s'égare
Parcourt avec horreur cette enceinte barbare,
Ces chaumes, ces déserts, où des pompes des rois
Je vous vis descendue aux plus humbles emplois ;
Où d'un vain repentir le trait insupportable
Déchire de vos jours le tissu misérable...
Que vous restera-t-il ? hélas !

OBÉIDE.

Le désespoir.

SULMA.

Dans cet état affreux, que faire ?

OBÉIDE.

Mon devoir.

L'honneur de le remplir, le secret témoignage
Que la vertu se rend, qui soutient le courage,
Qui seul en est le prix, et que j'ai dans mon cœur,
Me tiendra lieu de tout, et même du bonheur[1].

---

1. On lit dans Claudian, *Consulatus Mallii Theod.* v. 1 :

> Ipsa quidem virtus pretium sibi, solaque lato
> Fortunæ secura nitet ; nec fascibus ullis
> Erigitur...
> Nil opis externæ cupiens, nil indiga laudis,
> Divitiis animosa suis...

« Le rôle d'Obéide, dit Voltaire, demande d'autant plus d'art qu'elle pense presque toujours le contraire de ce qu'elle dit. Je ne sais pas comment j'ai pu faire un pareil rôle qui est tout l'opposé de mon caractère... C'est dans ce rôle que la lettre tue, et que l'esprit vivifie ; car pendant plus de quatre actes *oui* veut dire *non*. »

FIN DU TROISIÈME ACTE.

ACTE QUATRIÈME.

SCÈNE I.

ATHAMARE, HIRCAN.

ATHAMARE.
Penses-tu qu'Indatire osera me parler?
HIRCAN.
Il l'osera, seigneur.
ATHAMARE.
Qu'il vienne... Il doit trembler.
HIRCAN.
Les Scythes, croyez-moi, connaissent peu la crainte;
Mais d'un tel désespoir votre âme est-elle atteinte
Que vous avilissiez l'honneur de votre rang,
Le sang du grand Cyrus mêlé dans votre sang,
Et d'un trône si saint le droit inviolable,
Jusqu'à vous compromettre avec un misérable
Qu'on verrait, si le sort l'envoyait parmi nous,
A vos premiers suivants ne parler qu'à genoux;
Mais qui, sur ses foyers, peut avec insolence
Braver impunément un prince et sa puissance?
ATHAMARE.
Je m'abaisse, il est vrai; mais je veux tout tenter.
Je descendrais plus bas pour la mieux mériter.
Ma honte est de la perdre; et ma gloire éternelle
Serait de m'avilir pour m'élever vers elle.
Penses-tu qu'Indatire en sa grossièreté
Ait senti comme moi le prix de sa beauté?
Un Scythe aveuglément suit l'instinct qui le guide;
Ainsi qu'une autre femme il épouse Obéide.
L'amour, la jalousie, et ses emportements,
N'ont point dans ces climats apporté leurs tourments;

De ces vils citoyens l'insensible rudesse,
En connaissant l'hymen, ignore la tendresse.
Tous ces grossiers humains sont indignes d'aimer.

HIRCAN.

L'univers vous dément ; le ciel sait animer
Des mêmes passions tous les êtres du monde.
Si du même limon la nature féconde,
Sur un modèle égal ayant fait les humains,
Varie à l'infini les traits de ses dessins,
Le fond de l'homme reste, il est partout le même ;
Persan, Scythe, Indien, tout défend ce qu'il aime.

ATHAMARE.

Je le défendrai donc, je saurai le garder.

HIRCAN.

Vous hasardez beaucoup.

ATHAMARE.

                Que puis-je hasarder ?
Ma vie ? elle n'est rien sans l'objet qu'on m'arrache.
Mon nom ? quoi qu'il arrive, il restera sans tache ;
Mes amis ? ils ont trop de courage et d'honneur
Pour ne pas immoler sous le glaive vengeur
Ces agrestes guerriers dont l'audace indiscrète
Pourrait inquiéter leur marche et leur retraite.

HIRCAN.

Ils mourront à vos pieds, et vous n'en doutez pas.

ATHAMARE.

Ils vaincront avec moi... Qui tourne ici ses pas ?

HIRCAN.

Seigneur, je le connais ; c'est lui, c'est Indatire.

ATHAMARE.

Allez : que loin de moi ma garde se retire ;
Qu'aucun n'ose approcher sans mes ordres exprès ;
Mais qu'on soit prêt à tout.

SCÈNE II.

ATHAMARE, INDATIRE.

ATHAMARE.

                        Habitant des forêts,
Sais-tu bien devant qui ton sort te fait paraître ?

INDATIRE.

On prétend qu'une ville en toi révère un maître,
Qu'on l'appelle Ecbatane, et que du mont Taurus
On voit ses hauts remparts élevés par Cyrus.
On dit (mais j'en crois peu la vaine renommée)
Que tu peux dans la plaine assembler une armée,
Une troupe aussi forte, un camp aussi nombreux
De guerriers soudoyés, et d'esclaves pompeux,
Que nous avons ici de citoyens paisibles.

ATHAMARE.

Il est vrai, j'ai sous moi des troupes invincibles :
Le dernier des Persans, de ma solde honoré,
Est plus riche, et plus grand, et plus considéré,
Que tu ne saurais l'être aux lieux de ta naissance,
Où le ciel vous fit tous égaux par l'indigence.

INDATIRE.

Qui borne ses désirs est toujours riche assez.

ATHAMARE.

Ton cœur ne connaît point les vœux intéressés ;
Mais la gloire, Indatire ?

INDATIRE.

    Elle a pour moi des charmes[1].

ATHAMARE.

Elle habite à ma cour, à l'abri de mes armes :
On ne la trouve point dans le fond des déserts ;
Tu l'obtiens près de moi, tu l'as, si tu me sers.
Elle est sous mes drapeaux ; viens avec moi t'y rendre.

INDATIRE.

A servir sous un maître on me verrait descendre ?

ATHAMARE.

Va, l'honneur de servir un maître généreux,
Qui met un digne prix aux exploits belliqueux,
Vaut mieux que de ramper dans une république,
Ingrate en tous les temps et souvent tyrannique.
Tu peux prétendre à tout en marchant sous ma loi :
J'ai parmi mes guerriers des Scythes comme toi.

INDATIRE.

Tu n'en as point. Apprends que ces indignes Scythes,

---

1. Horace a dit, II, sat. III, v. 179 :

  . . . . Me titillat gloria.

Voisins de ton pays, sont loin de nos limites[1] :
Si l'air de tes climats a pu les infecter,
Dans nos heureux cantons il n'a pu se porter.
Ces Scythes malheureux ont connu l'avarice ;
La fureur d'acquérir corrompit leur justice[2],
Ils n'ont su que servir; leurs infidèles mains
Ont abandonné l'art qui nourrit les humains
Pour l'art qui les détruit, l'art affreux de la guerre ;
Ils ont vendu leur sang aux maîtres de la terre.
Meilleurs citoyens qu'eux, et plus braves guerriers,
Nous volons aux combats, mais c'est pour nos foyers ;
Nous savons tous mourir, mais c'est pour la patrie :
Nul ne vend parmi nous son honneur ou sa vie.
Nous serons, si tu veux, tes dignes alliés ;
Mais on n'a point d'amis alors qu'ils sont payés.
Apprends à mieux juger de ce peuple équitable,
Égal à toi, sans doute, et non moins respectable.

ATHAMARE.

Élève ta patrie, et cherche à la vanter ;
C'est le recours du faible, on peut le supporter.
Ma fierté, que permet la grandeur souveraine,
Ne daigne pas ici lutter contre la tienne...
Te crois-tu juste au moins?

INDATIRE.

Oui, je puis m'en flatter.

ATHAMARE.

Rends-moi donc le trésor que tu viens de m'ôter.

INDATIRE.

A toi?

ATHAMARE.

Rends à son maître une de ses sujettes,
Qu'un indigne destin traîna dans ces retraites,
Un bien dont nul mortel ne pourra me priver,
Et que sans injustice on ne peut m'enlever :
Rends sur l'heure Obéide.

INDATIRE.

A ta superbe audace,
A tes discours altiers, à cet air de menace,

---

1. Voltaire flétrit ici les hauts seigneurs de Berne, qui faisaient commerce d'hommes avec la France. (G. A.)
2. On lit dans Ovide, *Mét.*, I, 131 :

Justitiam corrupit amor sceleratus habendi.

ACTE IV, SCÈNE II.

Je veux bien opposer la modération,
Que l'univers estime en notre nation.
 Obéide, dis-tu, de toi seul doit dépendre ;
Elle était ta sujette! Oses-tu bien prétendre
Que des droits des mortels on ne jouisse pas,
Dès qu'on a le malheur de naître en tes États?
Le ciel, en le créant, forma-t-il l'homme esclave?
La nature qui parle, et que ta fierté brave,
Aura-t-elle à la glèbe attaché les humains
Comme les vils troupeaux mugissants sous nos mains?
Que l'homme soit esclave aux champs de la Médie,
Qu'il rampe, j'y consens ; il est libre en Scythie.
Au moment qu'Obéide honora de ses pas
Le tranquille horizon qui borde nos États,
La liberté, la paix, qui sont notre apanage,
L'heureuse égalité, les biens du premier âge,
Ces biens que des Persans aux mortels ont ravis,
Ces biens, perdus ailleurs, et par nous recueillis,
De la belle Obéide ont été le partage.

ATHAMARE.

Il en est un plus grand, celui que mon courage
A l'univers entier oserait disputer,
Que tout autre qu'un roi ne saurait mériter,
Dont tu n'auras jamais qu'une imparfaite idée,
Et dont avec fureur mon âme est possédée :
Son amour ; c'est le bien qui doit m'appartenir ;
A moi seul était dû l'honneur de la servir.
Oui, je descends enfin jusqu'à daigner te dire
Que de ce cœur altier je lui soumis l'empire,
Avant que les destins eussent pu t'accorder
L'heureuse liberté d'oser la regarder.
Ce trésor est à moi, barbare, il faut le rendre.

INDATIRE.

Imprudent étranger, ce que je viens d'entendre
Excite ma pitié plutôt que mon courroux.
Sa libre volonté m'a choisi pour époux ;
Ma probité lui plut ; elle l'a préférée
Aux recherches, aux vœux de toute ma contrée :
Et tu viens de la tienne ici redemander
Un cœur indépendant qu'on vient de m'accorder!
O toi qui te crois grand, qui l'es par l'arrogance,
Sors d'un asile saint, de paix et d'innocence;

Fuis ; cesse de troubler, si loin de tes États,
Des mortels, tes égaux, qui ne t'offensent pas.
Tu n'es pas prince ici.

ATHAMARE.

Ce sacré caractère
M'accompagne en tous lieux sans m'être nécessaire :
Si j'avais dit un mot, ardents à me servir,
Mes soldats à mes pieds auraient su te punir.
Je descends jusqu'à toi ; ma dignité t'outrage ;
Je la dépose ici, je n'ai que mon courage :
C'est assez, je suis homme, et ce fer me suffit
Pour remettre en mes mains le bien qu'on me ravit.
Cède Obéide, ou meurs, ou m'arrache la vie.

INDATIRE.

Quoi ? nous t'avons en paix reçu dans ma patrie,
Ton accueil nous flattait, notre simplicité
N'écoutait que les droits de l'hospitalité ;
Et tu veux me forcer, dans la même journée,
De souiller par ta mort un si saint hyménée !

ATHAMARE.

Meurs, te dis-je, ou me tue... On vient, retire-toi,
Et si tu n'es un lâche...

INDATIRE.

Ah ! c'en est trop... suis-moi.

ATHAMARE.

Je te fais cet honneur.

(Il sort.)

SCÈNE III.

INDATIRE, HERMODAN, SOZAME, UN SCYTHE.

HERMODAN, à Indatire, qui est près de sortir.

Viens ; ma main paternelle
Te remettra, mon fils, ton épouse fidèle.
Viens, le festin t'attend.

INDATIRE.

Bientôt je vous suivrai :
Allez... O cher objet ! je te mériterai.

(Il sort.)

SCÈNE IV.

HERMODAN, SOZAME, UN SCYTHE.

SOZAME.
Pourquoi ne pas nous suivre? Il diffère...
HERMODAN.
Ah! Sozame,
Cher ami, dans quel trouble il a jeté mon âme!
As-tu vu sur son front des signes de fureur?
SOZAME.
Quel en serait l'objet?
HERMODAN.
Peut-être que mon cœur
Conçoit d'un vain danger la crainte imaginaire;
Mais son trouble était grand. Sozame, je suis père :
Si mes yeux par les ans ne sont point affaiblis,
J'ai cru voir ce Persan qui menaçait mon fils.
SOZAME.
Tu me fais frissonner... avançons; Athamare
Est capable de tout.
HERMODAN.
La faiblesse s'empare
De mes esprits glacés, et mes sens éperdus
Trahissent mon courage, et ne me servent plus...
(Il s'assied en tremblant sur le banc de gazon.)
Mon fils ne revient point... j'entends un bruit horrible.
(Au Scythe qui est auprès de lui.)
Je succombe... Va, cours, en ce moment terrible,
Cours, assemble au drapeau nos braves combattants.
LE SCYTHE.
Rassure-toi, j'y vole, ils sont prêts en tout temps.
SOZAME, à Hermodan.
Ranime ta vertu, dissipe tes alarmes.
HERMODAN, se relevant à peine.
Oui, j'ai pu me tromper; oui, je renais[1].

---

1. « La scène des deux vieillards au quatrième acte, écrivait Voltaire, attendrit tous ceux qui n'ont point abjuré les sentiments de la simple nature. »

SCÈNE V.

HERMODAN, SOZAME, ATHAMARE, l'épée à la main, HIRCAN, suite.

ATHAMARE.

Aux armes !
Aux armes, compagnons, suivez-moi, paraissez !
Où la trouver ?

HERMODAN, effrayé, en chancelant.

Barbare...

SOZAME.

Arrête.

ATHAMARE, à ses gardes.

Obéissez,
De sa retraite indigne enlevez Obéide ;
Courez, dis-je, volez ; que ma garde intrépide,
Si quelque audacieux tentait de vains efforts,
Se fasse un chemin prompt dans la foule des morts ;
C'est toi qui l'as voulu, Sozame inexorable.

SOZAME.

J'ai fait ce que j'ai dû.

HERMODAN.

Va, ravisseur coupable,
Infidèle Persan, mon cœur saura venger
Le détestable affront dont tu viens nous charger.
Dans ce dessein, Sozame, il nous quittait sans doute.

ATHAMARE.

Indatire ? ton fils ?

HERMODAN.

Oui, lui-même.

ATHAMARE.

Il m'en coûte
D'affliger ta vieillesse et de percer ton cœur ;
Ton fils eût mérité de servir ma valeur.

HERMODAN.

Que dis-tu ?

ATHAMARE, à ses soldats.

Qu'on épargne à ce malheureux père
Le spectacle d'un fils mourant dans la poussière ;
Fermez-lui ce passage.

ACTE IV, SCÈNE VI.

HERMODAN.
Achève tes fureurs ;
Achève... N'oses-tu ? Quoi ! tu gémis !... Je meurs.
Mon fils est mort, ami !...

(Il tombe sur le banc de gazon.)

ATHAMARE.
Toi, père d'Obéide,
Auteur de tous mes maux, dont l'âpreté rigide,
Dont le cœur inflexible à ce coup m'a forcé,
Que je chéris encor quand tu m'as offensé,
Il faut dans ce moment la conduire et me suivre.

SOZAME.
Moi ! ma fille !

ATHAMARE.
En ces lieux il t'est honteux de vivre :
(A ses soldats.)
Attends mon ordre ici. Vous, marchez avec moi.

SCÈNE VI.

SOZAME, HERMODAN.

SOZAME, se courbant vers Hermodan.
Tous mes malheurs, ami, sont retombés sur toi...
Espère en la vengeance... Il revient... il soupire.
Hermodan !

HERMODAN, se relevant avec peine.
Mon ami, fais au moins que j'expire
Sur le corps étendu de mon fils expirant !
Que je te doive, ami, cette grâce en mourant.
S'il reste quelque force à ta main languissante,
Soutiens d'un malheureux la marche chancelante ;
Viens, lorsque de mon fils j'aurai fermé les yeux,
Dans un même sépulcre enferme-nous tous deux.

SOZAME.
Trois amis y seront ; ma douleur te le jure.
Mais déjà l'on s'avance, on venge notre injure,
Nous ne mourrons pas seuls.

HERMODAN.
Je l'espère ; j'entends
Les tambours, nos clairons, les cris des combattants :

Nos Scythes sont armés... Dieux, punissez les crimes !
Dieux, combattez pour nous, et prenez vos victimes !
Ayez pitié d'un père.

SCÈNE VII.

SOZAME, HERMODAN, OBÉIDE.

SOZAME.
    O ma fille ! est-ce vous ?
HERMODAN.
Chère Obéide... hélas !
OBÉIDE.
        Je tombe à vos genoux.
Dans l'horreur du combat avec peine échappée
A la pointe des dards, au tranchant de l'épée,
Aux sanguinaires mains de mes fiers ravisseurs,
Je viens de ces moments augmenter les horreurs.
(A Hermodan.)
Ton fils vient d'expirer ; j'en suis la cause unique :
De mes calamités l'artisan tyrannique
Nous a tous immolés à ses transports jaloux ;
Mon malheureux amant a tué mon époux,
Sous vos yeux, sous les miens, et dans la place même
Où, pour le triste objet qu'il outrage et qu'il aime,
Pour d'indignes appas, toujours persécutés,
Des flots de sang humain coulent de tous côtés.
On s'acharne, on combat sur le corps d'Indatire ;
On se dispute encor ses membres qu'on déchire :
Les Scythes, les Persans, l'un par l'autre égorgés,
Sont vainqueurs et vaincus, et tous meurent vengés.
(A tous deux.)
Où voulez-vous aller et sans force et sans armes ?
On aurait peu d'égards à votre âge, à vos larmes.
J'ignore du combat quel sera le destin ;
Mais je mets sans trembler mon sort en votre main.
Si le Scythe sur moi veut assouvir sa rage,
Il le peut, je l'attends, je demeure en otage.
HERMODAN.
Ah ! j'ai perdu mon fils, tu me restes du moins ;
Tu me tiens lieu de tout.

SOZAME.
                    Ce jour veut d'autres soins :
Armons-nous, de notre âge oublions la faiblesse ;
Si les sens épuisés manquent à la vieillesse,
Le courage demeure, et c'est dans un combat
Qu'un vieillard comme moi doit tomber en soldat.
            HERMODAN.
On nous apporte encor de fatales nouvelles.

SCÈNE VIII.

SOZAME, HERMODAN, OBÉIDE, un scythe.

            LE SCYTHE.
Enfin nous l'emportons.
            HERMODAN.
                    Déités immortelles,
Mon fils serait vengé ! N'est-ce point une erreur ?
            LE SCYTHE.
Le ciel nous rend justice, et le Scythe est vainqueur :
Tout l'art que les Persans ont mis dans le carnage,
Leur grand art de la guerre enfin cède au courage.
Nous avons manqué d'ordre, et non pas de vertu ;
Sur nos frères mourants nous avons combattu.
La moitié des Persans à la mort est livrée ;
L'autre, qui se retire, est partout entourée
Dans la sombre épaisseur de ces profonds taillis,
Où bientôt sans retour ils seront assaillis.
            HERMODAN.
De mon malheureux fils le meurtrier barbare
Serait-il échappé ?
            LE SCYTHE.
                    Qui ? ce fier Athamare ?
Sur nos Scythes mourants qu'a fait tomber sa main,
Épuisé, sans secours, enveloppé soudain,
Il est couvert de sang, il est chargé de chaînes.
            OBÉIDE.
Lui !
            SOZAME.
        Je l'avais prévu... Puissances souveraines,
Princes audacieux, quel exemple pour vous !

HERMODAN.

De ce cruel enfin nous serons vengés tous ;
Nos lois, nos justes lois seront exécutées.

OBÉIDE.

Ciel !... Quelles sont ces lois ?

HERMODAN.

Les dieux les ont dictées.

SOZAME, à part.

O comble de douleur et de nouveaux ennuis !

OBÉIDE.

Mais enfin les Persans ne sont pas tous détruits ;
On verrait Ecbatane, en secourant son maître,
Du poids de sa grandeur vous accabler peut-être.

HERMODAN.

Ne crains rien... Toi, jeune homme, et vous, braves guerriers,
Préparez votre autel entouré de lauriers.

OBÉIDE.

Mon père !...

HERMODAN.

Il faut hâter ce juste sacrifice.
Mânes de mon cher fils, que ton ombre en jouisse !
Et toi qui fus l'objet de ses chastes amours,
Qui fus ma fille chère, et le seras toujours,
Qui de ta piété filiale et sincère
N'a jamais altéré le sacré caractère,
C'est à toi de remplir ce qu'une austère loi
Attend de mon pays, et demande de toi.

(Il sort.)

OBÉIDE.

Qu'a-t-il dit ? Que veut-on de cette infortunée ?
Ah ! mon père, en quels lieux m'avez-vous amenée !

SOZAME.

Pourrai-je t'expliquer ce mystère odieux ?

OBÉIDE.

Je n'ose le prévoir... je détourne les yeux.

SOZAME.

Je frémis comme toi, je ne puis m'en défendre.

OBÉIDE.

Ah ! laissez-moi mourir, seigneur, sans vous entendre.

FIN DU QUATRIÈME ACTE.

ACTE CINQUIÈME.

SCÈNE I.

OBÉIDE, SOZAME, HERMODAN, troupe
de scythes armés de javelots.

(On apporte un autel couvert d'un crêpe et entouré de lauriers. Un Scythe
met un glaive sur l'autel.)

OBÉIDE, entre Sozame et Hermodan.

Vous vous taisez tous deux : craignez-vous de me dire
Ce qu'à mes sens glacés votre loi doit prescrire?
Quel est cet appareil terrible et solennel?
SOZAME.
Ma fille... il faut parler... voici le même autel
Que le soleil naissant vit dans cette journée
Orné de fleurs par moi pour ton saint hyménée,
Et voit d'un crêpe affreux couvert à son couchant.
HERMODAN.
As-tu chéri mon fils?
OBÉIDE.
Un vertueux penchant,
Mon amitié pour toi, mon respect pour Sozame,
Et mon devoir surtout, souverain de mon âme,
M'ont rendu cher ton fils... mon sort suivait son sort :
J'honore sa mémoire, et j'ai pleuré sa mort.
HERMODAN.
L'inviolable loi qui régit ma patrie
Veut que de son époux une femme chérie
Ait le suprême honneur de lui sacrifier,
En présence des dieux, le sang du meurtrier;
Que l'autel de l'hymen soit l'autel des vengeances;
Que du glaive sacré qui punit les offenses
Elle arme sa main pure, et traverse le cœur,

Le cœur du criminel qui ravit son bonheur[1].
OBÉIDE.
Moi, vous venger?... sur qui? de quel sang? Ah, mon père!
HERMODAN.
Le ciel t'a réservé ce sanglant ministère.
UN SCYTHE.
C'est ta gloire et la nôtre.
SOZAME.
Il me faut révérer
Les lois que vos aïeux ont voulu consacrer;
Mais le danger les suit : les Persans sont à craindre;
Vous allumez la guerre, et ne pourrez l'éteindre.
LE SCYTHE.
Ces Persans, que du moins nous croyons égaler,
Par ce terrible exemple apprendront à trembler.
HERMODAN.
Ma fille, il n'est plus temps de garder le silence;
Le sang d'un époux crie, et ton délai l'offense.
OBÉIDE.
Je dois donc vous parler... Peuple, écoutez ma voix :
Je pourrais alléguer, sans offenser vos lois,
Que je naquis en Perse, et que ces lois sévères
Sont faites pour vous seuls, et me sont étrangères;
Qu'Athamare est trop grand pour être un assassin;
Et que si mon époux est tombé sous sa main,
Son rival opposa, sans aucun avantage,
Le glaive seul au glaive, et l'audace au courage;
Que de deux combattants d'une égale valeur
L'un tue et l'autre expire avec le même honneur.
Peuple, qui connaissez le prix de la vaillance,
Vous aimez la justice ainsi que la vengeance :
Commandez, mais jugez; voyez si c'est à moi
D'immoler un guerrier qui dut être mon roi.
LE SCYTHE.
Si tu n'oses frapper, si ta main trop timide
Hésite à nous donner le sang de l'homicide,
Tu connais ton devoir, nos mœurs, et notre loi;
Tremble.

---

1. Les amis de Voltaire critiquaient vivement cette loi atroce qu'il avait imaginée là. Mais le philosophe déclarait que la loi qui avait permis aux calvinistes genevois de brûler Servet n'était pas moins atroce, et qu'il s'en était autorisé. (G. A.)

OBÉIDE.
Et si je demeure incapable d'effroi,
Si votre loi m'indigne, et si je vous refuse?
HERMODAN.
L'hymen t'a fait ma fille, et tu n'as point d'excuse;
Il n'en mourra pas moins, tu vivras sans honneur.
LE SCYTHE.
Du plus cruel supplice il subira l'horreur.
HERMODAN.
Mon fils attend de toi cette grande victime.
LE SCYTHE.
Crains d'oser rejeter un droit si légitime.
OBÉIDE, après quelques pas et un long silence.
Je l'accepte[1].
SOZAME.
Ah! grands dieux!
LE SCYTHE.
Devant les immortels
En fais-tu le serment?
OBÉIDE.
Je le jure, cruels;
Je le jure, Hermodan. Tu demandes vengeance,
Sois-en sûr, tu l'auras... mais que de ma présence
On ait soin de tenir le captif écarté
Jusqu'au moment fatal par mon ordre arrêté.
Qu'on me laisse en ces lieux m'expliquer à mon père,
Et vous verrez après ce qui vous reste à faire.
LE SCYTHE, après avoir regardé tous ses compagnons.
Nous y consentons tous.
HERMODAN.
La veuve de mon fils
Se déclare soumise aux lois de mon pays;
Et ma douleur profonde est un peu soulagée
Si par ses nobles mains cette mort est vengée.
Amis, retirons-nous.
OBÉIDE.
A ces autels sanglants
Je vous rappellerai quand il en sera temps.

---

1. « Nous croyons, écrivait Voltaire à Lekain, que ce *Je l'accepte*, prononcé avec un ton de désespoir et de fermeté, après un morne silence, fait l'effet le plus tragique. Nous pensons que l'étonnement, le doute, et la curiosité du spectateur, doivent suivre ce mouvement de l'actrice. »

SCÈNE II.

SOZAME, OBÉIDE.

OBÉIDE.
Eh bien! qu'ordonnez-vous?
SOZAME.
Il fut un temps peut-être
Où le plaisir affreux de me venger d'un maître
Dans le cœur d'Athamare aurait conduit ta main;
De son monarque ingrat j'aurais percé le sein;
Il le méritait trop : ma vengeance lassée
Contre les malheureux ne peut être exercée;
Tous mes ressentiments sont changés en regrets.
OBÉIDE.
Avez-vous bien connu mes sentiments secrets?
Dans le fond de mon cœur avez-vous daigné lire?
SOZAME.
Mes yeux t'ont vu pleurer sur le sang d'Indatire;
Mais je pleure sur toi dans ce moment cruel;
J'abhorre tes serments.
OBÉIDE.
Vous voyez cet autel,
Ce glaive dont ma main doit frapper Athamare;
Vous savez quels tourments un refus lui prépare :
Après ce coup terrible... et qu'il me faut porter,
Parlez... sur son tombeau voulez-vous habiter?
SOZAME.
J'y veux mourir.
OBÉIDE.
Vivez, ayez-en le courage.
Les Persans, disiez-vous, vengeront leur outrage;
Les enfants d'Ecbatane, en ces lieux détestés,
Descendront du Taurus à pas précipités :
Les grossiers habitants de ces climats horribles
Sont cruels, il est vrai, mais non pas invincibles.
A ces tigres armés voulez-vous annoncer
Qu'au fond de leur repaire on pourrait les forcer?
SOZAME.
On en parle déjà; les esprits les plus sages

Voudraient de leur patrie écarter ces orages.
OBÉIDE.
Achevez donc, seigneur, de les persuader :
Qu'ils méritent le sang qu'ils osent demander ;
Et tandis que ce sang de l'offrande immolée
Baignera sous vos yeux leur féroce assemblée,
Que tous nos citoyens soient mis en liberté,
Et repassent les monts sur la foi d'un traité.
SOZAME.
Je l'obtiendrai, ma fille, et j'ose t'en répondre ;
Mais ce traité sanglant ne sert qu'à nous confondre ;
De quoi t'auront servi ta prière et mes soins ?
Athamare à l'autel en périra-t-il moins ?
Les Persans ne viendront que pour venger sa cendre,
Ce sang de tant de rois que ta main va répandre,
Ce sang que j'ai haï, mais que j'ai révéré,
Qui, coupable envers nous, n'en est pas moins sacré.
OBÉIDE.
Il l'est... Mais je suis Scythe... et le fus pour vous plaire :
Le climat quelquefois change le caractère.
SOZAME.
Ma fille !
OBÉIDE.
C'est assez, seigneur, j'ai tout prévu ;
J'ai pesé mes destins, et tout est résolu.
Une invincible loi me tient sous son empire :
La victime est promise au père d'Indatire ;
Je tiendrai ma parole... Allez, il vous attend.
Qu'il me garde la sienne... il sera trop content.
SOZAME.
Tu me glaces d'horreur.
OBÉIDE.
Allez, je la partage.
Seigneur, le temps est cher, achevez votre ouvrage ;
Laissez-moi m'affermir ; mais surtout obtenez
Un traité nécessaire à ces infortunés.
Vous prétendez qu'au moins ce peuple impitoyable
Sait garder une foi toujours inviolable ;
Je vous en crois... le reste est dans la main des dieux.
SOZAME.
Ils ne présagent rien qui ne soit odieux :
Tout est horrible ici. Ma faible voix encore

Tentera d'écarter ce que mon cœur abhorre ;
Mais après tant de maux mon courage est vaincu :
Quoi qu'il puisse arriver, ton père a trop vécu.

SCÈNE III.

OBÉIDE.

Ah ! c'est trop étouffer la fureur qui m'agite ;
Tant de ménagement me déchire et m'irrite ;
Mon malheur vint toujours de me trop captiver
Sous d'inhumaines lois que j'aurais dû braver ;
Je mis un trop haut prix à l'estime, au reproche ;
Je fus esclave assez... ma liberté s'approche.

SCÈNE IV.

OBÉIDE, SULMA.

OBÉIDE.
Enfin je te revois.
SULMA.
Grands dieux ! que j'ai tremblé
Lorsque, disparaissant à mon œil désolé,
Vous avez traversé cette foule sanglante !
Vous affrontiez la mort de tous côtés présente ;
Des flots de sang humain roulaient entre nous deux :
Quel jour ! quel hyménée ! et quel sort rigoureux !
OBÉIDE.
Tu verras un spectacle encor plus effroyable.
SULMA.
Ciel ! on m'aurait dit vrai !... Quoi ! votre main coupable
Immolerait l'amant que vous avez aimé
Pour satisfaire un peuple à sa perte animé !
OBÉIDE.
Moi, complaire à ce peuple, aux monstres de Scythie ;
A ces brutes humains pétris de barbarie,
A ces âmes de fer, et dont la dureté
Passa longtemps chez nous pour noble fermeté,
Dont on chérit de loin l'égalité paisible,

Et chez qui je ne vois qu'un orgueil inflexible,
Une atrocité morne, et qui, sans s'émouvoir,
Croit dans le sang humain se baigner par devoir!...
J'ai fui pour ces ingrats la cour la plus auguste,
Un peuple doux, poli, quelquefois trop injuste,
Mais généreux, sensible, et si prompt à sortir
De ses iniquités par un beau repentir!
Qui? moi! complaire au Scythe!... O nations! ô terre!
O rois, qu'il outragea! Dieux, maîtres du tonnerre!
Dieux témoins de l'horreur où l'on m'ose entraîner,
Unissez-vous à moi, mais pour l'exterminer!
Puisse leur liberté, préparant leur ruine,
Allumant la discorde et la guerre intestine,
Acharnant les époux, les pères, les enfants,
L'un sur l'autre entassés, l'un par l'autre expirants,
Sous des monceaux de morts avec eux disparaître!
Que le reste en tremblant rougisse aux pieds d'un maître!
Que, rampant dans la poudre au bord de leur cercueil,
Pour être mieux punis ils gardent leur orgueil!
Et qu'en mordant le frein du plus lâche esclavage,
Ils vivent dans l'opprobre, et meurent dans la rage!
Où vais-je m'emporter? vains regrets! vains éclats!
Les imprécations ne nous secourent pas :
C'est moi qui suis esclave, et qui suis asservie
Aux plus durs des tyrans abhorrés dans l'Asie[1].

SULMA.

Vous n'êtes point réduite à la nécessité
De servir d'instrument à leur férocité.

OBÉIDE.

Si j'avais refusé ce ministère horrible,
Athamare expirait d'une mort plus terrible.

SULMA.

Mais cet amour secret qui vous parle pour lui?

OBÉIDE.

Il m'a parlé toujours; et s'il faut aujourd'hui
Exposer à tes yeux l'effroyable étendue,
La hauteur de l'abîme où je suis descendue,
J'adorais Athamare avant de le revoir.

---

1. « Je m'étais un peu égayé dans les imprécations, écrivait Voltaire à d'Argental, j'avais fait là un petit portrait de Genève pour m'amuser; mais vous sentez bien que cette tirade n'est pas comme vous l'avez vue, elle est plus courte et plus forte. »

Il ne vient que pour moi, plein d'amour et d'espoir ;
Pour prix d'un seul regard il m'offre un diadème ;
Il met tout à mes pieds ; et, tandis que moi-même
J'aurais voulu, Sulma, mettre le monde aux siens,
Quand l'excès de ses feux n'égale pas les miens,
Lorsque je l'idolâtre, il faudra qu'Obéide
Plonge au sein d'Athamare un couteau parricide !

SULMA.

C'est un crime si grand que ces Scythes cruels,
Qui du sang des humains arrosent les autels,
S'ils connaissaient l'amour qui vous a consumée,
Eux-même arrêteraient la main qu'ils ont armée.

OBÉIDE.

Non : ils la porteraient dans ce cœur adoré,
Ils l'y tiendraient sanglante, et leur glaive sacré
De son sang par mes coups épuiserait ses veines.

SULMA.

Se peut-il ?...

OBÉIDE.

Telles sont leurs âmes inhumaines ;
Tel est l'homme sauvage à lui-même laissé :
Il est simple, il est bon, s'il n'est point offensé ;
Sa vengeance est sans borne.

SULMA.

Et ce malheureux père,
Qui creusa sous vos pas ce gouffre de misère,
Au père d'Indatire uni par l'amitié,
Consulté des vieillards, avec eux si lié,
Peut-il bien seulement supporter qu'on propose
L'horrible extrémité dont lui-même est la cause ?

OBÉIDE.

Il fait beaucoup pour moi ; j'ose même espérer,
Des douleurs dont j'ai vu son cœur se déchirer,
Que ses pleurs obtiendront de ce sénat agreste [1]
Des adoucissements à leur arrêt funeste.

SULMA.

Ah ! vous rendez la vie à mes sens effrayés :
Je vous haïrais trop si vous obéissiez.
Le ciel ne verra point ce sanglant sacrifice.

---

1. On se moqua à Paris de *ce sénat agreste*, qui n'était, aux yeux de Voltaire, que le conseil général d'un canton suisse. (G. A.)

OBÉIDE.
Sulma!...
SULMA.
Vous frémissez.
OBÉIDE.
Il faut qu'il s'accomplisse.

SCÈNE V.

OBÉIDE, SULMA, SOZAME, HERMODAN; SCYTHES,
armés, rangés au fond, en demi-cercle, près de l'autel.

SOZAME.
Ma fille, hélas! du moins nos Persans assiégés
Des piéges de la mort seront tous dégagés.
HERMODAN.
Des mânes de mon fils la victime attendue
Suffit à ma vengeance autant qu'elle m'est due.
(A Obéide.)
De ce peuple, crois-moi, l'inflexible équité
Sait joindre la clémence à la sévérité.
UN SCYTHE.
Et la loi des serments est une loi suprême
Aussi chère à nos cœurs que la vengeance même.
OBÉIDE.
C'est assez; je vous crois. Vous avez donc juré
Que de tous les Persans le sang sera sacré
Sitôt que cette main remplira vos vengeances?
HERMODAN.
Tous seront épargnés : les célestes puissances
N'ont jamais vu de Scythe oser trahir sa foi.
OBÉIDE.
Qu'Athamare à présent paraisse devant moi.
(On amène Athamare enchaîné : Obéide se place entre lui et Hermodan.)
HERMODAN.
Qu'on le traîne à l'autel.
SULMA.
Ah, dieux!
ATHAMARE.
Chère Obéide,
Prends ce fer, ne crains rien; que ton bras homicide
Frappe un cœur à toi seule en tout temps réservé :

On y verra ton nom ; c'est là qu'il est gravé.
De tous mes compagnons tu conserves la vie ;
Tu me donnes la mort ; c'est toute mon envie.
Grâces aux immortels, tous mes vœux sont remplis ;
Je meurs pour Obéide, et meurs pour mon pays.
Rassure cette main qui tremble à mon approche ;
Ne crains, en m'immolant, que le juste reproche
Que les Scythes feraient à ta timidité
S'ils voyaient ce que j'aime agir sans fermeté,
Si ta main, si tes yeux, si ton cœur qui s'égare,
S'effrayaient un moment en frappant Athamare.

SOZAME.

Ah ! ma fille !...

SULMA.

Ah, madame !...

OBÉIDE.

O Scythes inhumains !
Connaissez dans quel sang vous enfoncez mes mains.
Athamare est mon prince ; il est plus... je l'adore ;
Je l'aimai seul au monde... et ce moment encore
Porte au plus grand excès, dans ce cœur enivré,
L'amour, le tendre amour dont il fut dévoré.

ATHAMARE.

Je meurs heureux.

OBÉIDE.

L'hymen, cet hymen que j'abjure,
Dans un sang criminel doit laver son injure...

(Levant le glaive entre elle et Athamare.)

Vous jurez d'épargner tous mes concitoyens...
Il l'est... sauvez ses jours... l'amour finit les miens.

(Elle se frappe.)

Vis, mon cher Athamare ; en mourant je l'ordonne.

(Elle tombe à mi-corps sur l'autel.)

HERMODAN.

Obéide !

SOZAME.

O mon sang !

ATHAMARE.

La force m'abandonne ;
Mais il m'en reste assez pour me rejoindre à toi,
Chère Obéide !

(Il veut saisir le fer.)

LE SCYTHE.

Arrête, et respecte la loi :
Ce fer serait souillé par des mains étrangères.
(Athamare tombe sur l'autel.)

HERMODAN.

Dieux! vîtes-vous jamais deux plus malheureux pères?

ATHAMARE.

Dieux ! de tous mes tourments tranchez l'horrible cours.

SOZAME.

Tu dois vivre, Athamare, et j'ai payé tes jours.
Auteur infortuné des maux de ma famille,
Ensevelis du moins le père avec la fille.
Va, règne, malheureux!

HERMODAN.

Soumettons-nous au sort;
Soumettons-nous au ciel, arbitre de la mort...
Nous sommes trop vengés par un tel sacrifice.
Scythes, que la pitié succède à la justice.

FIN DES SCYTHES.

VARIANTES

DE LA TRAGÉDIE DES *SCYTHES*.

Page 283, dernier vers :

    Pouvais-tu rechercher...

Voyez la lettre à Damilaville, du 4 mars 1767.

Page 284, vers 10 :

    Nous marchions dans la nuit, et d'abîme en abîme.

Voyez la lettre à Damilaville, du 4 mars 1767.

Ibid., vers 31 :

    Jamais de tristes soins sa paix n'est altérée.
    La franchise qui règne en ces déserts affreux
    Fait mépriser la cour et ses fers dangereux.

Page 289, vers 15 :

    Si la Perse a pour toi des charmes si puissants,
    Je ne te contrains pas; quitte-moi, j'y consens,
    J'en gémirai, Sulma ! Dans mon palais nourrie,
    Tu fus en tous les temps le soutien de ma vie ;
    Mais je serais barbare en t'osant proposer
    De supporter un joug qui commence à peser.

Page 290, vers 6 :

    Hélas ! veux-tu m'ôter, en croyant m'éblouir,
    Ce malheureux repos dont je cherche à jouir?
    Cesse de m'affliger. Mon père veut un gendre :
    Il ne l'ordonne point, mais je sais trop l'entendre.

Ibid., vers 9. — Dans la lettre à d'Argental, du 13 avril 1767, on lit :

    Va, si j'aime en secret les lieux où je suis née,
    Mon cœur doit s'en punir, il se doit imposer
    Un frein qui le retienne et qu'il n'ose briser :
    N'en demande pas plus...

Page 294, vers 13 :

>Le neveu de Cyrus vous fait juge entre nous.
>Apprenez que dans moi vous voyez un coupable ;
>Vous voyez dans Sozame un vieillard vénérable
>Qui soutint autrefois de ses vaillantes mains
>Le pouvoir dont Cyrus effraya les humains.
>Quand Smerdis a régné, ma fougueuse jeunesse
>A du brave Sozame affligé la vieillesse.
>Smerdis l'a dépouillé de ses biens, de son rang.
>Une sentence inique a poursuivi son sang.
>Ce prince est chez les morts ; et la première idée...

Page 295, vers 9 :

>Ton amitié, Sozame, ajoute à ma couronne.
>Approuve mes regrets, mon repentir, mes vœux.
>L'objet de mes remords est de te rendre heureux.
>Renonce à tes déserts, et revois ta patrie :
>Écoute en ta faveur ton prince qui te prie,
>Qui met à tes genoux sa faute et ses douleurs,
>Et qui s'honore encor de les baigner de pleurs.

Ibid., vers 13. — Dans la lettre à d'Argental, du 16 mai 1767, Voltaire propose :

>Entends sa voix, entends la voix de ta patrie,
>Celle de ton devoir qui doit te rappeler,
>Et des pleurs qu'à tes yeux mes remords font couler.

Page 301, vers 15 :

>Tu sais que mes forfaits, que tes calamités,
>Ta malheureuse fuite en ces bords écartés,
>Tout fut fait par l'amour. Cet amour qui t'offense
>Alla dans ses excès jusqu'à la violence.
>Par un autre hyménée enchaîné malgré moi,
>Je ne pouvais t'offrir un rang digne de toi.
>J'outrageais ta vertu quand j'adorais tes charmes.
>J'ai payé ce moment de quatre ans de mes larmes.
>Les malheurs inouïs sur ta tête amassés,
>Je les ai tous sentis, et tu m'en crois assez ;
>Mon abord en ces lieux le fait assez connaître.
>Le ciel de tous côtés m'a fait enfin mon maître.
>Smerdis et mon épouse, en un même tombeau,
>De mon fatal hymen ont éteint le flambeau.
>Ecbatane est à moi...

Page 303, vers 14. — Lettre à d'Argental, du 15 mai 1767 :

>Toi seul m'as condamnée à vivre en ces déserts.

Page 306, vers 10. — Lettre à d'Argental, du 15 mai 1767 :

>Mais qu'il parte à l'instant ! Que jamais sa présence
>N'épouvante un asile offert à l'innocence.

Page 307, vers 6. — Lettre à d'Argental, du 24 novembre 1766 :

> Par nous-même apprêté nous porte un coup mortel ;
> Mais lorsque sans secours, à mon âge, on rassemble
> Dans un exil affreux tant de malheurs ensemble.

Page 314, vers 25. — Lettre à Lekain, du 20 février 1767 :

> Insensible au mérite et même tyrannique.

Page 314, vers 19 :

> Appui de ma vieillesse,
> Viens, mon fils, mon cher fils, combler mon allégresse.
> Tout est prêt, on t'attend.

Page 322, vers 4 :

> SOZAME.
> Je vous l'ai déclaré ;
> Je révère un usage antique et consacré.
> Mais il est dangereux : les Persans sont à craindre ;
> A se venger sur vous vous allez les contraindre.

Une autre version est donnée par la lettre à Lekain, du 2 mars 1767 :

> OBÉIDE.
> Je n'en apprends que trop.
> SOZAME.
> Je vous l'ai déclaré ;
> Je respecte un usage en ces lieux consacré :
> Mais des sévères lois par vos aieux dictées
> Les têtes de nos rois pourraient être exceptées.
> LE SCYTHE.
> Plus les princes sont grands, etc.

Page 324, vers 14. — Dans la lettre à Lekain, du 23 février 1767 :

> Vous voyez, vous sentez quel meurtre se prépare.

Page 325, vers 19 :

> . . . . tout est résolu.
> SOZAME.
> Tu me glaces d'horreur.

Je ne sais à quelle scène appartenait le vers dont on trouve deux versions dans la lettre à d'Argental, du 11 février 1767. (B.)

FIN DES VARIANTES DES SCYTHES.

AVIS AU LECTEUR[1]

L'auteur est obligé d'avertir que la plupart de ses tragédies imprimées[2] à Paris chez Duchêne, au Temple du Goût[3], en 1764, avec privilége du roi, ne sont point du tout conformes à l'original; il ne sait pas pourquoi le libraire a obtenu un privilége sans le consulter. Le roi ne lui a certainement pas donné le privilége de défigurer des pièces de théâtre, et de s'emparer du bien d'autrui pour le dénaturer.

Dans la tragédie d'*Oreste*, le libraire du Temple du Goût finit la pièce par ces deux vers de Pylade :

> Que l'amitié triomphe en tout temps, en tous lieux,
> Des malheurs des mortels et des *crimes* des dieux.

Ce blasphème est d'autant plus ridicule dans la bouche de Pylade que c'est un personnage religieux qui a toujours recommandé à son ami d'obéir aveuglément aux ordres de la Divinité. Dans toutes les autres éditions on lit :

> . . . . Et du courroux des dieux.

On ne conçoit pas comment, dans la même tragédie, l'éditeur a pu imprimer, page 237 :

> Je la mets dans vos fers, elle va vous servir.

---

1. Cet *Avis au lecteur* est imprimé à la suite des *Scythes* dans l'édition de Paris, Lacombe, 1767, in-8°; dans le tome IV des *Nouveaux Mélanges*, il est après la *Préface* (de Paris); mais dans l'édition in-4° des *OEuvres*, il est rétabli à la fin de la pièce. Dans l'édition encadrée ou de 1775, il est placé dans le tome VI après *Sophonisbe*, la dernière des tragédies alors recueillies. Les éditeurs de Kehl l'ont transporté après *Agathocle*, la dernière des tragédies de Voltaire. Ainsi ont fait tous leurs successeurs. Je le donne à son rang, avec des variantes qui sont de 1768. (B.)

2. Dans l'édition in-4° ou de 1768, on avait mis : « imprimées tant dans les provinces que dans les pays étrangers, ne sont point du tout conformes à l'original.
« Dans la tragédie d'*Oreste*, etc. » (B.)

3. C'était l'enseigne de Duchêne, libraire. (B.)

> C'est m'acquitter vers vous bien moins que la punir.
> Vous, laissez cette cendre à mon juste courroux, etc.

Qui jamais a pu imaginer de mettre ainsi quatre rimes masculines de suite, et de violer si grossièrement les premières règles de la poésie française? Il y a plus encore. Le sens est perverti ; il y a six vers nécessaires d'oubliés. Il se peut qu'un comédien, pour avoir plus tôt fait, ait écourté et gâté son rôle. Un libraire ignorant achète une mauvaise copie du souffleur de la comédie, et, au lieu de suivre l'édition de Genève, qui est fidèle, il imprime un ouvrage entièrement méconnaissable.

La même sottise se trouve dans la tragédie de *Brutus*, page 282 :

> Je plains tant de vertus, tant d'amour et de charmes.
> Un cœur tel que le sien méritait d'être à vous.
> Abominables lois que la cruelle impose !

Peut-on présenter au lecteur un pareil galimatias, et voler ainsi leur argent? Il y a ici trois vers d'oubliés. Telle est la négligence de quelques libraires ; ils n'ont ni assez d'intelligence pour comprendre ce qu'ils impriment, ni assez d'honnêteté pour payer un correcteur d'imprimerie : pourvu qu'ils vendent leur marchandise, ils sont contents. Mais bientôt leur mauvaise conduite est découverte, et leurs misérables éditions décriées restent dans leurs boutiques pour leur ruine.

Tancrède est imprimé beaucoup plus infidèlement. L'auteur est obligé de déclarer qu'il y a dans cette pièce beaucoup de vers qu'il n'a jamais ni faits ni pu faire, comme ceux-ci par exemple :

> Voyant tomber leur chef, les Maures *furieux*
> L'ont accablé de traits dans *leur rage cruelle.*

L'Orphelin de la Chine n'est pas moins défiguré[1]. On ne trouve point[2] dans l'édition de Duchêne ces vers que dit Gengis, et qui sont dans toutes les éditions :

> Gardez de mutiler tous ces grands monuments,
> Ces prodiges des arts consacrés par les temps;
> Respectez-les ; ils sont le prix de mon courage.

---

1. Ceci a déjà été remarqué dans l'avertissement qui est à la tête du premier volume du théâtre. — Cette note est de 1768 (B.) Voyez *Théâtre*, tome Ier, page 1-2.
2. L'édition de 1768 porte : « On ne trouve point dans ces éditions furtives ces vers, etc. » (B.)

> Qu'on cesse de livrer aux flammes, au pillage,
> Ces archives de lois, ce long amas d'écrits,
> Tous ces fruits du génie, objets de vos mépris.
> Si l'erreur les dicta, cette erreur m'est utile ;
> Elle occupe ce peuple, et le rend plus docile.

Ce discours est très-convenable dans la bouche d'un prince sage, qui parle à des Tartares ennemis des lois et de la science. Voici ce que l'éditeur a mis à la place :

> Cessez de mutiler tous ces grands monuments
> Échappés aux *fureurs des flammes, du pillage.*

Toute la fin de la tragédie de *Zulime* est ridiculement altérée. Une fille qui a trahi, outragé, attaqué son père, qui sent tous ses crimes et qui s'en punit, à qui son père pardonne, et qui s'écrie dans son désespoir : « J'en suis indigne », doit faire un grand effet. On a tronqué et altéré cette fin, et on finit la pièce par une phrase qui n'est pas même achevée. Les vers impertinents qu'on a mis dans *Olympie* sont dignes d'une telle édition. En voici un qui me tombe sous la main :

> Ne viens point, malheureux, par différents efforts...

En un mot, l'auteur doit, pour l'honneur de l'art, encore plus que pour sa propre justification, précautionner le lecteur contre cette édition de Duchêne, qui n'est qu'un tissu de fautes et de falsifications. Il n'est pas permis de s'emparer des ouvrages d'un homme, de son vivant, pour les rendre ridicules. On a pris à tâche de gâter les expressions, de substituer des liaisons à des scènes plus impertinemment tronquées. Cette manœuvre a été poussée à un tel excès que les comédiens de province eux-mêmes, révoltés contre la licence et le mauvais goût qui défiguraient la tragédie *d'Olympie*, n'ont jamais voulu la jouer comme on l'a représentée à Paris.

Ce n'est pas assez d'être parvenu à corrompre presque tous les ouvrages qu'un homme a composés pendant plus de cinquante années ; tantôt on publie sous son nom de prétendues *Lettres secrètes,* tantôt ce sont des *Lettres à ses amis du Parnasse,* qu'on fabrique en Hollande ou dans Avignon, et puis c'est son *Portefeuille retrouvé* [1],

---

1. Le *Portefeuille trouvé, ou Tablettes d'un curieux,* 1757, in-12, et 1757, deux volumes in-12. Cette dernière est plus ample et a un *Avertissement* différent. (B.)

que personne ne voudrait ramasser. Granger le libraire met son nom hardiment à un tome de *Mélanges*[1] ; un ex-jésuite[2] lui attribue des livres ridicules, et écrit contre ces livres un libelle beaucoup plus ridicule encore, et tout cela se vend à des provinciaux et à des étrangers, qui croient acheter ce qu'il y a de plus intéressant dans la littérature française. Il est vrai que toutes ces impertinences tombent et meurent comme des insectes éphémères ; mais ces insectes se reproduisent toutes les années. Rien n'est plus aisé à faire qu'un mauvais livre, si ce n'est une mauvaise critique. La basse littérature inonde une partie de l'Europe ; le goût se corrompt tous les jours. Il en est à peu près de l'art d'écrire comme de celui de la déclamation : il y a plus de six cents comédiens français répandus dans l'Europe, et à peine deux ou trois qui aient reçu de la nature les dons nécessaires, et qui aient pu approfondir leur art. Combien avons-nous d'écrivains qui à peine savent leur langue, et qui commencent par dire leur avis sur les arts qu'ils n'ont jamais pratiqués ; sur l'agriculture, sans avoir possédé un champ ; sur le ministère, sans être jamais entrés dans le bureau d'un commis ; sur l'art de gouverner, sans avoir pu seulement gouverner leur servante ! Combien s'érigent en critiques, qui n'ont jamais pu produire d'eux-mêmes un ouvrage supportable ; qui parlent de poésie, et qui ne savent pas seulement la mesure d'un vers ! Combien enfin deviennent calomniateurs de profession pour avoir du pain, et vendent des injures à tant la feuille !

1. Il s'agit soit du volume intitulé *Mélanges de poésies, de littérature, d'histoire et de philosophie*, 1761, in-12 de 324 pages ; soit de celui qui a pour titre : *Troisième Suite des mélanges de poésie*, etc., 1761, in-8° de 476 pages, qui se trouve quelquefois relié comme XIX° volume des *OEuvres de Voltaire*. (B.)

2. Nonotte. (B.)

CHARLOT

ou

LA COMTESSE DE GIVRY

PIÈCE DRAMATIQUE

REPRÉSENTÉE, SUR LE THÉATRE DE F***, AU MOIS DE SEPTEMBRE 1767, ET, A LA COMÉDIE ITALIENNE DE PARIS, LE 4 JUIN 1782.

AVERTISSEMENT

POUR LA PRÉSENTE ÉDITION.

Le 12 septembre 1767, Voltaire écrit à Damilaville : « Malgré mes maux, je m'égaye à voir embellir, par des acteurs qui valent mieux que moi, une comédie (c'était *Charlot, ou la comtesse de Givry*) qui ne mérite pas leurs peines. » Le 18, il écrit à d'Argental : « Vous aurez incessamment *Charlot, ou la comtesse de Givry* dont je fais plus de cas que de l'*Ingénu*, mais qui n'aura pas le même succès. Je ne la destine pas aux comédiens, à qui je ne donnerai jamais rien après la manière barbare dont ils m'ont défiguré, et l'insolence qu'ils ont eue de mettre dans mes pièces des vers dont l'abbé Pellegrin et Danchet auraient rougi. D'ailleurs les caprices du parterre sont intolérables, et les Welches sont trop Welches. »

C'était la chute des *Scythes* que Voltaire avait sur le cœur.

Il envoie sa comédie au libraire Merlin, à « l'enchanteur Merlin », comme il l'appelle, à titre de gratification : « Je crois que Merlin peut tirer, sans rien risquer, sept cent cinquante exemplaires, qu'il vendra bien. » (19 septembre, à Damilaville.)

Et dès lors les lettres de Ferney apportent corrections sur corrections et variantes sur variantes.

Les premières représentations véritablement publiques de *Charlot* eurent lieu aux portes de Genève, au théâtre de Châtelaine qui appartenait à Voltaire : « Ceux qu'envoyait Genève, dit M. Desnoiresterres [1], venaient bien plus pour faire du tapage que pour applaudir à l'ouvrage ou au jeu des acteurs. Un soir on représentait *Charlot*... La pièce fut reçue par des sifflets. On a prétendu que le patriarche, fou de rage, sortant son grand corps hors de la loge et brandissant sa canne avec fureur, aurait crié à ce parterre insolent : « Magnifiques et très-honorés seigneurs ! je suis chez moi, et si « vous ne vous tenez pas tranquilles, je vous fais administrer la plus ro- « buste volée que votre république ait jamais reçue ! » Cette verte algarade est mise par d'autres dans la bouche du chevalier de Beauteville, qui était plus autorisé à s'exprimer de cette façon catégorique, bien que nous ne voyions point quand il aurait eu l'occasion d'adresser à ces auditeurs remuants cette énergique semonce. »

---

1. *Voltaire et Genève*, p. 428.

AVERTISSEMENT

DE BEUCHOT.

Wagnière, dans son *Examen des Mémoires de Bachaumont* (qui fait partie des *Mémoires de Longchamp et Wagnière,* publiés en 1826), dit, tome Ier, page 264, que *Charlot* fut composé en moins de trois jours. Voltaire parle de cinq dans sa lettre à Damilaville, du 28 septembre 1767. La pièce fut jouée à Ferney, comme le titre l'annonce. Elle n'avait encore paru sur aucun théâtre public, lorsque le succès qu'elle obtint, dans l'hiver de 1781-82, sur le théâtre du comte d'Argental, engagea les comédiens italiens à la mettre à l'étude. La première représentation eut lieu le 4 juin; mais on n'en donna que trois.

PRÉFACE[1]

Cette pièce de société n'a été faite que pour exercer les talents de plusieurs personnes d'un rare mérite. Il y a un peu de chant et de danse, du comique, du tragique, de la morale, et de la plaisanterie. Cette nouveauté n'a point du tout été destinée aux théâtres publics. C'est ainsi qu'aujourd'hui, en Italie, plusieurs académiciens s'amusent à réciter des pièces qui ne sont jamais jouées par des comédiens. Ce noble exercice s'est établi depuis longtemps en France, et même chez quelques-uns de nos princes. Rien n'anime plus la société; rien ne donne plus de grâce au corps et à l'esprit, ne forme plus le goût, ne rend les mœurs plus honnêtes, ne détourne plus de la fatale passion du jeu, et ne resserre plus les nœuds de l'amitié.

Cette pièce a eu l'avantage d'être représentée par des gens de lettres, qui, sachant en faire de meilleures, se sont prêtés à ce genre médiocre avec toute la bonté et tout le zèle dont cette médiocrité même avait besoin.

Henri IV est véritablement le héros de la pièce : mais il avait déjà paru dans *la Partie de Chasse*[2], représentée sur le même théâtre ; et on n'a pas voulu imiter ce qu'on ne pouvait égaler[3].

1. Cette *Préface*, de Voltaire lui-même, est dans l'édition de 1767, mais ne fut conservée ni dans l'édition in-4°, ni dans l'édition encadrée. Elle a été rétablie par les éditeurs de Kehl. (B.)
2. Par Collé.
3. M. de Voltaire avait changé le dénoûment de cette pièce dans l'édition qu'il préparait ; et c'est d'après ces nouvelles corrections qu'elle est imprimée ici. (K.)
— Ajoutons que cette jolie comédie de genre s'affichait : *Charlot, ou la Comtesse de Givry;* qu'elle fut représentée devant des soldats alors en garnison à Ferney ; et que ce soir-là les rôles étaient distribués ainsi : *la Comtesse*, Mme Denis ; *le Marquis*, M. de Laharpe ; *Julie*, Mme de Laharpe ; *Charlot*, M. Chabanon ; *Babet*, Mme Dupuits-Corneille, etc. (G. A.)

PERSONNAGES.

LA COMTESSE DE GIVRY, veuve attachée au parti de Henri IV.
HENRI IV.
LE MARQUIS, élevé dans le château.
JULIE, parente de la maison, élevée avec le marquis.
MADAME AUBONNE, nourrice.
CHARLOT, fils de la nourrice.
L'INTENDANT de la maison[1].
BABET, élevée pour être à la chambre auprès de la comtesse.
GUILLOT, fils d'un fermier de la terre.
DOMESTIQUES, COURRIERS, GARDES.
SUITE DE HENRI IV.

La scène est dans le château de la comtesse de Givry, en Champagne.

---

1. Il est appelé Monsieur Rente dans la scène III de l'acte Ier.

CHARLOT

ou

LA COMTESSE DE GIVRY

PIÈCE DRAMATIQUE

ACTE PREMIER.

SCÈNE I.

Le théâtre représente une grande salle où des domestiques portent et ôtent des meubles. L'INTENDANT de la maison est à une table; UN COURRIER en bottes, à côté; MADAME AUBONNE, nourrice, coud, et BABET file à un rouet; UNE SERVANTE prend des mesures avec une aune, une autre balaye.

L'INTENDANT, écrivant.

Quatorze mille écus!... ce compte perce l'âme...
Ma foi, je ne sais plus comment fera madame
Pour recevoir le roi, qui vient dans ce château.

LE COURRIER.

Faut-il attendre?

L'INTENDANT.

Eh! oui.

BABET.

Que ce jour sera beau,
Madame Aubonne! ici nous le verrons paraître,
Ici, dans ce château, ce grand roi, ce bon maître!

MADAME AUBONNE, cousant.

Il est vrai.

BABET.

Mais cela devrait vous dérider.
Je ne vous vis jamais que pleurer ou bouder.

Quand tout le monde rit, court, saute, danse, chante,
Notre bonne est toujours dans sa mine dolente.
MADAME AUBONNE.
Quand on porte lunette, on rit peu, mes enfants.
Ris tant que tu pourras, chaque chose a son temps.
LE COURRIER, à l'intendant.
Expédiez-moi donc.
L'INTENDANT.
      La fête sera chère...
Mais pour ce prince auguste on ne saurait trop faire.
LE COURRIER.
Faites donc vite.
MADAME AUBONNE.
      Hélas! j'espère d'aujourd'hui
Que Charlot, mon enfant, pourra servir sous lui.
L'INTENDANT.
Le bon prince!
LE COURRIER.
    Allons donc.
L'INTENDANT.
              La dernière campagne...
Il assiégeait, vous dis-je... une ville en Champagne...
LE COURRIER.
Dépêchez.
L'INTENDANT.
    Il était, comme chacun le dit,
Le premier à cheval et le dernier au lit.
LE COURRIER.
Quel bavard!
L'INTENDANT.
      On avait, sous peine de la vie,
Défendu qu'on portât à la ville investie
Provision de bouche.
LE COURRIER.
      Aura-t-il bientôt fait?
L'INTENDANT.
Trois jeunes paysans, par un chemin secret
En ayant apporté, s'étaient laissé surprendre :
Leur procès était fait, et l'on allait les pendre.

<small>(Madame Aubonne et Babet s'approchent pour entendre ce conte; deux domestiques qui portaient des meubles les mettent par terre, et tendent le cou; une servante qui balayait s'approche, et écoute en s'appuyant le menton sur le manche du balai.)</small>

ACTE I, SCÈNE I.

MADAME AUBONNE, se levant.

Les pauvres gens !

BABET.

Eh bien ?

LE COURRIER.

Achevez donc.

L'INTENDANT, écrivant.

Le roi...

Quatorze mille écus en six mois...

LE COURRIER.

Sur ma foi,
Je n'y puis plus tenir.

L'INTENDANT, écrivant.

Je m'y perds quand j'y pense !...
Le roi les rencontra... son auguste clémence...

BABET.

Leur fit grâce sans doute ?

(Ici, tout le monde fait un cercle autour de l'intendant.)

L'INTENDANT.

Hélas ! il fit bien plus ;
Il leur distribua ce qu'il avait d'écus.
« Le Béarnais, dit-il, est mal en équipage,
Et s'il en avait plus, vous auriez davantage. »

TOUS ENSEMBLE.

Le bon roi ! le grand roi !

L'INTENDANT.

Ce n'est pas tout ; le pain
Manquait dans cette ville, on y mourait de faim ;
Il la nourrit lui-même en l'assiégeant encore[1].

(Il tire son mouchoir, et s'essuie les yeux.)

LE COURRIER.

Vous me faites pleurer.

MADAME AUBONNE.

Je l'aime !

BABET.

Je l'adore !

---

1. Ce passage est d'allusion. Les troupes devant lesquelles on jouait cette pièce à Ferney bloquaient Genève ; toute communication était interrompue entre ce pays et la France ; aussi chaque jour c'était des paysans qu'on arrêtait pour avoir violé la consigne, et en faveur desquels Voltaire intercédait. (G. A.)

L'INTENDANT.

Je me souviens aussi qu'en un jour solennel
Un grave ambassadeur, je ne sais plus lequel,
Vit sa jeune noblesse admise à l'audience,
L'entourer, le presser sans trop de bienséance.
« Pardonnez, dit le roi, ne vous étonnez pas;
Ils me pressent de même au milieu des combats. »

LE COURRIER.

Ça donne du désir d'entrer à son service.

BABET.

Oui, ça m'en donne aussi.

L'INTENDANT.

Qu'en dites-vous, nourrice !

MADAME AUBONNE, se remettant à l'ouvrage.

Ah ! j'ai bien d'autres soins.

L'INTENDANT.

Je prétends aujourd'hui
Vous faire, en l'attendant, trente contes de lui.
Un soir, près d'un couvent...

LE COURRIER.

Mais donnez donc la lettre.

L'INTENDANT.

C'est bien dit... la voilà... tu pourras la remettre
Au premier des fourriers que tu rencontreras :
Tu partiras en hâte; en hâte reviendras.
Madame de Givry veut savoir à quelle heure
Il doit de sa présence honorer sa demeure...
Quatorze mille écus! et cela clair et net!...
On en doit la moitié... Va vite.

LE COURRIER.

Adieu, Babet.

(Il sort.)

BABET, reprenant son rouet.

La nourrice toujours dans son chagrin persiste,
Faites-lui quelque conte.

L'INTENDANT.

On voit ce qui l'attriste.
Notre jeune marquis, que la bonne a nourri,
Est un grand garnement; et j'en suis bien marri.

MADAME AUBONNE.

Je le suis plus que vous.

ACTE I, SCÈNE II.

L'INTENDANT.
　　　　　Votre fils, au contraire,
Respectueux, poli, cherche toujours à plaire.
BABET.
Charlot est, je l'avoue, un fort joli garçon.
MADAME AUBONNE.
Notre marquis pourra se corriger.
L'INTENDANT.
　　　　　　　Oh! non :
Il n'a point d'amitié; le mal est sans remède.
MADAME AUBONNE, cousant.
A l'éducation tout tempérament cède.
L'INTENDANT, écrivant.
Les vices de l'esprit peuvent se corriger ;
Quand le cœur est mauvais, rien ne peut le changer.

SCÈNE II.

LES PRÉCÉDENTS; GUILLOT, accourant.

GUILLOT.
Ah! le méchant marquis! comme il est malhonnête!
MADAME AUBONNE.
Eh bien! de quoi viens-tu nous étourdir la tête?
GUILLOT.
De deux larges soufflets dont il m'a fait présent :
C'est le seul qu'il m'ait fait, du moins, jusqu'à présent.
Passe encor pour un seul, mais deux!
BABET.
　　　　　　　　Bon! c'est de joie
Qu'il t'aura souffleté ; tout le monde est en proie
A des transports si grands, en attendant le roi,
Qu'on ne sait où l'on frappe.
MADAME AUBONNE.
　　　　　　Allons, console-toi.
L'INTENDANT, écrivant.
La chose est mal pourtant... Madame la comtesse
N'entend pas que l'on fasse une telle caresse
A ses gens; et Guillot est le fils d'un fermier,
Homme de bien.

GUILLOT.
Sans doute.
L'INTENDANT.
Et fort lent à payer.
GUILLOT.
Ça peut être.
L'INTENDANT.
Guillot est d'un bon caractère.
GUILLOT.
Oui.
L'INTENDANT.
C'est un innocent.
GUILLOT.
Pas tant.
BABET.
Qu'as-tu pu faire
Pour acquérir ainsi deux soufflets du marquis?
GUILLOT.
Il est jaloux, il t'aime.
BABET.
Est-il bien vrai?... Tu dis
Que je plais à monsieur?
GUILLOT.
Oh! tu ne lui plais guère;
Mais il t'aime en passant, quand il n'a rien à faire.
Je dois, comme tu sais, épouser tes attraits;
Et pour présent de noce il donne des soufflets.
BABET.
Monsieur m'aimerait donc?
MADAME AUBONNE.
Quelle sotte folie!
Le marquis est promis à la belle Julie,
Cousine de madame, et qui, dans la maison,
Est un modèle heureux de beauté, de raison,
Que j'élevai longtemps, que je formai moi-même :
C'est pour lui qu'on la garde, et c'est elle qu'il aime.
GUILLOT.
Oh bien, il en veut donc avoir deux à la fois?
Ces jeunes grands seigneurs ont de terribles droits;
Tout doit être pour eux, femmes de cour, de ville,
Et de village encore : ils en ont une file;
Ils vous écrèment tout, et jamais n'aiment rien.

Qu'il me laisse Babet; parbleu, chacun le sien.
BABET.
Tu m'aimes donc vraiment?
GUILLOT.
Oui, de tout mon courage;
Je t'aime tant, vois-tu, que quand sur mon passage
Je vois passer Charlot, ce garçon si bien fait,
Quand je vois ce Charlot regardé par Babet,
Je rendrais, si j'osais, à son joli visage
Les deux pesants soufflets que j'ai reçus en gage.
MADAME AUBONNE.
Des soufflets à mon fils!
GUILLOT.
Eh!... j'entends si j'osais...
Mais Charlot m'en impose, et je n'ose jamais.
L'INTENDANT, se levant.
Jamais je ne pourrai suffire à la dépense.
Ah! tous les grands seigneurs se ruinent en France;
Il faut couper des bois, emprunter chèrement,
Et l'on s'en prend toujours à monsieur l'intendant...
Çà, je vous disais donc qu'auprès d'une abbaye
Une vieille baronne et sa fille jolie,
Apercevant le roi qui venait tout courant...
Le duc de Bellegarde était son confident:
C'est un brave seigneur, et que partout on vante;
Madame la comtesse est sa proche parente:
De notre belle fête il sera l'ornement.

SCÈNE III.

LES PRÉCÉDENTS, LE MARQUIS.
(Tous se lèvent.)

LE MARQUIS.
Mon vieux faiseur de conte, il me faut de l'argent.
Bonjour, belle Babet; bonjour, ma vieille bonne...
(A Guillot.)
Ah! te voilà, maraud; si jamais ta personne
S'approche de Babet, et surtout moi présent,
Pour te mieux corriger je t'assomme à l'instant.

GUILLOT.

Quel diable de marquis!

LE MARQUIS.

Va, détale.

BABET.

Eh! de grâce,
Un peu moins de colère, un peu moins de menace.
Que vous a fait Guillot?

MADAME AUBONNE.

Tant de brutalité
Sied horriblement mal aux gens de qualité.
Je vous l'ai dit cent fois; mais vous n'en tenez compte.
Vous me faites mourir de douleur et de honte.

LE MARQUIS.

Allez, vous radotez... Monsieur Rente, à l'instant
Qu'on me fasse donner six cents écus comptant.

L'INTENDANT.

Je n'en ai point, monsieur.

LE MARQUIS.

Ayez-en, je vous prie,
Il m'en faut pour mes chiens et pour mon écurie,
Pour mes chevaux de chasse, et pour d'autres plaisirs.
J'ai très-peu d'écus d'or, et beaucoup de désirs.
Monsieur mon trésorier, déboursez, le temps presse.

L'INTENDANT.

A peine émancipé, vous épuisez ma caisse.
Quel temps prenez-vous là? quoi! dans le même jour
Où le roi vient chez vous avec toute sa cour!
Songez-vous bien aux frais où tout nous précipite?

LE MARQUIS.

Je me passerais fort d'une telle visite.
Mon petit précepteur, que l'on vient d'éloigner,
M'avait dit que ma mère allait me ruiner;
Je vois qu'il a raison.

MADAME AUBONNE.

Fi! quel discours infâme!
Soyez plus généreux, respectez plus madame.
Je ne m'attendais pas, quand je vous allaitai,
Que vous auriez un cœur si plein de dureté.

LE MARQUIS.

Vous m'ennuyez.

MADAME AUBONNE, pleurant.
L'ingrat!
GUILLOT, dans un coin.
Il a l'âme bien dure,
Les mains aussi.
BABET.
Toujours il nous fait quelque injure.
Vous n'aimez pas le roi! vous, méchant!
LE MARQUIS.
Eh! si fait.
BABET.
Non, vous ne l'aimez pas.
LE MARQUIS.
Si, te dis-je, Babet.
Je l'aime... comme il m'aime... assez peu, c'est l'usage.
Mais je t'aime bien plus.
L'INTENDANT, écrivant.
Et l'argent davantage.
LE MARQUIS.
(A Guillot, qui est dans un coin.)
Donnez-m'en donc bien vite... Ah! ah! je t'aperçois ;
Attends-moi, malheureux!

SCÈNE IV.

LES PRÉCÉDENTS, LA COMTESSE.

LA COMTESSE.
Eh! qu'est-ce que je vois?
Je le cherche partout : que ses mœurs sont rustiques!
Je le trouve toujours parmi des domestiques.
Il se plaît avec eux ; il m'abandonne.
MADAME AUBONNE.
Hélas!
Nous l'envoyons à vous, mais il n'écoute pas.
Il me traite bien mal.
LA COMTESSE.
Consolez-vous, nourrice ;
Mon cœur en tous les temps vous a rendu justice,
Et mon fils vous la doit : on pourra l'attendrir.

MADAME AUBONNE.

Ah ! vous ne savez pas ce qu'il me fait souffrir.

LA COMTESSE.

Je sais qu'en son berceau, dans une maladie,
Étant cru mort longtemps, vous sauvâtes sa vie :
Il en doit à jamais garder le souvenir.
S'il ne vous aimait pas, qui pourrait-il chérir ?
Laissez-moi lui parler.

MADAME AUBONNE.

Dieu veuille que madame
Par ses soins maternels amollisse son âme !

LE MARQUIS.

Que de contrainte !

LA COMTESSE, à l'intendant.

Et vous, tout est-il préparé ?
Vous savez de vos soins combien je vous sais gré.

L'INTENDANT.

Madame, tout est prêt, mais la dépense est forte ;
Cela pourra monter tout au moins... à...

LA COMTESSE.

Qu'importe ?
Le cœur ne compte point, et rien ne doit coûter
Lorsque le grand Henri daigne nous visiter.

(A ses gens.)

Laissez-moi, je vous prie.

(Ils sortent.)

SCÈNE V.

LA COMTESSE, LE MARQUIS.

LA COMTESSE.

Il est temps qu'une mère,
Que vous écoutez peu, mais qui ne doit rien taire,
Dans l'âge où vous entrez, sans plainte et sans rigueur,
Parle à votre raison et sonde votre cœur.
Je veux bien oublier que, depuis votre enfance,
Vous avez repoussé ma tendre complaisance ;
Que vos maîtres divers et votre précepteur,
Par leurs soins vigilants révoltant votre humeur,
Vous présentant à tout, n'ont pu rien vous apprendre :

ACTE I, SCÈNE V.

Tandis qu'à leurs leçons empressé de se rendre,
Le fils de la nourrice, à qui vous insultiez,
Apprenait aisément ce que vous négligiez ;
Et que Charlot, toujours prompt à me satisfaire,
Faisait assidûment ce que vous deviez faire.

LE MARQUIS.

Vous l'oubliez, madame, et m'en parlez souvent.
Charlot est, je l'avoue, un héros fort savant.
Je consens pleinement que Charlot étudie,
Que Guillot aille aussi dans quelque académie ;
La doctrine est pour eux, et non pour ma maison.
Je hais fort le latin ; il déroge à mon nom ;
Et l'on a vu souvent, quoi qu'on en puisse dire,
De très-bons officiers qui ne savaient pas lire.

LA COMTESSE.

S'ils l'avaient su, mon fils, ils en seraient meilleurs.
J'en ai connu beaucoup qui, polissant leurs mœurs,
Des beaux-arts avec fruit ont fait un noble usage.
Un esprit cultivé ne nuit point au courage [1].
Je suis loin d'exiger qu'aux lois de son devoir
Un officier ajoute un triste et vain savoir ;
Mais sachez que ce roi, qu'on admire et qu'on aime,
A l'esprit très-orné.

LE MARQUIS.
 Je ne suis pas de même.

LA COMTESSE.
Songez à le servir à la guerre, à la cour.

LE MARQUIS.
Oui, j'y songe.

LA COMTESSE.
 Il faudra que, dans cet heureux jour,
De sa royale main sa bonté ratifie
Le contrat qui vous doit engager à Julie.
Elle est votre parente, et doit plaire à vos yeux,
Aimable, jeune, riche.

LE MARQUIS.
 Elle est riche ? tant mieux ;
Marions-nous bientôt.

LA COMTESSE.
 Se peut-il, à votre âge,

---

1. Tout cela se débitait à Ferney en présence d'officiers. (G. A.)

Que du seul intérêt vous parliez le langage?
LE MARQUIS.
Oh! j'aime aussi Julie; elle a bien des appas;
Elle me plaît beaucoup; mais je ne lui plais pas.
LA COMTESSE.
Ah! mon fils, apprenez du moins à vous connaître.
Vos discours, votre ton, la révoltent peut-être.
On ne réussit point sans un peu d'art flatteur :
Et la grossièreté ne gagne point un cœur.
LE MARQUIS.
Je suis fort naturel.
LA COMTESSE.
Oui, mais soyez aimable.
Cette pure nature est fort insupportable.
Vos pareils sont polis : pourquoi? c'est qu'ils ont eu
Cette éducation qui tient lieu de vertu;
Leur âme en est empreinte; et si cet avantage
N'est pas la vertu même, il est sa noble image.
Il faut plaire à sa femme, il faut plaire à son roi,
S'oublier prudemment, n'être point tout à soi,
Dompter cette humeur brusque où le penchant vous livre.
Pour vivre heureux, mon fils, que faut-il? savoir vivre.
LE MARQUIS.
Pour le roi, nous verrons comme je m'y prendrai :
Julie est autre chose, elle est fort à mon gré;
Mais je ne puis souffrir, s'il faut que je le dise,
Que le savant Charlot la suive et la courtise :
Il lui fait des chansons.
LA COMTESSE.
Vous vous moquez de nous :
Votre frère de lait vous rendrait-il jaloux?
LE MARQUIS.
Oui; je ne cache point que je suis en colère
Contre tous ces gens-là qui cherchent tant à plaire.
Je n'aime point Charlot; on l'aime trop ici.
LA COMTESSE.
Auriez-vous bien le cœur à ce point endurci?
Cela ne se peut pas. Ce jeune homme estimable
Peut-il par son mérite être envers vous coupable?
Je dois tout à sa mère; oui, je lui dois mon fils :
Aimez un peu le sien. Du même lait nourris,
L'un doit protéger l'autre : ayez de l'indulgence,

Ayez de l'amitié, de la reconnaissance ;
Si vous étiez ingrat, que pourrais-je espérer ?
Pour ne vous point haïr il faudrait expirer.
LE MARQUIS.
Ah ! vous m'attendrissez ; madame, je vous jure
De respecter toujours mon devoir, la nature,
Vos sentiments.
LA COMTESSE.
        Mon fils, j'aurais voulu de vous,
Avec tant de respects, un mot encor plus doux.
LE MARQUIS.
Oui, le respect s'unit à l'amour qui me touche.
LA COMTESSE.
Dites-le donc du cœur, ainsi que de la bouche.

SCÈNE VI.

LA COMTESSE, LE MARQUIS, CHARLOT.

LA COMTESSE.
Venez, mon bon Charlot. Le marquis m'a promis
Qu'il serait désormais de vos meilleurs amis.
LE MARQUIS, se détournant.
Je n'ai point promis ça.
LA COMTESSE.
        Ce grand jour d'allégresse
Ne pourra plus laisser de place à la tristesse.
Où donc est votre mère ?
CHARLOT.
        Elle pleure toujours ;
Et j'implore pour moi votre puissant secours,
Votre protection, vos bontés toujours chères,
Et ce cœur digne en tout de ses augustes pères.
Madame, vous savez qu'à monsieur votre fils,
Sans me plaindre un moment, je fus toujours soumis.
Vivre à vos pieds, madame, est ma plus forte envie.
Le héros des Français, l'appui de sa patrie,
Le roi des cœurs bien nés, le roi qui des Ligueurs
A par tant de vertus confondu les fureurs,
Il vient chez vous, il vient dans vos belles retraites ;

Et ce n'est que pour lui que des lieux où vous êtes
Mon âme en gémissant se pourrait arracher.
La fortune n'est pas ce que je veux chercher.
Pardonnez mon audace, excusez mon jeune âge.
On m'a si fort vanté sa bonté, son courage,
Que mon cœur tout de feu porte envie aujourd'hui
A ces heureux Français qui combattent sous lui.
Je ne veux point agir en soldat mercenaire ;
Je veux auprès du roi servir en volontaire,
Hasarder tout mon sang, sûr que je trouverai
Auprès de vous, madame, un asile assuré.
Daignez-vous approuver le parti que j'embrasse ?

LA COMTESSE.

Va, j'en ferais autant, si j'étais à ta place.
Mon fils, sans doute, aura pour servir sous sa loi
Autant d'empressement et de zèle que toi.

LE MARQUIS.

Eh, mon Dieu ! oui. Faut-il toujours qu'on me compare
A notre ami Charlot ? l'accolade est bizarre !

LA COMTESSE.

Aimez-le, mon cher fils ; que tout soit oublié.
Çà, donnez-lui la main pour marque d'amitié.

LE MARQUIS.

Eh bien ! la voilà... mais...

LA COMTESSE.

   Point de mais.

CHARLOT prend la main du marquis, et la baise.

          Je révère,
J'ose chérir en vous madame votre mère.
Jamais de mon devoir je n'ai trahi la voix ;
Je vous rendrai toujours tout ce que je vous dois.

LE MARQUIS.

Va... je suis très-content.

LA COMTESSE.

    Son bon cœur se déclare ;
Le mien s'épanouit... Quel bruit ! quel tintamarre !

SCÈNE VII.

PLUSIEURS DOMESTIQUES en livrée, et d'autres gens entrent en foule; GUILLOT, BABET, sont des premiers; JULIE, MADAME AUBONNE, dans le fond : elles arrivent plus lentement; LA COMTESSE est sur le devant du théâtre avec LE MARQUIS et CHARLOT.

GUILLOT, accourant.

Le roi vient.
PLUSIEURS DOMESTIQUES.
C'est le roi.
GUILLOT.
C'est le roi, c'est le roi.
BABET.
C'est le roi; je l'ai vu tout comme je vous voi[1].
Il était encor loin; mais qu'il a bonne mine!
GUILLOT.
Donne-t-il des soufflets?
LA COMTESSE.
A peine j'imagine
Qu'il arrive si tôt; c'est ce soir qu'on l'attend :
Mais sa bonté prévient ce bienheureux instant.
Allons tous.
JULIE.
Je vous suis... je rougis; ma toilette
M'a trop longtemps tenue, et n'est pas encor faite.
Est-ce bien déjà lui?
GUILLOT.
Ne le voyez-vous pas
Qui vers la basse-cour avance avec fracas?
BABET.
Il est très-beau... C'est lui. Les filles du village
Trottent toutes en foule, et sont sur son passage.
J'y vais aussi, j'y vole.
LA COMTESSE.
Oh! je n'entends plus rien.

---

1. Ce vers est répété dans la scène v de l'acte III.

JULIE.

Ce n'est pas lui.

BABET, allant et venant.

C'est lui.

GUILLOT.

Je m'y connais fort bien.
Tout le monde m'a dit : *C'est lui;* la chose est claire.

L'INTENDANT, arrivant à pas comptés.

Ils se sont tous trompés selon leur ordinaire.
Madame, un postillon que j'avais fait partir
Pour s'informer au juste, et pour vous avertir,
Vous ramenait en hâte une troupe altérée,
Moitié déguenillée, et moitié surdorée,
D'excellents pâtissiers, d'acteurs italiens,
Et des danseurs de corde, et des musiciens,
Des flûtes, des hautbois, des cors, et des trompettes,
Des faiseurs d'acrostiche, et des marionnettes.
Tout le monde a crié *le roi* sur les chemins;
On le crie au village, et chez tous les voisins;
Dans votre basse-cour on s'obstine à le croire;
Et voilà justement comme on écrit l'histoire[1].

GUILLOT.

Nous voilà tous bien sots!

LA COMTESSE.

Mais quand vient-il?

L'INTENDANT.

Ce soir.

LA COMTESSE.

Nous aurons tout le temps de le bien recevoir.
Mon fils, donnez la main à la belle Julie.
Bonsoir, Charlot.

LE MARQUIS.

Mon Dieu, que ce Charlot m'ennuie!

(Ils sortent : la comtesse reste avec la nourrice.)

LA COMTESSE.

Viens, ma chère nourrice, et ne soupire plus.
A bien placer ton fils mes vœux sont résolus :
Il servira le roi; je ferai sa fortune :
Je veux que cette joie à nous deux soit commune.

---

1. Vers devenu proverbe. Tout le couplet est, du reste, une fine satire de la cour. (G. A.)

ACTE I, SCÈNE VII.

Je voudrais contenter tout ce qui m'appartient,
Vous rendre tous heureux; c'est là ce qui soutient,
C'est là ce qui console et qui charme la vie.

MADAME AUBONNE.

Vous me rendez confuse, et mon âme attendrie
Devrait mériter mieux vos extrêmes bontés.

LA COMTESSE.

Qui donc en est plus digne ?

MADAME AUBONNE, tristement.

Ah !

LA COMTESSE.

Nos félicités
S'altèrent du chagrin que tu montres sans cesse.

MADAME AUBONNE.

Ce beau jour, il est vrai, doit bannir la tristesse.

LA COMTESSE.

Va, fais danser nos gens avec les violons.
Ton fils nous aidera.

MADAME AUBONNE.

Mon fils !... Madame... allons.

FIN DU PREMIER ACTE.

ACTE DEUXIÈME.

SCÈNE I.

JULIE, MADAME AUBONNE, CHARLOT.

JULIE.
Enfin je le verrai ce charmant Henri Quatre,
Ce roi brave et clément qui sait plaire et combattre,
Qui conquit à la fois son royaume et nos cœurs,
Pour qui Mars et l'Amour n'ont point eu de rigueurs,
Et qui sait triompher, si j'en crois les nouvelles,
Des Ligueurs, des Romains, des héros et des belles.

CHARLOT, dans un coin.
Elle aime ce grand homme; elle est tout comme moi.

JULIE.
Lisette à me parer a réussi, je croi.
Comment me trouvez-vous?

MADAME AUBONNE.
    Très-belle et très-bien mise,
Vous seriez peu fâchée, excusez ma franchise,
D'essayer tant d'appas, et d'arrêter les yeux
D'un héros couronné, partout victorieux.

JULIE.
Oui, ses yeux seulement... Il a le cœur fort tendre;
On me l'a dit du moins... je n'y veux point prétendre;
Je ne veux avoir l'air ni prude ni coquet...
Eh! mon Dieu! j'aperçois qu'il me manque un bouquet.

CHARLOT.
Un bouquet! allons vite.

(Il sort.)

MADAME AUBONNE.
    Eh bien! belle Julie,
Ce grand prince ici même aujourd'hui vous marie;
Il signera du moins le contrat projeté,

Qui sera par madame avec vous présenté.
Vous semblez n'y penser qu'avec indifférence,
Et je crois entrevoir un peu de répugnance.
JULIE.
Hélas! comment veut-on que mon cœur soit touché;
Qu'il se donne à celui qui ne l'a point cherché?
Par la digne comtesse en ces murs élevée,
Conduite par vos soins, à son fils réservée,
Je n'ai jamais dans lui trouvé jusqu'à ce jour
Le moindre sentiment qui ressemble à l'amour;
Il n'a jamais montré ces douces complaisances
Qui d'un peu de tendresse auraient les apparences.
Il est sombre, il est dur, il me doit alarmer;
Il ose être jaloux et ne sait point aimer.
J'aime avec passion sa vertueuse mère:
Le fils me fait trembler; quel triste caractère!
Ses airs et son ton brusque, et sa grossièreté,
Affligent vivement ma sensibilité.
D'un noir pressentiment je ne puis me défendre.
La nature me fit une âme honnête et tendre.
J'aurais voulu chérir mon mari.
MADAME AUBONNE.
Parlez net;
Développez un cœur qui se cache à regret.
Le marquis est haï.
JULIE.
Tout autant qu'haïssable:
C'est une aversion qui n'est pas surmontable.
A sa mère, après tout, je ne puis l'avouer.
De quinze ans de bontés je dois trop me louer:
Je percerais son cœur d'une atteinte cruelle;
Je ne puis la tromper, ni m'ouvrir avec elle.
Voilà mes sentiments, mes chagrins et mes vœux.
MADAME AUBONNE.
Ce mariage-là fera des malheureux.
Ah! comment nous tirer du fond du précipice?
JULIE.
Et moi, que devenir, comment faire, nourrice?
Tu ne me réponds point, tu rêves tristement,
Ma chère Aubonne!
MADAME AUBONNE.
Hélas!

JULIE.
Pourrais-tu prudemment
Engager la comtesse à différer la chose?
Tu sais la gouverner; ton avis en impose;
Par tes discours flatteurs tu pourrais l'amener
A me laisser le temps de me déterminer.
Mais réponds donc.

MADAME AUBONNE.
Hélas!... oui, ma belle Julie...
(En pleurant.)
Votre demande est juste... elle sera remplie.

SCÈNE II.

JULIE, MADAME AUBONNE, CHARLOT.

CHARLOT.
Madame, j'ai trouvé chez vous votre bouquet.

JULIE.
Ce n'est point là le mien; le vôtre est bien mieux fait,
Mieux choisi, plus brillant... Que votre fils, ma bonne,
Est galant et poli!... Tous les jours il m'étonne.
Est-il vrai qu'il nous quitte?

MADAME AUBONNE.
Il veut servir le roi.

JULIE.
Nous le regretterons.

CHARLOT.
Je fais ce que je dois.
Oui, mon père est soldat du plus grand des monarques.
Il fut blessé, madame, à la bataille d'Arques.
Je voudrais sur ses pas bientôt l'être à mon tour.
Pour ce généreux roi mon cœur est plein d'amour;
Oui, je voudrais servir Henri Quatre et ma dame.

JULIE, à Mme Aubonne.
La bonne, vous pleurez!

MADAME AUBONNE.
J'en ai sujet: mon âme
Se rappelle sans cesse un fatal souvenir.

JULIE.
Quoi! pouvez-vous sans joie et sans vous attendrir,

Voir un fils si bien né, si rempli de courage,
Au-dessus de son rang, au-dessus de son âge?
MADAME AUBONNE.
Il paraît en effet digne de vos bontés;
Il mérite surtout les pleurs qu'il m'a coûtés.
JULIE.
Votre amour est bien juste, il est touchant, ma bonne;
Mais, il faut l'avouer, votre douleur m'étonne.
Quel est votre chagrin?... Çà, dites-moi, Charlot...
Non... monsieur... mon ami... Ma mère... que ce mot...
De Charlot... convient mal... à toute sa personne!
MADAME AUBONNE.
Oh! les mots n'y font rien... mais vous êtes trop bonne.
JULIE.
Charlot!... Ma bonne!
MADAME AUBONNE.
Eh quoi?
JULIE.
D'où vient que votre fils
Est différent en tout de monsieur le marquis?
L'art n'a rien pu sur l'un; dans l'autre la nature
Semble avoir répandu tous ses dons sans mesure.
MADAME AUBONNE.
Vous le flattez beaucoup.
JULIE.
Le roi vient aujourd'hui;
Je dois avoir l'honneur de danser avec lui...
(A Charlot.)
Je voudrais répéter... Vous dansez comme un ange.
CHARLOT.
Je ne mérite pas...
JULIE.
Cela n'est point étrange:
Vous avez réussi dans les jeux, dans les arts,
Qui de nos courtisans attirent les regards,
Les armes, le dessin, la danse, la musique,
Enfin dans toute étude où votre esprit s'applique;
Et c'est pour votre mère un plaisir bien parfait...
Je cherche à m'affermir dans le pas du menuet...
Et je danserai mieux vous ayant pour modèle.
CHARLOT.
Ah! vous seule en servez... mais le respect, le zèle,

Me forcent d'obéir. Il faut un violon,
Je cours en chercher un, s'il vous plaît.

JULIE.

Mon Dieu! non...
Vous chantez à merveille ; et votre voix, je pense,
Bien mieux qu'un violon marquera la cadence :
Asseyez-vous, ma mère, et voyez votre fils.

MADAME AUBONNE.

De tout ce que je vois mon cœur n'est point surpris.

(Elle s'assied ; ils dansent, et Charlot chante.)

Elle donne des lois
Aux bergers, aux rois,
A son choix;
Elle donne des lois
Aux bergers, aux rois.
Qui pourrait l'approcher
Sans chercher
Le danger?
On meurt à ses yeux sans espoir;
On meurt de ne les plus voir.
Elle donne des lois
Aux bergers, aux rois.

JULIE, après avoir dansé un seul couplet.

Vous êtes donc l'auteur de la chanson?

CHARLOT.

Madame,
C'est un faible portrait d'une timide flamme.
Les vers étaient à l'air assez mal ajustés.
Par votre goût, sans doute, ils seront rejetés[1].

JULIE.

Ils n'offensent personne... Ils ne peuvent déplaire ;
Ils ne peuvent surtout exciter ma colère :
Ils ne sont pas pour moi.

CHARLOT.

Pour vous!... je n'oserais
Perdre ainsi le respect, profaner vos attraits!

---

1. Le rôle de Charlot avait été fait pour M. de Chabanon, qui était non-seulement un poëte tragique, mais un excellent musicien. Il nous semble que Beaumarchais s'est inspiré de cette scène pour l'entrevue de Chérubin et de la comtesse dans le deuxième acte du *Mariage de Figaro*. (G. A.)

JULIE.
Une seconde fois je puis donc les entendre...
Achevons la leçon que de vous je veux prendre.
MADAME AUBONNE.
Ils me font tous les deux un extrême plaisir.
Je voudrais que madame en pût aussi jouir.

JULIE recommence à danser avec Charlot, qui répète l'air.

Elle donne des lois
Aux bergers, aux rois, etc.

MAJEUR.

Vous seule ornez ces lieux.
Des rois et des dieux
Le maître est dans vos yeux.
Ah! si de votre cœur
Il était vainqueur!
Quel bonheur!
Tout parle en ce beau jour
D'amour.
Un roi brave et galant,
Charmant,
Partage avec vous
L'heureux pouvoir de régner sur nous.

Elle donne des lois, etc.

On meurt à ses yeux sans espoir;
On meurt de ne les plus voir.

SCÈNE III.

JULIE, CHARLOT; LE MARQUIS entre, et les voit danser, pendant que MADAME AUBONNE est assise et s'occupe à coudre.

LE MARQUIS.
Meurt de ne les plus voir!... Notre belle héritière,
Avec monsieur Charlot vous êtes familière.
Vous dansez aux chansons dans un coin du logis!
CHARLOT.
Pourquoi non?
JULIE.
Mais je crois qu'il m'est assez permis

De prendre, quand je veux, devant madame Aubonne,
Pour danser un menuet, la leçon qu'il me donne.
LE MARQUIS.
Il donne des leçons! vraiment il en a l'air.
Profitez-vous beaucoup? Et les payez-vous cher?
JULIE.
J'en dois avoir, monsieur, de la reconnaissance.
Si vous êtes fâché de cette préférence,
Si mon petit menuet vous donne quelque ennui,
Que n'avez-vous appris..., à danser comme lui?
LE MARQUIS.
Ouais!
CHARLOT.
Modérez, monsieur, votre injuste colère.
Vous aviez assuré votre adorable mère
Que d'un peu d'amitié vous vouliez m'honorer;
Mon cœur le méritait, il l'osait espérer.
(En montrant Julie)
Ce noble et digne objet, respectable à vous-même,
M'a chargé dans ces lieux de son ordre suprême;
Ses ordres sont sacrés, chacun doit les remplir:
En la servant, monsieur, j'ai cru vous obéir.
MADAME AUBONNE.
C'est très-bien riposté; Charlot doit le confondre.
LE MARQUIS.
Quand ce drôle a parlé, je ne sais que répondre.
Écoute, mon garçon, je te défends... à toi,
(Charlot le regarde fixement.)
De montrer, quand j'y suis, de l'esprit plus que moi.
MADAME AUBONNE.
Quelle idée!
JULIE.
Eh! comment faudra-t-il donc qu'il fasse?
LE MARQUIS.
Il m'offusque toujours. Tant d'insolence lasse.
Je ne le puis souffrir près de vous... En un mot,
Je n'aime point du tout qu'on danse avec Charlot.
JULIE.
Ma bonne, à quel mari je me verrais livrée!
Allez, votre colère est trop prématurée.
Je n'ai point de reproche à recevoir de vous;
Et je n'aurai jamais un tyran pour époux.

ACTE II, SCÈNE III.

MADAME AUBONNE.

Eh bien! vous méritez une telle algarade.
Vous vous faites haïr... Monsieur, prenez-y garde[1] :
Vous n'êtes ni poli, ni bon, ni circonspect :
Vous deviez à Julie un peu plus de respect,
Plus d'égards à Charlot, à moi plus de tendresse ;
Mais...

LE MARQUIS.

Quoi! toujours Charlot! que tout cela me blesse!
Sortez, et devant moi ne paraissez jamais.

JULIE.

Mais, monsieur...

LE MARQUIS, menaçant Charlot.

Si...

CHARLOT.

Quoi? si?

MADAME AUBONNE, se mettant entre eux deux.

Mes enfants, paix! paix! paix!
Eh, mon Dieu! je crains tout.

LE MARQUIS.

Sors d'ici tout à l'heure.
Je te l'ordonne.

JULIE.

Et moi, j'ordonne qu'il demeure.

CHARLOT.

A tous les deux, monsieur, je sais ce que je doi ;
(En regardant Julie.)
Mais enfin j'ai fait vœu de suivre en tout sa loi.

LE MARQUIS.

Ah! c'en est trop, faquin.

CHARLOT.

C'en est trop, je l'avoue ;
Et sur votre alphabet je doute qu'on vous loue.
Il paraît que le lait dont vous fûtes nourri
Dans votre noble sang s'est un peu trop aigri.
De vos expressions j'ai l'âme assez frappée.
A mon côté, monsieur, si j'avais une épée,

---

1. Ce texte est celui de toutes les éditions données du vivant de l'auteur. Palissot impute aux éditeurs de Kehl cette *rime du Pont-Neuf*, et a mis dans son édition :

Vous méritez, monsieur, une telle algarade ;
Vous vous faites haïr, et ce ton vous dégrade. (B.)

Je crois que vous seriez assez sage, assez grand,
Pour m'épargner peut-être un si doux compliment.
LE MARQUIS.
Quoi! misérable...
JULIE.
Encore!
MADAME AUBONNE.
Allez, mon fils, de grâce,
Ne l'effarouchez point, et quittez-lui la place :
Tout ira bien ; cédez, quoique très-offensé.
CHARLOT.
Ma mère... j'obéis... mais j'ai le cœur percé.
(Il sort.)
MADAME AUBONNE.
Ah! c'en est fait, mon sang se glace dans mes veines.
JULIE.
Mon sang, ma chère amie, est bouillant dans les miennes.
LE MARQUIS.
Dans ce nouveau combat du froid avec le chaud,
Me retirer en hâte est, je crois, ce qu'il faut ;
Je n'aurais pas beau jeu : c'est une étrange affaire
De combattre à la fois deux femmes en colère.

SCÈNE IV.

JULIE, MADAME AUBONNE.

MADAME AUBONNE.
Non, vous n'aurez jamais ce brutal de marquis :
Qu'ai-je fait! non, ces nœuds sont trop mal assortis.
JULIE.
Quoi! tu me serviras?
MADAME AUBONNE.
Je réponds que sa mère
Brisera ce lien qui doit trop vous déplaire...
M'y voilà résolue.
JULIE.
Ah! que je te devrai!
MADAME AUBONNE.
O fortune! ô destin! que tout change à ton gré!
Du public cependant respectons l'allégresse :

Trop de monde a présent entoure la comtesse ;
Comment parler? comment, par un trouble cruel,
Contrister les plaisirs d'un jour si solennel?
JULIE.
Je le sais, et je crains que mon refus la blesse :
Pour ce fils que je hais je connais sa tendresse.
MADAME AUBONNE.
D'un coup trop imprévu n'allons point l'accabler...
Je n'ai jamais rien fait que pour la consoler.
JULIE.
La nature, il est vrai, parle beaucoup en elle.
MADAME AUBONNE.
Elle peut s'aveugler.
JULIE.
Je compte sur ton zèle,
Sur tes conseils prudents, sur ta tendre amitié.
De ce joug odieux tire-moi par pitié.
MADAME AUBONNE.
Hélas! tout dès longtemps trompa mes espérances.
JULIE.
Tu gémis.
MADAME AUBONNE.
Oui, je suis dans de terribles transes...
N'importe... je le veux... je ferai mon devoir;
Je serai juste.
JULIE.
Hélas! tu fais tout mon espoir.

SCÈNE V.

JULIE, MADAME AUBONNE, BABET.

BABET, accourant avec empressement.
Allez, votre marquis est un vrai trouble-fête.
MADAME AUBONNE.
Je ne le sais que trop.
BABET.
Vous savez qu'on apprête
Cette longue feuillée où Charlot de ses mains
De guirlandes de fleurs décorait les chemins;
Il a dans cent endroits disposé cent lumières,
Où du nom de Henri les brillants caractères

Sont lus, à ce qu'on dit, par tous les gens savants;
Ce spectacle admirable attirait les passants;
Les filles l'entouraient; toute notre séquelle
Voyait le beau Charlot monté sur une échelle,
Dans un leste pourpoint faisant tous ces apprêts;
Mais monsieur le marquis a trouvé tout mauvais,
A voulu tout changer, et Charlot, au contraire,
A dit que tout est bien. Le marquis en colère
A menacé Charlot, et Charlot n'a rien dit:
Ce silence au marquis a causé du dépit;
Il a tiré l'échelle, il a su si bien faire
Qu'en descendant vers nous Charlot est chu par terre.

JULIE.

Ah! Charlot est blessé!

BABET.

Non, il s'est lestement
Relevé d'un seul saut... Il s'est fâché vraiment:
Il a dit de gros mots.

MADAME AUBONNE.

De cette bagatelle
Il peut naître aisément une grande querelle.
Je crains beaucoup.

JULIE.

Je tremble.

SCÈNE VI.

JULIE, MADAME AUBONNE, BABET, GUILLOT.

GUILLOT, en criant.

Ah! mon Dieu! quel malheur!

BABET.

Quoi?

MADAME AUBONNE.

Qu'est-il arrivé?

GUILLOT.

Notre jeune seigneur...

JULIE.

A-t-il fait à Charlot quelque nouvelle injure?

GUILLOT.

Il ne donnera plus des soufflets, je vous jure,
A moins qu'il n'en revienne.

MADAME AUBONNE.
            Ah! mon Dieu! que dis-tu?
            GUILLOT.
Babet l'aura pu voir.
            BABET.
                J'ai dit ce que j'ai vu.
Pas grand'chose.
            MADAME AUBONNE.
            Eh! butor! dis donc vite, de grâce,
Ce qui s'est pu passer, et tout ce qui se passe.
            GUILLOT.
Hélas! tout est passé. Le marquis là dehors
Est troué d'un grand coup tout au travers du corps.
            MADAME AUBONNE.
Ah! malheureuse!
            JULIE.
            Hélas! vous répandez des larmes.
Mais ce n'est pas Charlot; Charlot n'avait point d'armes.
            GUILLOT.
On en trouve bientôt. Ce marquis turbulent
Poursuivait notre ami, ma foi très-vertement.
L'autre, qui sagement se battait en retraite,
Déjà d'un écuyer avait saisi la brette.
Je lui criais de loin : « Charlot, garde-toi bien
D'attendre monseigneur, il ne ménage rien ;
J'ai trop à mes dépens appris à le connaître ;
Va-t'en ; il ne faut pas s'attaquer à son maître. »
Mais Charlot lui disait : « Monsieur n'approchez pas. »
Il s'est trop approché, voilà le mal.
            MADAME AUBONNE.
                        Hélas!
Allons le secourir, s'il en est temps encore.

SCÈNE VII.

LES PRÉCÉDENTS, L'INTENDANT.

L'INTENDANT.
Non, il n'en est plus temps.
            MADAME AUBONNE.
            Juste ciel que j'implore!

L'INTENDANT.
Il n'a pas à ce coup survécu d'un moment.
Cachons bien à sa mère un si triste accident.

MADAME AUBONNE, en pleurant.
Les pierres parleront, si nous osons nous taire.

L'INTENDANT.
C'est fort loin du château que cette horrible affaire
Sous mes yeux s'est passée; et, presque au même instant,
Pour préparer madame à cet événement,
J'empêche, si je puis, qu'on n'entre et qu'on ne sorte,
Je fais lever les ponts, je fais fermer la porte.
Madame heureusement se retire en secret,
Dans ce moment fatal, au fond d'un cabinet,
Où tout ce bruit affreux ne peut se faire entendre.
Ne blessons point un cœur si sensible et si tendre;
Épargnons une mère.

JULIE.
　　　　　　Hélas! à quel état
Sera-t-elle réduite après cet attentat?
Je plains son fils... Le temps l'aurait changé peut-être.

L'INTENDANT.
Il était bien méchant; mais il était mon maître.

MADAME AUBONNE.
Quelle mort! et par qui!

L'INTENDANT.
　　　　　　　Dans quel temps, juste ciel!
Dans le plus beau des jours, dans le plus solennel,
Quand le roi vient chez nous!

JULIE.
　　　　　　Hélas! ma pauvre Aubonne,
Que deviendra Charlot?

L'INTENDANT.
　　　　　　Peut-être sa personne
Aux mains de la justice est livrée à présent.

JULIE.
Ce garçon n'a rien fait qu'à son corps défendant:
La justice est injuste[1].

L'INTENDANT.
　　　　　　Ah! les lois sont bien dures.

---

1. Voltaire fait allusion ici au supplice de La Barre, à celui de Calas, etc. (G. A.)

BABET, à Guillot.
Charlot serait perdu!
GUILLOT.
Ce sont des aventures
Qui font bien de la peine, et qu'on ne peut prévoir :
On est gai le matin, on est pendu le soir.
BABET.
Mais le marquis est-il tout à fait mort?
L'INTENDANT.
Sans doute ;
Le médecin l'a dit.
JULIE.
Plus de ressource?
GUILLOT, à Babet.
Écoute ;
Il en disait de moi l'an passé tout autant ;
Il croyait m'enterrer, et me voilà pourtant.
L'INTENDANT.
Non, vous dis-je, il est mort, il n'est plus d'espérance ;
Mes enfants, au logis, gardez bien le silence.
GUILLOT.
Je gage que sa mère a déjà tout appris.
MADAME AUBONNE.
J'en mourrai... mais allons, le dessein en est pris.
(Elle sort.)
BABET.
Ah! j'entends bien du bruit et des cris chez madame.
GUILLOT.
On n'a jamais gardé le silence.
JULIE.
Mon âme
D'une si bonne mère éprouve les douleurs.
Courons, allons mêler nos larmes à ses pleurs.

FIN DU DEUXIÈME ACTE.

ACTE TROISIÈME.

SCÈNE I.

L'INTENDANT, BABET, GUILLOT; troupe de gardes;
CHARLOT, au milieu d'eux.

CHARLOT.
J'aurais pu fuir, sans doute, et ne l'ai pas voulu.
Je désire la mort, et j'y suis résolu.
L'INTENDANT.
La justice est ici. Madame la comtesse
Sait la mort de son fils ; la douleur qui la presse
Ne lui permettra pas de recevoir le roi.
Quel malheur !
GUILLOT.
Il devait en user comme moi,
Ne se point revancher, imiter ma sagesse ;
Je l'avais averti.
CHARLOT.
J'ai tort, je le confesse.
BABET.
Quel crime a-t-il donc fait? Ne vaut-il pas bien mieux
Tuer quatre marquis qu'être tué par eux?
GUILLOT.
Elle a toujours raison, c'est très-bien dit.
CHARLOT.
J'espère
Qu'on souffrira du moins que je parle à ma mère.
Voudrait-on me priver de ses derniers adieux?
L'INTENDANT.
Elle s'est évadée, elle est loin de ces lieux.
GUILLOT.
Quoi! ta mère est complice?

BABET.

                    Il me met en colère.
Quand tu voudras parler, ne dis mot pour bien faire.

CHARLOT.

Elle ne veut plus voir un fils infortuné,
Indigne de sa mère, et bientôt condamné.
Mais que je plains, hélas! mon auguste maîtresse;
Et que je plains Julie! elle avait la tendresse
De monsieur le marquis; et mes funestes coups
Privent l'une d'un fils, et l'autre d'un époux.
Non, je ne veux plus voir ce château respectable,
Où l'on daigna m'aimer, où je fus si coupable.

(A l'intendant.)

Vous, monsieur, si jamais dans leur triste maison,
Après cet attentat, vous prononcez mon nom,
J'ose vous conjurer de bien dire à madame
Qu'elle a toujours régné jusqu'au fond de mon âme,
Que j'aurais prodigué mon sang pour la servir;
Que j'ai, pour la venger, demandé de mourir:
Daignez en dire autant à la noble Julie.
Hélas! dans la maison mon enfance nourrie
Me laissait peu prévoir tant d'horribles malheurs.
Vous tous qui m'écoutez, pardonnez-moi mes pleurs,
Ils ne sont pas pour moi... la source en est plus belle...
Adieu... Conduisez-moi.

L'INTENDANT.

                    Que cette fin cruelle,
Que ce jour malheureux doit bien se déplorer!

GUILLOT.

Tout pleure, je ne sais s'il faut aussi pleurer.
Qu'on aime ce Charlot! Charlot plaît, quoi qu'il fasse.
On n'en ferait pas tant pour moi.

BABET, à ceux qui emmènent Charlot.

                            Messieurs, de grâce,
Ne l'enlevez donc pas... suivons-le au moins des yeux.

GUILLOT.

Allons, suivons aussi, car on est curieux.

SCÈNE II.

JULIE, L'INTENDANT.

JULIE.

Ah! je respire enfin... Madame évanouie
Reprend un peu ses sens et sa force affaiblie ;
Ses femmes à l'envi, les miennes, tour à tour,
Rendent ses yeux éteints à la clarté du jour.
Faut-il qu'en cet état la nourrice fidèle,
Devant la secourir, ne soit pas auprès d'elle!
Vainement je la cherche, on ne la trouve pas.

L'INTENDANT.

Elle éprouve elle-même un funeste embarras ;
Par une fausse porte elle s'est éclipsée :
Je prends part aux chagrins dont elle est oppressée ;
Elle est, pour son malheur, mère du meurtrier.

JULIE.

Pourquoi nous fuir? pourquoi de nous se défier?
Le roi viendra bientôt : son seul aspect fait grâce,
Son grand cœur doit la faire.

L'INTENDANT.

                            On peut punir l'audace
D'un bourgeois champenois qui tue un grand seigneur :
L'exemple est dangereux après ces temps d'horreur
Où l'État, déchiré par nos guerres civiles,
Vit tous les droits sans force, et les lois inutiles.
A peine nous sortons de ces temps orageux.
Henri, qui fait sur nous briller des jours heureux,
Veut que la loi gouverne, et non pas qu'on la brave.

JULIE.

Non, le brave Henri ne peut punir un brave.
Je suis la cause, hélas ! de cet affreux malheur ;
Ne me reprochant rien, dans ma simple candeur,
J'ai cru qu'on n'avait point de reproche à me faire.
Ce malheureux marquis, dans sa sotte colère,
Se croyant tout permis, a forcé cet enfant
A tuer son seigneur, et fort innocemment.
Je saurai recourir à la clémence auguste,
Aux bontés de ce roi galant autant que juste;

Je n'avais répété ce menuet que pour lui ;
Il y sera sensible, il sera notre appui.

L'INTENDANT.
Dieu le veuille!

SCÈNE III.

JULIE, L'INTENDANT, BABET.

BABET.
Au secours! ah! mon Dieu, la misère!
Protégez-nous, madame, en cette horrible affaire.
Les filles ont recours à vous dans la maison.

JULIE.
Quoi! Babet?

BABET.
C'est Charlot que l'on fourre en prison.

JULIE.
O ciel!

BABET.
Des gens tout noirs des pieds jusqu'à la tête
L'ont fait conduire, hélas! d'un air bien malhonnête.
Pour comble de malheur, le roi dans le logis
Ne viendra point, dit-on, comme il l'avait promis ;
On ne dansera point, plus de fête... Ah! madame!
Que de maux à la fois!... tout cela perce l'âme.

JULIE.
Charlot est en prison!

L'INTENDANT.
Cela doit aller loin.

BABET.
Hélas! de le sauver prenez sur vous le soin :
Chacun vous aidera ; tout le château vous prie.
Les morts ont toujours tort, et Charlot est en vie.

L'INTENDANT.
Hélas! je doute fort qu'il y soit bien longtemps.

JULIE.
Madame sort déjà de ses appartements.
Dans quel accablement elle est ensevelie!

SCÈNE IV.

LES PRÉCÉDENTS; LA COMTESSE, soutenue par deux **SUIVANTES**.

LA COMTESSE.

Mes filles, laissez-moi; que je parle à Julie;
Dans ma chambre avec moi je ne saurais rester.

L'INTENDANT, à Babet.

Elle veut être seule, il faut nous écarter.

(Ils sortent.)

LA COMTESSE, se jetant dans un fauteuil.

O ma chère Julie! en ma douleur profonde,
Ne m'abandonnez pas... je n'ai que vous au monde.

JULIE.

Vous m'avez tenu lieu d'une mère, et mon cœur
Répond toujours au vôtre et sent votre malheur.

LA COMTESSE.

Ma fille, voilà donc quel est votre hyménée!
Ah! j'avais espéré vous rendre fortunée.

JULIE.

Je pleure votre sort... et je sais m'oublier.

LA COMTESSE.

Le roi même en ces lieux devait vous marier :
Au lieu de cette fête et si sainte et si chère,
J'ordonne de mon fils la pompe funéraire!
Ah, Julie!

JULIE.

En ce temps, en ce séjour de pleurs,
Comment de la maison faire au roi les honneurs?

LA COMTESSE.

J'envoie auprès de lui, je l'instruis de ma perte :
Il plaindra les horreurs où mon âme est ouverte,
Il aura des égards; il ne mêlera pas
L'appareil des festins à celui du trépas.
Le roi ne viendra point... tout a changé de face.

JULIE.

Ainsi... le meurtrier... n'aura donc point sa grâce?

LA COMTESSE.

Il est bien criminel.

JULIE.

Il s'est vu bien pressé;

A ce coup malheureux le marquis l'a forcé.
LA COMTESSE, en pleurant.
Il devait fuir plutôt.
JULIE.
Votre fils en colère...
LA COMTESSE, se levant.
Il devait dans mon fils respecter une mère.
Le fils de sa nourrice, ô ciel ! tuer mon fils !
Cette femme, après tout, dont les soins infinis
Ont conduit leur enfance, et qui tous deux les aime,
En ne paraissant point le condamne elle-même.
JULIE.
Vous aviez protégé ce jeune malheureux.
LA COMTESSE.
Je l'aimais tendrement ; mon sort est plus affreux,
Son attentat plus grand.
JULIE.
Faudra-t-il qu'il périsse ?
LA COMTESSE.
Quoi ! deux morts au lieu d'une !
JULIE.
Hélas ! notre nourrice
Ferait donc la troisième.
LA COMTESSE.
Ah ! je n'en puis douter.
Elle est mère... et je sais ce qu'il en doit coûter.
Hélas ! ne parlons point de vengeance et de peine ;
Ma douleur me suffit.
(On entend du bruit.)
JULIE.
Quelle rumeur soudaine !
(Le peuple, derrière le théâtre.)
Vive le roi ! le roi ! le roi ! le roi ! le roi !

SCÈNE V.

LES PRÉCÉDENTS, MADAME AUBONNE.

MADAME AUBONNE.
Ce n'est pas lui, madame, hélas ! ce n'est que moi.
J'ai laissé ce bon prince à moins d'un quart de lieue,
J'ai précédé sa cour avec sa garde bleue ;

J'avais pris des chevaux; et je viens à genoux
Révéler votre sort et mon crime envers vous.
Le roi m'a pardonné ma fraude et mon audace.
Je ne mérite pas que vous me fassiez grâce.
LA COMTESSE.
Quoi! malheureuse! as-tu paru devant le roi?
MADAME AUBONNE.
Madame, je l'ai vu tout comme je vous voi[1] :
Ce monarque adoré ne rebute personne;
Il écoute le pauvre, il est juste, il pardonne :
J'ai tout dit.
LA COMTESSE.
   Qu'as-tu dit? quels étranges discours
Redoublent ma douleur et l'horreur de mes jours!
Laisse-moi.
MADAME AUBONNE.
   Non, sachez cet important mystère :
Charlot est plein de vie, et vous êtes sa mère.
LA COMTESSE.
Où suis-je? juste Dieu? pourrais-je m'en flatter?
Ah, Julie! entends-tu?
JULIE.
   J'aime à n'en point douter.
MADAME AUBONNE.
Hélas! vous auriez pu sur son noble visage
Du comte de Givry voir la parfaite image.
Il vous souvient assez qu'en ces temps pleins d'effroi
Où la Ligue accablait les partisans du roi,
Votre époux opprimé cacha dans ma chaumière
Cet enfant dont les yeux s'ouvraient à la lumière :
Vous voulûtes bientôt le tenir dans vos bras;
Ce malheureux enfant touchait à son trépas :
Je vous donnai le mien. Vous fûtes trop flattée
De la fatale erreur où vous fûtes jetée.
Votre fils réchappa, mais l'échange était fait.
Un enfant supposé dans vos bras s'élevait,
Vos soins vous attachaient à cette créature,
Et l'habitude en vous tint lieu de la nature.
Mon mari, que le roi vient de faire appeler,
Interrogé par lui, vient de tout révéler;

---

1. Voyez la note de la page 359.

C'est un brave soldat que ce grand prince estime.
Tout est prouvé.
LA COMTESSE.
Julie! heureux jour! heureux crime!
JULIE.
Madame, cette fois, voici le grand Henri [1].

SCÈNE VI.

LES PRÉCÉDENTS; LE ROI ET TOUTE SA COUR; CHARLOT.

LE ROI.
Je viens mettre en vos bras le comte de Givry,
Le fils de mon ami, qui le sera lui-même.
Je rends grâces au ciel dont la bonté suprême
Par le coup inouï d'un étrange moyen
A fait votre bonheur, et préparé le mien.
Je vous rends votre fils, et j'honore sa mère;
Il me suivra demain dans la noble carrière
Où de tout temps, madame, ont couru vos aïeux.
Déjà nos ennemis approchent de ces lieux;
Je cours de ce château dans le champ de la gloire;
Mon sort est de chercher la mort ou la victoire,
Votre fils combattra, madame, à mes côtés.
Mais, délivrés tous deux de nos adversités,
Ne songeons qu'à goûter un moment si prospère.
LA COMTESSE.
Adorons des Français le vainqueur et le père [2].

---

1. Tout ce revirement est fait avec une habileté dramatique qu'on admirerait encore de nos jours. Il y a un autre dénoûment où le roi ne paraît pas. « Je n'ai pas osé, écrit Voltaire à Damilaville, le 28 septembre 1767, je n'ai pas osé faire paraître Henri IV dans la pièce; elle n'en a pas moins fait plaisir à tous nos officiers et à tout notre petit pays, à qui la mémoire de Henri IV est si chère. »
2. Ce dernier hémistiche est déjà dans *la Henriade*, chant Ier, vers 6.

FIN DE CHARLOT.

VARIANTES

DE *CHARLOT*.

Page 356, vers 12 :

Si de la politesse un agréable usage.

Voyez la lettre à Damilaville, du 19 septembre 1767.

Page 364, vers 13 :

Je fais ce que je doi.
Il m'eût été bien doux de consacrer ma vie
A servir dignement la divine Julie.
Heureux qui, recherchant la gloire et le danger,
Entre un héros et vous pourrait se partager !
Heureux à qui l'éclat d'une illustre naissance
A permis de nourrir cette noble espérance !
Pour moi qu'aux derniers rangs le sort veut captiver,
Vers la gloire de loin si je puis m'élever,
Si quelque occasion, quelque heureux avantage,
Peut jamais pour mon prince exercer mon courage,
De vous, de vos bontés, je voudrais obtenir
Pour prix de tout mon sang un léger souvenir.
JULIE.
Ah ! je me souviendrai de vous toute ma vie.
Élevée avec vous, moi ! que je vous oublie !
Mais vous ne quittez point la maison pour jamais.
Madame la comtesse et ses dignes bienfaits,
Une très-bonne mère, et, s'il le faut, moi-même,
Tout vous doit rappeler, tout le château vous aime.
Ma bonne, ordonnez-lui de revenir souvent.
MADAME AUBONNE, en soupirant.
Je ne souffrirai pas un long éloignement.
CHARLOT.
Ah ! ma mère, à mon cœur il manque l'éloquence.
Peignez-lui les transports de ma reconnaissance;
Faites-moi mieux parler que je ne puis.
JULIE.
Charlot...

Page 381, vers 16 :

LA COMTESSE.
Dans l'état où je suis, ô ciel! il vient chez moi!

SCÈNE V.

LE COURRIER, en bottes, qui était parti au premier acte, arrive.

JULIE.
Charlot sera sauvé.
LE COURRIER.
Le duc de Bellegarde
Dans la cour à l'instant vient avec une garde.
Pour la seconde fois le peuple s'est mépris.
JULIE.
Le roi ne viendra point?
LE COURRIER.
Je n'en ai rien appris.
Il est à la distance à peu près d'une lieue,
Dans un petit village, avec sa garde bleue.
JULIE.
Il viendra, j'en suis sûre.

SCÈNE VI.

LE DUC DE BELLEGARDE arrive, suivi de plusieurs domestiques de la maison.

(On prépare trois fauteuils.)

LA COMTESSE, allant au-devant de lui.
Ah! monsieur, vous venez
Consoler, s'il se peut, mes jours infortunés.
LE DUC.
Je l'espère, madame; ici le roi m'envoie:
Je viens à vos douleurs mêler un peu de joie.
(A Julie, qui veut sortir.)
Mademoiselle, il faut que je vous parle aussi;
Votre aimable présence est nécessaire ici.
Sur le destin d'un fils, madame, et sur le vôtre
Daignez avec bonté m'écouter l'une et l'autre.
(Il s'assied entre elles.)
Une madame Aubonne, accourant vers le roi,
S'est jetée à ses pieds, a parlé devant moi :
Le roi, vous le savez, ne rebute personne.
LA COMTESSE.
Ce prince daigne être homme.
JULIE.
Ah! l'âme grande et bonne!

LE DUC.
Cette femme à mon maître a dit de point en point
Ce que je vais conter... ne vous affligez point,
Madame, et jusqu'au bout souffrez que je m'explique :
Vous aviez dans ses mains mis votre fils unique :
On le crut mort longtemps ; vous n'aviez jamais vu
Ce fils infortuné, de sa mère inconnu.

LA COMTESSE.
Il est trop vrai.

LE DUC.
C'était au temps même où la guerre,
Ainsi que tout l'État, désolait votre terre.
Cette femme craignit vos reproches, vos pleurs :
Elle crut vous servir en trompant vos douleurs ;
Et sans doute en secret elle fut trop flattée
De la fatale erreur où vous fûtes jetée.
Vous demandiez ce fils, elle donna le sien.

LA COMTESSE.
Ah! tout mon cœur s'échappe : ah! grand Dieu!

JULIE.
Tout le mien
Est saisi, transporté.

LA COMTESSE.
Quel bonheur!

JULIE.
Quelle joie!

LA COMTESSE
Qu'on amène mon fils ; courons, que je le voie.
Mais... serait-il bien vrai?

LE DUC.
Rien n'est plus avéré.

LA COMTESSE.
Ah! si j'avais rempli ce devoir si sacré
De ne pas confier au lait d'une étrangère
Le pur sang de mon sang, et d'être vraiment mère,
On n'aurait jamais fait cet affreux changement.

LE DUC.
Il est bien plus commun qu'on ne croit.

LA COMTESSE.
Cependant
Quelle preuve avez-vous? quel témoin? quel indice?

LE DUC.
Le ciel, avec le roi, vous a rendu justice.
Votre fils réchappa ; mais l'échange était fait.
Cet enfant supposé dans vos bras s'élevait.
Vos soins vous attachaient à cette créature,
Et l'habitude en vous passait pour la nature.
La nourrice voulut dissiper votre erreur ;
Elle n'osa jamais alarmer votre cœur,
Craignant, en disant vrai, de passer pour menteuse ;
Et la vérité même était trop dangereuse.
Dans un billet secret avec soin cacheté,
Son mari, vieux soldat, mit cette vérité.
Le billet, déposé dans les mains d'un notaire,

Produit aux yeux du roi, découvre le mystère
Le soldat même, à part interrogé longtemps,
Menacé de la mort, menacé des tourments,
D'un air simple et naïf a conté l'aventure.
Son grand âge n'est pas le temps de l'imposture ;
Il touche au jour fatal où l'homme ne ment plus.
Il a tout confirmé : des témoins entendus
Sur le lieu, sur le temps, sur chaque circonstance,
Ont sous les yeux du roi mis l'entière évidence.
On ne le trompe point ; il sait sonder les cœurs :
Art difficile et grand qu'il doit à ses malheurs.
Ajouterai-je encor que j'ai vu ce jeune homme
Que pour aimable et brave ici chacun renomme.
De votre père, hélas ! c'est le portrait vivant ;
Votre père mourut quand vous étiez enfant,
Massacré près de moi dans l'horrible journée
Qui sera de l'Europe à jamais condamnée.
C'est lui-même, vous dis-je ; oui, c'est lui, je l'ai vu :
Frappé de son aspect, j'en suis encore ému ;
J'en pleure en vous parlant.

LA COMTESSE.
    Vous ravissez mon âme.
JULIE.
Que je sens vos bienfaits !
LE DUC.
    Agréez donc, madame,
Que la triste nourrice, appuyant mes récits,
Puisse ici retrouver son véritable fils.
Il était expirant, mais on espère encore
Qu'il pourra réchapper : sa mère vous implore ;
Elle vient : la voici qui tombe à vos genoux.

SCÈNE VII.

LES PRÉCÉDENTS, MADAME AUBONNE, CHARLOT.

MADAME AUBONNE, se jetant aux pieds de la comtesse.
J'ai mérité la mort.
LA COMTESSE.
   C'est assez, levez-vous :
Je dois vous pardonner, puisque je suis heureuse.
Tu m'as rendu mon sang.
(La porte s'ouvre ; Charlot paraît avec tous les domestiques.)
CHARLOT, dans l'enfoncement, avançant quelques pas.
    O destinée affreuse !
Où me conduisez-vous ?
LA COMTESSE, courant à lui.
    Dans mes bras, mon cher fils !
CHARLOT.
Vous, ma mère ?
LE DUC.
  Oui, sans doute.

JULIE.

O ciel! je te bénis.

LA COMTESSE, le tenant embrassé.

Oui, reconnais ta mère; oui, c'est toi que j'embrasse;
Tu sauras tout.

JULIE.

Il est bien digne de sa race.

(Le peuple derrière le théâtre.)

Vive le roi! le roi! le roi! vive le roi!

LE DUC.

Pour le coup, c'est lui-même. Allons tous : c'est à moi
De présenter le fils, et la mère, et Julie.

LA COMTESSE.

Je succombe au bonheur dont ma peine est suivie.

CHARLOT, marquis.

Je ne sais où je suis.

LA COMTESSE.

Rendons grâce à jamais
Au duc de Bellegarde, au grand roi des Français...
Mon fils!

CHARLOT, marquis.

J'en serai digne.

JULIE.

Il nous fait tous renaître.

LA COMTESSE.

Allons tous nous jeter aux pieds d'un si bon maître.

CHARLOT, marquis.

Henri n'est pas le seul dont j'adore la loi.

(Tout le monde crie :)

Vive le roi! le roi! le roi! vive le roi!

Sur l'un des vers (6, de la page 387) de cette longue variante, voyez *Théâtre*, IV, page 537, note 4.

Au lieu de l'hémistiche *O ciel! je te bénis* (premier vers de la présente page), Voltaire, dans sa lettre à Damilaville, du 21 septembre 1767, propose de mettre : *O destins inouïs!* (B.)

FIN DES VARIANTES DE CHARLOT.

LE
DÉPOSITAIRE

COMÉDIE EN CINQ ACTES

(1769)

AVERTISSEMENT

POUR LA PRÉSENTE ÉDITION.

Voltaire, dans ses *Mélanges littéraires*, a raconté l'anecdote qui fait le sujet de cette comédie avec plus de détails qu'il ne le fait dans la préface ci-après : « Lorsque M. de Gourville, qui fut nommé vingt-quatre heures pour succéder à Colbert et que nous avons vu mourir l'un des hommes de France le plus considéré ; lors, dis-je, que ce M. de Gourville, craignant d'être pendu en personne comme il le fut en effigie, s'enfuit de France en 1661, il laissa deux cassettes pleines d'argent, l'une à Mlle de Lenclos, l'autre à un faux dévot. A son retour, il trouva chez Ninon sa cassette en fort bon état ; il y avait même plus d'argent qu'il n'en avait laissé, parce que les espèces avaient augmenté depuis ce temps-là. Il prétendit qu'au moins le surplus appartenait de droit à la dépositaire ; elle ne lui répondit qu'en le menaçant de faire jeter la cassette par les fenêtres. Le dévot s'y prit d'une autre façon, il dit qu'il avait employé son dépôt en œuvres pies, et qu'il avait préféré le salut de l'âme de Gourville à un argent qui sûrement l'aurait damné. »

Il ne faudrait pas sans doute se porter garant de la parfaite exactitude de tous ces détails. Mais il y avait certainement quelque vérité dans le fond de l'anecdote. Saint-Évremond écrit à Ninon de Lenclos elle-même : « Car enfin, ma belle gardeuse de cassette, la réputation de votre probité est particulièrement établie sur ce que vous avez résisté à des amants qui se fussent accommodés volontiers de l'argent de vos amis.....

> Dans un couvent, en sœur dépositaire,
> Vous auriez bien ménagé quelque affaire ;
> Et dans le monde, à garder les dépôts,
> On vous eût justement préférée aux dévots. »

(*Les Véritables OEuvres de M. de Saint-Évremont*, Londres, 1707, tome II, pages 395-396.)

AVERTISSEMENT

DE BEUCHOT.

Dans les éditions de Kehl on lit, au titre de cette pièce : *comédie de société, jouée à la campagne en* 1767. Cependant la première lettre où Voltaire en parle est celle à Thieriot, du 6 mars 1769. C'est à la date du 5 février 1770 que les *Mémoires secrets* en font mention pour la première fois; et Wagnière n'a fait ici aucune observation. L'auteur n'avait pas destiné sa pièce au théâtre[1]. Cependant, huit mois plus tard, on en fit une lecture au comité du Théâtre-Français[2], qui, ne sachant d'où elle venait, la refusa.

Ce ne fut que deux ans après que Voltaire la fit imprimer. La première édition est sans préface : mais au bas de la liste des personnages on lit en note : « Le fond de cette comédie est tiré des mémoires du temps. Rien n'est plus connu que l'histoire d'un dépôt nié par un homme très-grave, et rendu par la célèbre Ninon. »

Une autre édition, aussi de 1772, n'a plus cette note, mais contient la *Préface* qui suit; c'est cette édition qui forme le texte actuel. C'est l'édition de 1772 avec la note au bas de la liste des personnages, qui présente les variantes.

1. Lettre à Damilaville, du 29 mai 1769.
2. *Mémoires secrets* du 7 février 1770.

PRÉFACE[1]

L'abbé de Châteauneuf, auteur du *Dialogue sur la musique des anciens*[2], ouvrage savant et agréable, rapporte à la page 104 l'anecdote suivante :

« Molière nous cita Mlle Ninon de Lenclos[3] comme la personne qu'il connaissait sur qui le ridicule faisait une plus prompte impression, et nous apprit qu'ayant été la veille lui lire son *Tartuffe* (selon sa coutume de la consulter sur tout ce qu'il faisait), elle le paya en même monnaie par le récit d'une aventure qui lui était arrivée avec un scélérat à peu près de cette espèce, dont elle lui fit le portrait avec des couleurs si vives et si naturelles que, si sa pièce n'eût pas été faite, nous disait-il, il ne l'aurait jamais entreprise, tant il se serait cru incapable de rien mettre sur le théâtre d'aussi parfait que le *Tartuffe* de Mlle Lenclos. »

Supposé que Molière ait parlé ainsi, je ne sais à quoi il pensait. Cette peinture d'un faux dévot, si vive et si brillante dans la bouche de Ninon, aurait dû au contraire exciter Molière à composer sa comédie du *Tartuffe*, s'il ne l'avait pas déjà faite. Un génie tel que le sien eût vu tout d'un coup, dans le simple récit de Ninon, de quoi construire son inimitable pièce, le chef-d'œuvre du bon comique, de la saine morale, et le tableau le plus vrai de la fourberie la plus dangereuse. D'ailleurs il y a, comme on sait, une prodigieuse différence entre raconter plaisamment et intriguer une comédie supérieurement.

L'aventure dont parlait Ninon pouvait fournir un bon conte, sans être la matière d'une bonne comédie.

Je me souviens qu'étant un jour dans la nécessité d'emprunter de l'argent d'un usurier, je trouvai deux crucifix sur la table. Je

---

1. Cette préface est de Voltaire, et se trouve, dès 1772, dans les éditions séparées de cette pièce. (B.)
2. 1725, in-12.
3. Au lieu de *mademoiselle de Lenclos*, le texte de Châteauneuf porte *Leontium*. Il en est de même à la fin de la citation. (B.)

lui demandai si c'étaient des gages de ses débiteurs ; il me répondit que non ; mais qu'il ne faisait jamais de marché qu'en présence du crucifix. Je lui repartis qu'en ce cas un seul suffisait, et que je lui conseillais de le placer entre les deux larrons. Il me traita d'impie, et me déclara qu'il ne me prêterait point d'argent. Je pris congé de lui ; il courut après moi sur l'escalier, et me dit, en faisant le signe de la croix, que, si je pouvais l'assurer que je n'avais point eu de mauvaises intentions en lui parlant, il pourrait conclure mon affaire en conscience. Je lui répondis que je n'avais eu que de très-bonnes intentions. Il se résolut donc à me prêter sur gage à dix pour cent pour six mois, retint les intérêts par devers lui, et au bout des six mois il disparut avec mes gages, qui valaient quatre ou cinq fois l'argent qu'il m'avait prêté. La figure de ce galant homme, son ton de voix, toutes ses allures, étaient si comiques qu'en les imitant j'ai fait rire quelquefois des convives à qui je racontais cette petite historiette. Mais certainement si j'en avais voulu faire une comédie, elle aurait été des plus insipides.

Il en est peut-être ainsi de la comédie du *Dépositaire*. Le fond de cette pièce est ce même conte que Mlle Lenclos fit à Molière. Tout le monde sait que Gourville ayant confié une partie de son bien à cette fille si galante et si philosophe, et une autre à un homme qui passait pour très-dévot[1], le dévot garda le dépôt pour lui, et celle qu'on regardait comme peu scrupuleuse le rendit fidèlement sans y avoir touché.

Il y a aussi quelque chose de vrai dans l'aventure des deux frères. Mlle Lenclos racontait souvent qu'elle avait fait un honnête homme d'un jeune fanatique, à qui un fripon avait tourné la tête, et qui, ayant été volé par des hypocrites, avait renoncé à eux pour jamais.

De tout cela on s'est avisé de faire une comédie, qu'on n'a jamais osé montrer qu'à quelques intimes amis. Nous ne la donnons pas comme un ouvrage bien théâtral ; nous pensons même qu'elle n'est pas faite pour être jouée. Les usages, le goût, sont trop changés depuis ce temps-là. Les mœurs bourgeoises semblent bannies du théâtre. Il n'y a plus d'ivrognes : c'est une mode qui était trop commune du temps de Ninon[2]. On sait que Chapelle s'enivrait presque tous les jours ; Boileau même, dans ses premières satires, le sobre Boileau parle toujours de bouteilles de vin, et de

---

1. Le grand pénitencier de Notre-Dame. (B.)
2. Voyez acte I, scène I, vers 28 ; et, scène VI, l'un des quatre derniers vers ; acte II, scène I, vers 13-14 ; acte IV, scène II, vers 18-20, etc. (B.)

trois ou quatre cabaretiers, ce qui serait aujourd'hui insupportable.

Nous donnons seulement cette pièce comme un monument très-singulier, dans lequel on retrouve mot pour mot ce que pensait Ninon sur la probité et sur l'amour. Voici ce qu'en dit l'abbé de Châteauneuf, page 119 :

« Comme le premier usage qu'elle a fait de sa raison a été de s'affranchir des erreurs vulgaires, elle a compris de bonne heure qu'il ne peut y avoir qu'une même morale pour les hommes et pour les femmes. Suivant cette maxime, qui a toujours fait la règle de sa conduite, il n'y a ni exemple ni coutume qui pût lui faire excuser en elle la fausseté, l'indiscrétion, la malignité, l'envie, et tous les autres défauts, qui, pour être ordinaires aux femmes, ne blessent pas moins les premiers devoirs de la société.

« Mais ce principe, qui lui fait ainsi juger des passions selon ce qu'elles sont en elles-mêmes, l'engage aussi, par une suite nécessaire, à ne les pas condamner plus sévèrement dans l'un que dans l'autre sexe. C'est pour cela, par exemple, qu'elle n'a jamais pu respecter l'autorité de l'opinion dans l'injustice qu'ont les hommes de tirer vanité de la même passion à laquelle ils attachent la honte des femmes, jusqu'à en faire leur plus grand, ou plutôt leur unique crime, de la même manière qu'on réduit aussi leurs vertus à une seule, et que la probité, qui comprend toutes les autres, est une qualification aussi inusitée à leur égard que si elles n'avaient aucun droit d'y prétendre. »

Ce caractère est précisément le même qu'on retrouve dans la pièce, et ces traits nous ont paru suffire pour rendre l'ouvrage précieux à tous les amateurs des singularités de notre littérature, et surtout à ceux qui cherchent avec avidité tout ce qui concerne une personne aussi singulière que Mlle Ninon Lenclos. Le lecteur est seulement prié de faire attention que ce n'est pas la Ninon de vingt ans, mais la Ninon de quarante.

PERSONNAGES

NINON, femme de trente-cinq à quarante ans, très-bien mise; grand caractère du haut comique[1].

GOURVILLE L'AÎNÉ, grand nigaud, habillé de noir, mal boutonné, une mauvaise perruque de travers, l'air très-gauche.

GOURVILLE LE JEUNE, petit-maître du bon ton.

M. GARANT, marguillier, en manteau noir, large rabat, large perruque, pesant ses paroles, et l'air recueilli.

L'AVOCAT PLACET, en rabat et en robe, l'air empesé, et déclamant tout.

M. AGNANT, bon bourgeois, buveur, et non pas ivrogne de comédie.

MADAME AGNANT, habillée et coiffée à l'antique, bourgeoise acariâtre.

LISETTE,
PICARD, } valets de comédie dans l'ancien goût.

La scène est chez Mlle Ninon de Lenclos, au Marais.

---

[1]. Ces indications de costumes et de caractères étaient alors fort à la mode. (G. A.)

LE DÉPOSITAIRE

COMÉDIE

ACTE PREMIER.

SCÈNE I.

NINON, LE JEUNE GOURVILLE.

LE JEUNE GOURVILLE.
Ainsi, belle Ninon, votre philosophie
Pardonne à mes défauts, et souffre ma folie.
De ce jeune étourdi vous daignez prendre soin.
Vous êtes tolérante, et j'en ai grand besoin.
NINON.
J'aime assez, cher Gourville, à former la jeunesse.
Le fils de mon ami vivement m'intéresse;
Je touche à mon hiver, et c'est mon passe-temps
De cultiver en vous les fleurs d'un beau printemps.
N'étant plus bonne à rien désormais pour moi-même,
Je suis pour le conseil; voilà tout ce que j'aime :
Mais la sévérité ne me va point du tout.
Hélas! on sait assez que ce n'est point mon goût.
L'indulgence à jamais doit être mon partage;
J'en eus un peu besoin quand j'étais à votre âge.
Eh bien! vous aimez donc cette petite Agnant?
LE JEUNE GOURVILLE.
Oui, ma belle Ninon.
NINON.
C'est une aimable enfant;
Sa mère quelquefois dans la maison l'amène.
J'ai l'œil bon; j'ai prévu de loin votre fredaine.

Mais est-ce un simple goût, une inclination?
LE JEUNE GOURVILLE.
Du moins pour le présent c'est une passion.
Un certain avocat pour mari se propose;
Mais auprès de la fille il a perdu sa cause.
NINON.
Je crois que mieux que lui vous avez su plaider.
LE JEUNE GOURVILLE.
Je suis assez heureux pour la persuader.
NINON.
Sans doute vous flattez et le père et la mère,
Et jusqu'à l'avocat; c'est le grand art de plaire.
LE JEUNE GOURVILLE.
J'y mets comme je puis tous mes petits talents.
Le père aime le vin.
NINON.
C'est un vice du temps,
La mode en passera. Ces buveurs me déplaisent;
Leur gaîté m'assourdit, leurs vains discours me pèsent,
J'aime peu leurs chansons, et je hais leur fracas;
La bonne compagnie en fait très-peu de cas.
LE JEUNE GOURVILLE.
La mère Agnant est brusque, emportée, et revêche,
Sotte, un oison bridé devenu pigrièche,
Bonne diablesse au fond.
NINON.
Oui, voilà trait pour trait
De nos très-sots voisins le fidèle portrait.
Mais on doit se plier à souffrir tout le monde,
Les plats et lourds bourgeois dont cette ville abonde,
Les grands airs de la cour, les faux airs de Paris,
Nos étourdis seigneurs, nos pincés beaux-esprits:
C'est un mal nécessaire, et que souvent j'essuie:
Pour ne pas trop déplaire il faut bien qu'on s'ennuie.
LE JEUNE GOURVILLE.
Mais Sophie est charmante, et ne m'ennuiera pas.
NINON.
Ah! je vous avouerai qu'elle est pleine d'appas:
Aimez-la, quittez-la, mon amitié tranquille
A vos goûts, quels qu'ils soient, sera toujours facile.
A la droite raison dans le reste soumis,
Changez de voluptés, ne changez point d'amis;

ACTE I, SCÈNE I.

Soyez homme d'honneur, d'esprit et de courage,
Et livrez-vous sans crainte aux erreurs du bel âge.
Quoi qu'en disent l'Astrée, et Clélie, et Cyrus[1],
L'amour ne fut jamais dans le rang des vertus ;
L'amour n'exige point de raison, de mérite[2].
J'ai vu des sots qu'on prend, des gens de bien qu'on quitte.
Je fus, et tout Paris l'a souvent publié,
Infidèle en amour, fidèle en amitié.
Je vous chéris, Gourville, et pour toute ma vie.
Votre père n'eut pas de plus constante amie :
Dans des temps malheureux il arrangea mon bien,
Je dois tout à ses soins ; sans lui je n'aurais rien.
Vous savez à quel point j'avais sa confiance.
C'est un plaisir pour moi que la reconnaissance ;
Elle occupe le cœur : je n'ai point de parents ;
Et votre frère et vous me tenez lieu d'enfants.

LE JEUNE GOURVILLE.

Votre exemple m'instruit, votre bonté m'accable.
Ninon dans tous les temps fut un homme estimable.

NINON.

Parlons donc, je vous prie, un peu solidement.
Vous n'êtes pas, je crois, fort en argent comptant ?

LE JEUNE GOURVILLE.

Pas trop.

NINON.

Voici le temps où de votre fortune
Le nœud très-délicat, l'intrigue peu commune,
Grâce à monsieur Garant, pourra se débrouiller.

LE JEUNE GOURVILLE.

Ce bon monsieur Garant me fait toujours bâiller.
Il est si compassé, si grave, si sévère !
Je rougis devant lui d'être fils de mon père.
Il me fait trop sentir que, par un sort fâcheux,
Il manque à mon baptême un paragraphe ou deux.

NINON.

On omit, il est vrai, le mot de légitime.
Gourville, votre père, eut la publique estime ;

---

1. L'*Astrée* est un roman de d'Urfé ; *Artamène, ou le grand Cyrus*, et *Clélie*, sont de Mlle de Scudéri. (B.)
2. Ce sont les propres paroles de Ninon dans le petit livre de l'abbé de Châteauneuf. (*Note de Voltaire.*)

Il eut mille vertus, mais il eut, entre nous,
Pour les beaux nœuds d'hymen de merveilleux dégoûts.
La rigueur de la loi (peut-être un peu trop sage)
A votre frère, à vous, ravit tout héritage.
Vous ne possédez rien ; mais ce monsieur Garant,
Son banquier autrefois, et son correspondant,
Pour deux cent mille francs étant son légataire,
N'en est, vous le savez, que le dépositaire.
Il fera son devoir ; il l'a dit devant moi :
L'honneur est plus puissant, plus sacré que la loi.

LE JEUNE GOURVILLE.

Je voudrais que l'honneur fût un peu plus honnête.
Cet homme de sermons me rompt toujours la tête :
Directeur d'hôpitaux, syndic, et marguillier,
Il n'a daigné jamais avec moi s'égayer.
Il prétend que je suis une tête légère,
Un jeune dissolu, sans mœurs, sans caractère,
Jouant, courant le bal, les filles, les buveurs :
Oui, je suis débauché ; mais, parbleu, j'ai des mœurs ;
Je ne dois rien ; je suis fidèle à mes promesses ;
Je n'ai jamais trompé, pas même mes maîtresses ;
Je bois sans m'enivrer ; j'ai tout payé comptant ;
Je ne vais point jouer quand je n'ai point d'argent.
Tout marguillier qu'il est, ma foi, je le défie
De mener dans Paris une meilleure vie.

NINON.

Il est un temps pour tout.

LE JEUNE GOURVILLE.

                Monsieur mon frère aîné,
Je l'avoue, a l'esprit tout autrement tourné.
Il est sage et profond ; sa conduite est austère ;
Il lit les vieux auteurs, et ne les entend guère ;
Il méprise le monde : eh bien ! qu'il soit un jour,
Pour prix de ses vertus, marguillier à son tour ;
Et que monsieur Garant, qui dans tout le gouverne,
Lui donne plus qu'à moi. Ce qui seul me concerne,
C'est le plaisir ; l'argent, voyez-vous, ne m'est rien ;
Je suis assez content d'un honnête entretien.
L'avarice est un monstre ; et, pourvu que je puisse
Supplanter l'avocat, mon sort est trop propice.

NINON.

Tout réussit aux gens qui sont doux et joyeux.

Pour monsieur votre aîné, c'est un fou sérieux :
Un précepteur maudit, maîtrisant sa jeunesse,
Chargea d'un joug pesant sa docile faiblesse,
De sombres visions tourmenta son esprit,
Et l'âge a conservé ce que l'enfance y mit.
Il s'est fait à lui-même un bien triste esclavage.
Malheur a tout esprit qui veut être trop sage?
J'ai bonne opinion, je vous l'ai déjà dit,
D'un jeune écervelé, quand il a de l'esprit,
Mais un jeune pédant, fût-il très-estimable,
Deviendra, s'il persiste, un être insupportable.
Je ris lorsque je vois que votre frère a fait
L'extravagant dessein d'être un homme parfait.

LE JEUNE GOURVILLE.

Un pédant chez Ninon est un plaisant prodige!

NINON.

Le parti qu'il a pris n'est pas ce qui m'afflige :
J'aime les gens de bien, mais je hais les cagots;
Et je crains les fripons qui gouvernent les sots.

LE JEUNE GOURVILLE.

Voilà le marguillier.

SCÈNE II.

NINON, LE JEUNE GOURVILLE; M. GARANT,
en manteau noir, grand rabat, gants blancs, large perruque.

M. GARANT.

Je me suis fait attendre.
Le temps, vous le savez, est difficile à prendre.
Mes emplois sont bien lourds...

NINON.

Je le sais.

M. GARANT.

Bien pesants.

NINON.

C'est ajouter beaucoup.

M. GARANT.

Sans mes soins vigilants,
Sans mon activité...

NINON.
Fort bien.
M. GARANT.
Sans ma prudence,
Sans mon crédit...
NINON.
Encor!
M. GARANT.
L'œuvre aurait pu, je pense,
Souffrir un grand déchet; mais j'ai tout réparé.
LE JEUNE GOURVILLE.
Ah! tout Paris en parle, et vous en sait bon gré.
M. GARANT.
Les pauvres sont d'ailleurs si pauvres! leurs souffrances
Me percent tant le cœur, que de leurs doléances
Je m'afflige toujours.
NINON.
Il faut les secourir;
C'est un devoir sacré.
M. GARANT.
Leurs maux me font souffrir.
LE JEUNE GOURVILLE.
Vous régissez si bien leur petite finance
Que les pauvres bientôt seront dans l'opulence.
NINON.
Çà, monsieur l'aumônier, vous savez que céans
Il est, ainsi qu'ailleurs, de jeunes indigents;
Ils sont recommandés à vos nobles largesses.
Vous n'avez pas, sans doute, oublié vos promesses.
M. GARANT.
Vous savez que mon cœur est toujours pénétré
Des extrêmes bontés dont je fus honoré
Par ce parfait ami, ce cher monsieur Gourville,
Si bon pour ses amis... qui fut toujours utile
A tous ceux qu'il aima... qui fut si bon pour moi,
Si généreux!... Je sais tout ce que je lui doi.
L'honneur, la probité, l'équité, la justice,
Ordonnent qu'un ami sans réserve accomplisse
Ce qu'un ami voulait.
NINON.
Ah! que c'est parler bien!

LE JEUNE GOURVILLE.

Il est fort éloquent.

M. GARANT.

Que dites-vous là?

LE JEUNE GOURVILLE.

Rien.

NINON, le contrefaisant.

Je me flatte, je crois, je suis persuadée,
Je me sens convaincue, et surtout j'ai l'idée
Que vous rendrez bientôt les deux cent mille francs
A votre ami si cher, ès mains de ses enfants.

M. GARANT.

Madame, il faut payer ses dettes légitimes ;
Et les moindres délais en ce cas sont des crimes ;
L'honneur, la probité, le sens, et la raison,
Demandent qu'on s'applique avec attention
A remplir ses devoirs, à ne nuire à personne,
A voir quand et comment, à qui, pourquoi l'on donne,
A bien considérer si le droit est lésé,
Si tout est bien en ordre.

NINON.

Eh ! rien n'est plus aisé...
Des deux cent mille francs n'êtes-vous pas le maître ?

M. GARANT.

Oh, oui ! son testament le fait assez connaître.
Je les dois recevoir en louis trébuchants.

NINON.

Eh bien ! à chacun d'eux donnez cent mille francs.

LE JEUNE GOURVILLE.

Le compte est clair et net.

M. GARANT.

Oui, cette arithmétique
Est parfaite en son genre, et n'a point de réplique ;
Égales portions.

NINON.

Par cette égalité
Vous assurez la paix de leur société.

M. GARANT.

Soyez sûre que l'un n'aura pas plus que l'autre,
Quand j'aurai tout réglé.

NINON.

Quelle idée est la vôtre !

Tout est réglé, monsieur...

M. GARANT.

Il faudra mûrement
Consulter sur ce cas quelque avocat savant,
Quelque bon procureur, quelque habile notaire,
Qui puisse prévenir toute fâcheuse affaire.
Il faut fermer la bouche aux malins héritiers,
Qui pourraient méchamment répéter les deniers.

LE JEUNE GOURVILLE.

Mon père n'en a point.

M. GARANT.

Hélas! dès qu'on enterre
Un vieillard un peu riche, il sort de dessous terre
Mille collatéraux qu'on ne connaissait pas.
Voyez que de chagrins, de peines, d'embarras,
Si jamais il fallait que, par quelque artifice,
J'éludasse les lois de la sainte justice?
L'honneur, vous le savez, qui doit conduire tout...

NINON.

Le véritable honneur est très-fort de mon goût,
Mais il sait écarter ces craintes ridicules.
Il est de certains cas où j'ai peu de scrupules.

M. GARANT.

J'en suis persuadé, madame, je le crois;
C'est mon opinion... mais la rigueur des lois,
De ces collatéraux les plaintes, les murmures,
Et les prétentions avec les procédures...

NINON.

Ayez des procédés, je réponds du succès.

LE JEUNE GOURVILLE.

Ce n'est point là du tout une affaire à procès.

M. GARANT.

Vous ne connaissez pas, madame, les affaires,
Leurs détours, leurs dangers, les lois et leurs mystères.

NINON.

Toujours cent mots pour un. Moi, je vais à l'instant
Répondre à vos discours en un mot comme en cent.
Mon cher petit Gourville, allez dire à Lisette
Qu'elle m'apporte ici cette grande cassette.
Elle sait ce que c'est.

LE JEUNE GOURVILLE.

J'y cours.

SCÈNE III.

NINON, M. GARANT.

M. GARANT.
Avec chagrin.
Je vois que ce jeune homme a pris un mauvais train,
De mauvais sentiments... une allure mauvaise.
Je crains que s'il était un jour trop à son aise...
Il ne se confirmât dans le mal...

NINON.
Mais vraiment
Vous me touchez le cœur par un soin si prudent.

M. GARANT.
Il est fort libertin : une trop grande aisance...
Trop d'argent dans les mains, trop d'or, trop d'opulence...
Donne aux vices du cœur trop de facilité.

NINON.
On ne peut parler mieux ; mais trop de pauvreté
Dans des dangers plus grands peut plonger la jeunesse :
Je ne voudrais pour lui pauvreté ni richesse,
Point d'excès ; mais son bien lui doit appartenir.

M. GARANT.
D'accord, c'est à cela que je veux parvenir.

NINON.
Et son frère ?

M. GARANT.
Ah ! pour lui, ce sont d'autres affaires,
Vous avez des bontés qu'il ne mérite guères.

NINON.
Comment donc ?...

M. GARANT.
Vous avez acheté sous son nom,
Quand son père vivait, votre propre maison.

NINON.
Oui...

M. GARANT.
Vous avez mal fait.

NINON.
C'était un avantage
Que son père lui fit.

M. GARANT.
Mais cela n'est pas sage :
Nous y remédierons ; je vous en parlerai :
J'ai d'honnêtes desseins que je vous confierai :
Vous êtes belle encore.

NINON.
Ah!

M. GARANT.
Vous savez, le monde...

NINON.
Ah, monsieur!...

M. GARANT.
Vous avez la science profonde
Des secrètes façons dont on peut se pousser,
Être considéré, s'intriguer, s'avancer ;
Vous êtes éclairée, avisée, et discrète.

NINON.
Et surtout patiente.

SCÈNE IV.

NINON, M. GARANT, LE JEUNE GOURVILLE,
LISETTE, UN LAQUAIS.

LISETTE.
Ah ! la lourde cassette !
Comment voulez-vous donc que j'apporte cela?
Picard la traîne à peine.

NINON.
Allons, vite, ouvrons-la.

LISETTE.
C'est un vrai coffre-fort.

NINON.
C'est le très-faible reste
De l'argent qu'autrefois, dans un péril funeste,
Étant contraint de fuir, Gourville me laissa ;
Longtemps à son retour dans ce coffre il puisa ;
Le compte est de sa main. Allez tous deux sur l'heure
Donner à ses enfants le peu qu'il en demeure :
Ce sera pour chacun, je crois, deux mille écus.
Par un partage égal il faut qu'ils soient reçus.
Pour leurs menus plaisirs ils en feront usage,

Attendant que monsieur fasse un plus grand partage.
(On remporte le coffre.)
LISETTE.
J'y cours; je sais compter.
LE JEUNE GOURVILLE.
L'adorable Ninon!
NINON, à M. Garant.
Pour remplir son devoir il faut peu de façon :
Vous le voyez, monsieur.
M. GARANT.
Cela n'est pas dans l'ordre,
Dans l'exacte équité : la justice y peut mordre.
Cette caisse au défunt appartint autrefois,
Et les collatéraux réclameront leurs droits :
Il faut pour préalable en faire un inventaire.
Je suis exécuteur qu'on dit testamentaire.
LE JEUNE GOURVILLE.
Eh bien! exécutez les généreux desseins
D'un ami qui remit sa fortune en vos mains.
M. GARANT.
Allez, j'en suis chargé; n'en soyez point en peine.
NINON.
Quand apporterez-vous cette petite aubaine
Des deux cent mille francs en contrats bien dressés?
Et quand remplirez-vous ces devoirs si pressés?
M. GARANT.
Bientôt. L'œuvre m'attend, et les pauvres gémissent;
Lorsque je suis absent tous les secours languissent.
Adieu...
(Il fait deux pas, et revient.)
Vous devriez employer prudemment
Ces quatre mille écus donnés légèrement.
NINON.
Eh! fi donc!
M. GARANT, revenant encore, la tirant à l'écart.
La débauche! hélas! de toute espèce
A la perdition conduira sa jeunesse.
Il dissipera tout, je vous en avertis.
LE JEUNE GOURVILLE.
Hem, que dit-il de moi?
M. GARANT.
Pour votre bien, mon fils,

Avec discrétion je m'explique à madame...
(Bas, à Ninon.)
Il est très-inconstant.

NINON.

Ah ! cela perce l'âme.

M. GARANT.

Il a déjà séduit notre voisine Agnant :
Cela fera du bruit.

NINON.

Ah ! mon Dieu ! le méchant !
Courtiser une fille ! ô ciel ! est-il possible ?

M. GARANT.

C'est comme je le dis.

NINON.

Quel crime irrémissible !

M. GARANT, à Ninon.

Un mot dans votre oreille.

LE JEUNE GOURVILLE.

Il lui parle tout bas ;
C'est mauvais signe...

NINON, à M. Garant qui sort.

Allez, je ne l'oublierai pas.

SCÈNE V.

NINON, LE JEUNE GOURVILLE.

LE JEUNE GOURVILLE.

Que vous disait-il donc ?

NINON.

Il voulait, ce me semble,
Par pure probité, nous mettre mal ensemble.

LE JEUNE GOURVILLE.

Entre nous, je commence à penser à la fin
Que cet original est un maître Gonin [1].

---

1. Maître Gonin, dont le nom est devenu proverbe, divertissait par ses tours la cour de François Ier. Son fils, plus habile, vivait sous Charles IX. Tous deux sont mentionnés par Brantôme. Regnier en parle, dans sa satire X, comme d'un habile devin. (B.)

NINON.

Vous pouvez, croyez-moi, le penser sans scrupule :
On peut être à la fois fripon et ridicule.
Avec son verbiage et ses fades propos,
Ce fat dans le quartier séduit les idiots.
Sous un amas confus de paroles oiseuses
Il pense déguiser ses trames ténébreuses.
J'aime fort la vertu ; mais, pour les gens sensés,
Quiconque en parle trop n'en eut jamais assez.
Plus il veut se cacher, plus on lit dans son âme ;
Et que ceci soit dit et pour homme et pour femme.
Enfin, je ne veux point, par un zèle imprudent,
Garantir la vertu de ce monsieur Garant.

LE JEUNE GOURVILLE.

Ma foi, ni moi non plus.

SCÈNE VI.

NINON, LE JEUNE GOURVILLE, LISETTE.

NINON.

Eh bien ! chère Lisette,
Ma petite ambassade a-t-elle été bien faite ?
Son frère a-t-il de vous reçu son contingent ?

LISETTE.

Oui, madame, à la fin il a reçu l'argent.

NINON.

Est-il bien satisfait ?

LISETTE.

Point du tout, je vous jure.

NINON.

Comment ?

LISETTE.

Oh ! les savants sont d'étrange nature.
Quel étonnant jeune homme, et qu'il est triste et sec !
Vous l'eussiez vu courbé sur un vieux livre grec ;
Un bonnet sale et gras qui cachait sa figure,
De l'encre au bout des doigts, composaient sa parure ;
Dans un tas de papiers il était enterré ;
Il se parlait tout bas comme un homme égaré ;
De lui dire deux mots je me suis hasardée ;

Madame, il ne m'a pas seulement regardée.
(En élevant la voix.)
« J'apporte de l'argent, monsieur, qui vous est dû ;
Monsieur, c'est de l'argent. » Il n'a rien répondu ;
Il a continué de feuilleter, d'écrire.
J'ai fait, avec Picard, un grand éclat de rire :
Ce bruit l'a réveillé. « Voilà deux mille écus,
Monsieur, que ma maîtresse avait pour vous reçus.
— Hem ! qui ? quoi ? m'a-t-il dit ; allez chez les notaires ;
Je n'ai jamais, ma bonne, entendu les affaires :
Je ne me mêle point de ces pauvretés-là.
— Monsieur, ils sont à vous, prenez-les, les voilà. »
Il a repris soudain papier, plume, écritoire.
Picard, l'interrompant, a demandé pour boire.
« Pourquoi boire ? a-t-il dit, fi ! rien n'est si vilain
Que de s'accoutumer à boire si matin ! »
Enfin il a compris ce qu'il devait entendre :
« Voilà les sacs, dit-il, et vous pouvez y prendre
Tout ce qu'il vous plaira pour la commission. »
Nous avons pris, madame, avec discrétion.
Il n'a pas un moment daigné tourner la tête
Pour voir de nos cinq doigts la modestie honnête ;
Et nous sommes partis avec étonnement,
Sans recevoir pour vous le moindre compliment.
Avez-vous vu jamais un mortel plus bizarre ?

NINON.
Il en faut convenir, son caractère est rare.
La nature a conçu des desseins différents,
Alors que son caprice a formé ces enfants.
Un contraste parfait est dans leurs caractères ;
Et le jour et la nuit ne sont pas plus contraires.

LE JEUNE GOURVILLE.
Je l'aime cependant du meilleur de mon cœur.

LISETTE.
Moi, de tout mon pouvoir je l'aime aussi, monsieur ;
J'ai toujours remarqué, sans trop oser le dire,
Que vous aimez assez les gens qui vous font rire.

NINON.
Je ne ris point de lui, Lisette, je le plains :
Il a le cœur très-bon, je le sais ; mais je crains
Que cette aversion des plaisirs et du monde,
Des usages, des mœurs, l'ignorance profonde,

Ce goût pour la retraite, et cette austérité,
Ne produisent bientôt quelque calamité.
Pour ce monsieur Garant sa pleine confiance
Alarme ma tendresse, accroît ma défiance :
Souvent un esprit gauche en sa simplicité,
Croyant faire le bien, fait le mal par bonté.

LE JEUNE GOURVILLE.

Oh! je vais de ce pas laver sa tête aînée;
De sa sotte raison la mienne est étonnée;
Je lui parlerai net, et je veux, à la fin,
Pour le débarbouiller, en faire un libertin.

NINON.

Puissiez-vous tous les deux être plus raisonnables!
Mais le monde aime mieux des erreurs agréables,
Et d'un esprit trop vif la piquante gaîté,
Qu'un précoce Caton, de sagesse hébété,
Occupé tristement de mystiques systèmes,
Inutile aux humains, et dupe des sots mêmes.

LE JEUNE GOURVILLE.

Il faut vous avouer qu'avec discrétion,
Dans mes amours nouveaux, je me sers de son nom,
Afin que si la mère a jamais connaissance
Des mystères secrets de notre intelligence,
Aux mots de syndérèse et de componction,
La lettre lui paraisse une exhortation,
Un essai de morale envoyé par mon frère.
Nous écrivons tous deux d'un même caractère ;
En un mot, sous son nom j'écris tous mes billets ;
En son nom, prudemment, les messages sont faits.
C'est un fort grand plaisir que ce petit mystère.

NINON.

Il est un peu scabreux, et je crains cette mère.
Prenez bien garde, au moins, vous vous y méprendrez.
Vos discours de vertu seront peu mesurés;
Tout sera reconnu.

LE JEUNE GOURVILLE.
    Le tour est assez drôle.

NINON.
Mais c'est du loup berger[1] que vous jouez le rôle.

---

1. La Fontaine, livre III, fable III.

LE JEUNE GOURVILLE.

D'ailleurs, je suis très-bien déjà dans la maison :
A la mère toujours je dis qu'elle a raison ;
Je bois avec le père, et chante avec la fille ;
Je deviens nécessaire à toute la famille.
Vous ne me blâmez pas?

NINON.

Pour ce dernier point, non.

LISETTE.

Ma foi, les jeunes gens ont souvent bien du bon.

FIN DU PREMIER ACTE.

ACTE DEUXIÈME.

SCÈNE I.

GOURVILLE L'AÎNÉ, tenant un livre; LE JEUNE GOURVILLE.
Tous deux arrivent et continuent la conversation : l'aîné est vêtu de noir, la perruque de travers, l'habit mal boutonné.

LE JEUNE GOURVILLE.
N'es-tu donc pas honteux, en effet, à ton âge,
De vouloir devenir un grave personnage?
Tu forces ton instinct par pure vanité,
Pour parvenir un jour à la stupidité.
Qui peut donc contre toi t'inspirer tant de haine?
Pour être malheureux tu prends bien de la peine.
Que dirais-tu d'un fou qui, des pieds et des mains,
Se plairait d'écraser les fleurs de ses jardins
De peur d'en savourer le parfum délectable?
Le ciel a formé l'homme animal sociable.
Pourquoi nous fuir? pourquoi se refuser à tout?
Être sans amitié, sans plaisirs, et sans goût,
C'est être un homme mort. Oh! la plaisante gloire
Que de gâter son vin de crainte de trop boire!
Comme te voilà fait! le teint jaune et l'œil creux!
Penses-tu plaire au ciel en te rendant hideux?
Au monde, en attendant, sois très-sûr de déplaire.
La charmante Ninon, qui nous tient lieu de mère,
Voit avec grand chagrin qu'en ta propre maison,
Loin d'elle, et loin de moi, tu languis en prison.
Est-ce monsieur Garant qui, par son éloquence,
Nourrit de tes travers la lourde extravagance?
Allons, imite-moi, songe à te réjouir;
Je prétends, malgré toi, te donner du plaisir.
GOURVILLE L'AÎNÉ.
De si vilains propos, une telle conduite,

Me font pitié, monsieur, j'en prévois trop la suite.
Vous ferez à coup sûr une mauvaise fin.
Je ne puis plus souffrir un si grand libertin.
De cette maison-ci je connais les scandales ;
Il en peut arriver des choses bien fatales :
Déjà monsieur Garant m'en a trop averti.
Je n'y veux plus rester, et j'ai pris mon parti.

LE JEUNE GOURVILLE.

Son accès le reprend.

GOURVILLE L'AÎNÉ.

Monsieur Garant, mon frère,
Que vous calomniez, est d'un tel caractère
De probité, d'honneur... de vertu... de...

LE JEUNE GOURVILLE.

Je voi
Que déjà son beau style a passé jusqu'à toi.

GOURVILLE L'AÎNÉ.

Il met discrètement la paix dans les familles ;
Il garde la vertu des garçons et des filles :
Je voudrais jusqu'à lui, s'il se peut, m'exalter.
Allez dans le beau monde ; allez vous y jeter ;
Plongez-vous jusqu'au cou dans l'ordure brillante
De ce monde effréné dont l'éclat vous enchante ;
Moquez-vous plaisamment des hommes vertueux ;
Nagez dans les plaisirs, dans ces plaisirs honteux,
Ces plaisirs dans lesquels tout le jour se consume,
Et la douceur desquels produit tant d'amertume.

LE JEUNE GOURVILLE.

Pas tant.

GOURVILLE L'AÎNÉ.

Allez, je sais tout ce qu'il faut savoir.
J'ai bien lu.

LE JEUNE GOURVILLE.

Va, lis moins, mais apprends à mieux voir.
Tu pourras tout au plus quelque jour faire un livre.
Mais dis-moi, mon pauvre homme, avec qui peux-tu vivre ?

GOURVILLE L'AÎNÉ.

Avec personne.

LE JEUNE GOURVILLE.

Quoi ! tout seul dans un désert ?

GOURVILLE L'AÎNÉ.

Oh ! je fréquenterai souvent madame Aubert.

ACTE II, SCÈNE I.

LE JEUNE GOURVILLE, riant.

Madame Aubert!

GOURVILLE L'AÎNÉ.

Eh oui! madame Aubert.

LE JEUNE GOURVILLE.

Parente
Du marguillier Garant?

GOURVILLE L'AÎNÉ.

Oui, pieuse et savante,
D'un esprit transcendant, d'un mérite accompli.

LE JEUNE GOURVILLE.

La connais-tu?

GOURVILLE L'AÎNÉ.

Non; mais son logis est rempli
Des gens les plus versés dans les vertus pratiques.
Elle connaît à fond tous les auteurs mystiques;
Elle reçoit souvent les plus graves docteurs,
Et force gens de bien qu'on ne voit point ailleurs.

LE JEUNE GOURVILLE.

Madame Aubert t'attend?

GOURVILLE L'AÎNÉ.

Oui : mon tuteur fidèle,
Monsieur Garant, me mène enfin dîner chez elle.

LE JEUNE GOURVILLE.

Chez sa cousine?...

GOURVILLE L'AÎNÉ.

Eh! oui.

LE JEUNE GOURVILLE.

Cette femme de bien?

GOURVILLE L'AÎNÉ.

Elle-même; et je veux, après cet entretien,
Ne hanter désormais que de tels caractères,
Des dévots éprouvés, secs, durs, atrabilaires.
Je ne veux plus vous voir; et je préfère un trou,
Un ermitage, un antre...

LE JEUNE GOURVILLE, en l'embrassant.

Adieu, mon pauvre fou.

SCÈNE II.

GOURVILLE L'AÎNÉ.

Je pleure sur son sort ; le voilà qui s'abîme ;
Il va de femme en fille, il court de crime en crime.
(Il s'assied, et ouvre un livre.)
Que Garasse a raison[1] ! qu'il peint bien, à mon sens,
Les travers odieux de tous nos jeunes gens !
Qu'il enflamme mon cœur, et qu'il le fortifie
Contre les passions qui tourmentent la vie !
(Il lit encore.)
C'est bien dit : oui, voilà le plan que je suivrai.
Du sentier des méchants je me retirerai.
J'éviterai le jeu, la table, les querelles,
Les vains amusements, les spectacles, les belles.
(Il se lève.)
Quel plaisir noble et doux de haïr les plaisirs ;
De se dire en secret : Me voilà sans désirs ;
Je suis maître de moi, juste, insensible, sage ;
Et mon âme est un roc au milieu de l'orage !
Je rougis quand je vois dans ce maudit logis
Ces conversations, ces soupers, ces amis.
Je souris de pitié de voir qu'on me préfère,
Sans nul ménagement, mon étourdi de frère.
Il plaît à tout le monde, il est tout fait pour lui.
C'en est trop : pour jamais j'y renonce aujourd'hui.
Je conserve à Ninon de la reconnaissance ;
Elle eut soin de nous deux au sortir de l'enfance ;
Et, malgré ses écarts, elle a des sentiments
Qu'on eût pris pour vertu peut-être en d'autres temps.
Mais...
(Il se mord le doigt, et fait une grimace effroyable.)

---

1. Garasse, jésuite, né en 1585, mort en 1631, auteur de la *Somme théologique des Vérités capitales de la religion chrétienne.*

SCÈNE III.

GOURVILLE L'AÎNÉ, M. GARANT.

M. GARANT.
Eh bien! mon très-cher, mon vertueux Gourville,
De tant d'iniquités allez-vous fuir l'asile?
GOURVILLE L'AÎNÉ.
J'y suis très-résolu.
M. GARANT.
Ce logis infecté
N'était point convenable à votre piété.
Sortez-en promptement... Mais que voulez-vous faire
De ces deux mille écus de monsieur votre père?
GOURVILLE L'AÎNÉ.
Tout ce qu'il vous plaira; vous en disposerez.
M. GARANT.
L'argent est inutile aux cœurs bien pénétrés
D'un vrai détachement des vanités du monde;
Et votre indifférence en ce point est profonde :
Je veux bien m'en charger; je les ferai valoir...
Pour les pauvres s'entend... Vous aurez le pouvoir
D'en répéter chez moi le tout ou bien partie,
Dès que vous en aurez la plus légère envie.
GOURVILLE L'AÎNÉ.
Ah! que vous m'obligez! Je ne pourrai jamais
Vous payer dignement le prix de vos bienfaits.
M. GARANT.
Je puis avoir à vous d'autres sommes en caisse.
Eh! eh!
GOURVILLE L'AÎNÉ.
L'on me l'a dit... Mon Dieu, je vous les laisse.
Vous voulez bien encore en être embarrassé?
M. GARANT.
Je mettrai tout ensemble.
GOURVILLE L'AÎNÉ.
Oui, c'est fort bien pensé.
M. GARANT.
Or çà, votre dessein de chercher domicile
Est très-juste et très-bon; mais il est inutile :

La maison est à vous : gardez-vous d'en sortir,
Et priez seulement Ninon d'en déguerpir.
Par mille éclats fâcheux la maison polluée,
Quand vous y vivrez seul, sera purifiée,
Et je pourrais bien même y loger avec vous.

GOURVILLE L'AÎNÉ.

Cet honneur me serait bien utile et bien doux ;
Mais je ne me sens pas l'âme encore assez forte
Pour chasser une femme, et la mettre à la porte.
C'est un acte pieux : mais l'honneur a ses droits ;
Et vous savez, monsieur, tout ce que je lui dois.
Pourrais-je, sans rougir, dire à ma bienfaitrice :
« Sortez de la maison, et rendez-vous justice? »
Cela n'est-il pas dur?

M. GARANT.

  Un tel ménagement
Est bien louable en vous, et m'émeut puissamment.
Ce scrupule d'abord a barré mes idées ;
Mais j'ai considéré qu'elles sont bien fondées.
Le désordre est trop grand. Votre propre danger
A la faire sortir devrait vous engager.
Sachez que votre frère entretient avec elle
Une intrigue odieuse, indigne, criminelle,
Un scandaleux commerce... un... je n'ose parler
De tout ce qui s'est fait... tant je m'en sens troubler.

GOURVILLE L'AÎNÉ.

Voilà donc la raison de cette préférence
Qu'on lui donnait sur moi!

M. GARANT.

  Sentez la conséquence.

GOURVILLE L'AÎNÉ.

Je n'aurais pu jamais la deviner sans vous.
Les vilains!... Grâce au ciel, je n'en suis point jaloux.
Je n'imaginais pas qu'un si grand fou dût plaire.

M. GARANT.

Les fous plaisent parfois.

GOURVILLE L'AÎNÉ.

  Ah! j'en suis en colère
Pour l'honneur du Marais.

M. GARANT.

  Il faut premièrement
Détourner loin de nous ce scandale impudent,

ACTE II, SCÈNE III.

Mais avec l'air honnête, avec toute décence,
Avec tous les dehors que veut la bienséance :
Nous avons concerté que de cette maison
Vous feriez pour un tiers une donation,
Un acte bien secret que je pourrais vous rendre.
Armé de cet écrit, je puis tout entreprendre.
Je ne m'emparerai que de votre logis,
Et vous aurez vos droits sans être compromis.

GOURVILLE L'AÎNÉ.

Oui, l'idée est profonde ; oui, les dévots, les sages,
Sur le reste du monde ont de grands avantages.
Je signerai demain.

M. GARANT.

   Ce soir, votre cadet
Reviendra vous braver comme il a toujours fait.
Tout se moque de vous, laquais, cocher, servante :
Ils traitent la vertu de chose impertinente.

GOURVILLE L'AÎNÉ.

La vertu !

M. GARANT.

   Vraiment oui. Toujours un marguillier
A soin d'avoir en poche encre, plume, papier.
Venez, l'acte est dressé. Cet honnête artifice
Est, comme vous voyez, dans l'exacte justice.
Signez sur mon genou.
      (Il lève son genou.)

GOURVILLE L'AÎNÉ, en signant.

    Je signe aveuglément,
Et crois n'avoir jamais rien fait de si prudent.

M. GARANT.

Je rédigerai tout dès ce soir par notaire.

GOURVILLE L'AÎNÉ.

Vous êtes, je le vois, très-actif en affaire.

M. GARANT.

Vous pouvez du logis sortir dès à présent.

GOURVILLE L'AÎNÉ.

Oui.

M. GARANT.

  Donnez-moi la clef de votre appartement.

GOURVILLE L'AÎNÉ.

La voilà.

M. GARANT.

   Tout est bien ; et puis chez ma cousine,

Chez la savante Aubert, notre illustre voisine...
Nous irons faire ensemble un dîner familier.
GOURVILLE L'AÎNÉ.
Vous m'enchantez !
M. GARANT.
Elle est la perle du quartier.
Il est dans sa maison de doctes assemblées,
Des conversations utiles et réglées ;
Il y doit aujourd'hui venir quelques docteurs,
Des savants pleins de grec, de brillants orateurs,
Avec quelques abbés, gens de l'Académie,
Tous pétris du vrai suc de la philosophie.
GOURVILLE L'AÎNÉ.
Et c'est là justement tout ce qu'il me fallait ;
Vous m'avez découvert ce que mon cœur voulait.
Vous me faites penser, vous êtes mon Socrate ;
Je suis Alcibiade : ah ! que cela me flatte !
Me voilà dans mon centre.
M. GARANT.
On n'est jamais heureux
Qu'avec des gens de bien, savants et vertueux.
Chez ma cousine Aubert, mon fils, allez vous rendre
Je ne me ferai pas, je crois, longtemps attendre.
GOURVILLE L'AÎNÉ.
J'y vais.

SCÈNE IV.

NINON, M. GARANT, GOURVILLE L'AÎNÉ.

NINON, à Gourville l'aîné.
Ah ! ah ! monsieur, vous sortez donc enfin !
Vous vous humanisez, et votre noir chagrin
Cède au besoin qu'on a de vivre en compagnie.
Le plaisir sied très-bien à la philosophie ;
La solitude accable, et cause trop d'ennui.
Eh bien ! où comptez-vous de dîner aujourd'hui ?
GOURVILLE L'AÎNÉ.
Avec des gens de bien, madame.
NINON.
Eh mais !... j'espère...
Que ce n'est pas avec des fripons.

ACTE II, SCÈNE V.

GOURVILLE L'AÎNÉ.
Au contraire.
NINON.
Et vos convives sont?
GOURVILLE L'AÎNÉ.
Des docteurs très-savants.
NINON.
On en trouve, en effet, de très-honnêtes gens,
Et chez qui la vertu n'offre rien que d'aimable.
GOURVILLE L'AÎNÉ.
L'heure presse, avec eux je vais me mettre à table.
NINON.
Allez, c'est fort bien fait.

SCÈNE V.

NINON, M. GARANT.

NINON.
Quelle mauvaise humeur!
Il semble en me parlant qu'il soit rempli d'aigreur!
En savez-vous la cause?
M. GARANT.
Eh oui, je suis sincère,
La cause est en effet son méchant caractère.
NINON.
Je savais qu'il était et bizarre et pédant,
Mais je ne croyais pas qu'il eût le cœur méchant.
M. GARANT.
Allez, je m'y connais ; vous pouvez être sûre
Qu'il n'est point d'âme au fond plus ingrate et plus dure.
NINON.
Il est vrai qu'en effet de mon petit présent
Il n'a pas daigné faire un seul remerciement ;
Mais c'est distraction, manque de savoir-vivre,
Et pour l'instruire mieux le monde est un grand livre.
M. GARANT.
Je vous dis que son cœur est pour jamais gâté,
Endurci, gangrené, méchant... au mal porté ;
Faux... avec fausseté ; ses allures secrètes,
Sombres...
NINON, riant.
Vous prodiguez assez les épithètes.

M. GARANT.
Il ne peut vous souffrir. Il vient de s'engager
A vendre sa maison pour vous en déloger...
Vous en riez?

NINON.
La chose est-elle bien certaine?

M. GARANT.
J'en suis témoin; j'ai vu cet effet de sa haine;
J'en ai vu l'acte en forme au notaire porté:
C'est l'usage qu'il fait de sa majorité.
Quel homme!

NINON.
Ce n'est rien, n'en soyez point en peine;
Cela s'ajustera.

M. GARANT.
Craignez tout de sa haine.

NINON.
Ce mauvais procédé ne lui peut réussir.

M. GARANT.
De cette ingratitude il faut le bien punir,
Qu'il sorte de chez vous.

NINON.
Peut-être il le mérite.

M. GARANT.
Pour moi, je l'abandonne, et je le déshérite;
De ses cent mille francs il n'aura, ma foi, rien.

NINON.
S'ils dépendent de vous, monsieur, je le crois bien.

M. GARANT.
Que nous sommes à plaindre! Un bon ami nous laisse
De ses deux chers enfants à guider la jeunesse:
L'un est un garnement, turbulent, effronté,
A la perdition par le vice emporté;
L'autre est fourbe, perfide, ingrat, atrabilaire,
Dur, méchant... De tous deux il nous faudra défaire.

NINON.
Me le conseillez-vous?

M. GARANT.
Ce doit être l'avis
De tous les gens d'honneur et de vos vrais amis,
Prenez un parti sage... Écoutez... cette caisse

Dont vous avez tantôt fait si prompte largesse,
Était-elle bien pleine autrefois ?

NINON.

Jusqu'au bord :
De notre ami défunt c'était le coffre-fort ;
Vous le savez assez.

M. GARANT.

Selon que je calcule,
Vous avez amassé loyaument, sans scrupule,
Un bien considérable, une fortune ?

NINON.

Non ;
Mais mon bien me suffit pour tenir ma maison.

M. GARANT.

Vous avez du crédit : la dame qui régente,
Madame Esther, vous garde une amitié constante.
Et, si vous le vouliez, vous pourriez quelque jour
Faire beaucoup de bien vous produisant en cour.

NINON.

A la cour ! moi, monsieur ! que le ciel m'en préserve !
Si j'ai quelques amis, il faut avec réserve
Ménager leurs bontés, craindre d'importuner,
Ne les inviter point à nous abandonner.
Pour garder son crédit, monsieur, n'en usons guères.

M. GARANT.

Il le faut réserver pour les grandes affaires,
Pour les grands coups, madame ; oui, vous avez raison ;
Et votre sentiment est ici ma leçon.

(Il s'approche un peu d'elle, et après un moment de silence.)

Je dois avec candeur vous faire une ouverture
Pleine de confiance et d'une amitié pure :
Je suis riche, il est vrai ; mais avec plus d'argent
Je ferais plus de bien.

NINON.

Je le crois bonnement.

M. GARANT.

Il vous faut un état, vous êtes de mon âge,
Je suis aussi du vôtre.

NINON.

Oh ! oui.

M. GARANT.

Quel bon ménage

Se formerait bientôt de nos biens rassemblés,
Loin de ces deux marmots du logis exilés!
Les deux cent mille francs, croissant notre fortune,
Entreraient de plein saut dans la masse commune;
Vous pourriez employer votre art persuasif
A nous faire obtenir un poste lucratif.
Vous seriez dans le monde avec plus d'importance :
Il faut que le crédit augmente votre aisance;
Que des prudes surtout la noble faction,
Célébrant de vos mœurs la réputation,
Et s'enorgueillissant d'une telle conquête,
A vous bien épauler se tienne toujours prête.
Avec un pot-de-vin j'aurais par ce canal
Un fortuné brevet de fermier général.
Nous pourrions sourdement, sans bruit, sans peine aucune,
Placer à cent pour cent ma petite fortune;
Et votre rare esprit tout bas se moquerait
De tout le genre humain qui vous respecterait.
Vous ne répondez rien?

NINON.

C'est que je considère
Avec maturité cette sublime affaire.
Vous voulez m'épouser?

M. GARANT.

Sans doute, je voudrais
Payer de tout mon bien tant d'esprit, tant d'attraits :
C'est à quoi j'ai pensé dès que mon sort prospère
De deux cent mille francs me nomma légataire.

NINON.

Vous m'aimez donc un peu?

M. GARANT.

J'ai combattu longtemps
Les inspirations de ces désirs puissants;
Mais en les combattant avec justesse extrême,
En m'examinant bien, comptant avec moi-même,
Calculant, rabattant, j'ai vu pour résultat
Qu'il est temps en effet que vous changiez d'état,
Que nous nous convenons, et qu'un amour sincère,
Soutenu par le bien, ne doit pas vous déplaire.

NINON.

Je ne m'attendais pas à cet excès d'honneur.
Peut-être on vous a dit quelle était mon humeur.

J'eus longtemps pour l'hymen un peu de répugnance :
Son joug effarouchait ma libre indépendance :
C'est un frein respectable ; et, si je l'avais pris,
Croyez que ses devoirs auraient été remplis.
Je fus dans ma jeunesse un tant soit peu légère ;
Je n'avais pas alors le bonheur de vous plaire.

M. GARANT.

Madame, croyez-moi, tout ce qui s'est passé
Fait peu d'impression sur un esprit sensé ;
Ces bagatelles-là n'ont rien qui m'intimide :
Je vais droit à mon but, et je pense au solide.

NINON.

Eh bien ! j'y pense aussi : vos offres à mes yeux
Présentent des objets qui sont bien spécieux.
Il est vrai qu'on pourrait m'imputer par envie
Je ne sais quoi d'injuste, et quelque hypocrisie.

M. GARANT.

Eh, mon Dieu ! c'est par là qu'on réussit toujours.

NINON.

Oui ; la monnaie est fausse, elle a pourtant du cours.
Que me sont, après tout, les enfants de Gourville ?
Rien que des étrangers à qui je fus utile.

M. GARANT.

Il faut l'être à nous seuls, et songer en effet
Que pour ces étrangers nous en avons trop fait.

NINON.

J'admire vos raisons, et j'en suis pénétrée.

M. GARANT.

Ah ! je me doutais bien que votre âme éclairée
En sentirait la force et le vrai fondement,
Le poids...

NINON.

Oui, tout cela me pèse infiniment.

M. GARANT.

Vous vous rendez ?

NINON.

Ce soir vous aurez ma réponse ;
Et devant tout le monde il faut que je l'annonce.

M. GARANT.

Ah ! vous me ravissez : je n'ai parlé d'abord
Que de vos intérêts qui me touchent si fort ;
Mais si vous connaissiez quel effet font vos charmes,

Vos beaux yeux, votre esprit!... quelles puissantes armes
M'ont ôté pour jamais ma chère liberté!...
De quel excès d'amour je me sens tourmenté!...

NINON.

Mon Dieu! finissez donc; vous me tournez la tête :
Sortez... n'abusez point de ma faible conquête...
Mais revenez bientôt.

M. GARANT.

Vous n'en pouvez douter.

NINON.

J'y compte.

M. GARANT.

Sur mon cœur daignez toujours compter.
Ne trouvez-vous pas bon que j'amène un notaire
Pour coucher par écrit cette divine affaire?

NINON.

Par contrat! eh! mais oui... vos desseins concertés
Ne sauraient, à mon sens, être trop constatés.

M. GARANT.

Nos faits sont convenus?

NINON.

Oui-dà.

M. GARANT.

Notre fortune
Sera par la coutume entre nous deux commune?

NINON.

Plus vous parlez, et plus mon cœur se sent lier.

M. GARANT.

A ce soir, ma Ninon.

NINON, le contrefaisant.

Ce soir, mon marguillier.

SCÈNE VI.

NINON.

Quel indigne animal, et quelle âme de boue!
Il ne s'aperçoit pas seulement qu'on le joue ;
Tout absorbé qu'il est dans ses desseins honteux,
Il n'en peut discerner le ridicule affreux.

J'ai vu de ces gens-là, qui se croyaient habiles
Pour avoir quelque temps trompé des imbéciles,
Dans leurs propres filets bientôt enveloppés :
Le monde avec plaisir voit les dupeurs dupés.
On peint l'Amour aveugle ; il peut l'être, sans doute :
Mais l'intérêt l'est plus, et souvent ne voit goutte.
Vouloir toujours tromper, c'est un malheureux lot :
Bien souvent, quoi qu'on dise, un fripon n'est qu'un sot.

FIN DU DEUXIÈME ACTE.

ACTE TROISIÈME.

SCÈNE I.

LISETTE, PICARD.

LISETTE.

Eh bien ! Picard, sais-tu la plaisante nouvelle ?
PICARD.
Je n'ai jamais rien su le premier : quelle est-elle ?
LISETTE.
Notre maîtresse enfin s'en va prendre un mari.
PICARD.
Ma foi, j'en ai le cœur tout à fait réjoui.
Ah ! c'est donc pour cela que madame est sortie !
C'est pour se marier... J'ai souvent même envie,
Tu le sais ; et je crois que nous devons tous deux
Suivre un si digne exemple.
LISETTE.
                Ah ! Picard, ces beaux nœuds
Sont faits pour les messieurs qui sont dans l'opulence ;
Peu de chose avec rien ne fait pas de l'aisance ;
Et nous sommes trop gueux, Picard, pour être unis.
Le mari de madame aujourd'hui m'a promis
De faire ma fortune.
PICARD.
          Est-il bien vrai, Lisette ?
LISETTE.
Et je t'épouserai dès qu'elle sera faite.
PICARD.
Bon ! attendons-nous-y ! Quand le bien te viendra,
D'autres amants viendront ; tu me planteras là :
Des filles de Paris je connais trop l'allure ;
Elles n'épousent point Picard.

ACTE III, SCÈNE I.

LISETTE.
            Va, je te jure
Que les honneurs chez moi ne changent point les mœurs ;
Je t'aime, et je ne puis être contente ailleurs.

PICARD.
Allons, il faudra donc se résoudre d'attendre.
Et quel est ce monsieur que madame va prendre?

LISETTE.
La peste! c'est un homme extrêmement puissant,
Marguillier de paroisse, ayant beaucoup d'argent ;
Sur son large visage on voit tout son mérite ;
Homme de bon conseil, et qui souvent hérite
Des gens qui ne sont pas seulement ses parents.
Il a toujours, dit-on, vécu de ses talents ;
Il est le directeur de plus de vingt familles :
Il peut faire aisément beaucoup de bien aux filles.
C'est ce monsieur Garant qui vient dans la maison.

PICARD.
Bon ! l'on m'a dit à moi qu'il est gueux et fripon.

LISETTE.
Eh bien ! que fait cela ? Cette friponnerie
N'empêche pas, je crois, qu'un homme se marie.
Il m'a promis beaucoup.

PICARD.
            Plus qu'il ne te tiendra...
Quoi! c'est lui qu'aujourd'hui madame épousera?

LISETTE.
Rien n'est plus vrai, Picard.

PICARD.
            C'est lui que madame aime?

LISETTE.
Je n'en saurais douter.

PICARD.
    Qui te l'a dit?

LISETTE.
            Lui-même.
J'ai de plus entendu des mots de leurs discours ;
Picard, ils se juraient d'éternelles amours.
Pour revenir bientôt ce monsieur l'a quittée ;
Et madame aussitôt en carrosse est montée.

PICARD.
Mon Dieu, comme en amour on va vite à présent !

Je ne l'aurais pas cru : car, vois-tu, j'ai souvent
Entendu ma maîtresse avec un beau langage
Se moquer, en riant, des lois du mariage.

LISETTE.

Tout change avec le temps : on ne rit pas toujours ;
On devient sérieux au déclin des beaux jours.
La femme est un roseau que le moindre vent plie ;
Et bientôt il lui faut un soutien qui l'appuie.

PICARD.

Quand t'appuierai-je donc ?

LISETTE.

Va, nous attendrons bien
Que madame ait choisi monsieur pour son soutien.

PICARD.

Mais que va devenir Gourville avec son frère ?

LISETTE.

Je pense que l'aîné va dans un monastère ;
L'autre sera, je crois, cornette ou lieutenant.
Chacun suit son instinct ; tout s'arrange aisément.

PICARD.

Je ne sais, mon instinct me dit que ces affaires
Ne s'arrangeront pas ainsi que tu l'espères.

LISETTE.

Pourquoi ? Pour en douter quelles raisons as-tu ?

PICARD.

Je n'ai point de raisons, moi ; j'ai des yeux, j'ai vu
Que, lorsqu'on veut aux gens assurer quelque chose,
On se trompe toujours ; je n'en sais point la cause :
J'ai vu tant de messieurs qui pour tes doux appas
Disaient qu'ils reviendraient, et ne revenaient pas !

LISETTE.

Quoi ! maroufle, insolent !

PICARD.

A ton tour, ma mignonne,
Jamais, en promettant, n'as-tu trompé personne ?

LISETTE.

Hem !

PICARD.

Ne te fâche point. Allons, rendons bien net
De notre cher savant le sale cabinet ;
Tenons la chambre propre : allons, la nuit approche.

ACTE III, SCÈNE II.

LISETTE.
Bon! ce monsieur Garant a la clef dans sa poche.
PICARD.
Diable! il est donc déjà maître de la maison;
Et ce grand mariage est donc fait tout de bon?
LISETTE.
Ne te l'ai-je pas dit? Madame, avec mystère,
A dit à son cocher : « Cocher, chez le notaire. »
Ils sont allés signer.
PICARD.
Oui, je comprends très-bien
Que l'affaire est conclue, et je n'en savais rien.
LISETTE.
Un excellent souper qu'un grand traiteur apprête
Ce soir de ces beaux nœuds doit célébrer la fête;
Les amis du logis y sont tous invités.
PICARD.
Tant mieux; nous danserons : plaisir de tous côtés.
Mais que va devenir notre aîné de Gourville?
Il était si posé, si sage, si tranquille,
Lui-même se servant, n'exigeant rien de nous;
Fort dévot, cependant d'un naturel très-doux.
Où donc est-il allé?
LISETTE.
C'est chez notre voisine,
Comme lui très-pieuse, et de Garant cousine;
On m'a dit qu'il y dîne avec quelques docteurs.
PICARD.
Oh! c'est un grand savant; il lit tous les auteurs.

SCÈNE II.

LISETTE, PICARD, GOURVILLE L'AÎNÉ.

LISETTE.
Le voici qui revient.
PICARD.
Pour la noce peut-être.
LISETTE.
Ah! comme il a l'air triste!
PICARD.
Oui, je crois reconnaître

Qu'il est bien affligé.
LISETTE.
Quelles contorsions!
GOURVILLE L'AÎNÉ, dans le fond.
O ciel! ô juste ciel!
PICARD.
C'est des convulsions.
GOURVILLE L'AÎNÉ.
Je voudrais être mort.
LISETTE.
Il a des yeux funestes.
PICARD.
C'est d'un vrai possédé les regards et les gestes.
(Gourville s'avance.)
LISETTE.
Qu'avez-vous donc, monsieur?
PICARD.
Vous avez l'œil poché,
Bosse au front, nez sanglant, et l'habit tout taché.
LISETTE.
Êtes-vous ici près, monsieur, tombé par terre?
GOURVILLE L'AÎNÉ.
Que son sein m'engloutisse!
PICARD.
Et quoi donc?
GOURVILLE L'AÎNÉ.
Qu'on m'enterre;
Je ne mérite pas de voir le jour.
PICARD.
Monsieur!
LISETTE.
Qu'est-il donc arrivé?
GOURVILLE L'AÎNÉ.
Je me meurs de douleur,
De honte, de dépit...
PICARD.
Et de vos meurtrissures.
LISETTE.
Hélas! n'auriez-vous point reçu quelques blessures?
GOURVILLE L'AÎNÉ s'assied.
Je ne puis me tenir : ah! Lisette, écoutez
Mes fautes, mes malheurs, et mes indignités.

PICARD.

Ecoutons bien.
(Ils se mettent à ses côtés, et allongent le cou.)
LISETTE.
Mon Dieu, que ce début m'étonne !
GOURVILLE L'AÎNÉ.
Voulant rester chez moi, monsieur Garant me donne
Rendez-vous à dîner chez sa cousine Aubert.
PICARD.
C'est une brave dame.
GOURVILLE L'AÎNÉ.
Ah ! diablesse d'enfer !
Il y devait venir de savants personnages,
Parfaits chez les parfaits, sages entre les sages :
J'y vais ; madame Aubert était encore au lit.
Monsieur Aubert tout seul près de moi s'établit,
Me propose un trictrac en attendant la table :
J'avais pour tous les jeux une haine effroyable ;
Et cependant je joue.
LISETTE.
Eh bien ! jusqu'à présent
La chose est très-commune, et le mal n'est pas grand.
GOURVILLE L'AÎNÉ.
J'y gagne, j'y prends goût ; de partie en partie
Je ne vois point venir la docte compagnie :
Le jeu se continue ; enfin le sort fait tant,
Qu'ayant bientôt perdu tout mon argent comptant,
Je redois mille écus encor sur ma parole.
LISETTE.
De ces petits chagrins un sage se console.
GOURVILLE L'AÎNÉ.
Ah ! ce n'est rien encor. Garant à son cousin
Écrit que les docteurs ne viendront que demain,
Et qu'il l'attend chez lui pour affaire pressante.
Aubert me fait excuse, Aubert me complimente ;
Il sort, je reste seul ; je n'osais demeurer,
Et dans notre maison j'étais prêt à rentrer.
Madame Aubert paraît avec un air modeste,
Bien coiffée en cheveux, un déshabillé leste,
Un négligé brillant, mais qui paraît sans art.
« On a dîné partout, me dit-elle ; il est tard :
Je vous proposerais de dîner tête à tête ;

Mais je vous ennuierais... » J'accepte cette fête :
Le repas était propre et très-bien ordonné ;
Elle avait du vin grec dont je me suis donné.
>LISETTE.
Vous avez oublié votre théologie ?
>GOURVILLE L'AÎNÉ.
Hélas ! oui, ce vin grec la rendait plus jolie ;
Madame Aubert tenait des propos enchanteurs,
Que j'ai rarement vus chez nos plus vieux auteurs :
Je l'entendais parler, je la voyais sourire
Avec cet agrément que Sapho sut décrire.
Vous connaissez Sapho ?
>PICARD.
Non.
>GOURVILLE L'AÎNÉ.
Le plus doux poison
Par l'oreille et les yeux surprenait ma raison.
Nous nous attendrissons : monsieur Aubert arrive ;
Madame Aubert s'enfuit éplorée et craintive,
En criant que je suis un homme dangereux.
>LISETTE.
Vous, dangereux, monsieur ?
>GOURVILLE L'AÎNÉ.
L'époux est très-fâcheux :
Il m'applique un soufflet ; je suis assez colère,
J'en rends deux sur-le-champ : nous nous roulons par terre ;
L'un sur l'autre acharnés, je frappais, il frappait ;
Et j'entendais de loin madame qui riait...
Vous avez lu tous deux de ces combats d'athlète ?
>PICARD.
Je n'ai jamais rien lu.
>GOURVILLE L'AÎNÉ.
Ni toi non plus, Lisette ?
>LISETTE.
Très-peu.
>GOURVILLE L'AÎNÉ.
Quoi qu'il en soit, meurtrissants et meurtris,
Nous heurtions de nos fronts les carreaux, les lambris ;
Des oisifs du quartier une foule accourue
Remplissait la maison, l'escalier, et la rue :
On crie, on nous sépare ; un procureur du coin
D'accommoder l'affaire a pris sur lui le soin :

Pour empêcher les gens d'aller chercher main-forte,
Pour prévenir, dit-il, une amende plus forte,
Pour payer le scandale avec les coups reçus,
Je lui signe un billet encor de mille écus.
Ah, Lisette! ah, Picard! le sage est peu de chose!
PICARD.
Oui, je le croirais bien.
LISETTE.
Quelle métamorphose!
GOURVILLE L'AÎNÉ.
Après ce que je viens de faire et d'essuyer,
Comment revoir jamais monsieur le marguillier?
Comment revoir madame?
PICARD.
Oh! madame est très-bonne.
LISETTE.
Toujours aux jeunes gens, monsieur, elle pardonne.
GOURVILLE L'AÎNÉ.
Comment revoir mon frère, après l'avoir traité
Avec tant de hauteur et de sévérité?

SCÈNE III.

GOURVILLE L'AÎNÉ, GOURVILLE LE JEUNE,
LISETTE, PICARD.

LE JEUNE GOURVILLE, tout essoufflé.
Ah, mon frère! ah, Lisette!
LISETTE.
Eh bien?
LE JEUNE GOURVILLE, à Lisette, à part.
Ma chère amie,
Dans ce danger terrible aide-moi, je te prie.
GOURVILLE L'AÎNÉ.
Mon frère, je rougis et je pleure à vos yeux.
LE JEUNE GOURVILLE.
Mon frère, pardonnez ce petit tour joyeux.
(Prenant Lisette à part.)
Lisette, prends bien garde au moins qu'on ne la voie;
Pour la faire sortir nous aurons une voie.

GOURVILLE L'AÎNÉ.

O ciel! madame Aubert serait dans la maison?
Elle a donc pris pour moi bien de la passion!
Ah! de grâce, oubliez ma sottise effroyable.

LE JEUNE GOURVILLE.

Ah! passez-moi ma faute, elle est très-excusable.
(Allant à Lisette.)
Lisette, à mon secours!

PICARD.

Eh! mon Dieu! ces gens-ci
Sont tous devenus fous : qu'a-t-on donc fait ici?
(Lisette s'entretient avec le jeune Gourville.)

GOURVILLE L'AÎNÉ, sur le devant.

Est-ce une illusion? est-ce un tour qu'on me joue?
Quels docteurs j'ai trouvés! je me tâte, et j'avoue
Que je suis confondu, que je n'y comprends rien.

LE JEUNE GOURVILLE.

(A Lisette; il lui parle à l'oreille.)
Picard, garde la porte... Et toi... Tu m'entends bien.

LISETTE.

J'y vais; comptez sur moi.

LE JEUNE GOURVILLE, à Lisette.

Par ton seul savoir-faire
Tu sauras amuser et le père et la mère.

GOURVILLE L'AÎNÉ.

Quoi! son père et sa mère ont l'obstination
De me poursuivre ici pour réparation?

LE JEUNE GOURVILLE.

Hélas! j'en suis honteux.

GOURVILLE L'AÎNÉ.

C'est moi qui meurs de honte.

LE JEUNE GOURVILLE.

Sophie échappera par une fuite prompte;
Et Lisette saura la mettre en sûreté.
(Revenant à Gourville l'aîné.)
De grâce, mon cher frère, ayez tant de bonté
Que de lui pardonner ce petit artifice.

GOURVILLE L'AÎNÉ.

Quel galimatias!

LE JEUNE GOURVILLE.

Ce n'était pas malice;
C'est un trait de jeunesse, et peut-être il la perd.

GOURVILLE L'AÎNÉ.
Vous voulez excuser ici madame Aubert?
LE JEUNE GOURVILLE.
Laissons madame Aubert; mon frère, je vous jure
Que nul dans ce quartier n'a su cette aventure.
GOURVILLE L'AÎNÉ.
Que dites-vous? après un bruit si violent?
LE JEUNE GOURVILLE.
Il ne s'est rien passé qui ne fût très-décent.
GOURVILLE L'AÎNÉ.
Ah! vous êtes trop bon.
LE JEUNE GOURVILLE.
Toujours tendre et fidèle,
Je cours la consoler, et je vous réponds d'elle.
(Il sort.)
GOURVILLE L'AÎNÉ.
Mon frère est un bon cœur, il oublie aisément;
Mais de ce qu'il me dit pas un mot ne s'entend.
Quel est cet homme en robe?

SCÈNE IV.

GOURVILLE L'AÎNÉ ; L'AVOCAT PLACET, en robe.

L'AVOCAT PLACET, toujours d'un ton empesé,
et se rengorgeant.
On m'a dit par la ville
Que je dois m'adresser à monsieur de Gourville,
Des Gourville l'aîné.
GOURVILLE L'AÎNÉ.
Très-humble serviteur.
L'AVOCAT PLACET.
Tout prêt à vous servir.
GOURVILLE L'AÎNÉ.
C'est sans doute un docteur
Que, pour me consoler, monsieur Garant m'envoie.
L'AVOCAT PLACET.
Je suis docteur en droit.
GOURVILLE L'AÎNÉ.
J'en ai bien de la joie;
Je les révère tous.

L'AVOCAT PLACET.
Au barreau du palais,
Depuis deux ans, je plaide avec quelque succès.
GOURVILLE L'AÎNÉ.
Contre madame Aubert plaidez donc, je vous prie,
Et vengez-moi, monsieur, de sa friponnerie.
L'AVOCAT PLACET.
Je ferai tout pour vous. Vous pouvez, au parquet,
Vous informer du nom de l'avocat Placet.
GOURVILLE L'AÎNÉ.
Si vous voulez, monsieur, vous charger de ma cause...
L'AVOCAT PLACET.
Vous devez être instruit...
GOURVILLE L'AÎNÉ.
En deux mots je l'expose.
L'AVOCAT PLACET.
J'ai dès longtemps en vue un établissement,
Et j'avais pourchassé Claire-Sophie Agnant;
Pour elle vous savez, monsieur, quelle est ma flamme.
GOURVILLE L'AÎNÉ.
Non; mais un avocat fait bien de prendre femme
Pour se désennuyer quand il a travaillé.
L'AVOCAT PLACET.
Vous me privez d'icelle; et vous m'avez baillé,
Par vos productions, bien de la tablature.
GOURVILLE L'AÎNÉ.
Qui? moi, monsieur?
L'AVOCAT PLACET.
Vous-même; et votre procédure
Par madame sa mère est remise en mes mains :
On a surpris, monsieur, vos papiers clandestins,
Vos missives d'amour, et tous vos beaux mystères,
Colorés d'un vernis de maximes austères;
A nos yeux clairvoyants le poison s'est montré.
GOURVILLE L'AÎNÉ.
Je veux être pendu, je veux être enterré,
Si j'ai jamais écrit à cette demoiselle,
Et si j'ai pu sentir le moindre goût pour elle!
L'AVOCAT PLACET.
On renia toujours, monsieur, les vilains cas;
Mademoiselle Agnant ne vous ressemble pas,
Elle a tout avoué.

GOURVILLE L'AÎNÉ.
Quoi!
L'AVOCAT PLACET.
Que votre éloquence
Avait voulu tromper sa timide innocence.
GOURVILLE L'AÎNÉ.
Ah! c'est une coquine; et je ferai serment
Que rien n'est plus menteur que cette fille Agnant.
L'AVOCAT PLACET.
Les serments coûtent peu, monsieur, aux hypocrites;
Et chez madame Aubert vos infâmes visites,
Le viol dont partout vous êtes accusé,
Un mari trop benin par vous de coups brisé,
Ont fait connaître assez votre affreux caractère.
GOURVILLE L'AÎNÉ.
Juste ciel!
L'AVOCAT PLACET.
Poursuivons... Vous connaissez la mère?
GOURVILLE L'AÎNÉ.
Qui donc?
L'AVOCAT PLACET.
Madame Agnant.
GOURVILLE L'AÎNÉ.
Je sais qu'en ce logis
On la souffre parfois; mais je vous avertis
Que je n'ai jamais eu la plus légère envie
D'elle ni de sa fille, et très-peu me soucie
De la famille Agnant.
L'AVOCAT PLACET.
Vous savez sur l'honneur
Combien elle est terrible, et quelle est son humeur.
GOURVILLE L'AÎNÉ.
Je n'en sais rien du tout.
L'AVOCAT PLACET.
Pour venger son injure,
Sa main de deux soufflets a doué ma future
Devant monsieur Agnant et devant les valets.
GOURVILLE L'AÎNÉ.
Ma foi, cette journée est féconde en soufflets.
L'AVOCAT PLACET.
D'une telle leçon ma future excédée,
Du logis maternel soudain s'est évadée :

On sait qu'elle est chez vous, et je m'en doutais bien ;
Monsieur, il faut la rendre, et ma femme est mon bien.
Je vous rapporte ici vos lettres ridicules,
Où vous parlez toujours de péchés, de scrupules :
Rendez-moi sur-le-champ ses petits billets doux ;
Que tout ceci se passe en secret entre nous,
Et ne me forcez point d'aller à l'audience
Faire rougir messieurs de votre extravagance.

GOURVILLE L'AÎNÉ.

Le diable vous emporte et vous et vos billets !
Vous me feriez jurer. Non, je ne vis jamais
Une si détestable et si lourde imposture.

L'AVOCAT PLACET.

Vous êtes donc, monsieur, ravisseur et parjure?

GOURVILLE L'AÎNÉ.

Allez, vous êtes fou.

L'AVOCAT PLACET.

    J'avais l'intention
De ménager céans la réputation
De l'objet que mon cœur destinait à ma couche ;
Mais, puisque vous niez, puisque rien ne vous touche,
Que dans le crime enfin vous êtes endurci,
Adieu, monsieur. Bientôt vous me verrez ici ;
Je viendrai vous y prendre en bonne compagnie ;
Les lois sauront punir cet excès d'infamie ;
Et vous verrez s'il est un plus énorme cas
Que d'oser se jouer aux femmes d'avocats.

(Il sort.)

SCÈNE V.

GOURVILLE L'AÎNÉ.

Que voilà pour m'instruire une bonne journée !
J'étais charmé de moi ; ma sagesse obstinée
Se complaisait en elle, et j'admirais mon vœu
De fuir l'amour, le vin, les querelles, le jeu :
Je joue, et je perds tout ; certaine Aubert maudite
M'enlace en ses filets par sa mine hypocrite ;
Je bois, on m'assassine : en tout point confondu,
Je paye encor l'amende ayant été battu.

Un bavard d'avocat, dans cette conjoncture,
Veut me persuader que j'ai pris sa future,
Et me vient menacer d'un procès criminel.
Garant peut me tirer de cet état cruel ;
Garant ne paraît point, il me laisse, il emporte
Jusqu'aux clefs de ma chambre, et je reste à la porte,
N'osant, dans mes terreurs, ni fuir, ni demeurer.
O sagesse ! à quel sort as-tu pu me livrer !
Voilà donc le beau fruit d'une étude profonde !
Ah ! si j'avais appris à connaître le monde,
Je ne me verrais pas au point où je me voi :
Mon libertin de frère est plus sage que moi.

SCÈNE VI.

GOURVILLE L'AÎNÉ, PICARD.

GOURVILLE L'AÎNÉ.

Qui frappe à coups pressés ? quel bruit ! quel tintamarre !
Que fait-on donc là-bas ? Est-ce une autre bagarre ?
Est-ce madame Aubert qui me vient harceler,
Pour mille écus comptant qu'on m'a fait stipuler ?

PICARD, accourant.

Ah ! cachez-vous.

GOURVILLE L'AÎNÉ.

Quoi donc ?

PICARD.

Une mère affligée
Qui vient redemander une fille outragée...

GOURVILLE L'AÎNÉ.

Madame Aubert la mère ?

PICARD.

Un mari pris de vin
Qui prétend boire ici du soir jusqu'au matin...

GOURVILLE L'AÎNÉ.

Monsieur Aubert lui-même ?

PICARD.

Et qui veut qu'on lui rende
Sa belle et chère enfant que sa femme demande :
Tout retentit des cris de la dame en fureur ;
Ses regards seulement m'ont fait trembler de peur ;

Et pour son premier mot elle m'a fait entendre
Qu'elle venait céans pour vous faire tous pendre.
GOURVILLE L'AÎNÉ.
Ah! cela me manquait.
PICARD.
                Quelques bonnets carrés,
Pour mieux y parvenir, sont avec elle entrés :
Déjà l'on verbalise.
GOURVILLE L'AÎNÉ.
            Eh bien! que faut-il faire?
Où fuir? où me fourrer?
PICARD.
              Venez, j'ai votre affaire;
Je m'en vais vous tapir au fond du galetas.
GOURVILLE L'AÎNÉ.
Ah! j'y cours m'y jeter de la fenêtre en bas[1].
PICARD.
Oui, oui, dépêchez-vous.
GOURVILLE L'AÎNÉ.
              Allons, si j'en réchappe,
Sera bien fin, je crois, qui jamais m'y rattrape.
Monsieur, madame Aubert, et tous les grands docteurs,
Ces dévots du quartier, et ces prédicateurs,
Ne tourmenteront plus ma simple bonhomie;
Je renonce à jamais à la théologie :
Je vois que j'en étais sottement entiché,
Et j'aurais moins mal fait d'être un franc débauché.

---

1. Dans l'édition de 1772 l'acte finit par ce vers. (B.)

FIN DU TROISIÈME ACTE.

ACTE QUATRIÈME.

SCÈNE I.

LE JEUNE GOURVILLE, LISETTE.

LE JEUNE GOURVILLE.
J'y songe, j'y resonge, et tout cela, Lisette,
Me paraît impossible.
>   LISETTE.
>   Oui, mais la chose est faite.

LE JEUNE GOURVILLE.
N'importe, mon enfant, qu'elle soit faite ou non,
Ta maîtresse à ce point ne perd pas la raison.
>   LISETTE.
Bon! je la perds bien, moi, monsieur, moi qui raisonne,
Pour ce petit Picard.
>   LE JEUNE GOURVILLE.
>   Picard passe, ma bonne;
Mais pour Garant, l'objet de son aversion,
Un fat, un plat bourgeois, un ennuyeux fripon...
>   LISETTE.
Ah! la femme est si faible!
>   LE JEUNE GOURVILLE.
>   Il est très-vrai, ma reine,
Vous passez volontiers de l'amour à la haine ;
Des exemples frappants le montrent chaque jour ;
Mais vous ne passez point du mépris à l'amour.
>   LISETTE.
Tout ce qu'il vous plaira ; mais j'ai quelques lumières ;
J'en sais autant que vous sur ces grandes matières :
Un abbé, grand ami de madame Ninon,
Qui, dans mon jeune temps, fréquentait la maison,
Et qui même, entre nous, eut du goût pour Lisette,

Me disait que la femme est comme la girouette ;
Quand elle est neuve encore, à toute heure on l'entend,
Elle brille aux regards, elle tourne à tout vent ;
Elle se fixe enfin quand le temps l'a rouillée.
LE JEUNE GOURVILLE.
De ta comparaison j'ai l'âme émerveillée ;
Fixe-toi pour Picard, rouille-toi, mon enfant :
Ninon n'en fera rien pour notre ami Garant.
LISETTE.
La chose est pourtant sûre.
LE JEUNE GOURVILLE.
     Ouais! Ninon marguillière!
LISETTE.
Croyez-le.
LE JEUNE GOURVILLE.
  Je le crois, et je ne le crois guère ;
Mais on voit des marchés non moins extravagants,
Et Paris est rempli de ces événements.
Aujourd'hui l'on en rit, demain on les oublie ;
Tout passe et tout renaît ; chaque jour sa folie.
Mais quel train, quel fracas, quel trouble, elle verra
Dans sa propre maison lorsqu'elle y reviendra!
Comment sauver Agnant, cette fille si chère?
Que ferons-nous ici de mon benêt de frère,
De l'avocat Placet, et de madame Agnant?
LISETTE.
Ils ont déjà cherché, dans chaque appartement.
Ils n'ont pu déterrer la petite Sophie.
LE JEUNE GOURVILLE.
Au fond je suis fâché que mon espièglerie
Ait à mon frère aîné causé tant de tourment ;
Mais il faut bien un peu décrasser un pédant :
Ce sont là des leçons pour un grand philosophe.
LISETTE.
Oui ; mais madame Agnant paraît d'une autre étoffe ;
Elle est à craindre ici.
LE JEUNE GOURVILLE.
    Bon! tout s'apaisera ;
Car enfin tout s'apaise : un quartaut suffira
Pour faire oublier tout au bonhomme de père ;
Et plus en ce moment sa femme est en colère,
Plus nous verrons bientôt s'adoucir son humeur.

SCÈNE II.

GOURVILLE L'AÎNÉ, poursuivi par MADAME AGNANT; M. AGNANT, L'AVOCAT PLACET, LE JEUNE GOURVILLE, LISETTE, PICARD.

GOURVILLE L'AÎNÉ, courant.

Au secours!

MADAME AGNANT, courant après lui.

Au méchant!

M. AGNANT, courant après Mme Agnant.

Qu'on l'arrête!

L'AVOCAT PLACET, courant après M. Agnant.

Au voleur!

(Ils font le tour du théâtre en poursuivant Gourville l'aîné.)

GOURVILLE L'AÎNÉ.

Ah! j'ai le nez cassé!

MADAME AGNANT.

Je suis morte!

M. AGNANT.

Ah! ma femme,
Es-tu morte en effet?

MADAME AGNANT.

(A Gourville l'aîné.)

Non... Séducteur infâme,
Tu m'enlèves ma fille, impudent loup-garou,
Et de la mère encor tu viens casser le cou!

GOURVILLE L'AÎNÉ.

Eh! madame, pardon!

MADAME AGNANT.

Détestable hypocrite!

L'AVOCAT PLACET.

Race de débauchés!

MADAME AGNANT.

Cœur faux! plume maudite!
Tu me rendras ma fille, ou je t'étranglerai.

GOURVILLE L'AÎNÉ.

Hélas! je la rendrai sitôt que je l'aurai.

MADAME AGNANT.

(Au jeune Gourville.)

Tu m'insultes encore!... Et toi qui fus si sage,

Parle, as-tu pu souffrir un pareil brigandage?
LE JEUNE GOURVILLE.
Madame, calmez-vous... Monsieur, écoutez-moi.
M. AGNANT.
Volontiers; tu parais un très-bon vivant, toi;
Je t'ai toujours aimé.
LE JEUNE GOURVILLE.
Rassurez-vous, mon frère;
Vous, monsieur l'avocat, éclaircissons l'affaire;
Entendons-nous.
M. AGNANT.
Parbleu, l'on ne peut mieux parler;
Il faut toujours s'entendre, et non se quereller.
LE JEUNE GOURVILLE.
Picard, apportez-nous ici sur cette table
De ce bon vin muscat.
M. AGNANT.
Il est fort agréable;
J'en boirai volontiers, en ayant bu déjà :
Asseyons-nous, ma femme, et pesons tout cela.
(Il s'assied auprès de la table.)
MADAME AGNANT.
Je n'ai rien à peser; il faut que l'on commence
Par me rendre ma fille.
L'AVOCAT PLACET.
Oui, c'est la conséquence.
(Ils se rangent autour de M. Agnant, qui reste assis.)
GOURVILLE L'AÎNÉ.
Reprenez-la partout où vous la trouverez,
Et que d'elle et de vous nous soyons délivrés.
MADAME AGNANT.
Eh bien! vous le voyez, encore il m'injurie,
L'effronté dissolu!
LE JEUNE GOURVILLE, à part, à son frère.
Mon frère, je vous prie,
Gardons-nous de heurter ses préjugés de front.
GOURVILLE L'AÎNÉ.
Non, je n'y puis tenir; tout ceci me confond.
LE JEUNE GOURVILLE, prenant Mme Agnant à part.
Madame, vous savez combien je suis sincère.
M. AGNANT.
Il n'est point frelaté.

LE JEUNE GOURVILLE.
             Je ne saurais vous taire
Que depuis quelque temps mon cher frère en effet
Eut avec votre fille un commerce secret.
             GOURVILLE L'AÎNÉ.
Ça n'est pas vrai.
             LE JEUNE GOURVILLE, à son frère.
             Paix donc; c'est un commerce honnête,
Pur, moral, instructif, pour bien régler sa tête,
Pour éloigner son cœur d'un monde décevant,
Et pour la disposer à se mettre en couvent.
             M. AGNANT.
Mettre au couvent ma fille! oh, le plaisant visage!
             MADAME AGNANT.
C'est un impertinent.
             GOURVILLE L'AÎNÉ.
             Je vous dis...
             LE JEUNE GOURVILLE, faisant signe à son frère.
                     Chut!
             GOURVILLE L'AÎNÉ.
                         J'enrage!
             L'AVOCAT PLACET.
Cette excuse louable est d'un cœur fraternel;
Mais, monsieur, votre aîné n'est pas moins criminel.
Tenez, monsieur, voilà ses missives infâmes,
Et ses instructions pour diriger les âmes.
             (Il tire des lettres de dessous sa robe.)
       LE JEUNE GOURVILLE, prenant les lettres.
Prêtez-moi.
             L'AVOCAT PLACET.
       Les voilà.
             LE JEUNE GOURVILLE.
                 D'un esprit attentif
J'en veux voir la teneur et le dispositif.
             L'AVOCAT PLACET.
Mais il faut me les rendre.
             LE JEUNE GOURVILLE.
                         Oui, mais je dois vous dire
Qu'avant de vous les rendre il me faudra les lire.
(Il met les lettres dans sa poche; Mme Agnant se jette dessus, et en prend une.)
             GOURVILLE L'AÎNÉ.
Allez, ces lettres sont d'un faussaire.

MADAME AGNANT, à Gourville l'aîné.
                    Fripon,
Nieras-tu tes écrits? Tiens, voici tout du long
Tes beaux enseignements dont ma fille se coiffe ;
Les voici.
            L'AVOCAT PLACET.
        Nous devons les déposer au greffe.
            MADAME AGNANT, prenant des lunettes.
Écoute... « La vertu que je veux vous montrer
Doit plaire à votre cœur, l'échauffer, l'éclairer.
Votre vertu m'enchante, et la mienne me guide... »
Ah ! je te donnerai de la vertu, perfide !
            GOURVILLE L'AÎNÉ.
Je n'ai jamais écrit ces sottises.
            LE JEUNE GOURVILLE, versant à boire à M. Agnant.
                            Voisin !
            M. AGNANT.
De la vertu !
            LE JEUNE GOURVILLE.
        Voyons celle de ce bon vin.
    (A Mme Agnant.)
Madame, goûtez-en.
            MADAME AGNANT, ayant bu.
                Peste ! il est admirable !
            LE JEUNE GOURVILLE, à M. Agnant.
Vous en aurez ce soir, mon cher, sur votre table ;
On vous porte un quartaut dont vous serez content.
            M. AGNANT.
Non, je n'ai jamais vu de plus honnête enfant.
            LE JEUNE GOURVILLE, à l'avocat Placet.
Et vous?
            L'AVOCAT PLACET boit un coup.
                Il est fort bon ; mais vous ne pouvez croire
Qu'en l'état où je suis je vienne ici pour boire.
            LE JEUNE GOURVILLE en présente à son frère.
Vous, mon frère?
            GOURVILLE L'AÎNÉ.
                Ah ! cessez vos ébats ennuyeux ;
Plus vous paraissez gai, plus je suis sérieux ;
Après tant de chagrins et de tracasserie,
C'est une cruauté que la plaisanterie ;
Dans ce jour de malheur tout le quartier, je crois,
S'était donné le mot pour se moquer de moi.

ACTE IV, SCÈNE II.

(A Mme Agnant.)

Ma voisine, à la fin, vous voilà bien instruite
Que si votre Sophie est par malheur en fuite,
Ce n'était pas pour moi qu'elle a fait ce beau tour;
Ni vos yeux ni les siens ne m'ont donné d'amour.

MADAME AGNANT.

Mes yeux, méchant!

GOURVILLE L'AÎNÉ.

Vos yeux. C'est une calomnie,
Un mensonge effroyable inventé par l'envie.
Vous en rapportez-vous au bon monsieur Garant?
Nous l'attendons ici de moment en moment :
Il connaît assez bien quelle est mon écriture;
Et dans sa poche même il a ma signature;
Il a jusqu'à la clef de mon appartement,
Où lui-même a laissé tout mon argent comptant :
Il me rendra justice.

MADAME AGNANT.

Oh! c'est un honnête homme.

L'AVOCAT PLACET.

Un grand homme de bien.

LE JEUNE GOURVILLE.

Chacun ainsi le nomme.

MADAME AGNANT.

Un homme franc, tout rond.

M. AGNANT.

L'oracle du quartier.

LE JEUNE GOURVILLE.

Madame, entre nous tous, je veux vous confier
Quelle est à ce sujet ma pensée.

M. AGNANT, en buvant, et le regardant ensuite fixement.

Oui, confie.

LE JEUNE GOURVILLE.

Je crois que c'est chez lui que la belle Sophie
A couru se cacher pour fuir votre courroux,
Et pour qu'il la remît en grâce auprès de vous :
Dans toute la paroisse il prend soin des affaires,
Très-charitablement, des filles et des mères.

MADAME AGNANT.

Vraiment, l'avis est bon.

LE JEUNE GOURVILLE.

Mademoiselle Agnant

A du cœur; elle pense, et n'est plus une enfant;
Vous l'avez souffletée, elle s'en est sentie
Un peu trop vivement, et puis elle est partie.

M. AGNANT, toujours assis, et le verre à la main.

C'est votre faute aussi, ma femme; et franchement
Vous deviez avec elle agir moins durement :
Vous avez la main prompte, et vous êtes la cause
De tout notre malheur.

LE JEUNE GOURVILLE.

                Mon Dieu, c'est peu de chose.
Allez, tout ira bien... J'entends monsieur Garant;
Il revient; parlez-lui, mon frère, et promptement :
Sur tous les marguilliers on sait votre influence;
Déployez avec lui votre rare éloquence.

GOURVILLE L'AÎNÉ.

Que lui dire?

LE JEUNE GOURVILLE.

           Vous seul pouvez persuader.

GOURVILLE L'AÎNÉ.

Persuader! et quoi?

LE JEUNE GOURVILLE.

           Tout va s'accommoder.

GOURVILLE L'AÎNÉ.

Comment?

LE JEUNE GOURVILLE.

        Vous seul pouvez manier cette affaire,
Vous seul rendrez Sophie à sa charmante mère.

GOURVILLE L'AÎNÉ.

Moi?

MADAME AGNANT.

    Va, si tu la rends, je te pardonne tout.

GOURVILLE L'AÎNÉ.

Je n'entends rien...

LE JEUNE GOURVILLE.

          D'un mot vous en viendrez à bout.

GOURVILLE L'AÎNÉ.

Allons donc.
(Il sort.)

LE JEUNE GOURVILLE.

     Vous mettrez la paix dans le ménage.

M. AGNANT, montrant le jeune Gourville.

Ma femme, ce jeune homme est un esprit bien sage.

SCÈNE III.

LES PRÉCÉDENTS; LE JEUNE GOURVILLE, prenant par la main M. ET MADAME AGNANT, et se mettant entre eux.

LE JEUNE GOURVILLE.

Puisqu'il n'est plus ici, je puis avec candeur,
Madame, en liberté vous ouvrir tout mon cœur.
J'ai traité devant lui cette importante affaire
Comme peu dangereuse, et j'excusais mon frère;
Mais je dois avec vous faire réflexion
Que nous hasardons tous la réputation
D'une fille nubile, et sous vos yeux instruite,
Au chemin de l'honneur par vos leçons conduite :
Ce chemin de l'honneur est tout à fait glissant;
Ceci fera du bruit, le monde est médisant.

MADAME AGNANT.

Et c'est ce que je crains.

LE JEUNE GOURVILLE.

    Une fille enlevée,
Avec procès-verbal chez un homme trouvée :
Vous sentez bien, madame, et vous comprenez bien
Que de tout le Marais ce sera l'entretien;
Qu'il en faut prévenir la triste conséquence.

M. AGNANT.

Par ma foi, ce jeune homme est rempli de prudence.

LE JEUNE GOURVILLE.

J'ai fort à cœur aussi, dans ce fâcheux éclat,
Le propre honneur lésé de monsieur l'avocat.
Que pensera tout l'ordre en voyant un confrère
Qui prend, sans respecter son grave caractère,
Une fille à ses yeux enlevée aujourd'hui,
Dont un autre est aimé?... Fi! j'en rougis pour lui.

L'AVOCAT PLACET.

Mais, monsieur, c'est moi seul que cette affaire touche :
On me donne une dot qui doit fermer la bouche
Aux malins envieux, prêts à tout censurer;
Dix mille écus comptant sont à considérer.

M. AGNANT, toujours bien fixe, et l'air un peu hébété d'un buveur honnête, mais non pas d'un vilain ivrogne de comédie à hoquets.

Vous avez de gros biens?

LE DÉPOSITAIRE.

L'AVOCAT PLACET.
                    Oui, j'ai mon éloquence,
Mon étude, ma voix, les plaideurs, l'audience.
LE JEUNE GOURVILLE.
Madame, je vous plains; j'avoue ingénument
Qu'on devait respecter un tel engagement.
Mon frère a fait sans doute une grande sottise
D'enlever la future à ce futur promise ;
Il n'en peut résulter qu'une triste union,
Pleine de jalousie et de dissension;
Les deux futurs ensemble à peine pourraient vivre.
MADAME AGNANT.
J'en ai peur en effet.
            M. AGNANT.
                    Il parle comme un livre,
Il a toujours raison.
            LE JEUNE GOURVILLE.
                    Par un destin fatal
Vous voyez que mon frère a seul fait tout le mal;
C'est votre propre sang, c'est l'honneur qu'il vous ôte :
Madame, c'est à moi de réparer sa faute ;
Pour Sophie, il est vrai, je n'eus aucun désir,
Mais je l'épouserai pour vous faire plaisir.
            M. AGNANT.
Parbleu, je le voudrais.
            L'AVOCAT PLACET.
                Moi, non.
            MADAME AGNANT.
                        Quelle folie !
Tu n'as rien, un cadet de Basse-Normandie
Est plus riche que toi.
            LE JEUNE GOURVILLE.
                    D'aujourd'hui seulement
Notre belle Ninon m'a fait voir clairement
Que j'ai cent mille francs que m'a laissés mon père ;
Monsieur Garant lui-même en est dépositaire.
            MADAME AGNANT.
Cent mille francs? grand Dieu !
            M. AGNANT.
                        Ma foi, j'en suis charmé.
            LE JEUNE GOURVILLE.
De Sophie, il est vrai, je ne suis point aimé ;

ACTE IV, SCÈNE III.

Mais je suis à sa mère attaché pour ma vie,
Et ce n'est que pour vous que je me sacrifie.

MADAME AGNANT.

Et la somme, mon fils, est chez monsieur Garant?

LE JEUNE GOURVILLE.

Sans doute; il en convient.

L'AVOCAT PLACET.

J'en doute fortement.

MADAME AGNANT, à M. Agnant.

Cent mille francs, mon cher!

M. AGNANT.

Cent mille francs, ma femme!
Ah! ça me plaît.

MADAME AGNANT.

Ça va jusqu'au fond de mon âme.
Cent mille francs, mon fils!

LE JEUNE GOURVILLE.

J'ai quelque chose avec.

M. AGNANT.

Il est plein de mérite, et d'ailleurs il boit sec.

L'AVOCAT PLACET.

Mais songez, s'il vous plaît...

M. AGNANT.

Tais-toi; je vais le prendre
Dès ce même moment à ton nez pour mon gendre.

L'AVOCAT PLACET.

Comment, madame, après des articles conclus,
Stipulés par vous-même!

MADAME AGNANT.

Ils ne le seront plus.

(Elle le pousse.)

Cent mille francs... Allez.

M. AGNANT, le poussant d'un autre côté.

Dénichez au plus vite.

MADAME AGNANT, lui faisant faire la pirouette à droite.

Allez plaider ailleurs.

M. AGNANT, lui faisant faire la pirouette à gauche.

Cherchez un autre gîte.

Cent mille francs!

L'AVOCAT PLACET.

Je vais vous faire assigner tous.

LE JEUNE GOURVILLE, en le retournant.

N'y manquez pas.

M. AGNANT.

Bonsoir.

MADAME AGNANT.

Allons, arrangeons-nous.

(L'avocat Placet o

SCÈNE IV.

LE JEUNE GOURVILLE, M. AGNANT, MADAME AGNANT.

M. AGNANT.

Mais que n'as-tu plus tôt expliqué ton affaire ?
Pourquoi de ta fortune as-tu fait un mystère ?

LE JEUNE GOURVILLE.

Ce n'est que d'aujourd'hui que j'en suis assuré.
Monsieur Garant m'a dit que ce dépôt sacré
Était entre ses mains.

M. AGNANT.

C'est comme dans les tiennes.

MADAME AGNANT.

Tout de même : et ma fille ? Afin que tu la tiennes,
Il faut que je la trouve.

LE JEUNE GOURVILLE.

Oh ! l'on vous la rendra.

M. AGNANT.

Elle ne revient point, donc elle reviendra.

LE JEUNE GOURVILLE.

Mais ne lui donnez plus de soufflets, je vous prie ;
Cela cabre un esprit.

M. AGNANT.

Ça peut l'avoir aigrie.

MADAME AGNANT.

Ça n'arrivera plus... C'est chez l'ami Garant
Que tu la crois cachée ?

LE JEUNE GOURVILLE.

Oui, très-certainement,
Et je vais de ce pas tout préparer, ma mère,
Pour remettre en vos bras une fille si chère.

(Il fait un pas pour sortir.)

MADAME AGNANT, l'embrassant.

Il faut que je t'embrasse.

M. AGNANT.

Oui, j'en veux faire autant.

MADAME AGNANT.

Reviens bien vite au moins.

LE JEUNE GOURVILLE.

Je revole à l'instant.

MADAME AGNANT, l'arrêtant encore.

Écoute encore un peu, mon cher ami, mon gendre ;
En famille avec toi quels plaisirs je vais prendre !
Je ne puis te quitter... va, mon fils... sois certain
Que ma fille est ta femme.

LE JEUNE GOURVILLE.

Oui, tel fut mon dessein.

MADAME AGNANT.

Tu réponds d'elle !

LE JEUNE GOURVILLE, en s'en allant.

Oh ! oui, tout comme de moi-même.

MADAME AGNANT.

Quel bon ami j'ai là ! mon Dieu, comme je l'aime !

SCÈNE V.

M. AGNANT, MADAME AGNANT.

M. AGNANT.

Par ma foi, notre gendre est un charmant garçon.

MADAME AGNANT.

Oh ! c'est bien élevé. La voisine Ninon
Vous a formé cela ; c'est une dégourdie
Qui sait bien mieux que nous ce que c'est que la vie,
Un grand esprit.

M. AGNANT.

Ah ! ah !

MADAME AGNANT.

Je voudrais l'égaler ;
Mais sitôt qu'elle parle on n'ose plus parler.

M. AGNANT.

On dit qu'elle entend tout, et même les affaires,
Une bonne caboche !

MADAME AGNANT.
On dit que les deux frères
Lui doivent ce qu'ils sont : comment? cent mille francs!
L'avocat n'aurait pu les gagner en trente ans ;
Ce n'est rien qu'un bavard.
M. AGNANT.
Un pédant imbécile,
Fait pour rincer au plus les verres de Gourville.

SCÈNE VI.

M. AGNANT, MADAME AGNANT, M. GARANT.

MADAME AGNANT.
Eh bien? monsieur Garant, enfin tout est conclu.
M. GARANT.
Oui, ma chère voisine, et le ciel l'a voulu.
MADAME AGNANT.
Quel bonheur!
M. GARANT.
Il est vrai qu'on a sur sa conduite
Glosé bien fortement; mais l'hymen par la suite
Vous passe un beau vernis sur ces péchés mignons.
MADAME AGNANT.
L'escapade, monsieur, que nous lui reprochons,
Ne peut se mettre au rang des fautes criminelles.
M. GARANT.
La réputation revient d'ailleurs aux belles
Ainsi que les cheveux : et puis considérons
Qu'elle a bien du crédit, des amis, des patrons ;
Et qu'outre sa richesse à tous les deux commune,
Elle pourra me faire une grande fortune.
MADAME AGNANT.
Une fortune, à vous!
M. AGNANT.
Je suis tout interdit.
Ma fille, de grands biens, des patrons, du crédit!
Quels discours!
MADAME AGNANT.
Il est vrai qu'elle est assez gentille ;
Mais du crédit!

M. GARANT.
Qui parle ici de votre fille?
MADAME AGNANT.
De qui donc parlez-vous?
M. GARANT.
De la belle Ninon,
Que j'épouse ce soir, ici, dans sa maison;
Je vous prie à la noce, et vous devez en être.
MADAME AGNANT.
Comment! vous épousez notre Ninon?
M. AGNANT.
Mon maître,
Est-il bien vrai?
M. GARANT.
Très-vrai.
M. AGNANT.
J'en suis, parbleu, touché.
Vous ne pourriez jamais faire un meilleur marché.
MADAME AGNANT.
Et moi je vous disais que je donne Sophie
A mon petit Gourville, et qu'elle s'est blottie
Chez vous, en votre absence, et qu'elle en va sortir
Pour serrer ces doux nœuds que je viens d'assortir,
Et qu'il nous faut donner, pour aider leur tendresse,
Cent mille francs comptant que vous avez en caisse.
M. AGNANT.
Oui, tant qu'il vous plaira, mariez-vous ici;
Mais, parbleu, permettez qu'on se marie aussi.
M. GARANT.
Rêvez-vous, mes voisins? Et ce petit délire
Vous prend-il quelquefois? Qui diable a pu vous dire
Que Sophie est chez moi, que Gourville aujourd'hui
Aura cent mille francs qui sont tout prêts pour lui?
MADAME AGNANT.
Je le tiens de sa bouche.
M. AGNANT.
Il nous l'a dit lui-même.
M. GARANT.
De ce jeune étourdi la folie est extrême;
Il séduit tour à tour les filles du Marais;
Il leur fait des serments d'épouser leurs attraits;
Et pour les mieux tromper, il fait accroire aux mères

Qu'il a cent mille francs placés dans mes affaires.
Il n'en est pas un mot, et je ne lui dois rien.
Monsieur son frère et lui sont tous les deux sans bien,
Et tous deux au logis cesseront de paraître
Dès le premier moment que j'en serai le maître.

MADAME AGNANT.
Vous n'avez pas à lui le moindre argent comptant?

M. GARANT.
Pas un denier.

MADAME AGNANT.
Mon Dieu, le méchant garnement!

M. AGNANT, en buvant un coup.
C'est dommage.

MADAME AGNANT.
Ma fille, à mes bras enlevée,
Après dîner chez vous ne s'était pas sauvée?

M. GARANT.
Il n'en est pas un mot.

MADAME AGNANT.
Les deux frères, je voi,
D'accord pour m'outrager, s'entendent contre moi.

M. AGNANT.
Les fripons que voilà!

M. GARANT.
Toujours de ces deux frères
J'ai craint, je l'avouerai, les méchants caractères.

MADAME AGNANT.
Tous deux m'ont pris ma fille! ah! j'en aurai raison;
Et je mettrai plutôt le feu dans la maison.

M. GARANT.
La maison m'appartient; gardez-vous-en, ma bonne.

MADAME AGNANT.
Quoi donc! pour épouser nous n'aurons plus personne?
Allons, courons bien vite après notre avocat;
Il vaudra mieux que rien.

M. AGNANT, avec le geste d'un homme ivre.
Ma femme, il est bien plat.

FIN DU QUATRIÈME ACTE.

ACTE CINQUIÈME.

SCÈNE I.

NINON, LISETTE.

LISETTE.
Ah! madame, quel train, quel bruit dans votre absence!
Quel tumulte effroyable, et quelle extravagance!
NINON.
Je sais ce qu'on a fait; je prétends calmer tout,
Et j'ai pris les devants pour en venir à bout.
LISETTE.
Madame, contre moi ne soyez point fâchée
Que la petite Agnant se soit ici cachée;
Hélas! j'en aurais fait de bon cœur tout autant
Si j'avais eu pour mère une madame Agnant :
Comment! battre sa fille! ah! c'est une infamie.
NINON.
Oui, ce trait ne sent pas la bonne compagnie :
Notre pauvre Gourville en est encore ému.
LISETTE.
Il l'adore en effet.
NINON.
　　　　　Lisette, que veux-tu?
Il faut pour la jeunesse être un peu complaisante.
Ninon aurait grand tort de faire la méchante.
La jeune Agnant me touche.
LISETTE.
　　　　　　　A peine je conçois
Comment nos plats voisins, avec leur air bourgeois,
Ont trouvé le secret de nous faire une fille
Si pleine d'agréments, si douce, si gentille.

NINON.

Dès la première fois son maintien me surprit,
Sa grâce me charma, j'aimai son tour d'esprit.
Des femmes quelquefois assez extravagantes,
Ayant de sots maris, font des filles charmantes.
Il fallut bien souffrir de ses très-sots parents
La visite importune et les plats compliments ;
Sa mère m'excéda par droit de voisinage :
Sa fille était tout autre ; elle obtint mon suffrage.
Elle aura quelque bien : Gourville, en l'épousant,
N'est point forcé de vivre avec madame Agnant ;
On respecte beaucoup sa chère belle-mère,
On la voit rarement, encor moins le beau-père.
Je me trompe, ou Sophie est bonne par le cœur ;
Point de coquetterie, elle aime avec candeur.
Je veux aux deux amants faire des avantages.

LISETTE.

Vous allez donc ce soir bâcler trois mariages ;
Celui de ces enfants, le vôtre, et puis le mien.
Madame, en un seul jour c'est faire assez de bien :
Il faudrait tout d'un temps, dans votre zèle extrême,
Pour notre aîné Gourville en faire un quatrième ;
Le mariage forme et dégourdit les gens.

NINON.

Il en a grand besoin : tout vient avec le temps.
Dans la rage qu'il eut d'être trop raisonnable,
Il ne lui manqua rien que d'être supportable ;
Mais les fortes leçons qu'il vient de recevoir
Sur cet esprit flexible ont eu quelque pouvoir :
Pour toi ton tour approche, et ton affaire est prête.
Mon cher ami Garant s'était mis dans la tête
De t'engager, Lisette, à me parler pour lui :
Il t'a promis beaucoup, est-il vrai ?

LISETTE.
       Madame, oui.

NINON.

Un peu de différence est entre sa personne
Et la mienne peut-être, il promet et je donne :
Prends cinquante louis pour subvenir aux frais
De ton nouveau ménage.

SCÈNE II.

NINON, LISETTE, PICARD.

LISETTE.

Ah ! Picard, quels bienfaits !
(En montrant la bourse.)
Vois-tu cela ?

PICARD.

Madame, il faut d'abord vous dire
Que mon bonheur est grand... et que je ne désire
Rien plus... sinon qu'il dure... et que Lisette et moi
Nous sommes obligés... Mais aide-moi donc, toi ;
Je ne sais point parler.

NINON.

J'aime ton éloquence,
Picard, et je me plais à ta reconnaissance.

PICARD.

Ah ! madame, à vos pieds ici nous devons tous...

NINON.

Nous devons rendre heureux quiconque est près de nous.
Pour ceux qui sont trop loin, ce n'est pas notre affaire.
Çà, notre ami Picard, il faut ne me rien taire
De ce qu'on fait chez moi, tandis qu'en liberté
J'ai choisi, loin du bruit, cet endroit écarté[1].

PICARD.

D'abord un homme noir raisonne et gesticule
Avec monsieur Garant ; et les mots de scrupule,
De probité, d'honneur, de raisons, de devoirs,
M'ont saisi de respect pour ces deux manteaux noirs.
L'un dicte, l'autre écrit, disant qu'il instrumente
Pour le faire bien riche, et vous rendre contente,
Et qu'il fait un contrat.

NINON.

Oui, c'est l'intention
De ce monsieur Garant si plein d'affection.

---

1. Molière a dit dans le *Misanthrope*, acte V, scène VIII :

Un endroit écarté
Où d'être homme d'honneur on ait la liberté.

PICARD.

C'est un digne homme !

NINON.

Oh, oui !.. Mais, dis-moi, je te prie,
Que fait madame Agnant?

PICARD.

Mais, madame, elle crie,
Elle gronde vos gens, messieurs Gourville, et moi,
Son mari, tout le monde, et dit qu'on est sans foi ;
Et dit qu'on l'a trompée, et que sa fille est prise ;
Et dit qu'il faudra bien que quelqu'un l'indemnise,
Et puis elle s'apaise, et convient qu'elle a tort,
Puis dit qu'elle a raison, et crie encor plus fort.

NINON.

Et monsieur son époux ?

PICARD.

En véritable sage,
Il voit sans sourciller tout ce remue-ménage,
Et, pour fuir les chagrins qui pourraient l'occuper,
Il s'amusait à boire attendant le souper.

NINON.

Que fait notre Gourville?

PICARD.

En son humeur plaisante
Il les amuse tous, et boit, et rit, et chante.

NINON.

Et l'autre frère ?

PICARD.

Il pleure.

NINON.

Ah ! j'aime à voir les gens
Dans leur vrai caractère à nos yeux se montrants.
Monsieur le marguillier est bien le seul peut-être
Qui voudrait dans le fond qu'on pût le méconnaître ;
Malgré sa modestie on le découvre assez...
Ah ! voici notre aîné qui vient les yeux baissés.

SCÈNE III.

NINON, GOURVILLE L'AÎNÉ, LISETTE, PICARD.

GOURVILLE L'AÎNÉ, vêtu plus régulièrement, mieux coiffé, et l'air plus honnête.

Vous me voyez, madame, après d'étranges crises,
Bien sot et bien confus de toutes mes bêtises :
Je ne mérite pas votre excès de bonté,
Dont, tout en plaisantant, mon frère m'a flatté.
Hélas ! j'avais voulu, dans ma mélancolie,
Et dans les visions de ma sombre folie,
Me séparer de vous, et donner la maison
Que vos propres bienfaits ont mise sous mon nom.

NINON.

Tout est raccommodé. J'avais pris mes mesures,
Tout va bien.

GOURVILLE L'AÎNÉ.

Vous pourriez pardonner tant d'injures !
J'étais coupable et sot.

NINON.

Ah ! vos yeux sont ouverts ;
Vous démêlez enfin ces esprits de travers,
Ces cagots insolents, ces sombres rigoristes[1],
Qui pensent être bons quand ils ne sont que tristes,
Et ces autres fripons, n'ayant ni feu ni lieu,
Qui volent dans la poche en vous parlant de Dieu ;
Ces escrocs recueillis, et leurs plates bigotes
Sans foi, sans probité[2], plus méchantes que sottes.
Allez, les gens du monde ont cent fois plus de sens,
D'honneur et de vertu, comme plus d'agréments.

GOURVILLE L'AÎNÉ.

Vous en êtes la preuve.

NINON.

Ainsi la politesse
Déjà dans votre esprit succède à la rudesse ;
Je vous vois dans le train de la conversion :
Vous deviendrez aimable, et j'en suis caution.
Mais comment trouvez-vous ce grave personnage

---

1. Dans la version première, il y avait *dévots* au lieu de *cagots*. (G. A.)
2. Dans la même version, on lisait *piété* au lieu de *probité*. (G. A.)

Que mon bizarre sort me donne en mariage?
GOURVILLE L'AÎNÉ.
Il ne m'appartient plus d'avoir un sentiment;
Tout ce que vous ferez sera fait prudemment.
NINON.
Blâmeriez-vous tout bas une union si chère?
GOURVILLE L'AÎNÉ.
Je n'ose plus blâmer; mais quand je considère
Que pour nous séparer, pour m'entraîner ailleurs,
Il vous a peinte à moi des plus noires couleurs,
Qu'il voulait vous chasser de votre maison même...
NINON.
Oh! c'était par vertu; dans le fond Garant m'aime,
Il ne veut que mon bien : c'est un homme excellent :
Mais ne lui donnez plus la clef de votre argent ;
Et surtout gardez-vous un peu de ses cousines.
GOURVILLE L'AÎNÉ.
Ah! que ces prudes-là sont de grandes coquines!
Quel antre de voleurs! et cependant enfin
Vous allez donc, madame, épouser le cousin!
NINON.
Reposez-vous sur moi de ce que je vais faire :
Allez, croyez surtout qu'il était nécessaire
Que j'en agisse ainsi pour sauver votre bien ;
Un seul moment plus tard vous n'aviez jamais rien.
GOURVILLE L'AÎNÉ.
Comment?
NINON.
Vous apprendrez par des faits admirables
De quoi les marguilliers sont quelquefois capables ;
Vous serez convaincu bientôt, comme je croi,
Que ces hommes de bien sont différents de moi :
Vous y renoncerez pour toute votre vie,
Et vous préférerez la bonne compagnie.
GOURVILLE L'AÎNÉ.
Je ne réplique point. Honteux, désespéré,
Des sauvages erreurs dont j'étais enivré,
Je vous fais de mon sort la souveraine arbitre ;
Et dépendant de vous, je veux vivre à ce titre[1].

---

1. Voltaire trouvait chose plaisante de faire réussir sur le théâtre une femme légère, mais estimable, qui fait d'un sot dévot un honnête homme. (G. A.)

SCÈNE IV.

NINON, GOURVILLE L'AÎNÉ; GOURVILLE LE JEUNE, amenant M. et MADAME AGNANT; LISETTE, PICARD.

LE JEUNE GOURVILLE.
Adorable Ninon, daignez tranquilliser
Notre madame Agnant, qu'on ne peut apaiser.
M. AGNANT.
Elle a tort.
MADAME AGNANT.
Oui, j'ai tort quand ma fille est perdue,
Qu'on ne me la rend point!
LE JEUNE GOURVILLE.
Eh! mon Dieu, je me tue
De vous dire cent fois qu'elle est en sûreté.
MADAME AGNANT.
Est-ce donc ce benêt... ou toi, jeune éventé,
Qui m'as pris ma Sophie?
GOURVILLE L'AÎNÉ.
Hélas! soyez très-sûre
Que je n'y prétends rien.
LE JEUNE GOURVILLE.
Eh bien! moi, je vous jure
Que j'y prétends beaucoup.
MADAME AGNANT.
Va, tu n'es qu'un vaurien,
Un fort mauvais plaisant, sans un écu de bien.
J'avais un avocat dont j'étais fort contente;
Je prétends qu'il revienne, et veux qu'il instrumente
Contre toi pour ma fille; et tes cent mille francs
Ne me tromperont pas, mon ami, plus longtemps:
Ni vous non plus, madame.
NINON.
Écoutez-moi, de grâce;
Souffrez sans vous fâcher que je vous satisfasse.
MADAME AGNANT.
Ah! souffrez que je crie, et quand j'aurai crié
Je veux crier encore.
M. AGNANT.
Eh! tais-toi, ma moitié.

Madame Ninon parle; écoutons sans rien dire.
NINON.
Mes bons, mes chers voisins, daignez d'abord m'instruire
Si c'est votre intérêt et votre volonté
De donner votre fille et sa propriété
A mon jeune Gourville, en cas que par mon compte
A cent bons mille francs sa fortune se monte?
M. AGNANT.
Oui, parbleu, ma voisine.
NINON.
Eh bien! je vous promets
Qu'il aura cette somme.
MADAME AGNANT.
Ah! cela va bien... Mais
Pour finir ce marché que de grand cœur j'approuve,
Pour marier Sophie, il faut qu'on la retrouve;
On ne peut rien sans elle.
NINON.
Eh bien! je veux encor
M'engager avec vous à rendre ce trésor.
M. ET MADAME AGNANT.
Ah!
NINON.
Mais auparavant je me flatte, j'espère,
Que vous me laisserez finir ma grande affaire
Avec le vertueux, le bon monsieur Garant.
MADAME AGNANT.
Oui, passe, et puis la mienne ira pareillement.
PICARD.
Et puis la mienne aussi.
M. AGNANT.
C'est une comédie;
Personne ne s'entend, et chacun se marie.
(A Gourville l'aîné.)
Soupera-t-on bientôt? Allons, mon grand flandrin,
Il faut que je t'apprenne à te connaître en vin.
GOURVILLE L'AÎNÉ.
(A Ninon.)
J'y suis bien neuf encore... A tout ce grand mystère
Ma présence, madame, est-elle nécessaire?
NINON.
Vraiment oui; demeurez: vous verrez avec nous

Ce que monsieur Garant veut bien faire pour vous ;
Et nous aurons besoin de votre signature.
LISETTE.
Je sais signer aussi.
NINON.
Nous allons tout conclure.
M. AGNANT.
Eh bien ! tu vois, ma femme, et je l'avais bien dit,
Que madame Ninon avec son grand esprit
Saurait arranger tout.
MADAME AGNANT.
Je ne vois rien paraître.
NINON.
Voilà monsieur Garant ; vous allez tout connaître.

SCÈNE V.

LES PRÉCÉDENTS ; M. GARANT, après avoir salué la compagnie, qui se range d'un côté, tandis que M. Garant et Ninon se mettent de l'autre ; les domestiques derrière.

M. GARANT, serrant la main de Ninon.
La raison, l'intérêt, le bonheur vous attend.
Voici notre acte en forme et dressé congrûment,
Avec mesure et poids, d'une manière sage,
Selon toutes les lois, la coutume, et l'usage.
(A Mme Agnant.)　　(A M. Agnant.)
Madame, permettez... Un moment, mon voisin.
NINON.
De mon côté je tiens un charmant parchemin.
M. GARANT.
Le ciel le bénira ; mais, avant d'y souscrire,
A l'écart, s'il vous plaît, mettons-nous pour le lire.
NINON.
Non, mon cœur est si plein de tous vos tendres soins,
Que je n'en puis avoir ici trop de témoins ;
Et même j'ai mandé des amis, gens d'élite,
Qui publieront mon choix et tout votre mérite.
Nous souperons ensemble ; ils seront enchantés
De votre prud'homie et de vos loyautés.
Sans doute ce contrat porte en gros caractères
Les deux cent mille francs qui sont pour les deux frères ?

M. GARANT.

J'ignore ce qu'on peut leur devoir en effet,
Et cela n'entre point dans l'état mis au net
Des stipulations entre nous énoncées.
Ce sont, vous le savez, des affaires passées ;
Et nous étions d'accord qu'on n'en parlerait plus.

M. AGNANT.

Comment ?

MADAME AGNANT.

A tout moment cent mille francs perdus !
Ma fille aussi ! sortons de ce franc coupe-gorge

(Montrant le jeune Gourville.)

Où chacun me trompait, où ce traître m'égorge.

(A Gourville l'aîné.)

Et c'est vous, grand nigaud, dont les séductions
M'ont valu mes chagrins, m'ont causé tant d'affronts :
Ma fille payera cher son énorme sottise.

GOURVILLE L'AÎNÉ.

Vous vous trompez.

LISETTE.

Voici le moment de la crise.

LE JEUNE GOURVILLE, arrêtant M. et Mme Agnant, et les ramenant tous deux par la main.

Mon Dieu, ne sortez point ; restez, mon cher Agnant :
Quoi qu'il puisse arriver, tout finira gaîment.

NINON, à M. Garant dans un coin du théâtre, tandis que le reste des personnages est de l'autre.

Il faut les adoucir par de bonnes paroles.

M. GARANT.

Oui, qui ne disent rien... là... des raisons frivoles,
Qu'on croit valoir beaucoup.

NINON.

Laissez-moi m'expliquer,
Et si dans mes propos un mot peut vous choquer,
N'en faites pas semblant.

M. GARANT.

Ah ! vraiment, je n'ai garde.

MADAME AGNANT, à M. Agnant.

Que disent-ils de nous ?

NINON, à M. Garant.

Et si je me hasarde
De vous interroger, alors vous répondrez.
Madame, et vous, Gourville, enfin vous apprendrez

Quels sont mes sentiments, et quelles sont mes vues.
MADAME AGNANT.
Ma foi, jusqu'à présent elles sont peu connues.
NINON, à Mme Agnant.
Vous voulez votre fille et de l'argent comptant?
MADAME AGNANT.
Oui, mais rien ne nous vient.
NINON.
Il faut premièrement
Vous mettre tous au fait... Feu monsieur de Gourville
Me confia ses fils, et je leur fus utile :
Il ne put leur laisser rien par son testament;
Vous en savez la cause.
MADAME AGNANT.
Oui.
NINON.
Mais, par supplément,
Il voulut faire choix d'un fameux personnage,
Justement honoré dans tout le voisinage,
Et bien recommandé par des gens vertueux
Et ses amis secrets, tous bien d'accord entre eux;
Et cet homme de bien nommé son légataire,
Cet homme honnête et franc, c'est monsieur.
M. GARANT, faisant la révérence à la compagnie.
C'est me faire
Mille fois trop d'honneur.
NINON.
C'est à lui qu'on légua
Les deux cent mille francs qu'en hâte il s'appliqua.
Des esprits prévenus eurent la fausse idée
Qu'une somme si forte et par lui possédée
N'était rien qu'un dépôt qu'entre ses mains il tient
Pour le rendre aux enfants auxquels il appartient;
Mais il n'est pas permis, dit-on, qu'ils en jouissent :
C'est un crime effroyable, et que les lois punissent.
(A M. Garant.)
N'est-ce pas?
M. GARANT.
Oui, madame.
NINON.
Et ces graves délits,
Comment les nomme-t-on?

M. GARANT.
Des fidéicommis.

NINON.
Et, pour se mettre en règle, il faut qu'un honnête homme
Jure qu'à son profit il gardera la somme?

M. GARANT.
Oui, madame.

LE JEUNE GOURVILLE.
Ah! fort bien.

M. AGNANT.
Et monsieur a juré
Qu'il gardera le tout?

M. GARANT.
Oui, je le garderai.

MADAME AGNANT, au jeune Gourville.
De ta femme, ma foi, voilà la dot payée.
J'enrage. Ah! c'en est trop.

NINON.
Soyez moins effrayée,
Et daignez, s'il vous plaît, m'écouter jusqu'au bout.

GOURVILLE L'AÎNÉ.
Pour moi, de cet argent je n'attends rien du tout;
Et je me sens, madame, indigne d'y prétendre.

LE JEUNE GOURVILLE.
Pour moi, je le prendrais, au moins pour le répandre.

NINON.
Poursuivons... Toujours prêt de me favoriser,
Monsieur, me croyant riche, a voulu m'épouser,
Afin que nous puissions, dans des emplois utiles,
Nous enrichir encor du bien des deux pupilles.

M. GARANT.
Mais il ne fallait pas dire cela.

NINON.
Si fait;
Rien ne saurait ici faire un meilleur effet.
(Aux autres personnages.)
Il faut vous dire enfin qu'aussitôt que Gourville
Eut fait son testament, un ami difficile,
Un esprit de travers, eut l'injuste soupçon
Que votre marguillier pourrait être un fripon.

M. GARANT.
Mais vous perdez la tête!

ACTE V, SCÈNE V.

NINON.

Eh! mon Dieu, non, vous dis-je.
Gourville épouvanté dans l'instant se corrige;
Et peut-être trompé, mais sain d'entendement,
Il fait, sans en rien dire, un second testament.
Il m'a fallu courir longtemps chez les notaires
Pour y faire apposer les formes nécessaires,
Payer de certains droits qui m'étaient inconnus :
Et, si j'avais tardé, les miens étaient perdus;
Monsieur gardait l'argent pour son beau mariage.
Tenez, voilà, je pense, un testament fort sage :
Il est en ma faveur; c'est pour moi tout le bien :
J'en ai le cœur percé; monsieur Garant n'a rien.

M. AGNANT.

Quel tour!

MADAME AGNANT.

La brave femme!

NINON, en montrant les deux Gourville.

Entre eux deux je partage,
Ainsi que je le dois, le petit héritage.
Je souhaite à monsieur d'autres engagements,
Une plus digne épouse, et d'autres testaments.

M. GARANT.

Il faudra voir cela.

NINON.

Lisez, vous savez lire.

LE JEUNE GOURVILLE.

Il médite beaucoup, car il ne peut rien dire.

NINON, à Mme Agnant.

La dot de votre fille enfin va se payer.

M. GARANT, en s'en allant.

Serviteur.

LE JEUNE GOURVILLE, lui serrant la main.

Tout à vous.

NINON.

Adieu, cher marguillier.

MADAME AGNANT.

Adieu, vilain mâtin, qui m'en fis tant accroire.

M. AGNANT, le saisissant par le bras.

Et pourquoi t'en aller? Reste avec nous pour boire.

M. GARANT, se débarrassant d'eux.

L'œuvre m'attend, j'ai hâte.

LISETTE, lui faisant la révérence, et lui montrant la bourse de cinquante louis.

Acceptez ce dépôt;
Vous les gardez si bien.

GOURVILLE L'AÎNÉ.

Laissons là ce maraud.

LE JEUNE GOURVILLE, à Ninon.

Ah! je suis à vos pieds.

MADAME AGNANT.

Nous y devons tous être.

GOURVILLE L'AÎNÉ.

Comme elle a démasqué, vilipendé le traître!

MADAME AGNANT.

Et ma fille?

NINON.

Ah! croyez que, dès qu'elle saura
Qu'on va la marier, elle reparaîtra.

LISETTE, à Picard.

Ne t'avais-je pas dit, Picard, que ma maîtresse
A plus d'esprit qu'eux tous, d'honneur, et de sagesse?

FIN DU DÉPOSITAIRE.

VARIANTES

DE LA COMÉDIE DU *DÉPOSITAIRE*.

Page 396, ligne 11. — L'édition de 1772, qui est sans préface, porte :

M. ARMANT, bon diable, bon ivrogne, bon bourgeois.

MADAME ARMANT, habillée et coiffée à l'antique, grande acariâtre et bonne femme.

Les noms sont changés dans l'édition de 1772 avec préface. (B.)

Page 397, 1ᵉʳ vers. — Dans la première édition la pièce commençait ainsi :

NINON.
Mon indulgence est grande, et c'est là mon partage ;
J'en eus un peu besoin quand j'étais à votre âge ;
Mais si j'eus des amants, ils sont tous mes amis.
Malheur aux cœurs mal faits, toujours mal assortis,
Se prenant, se quittant par pure fantaisie,
L'un à l'autre étrangers le reste de leur vie !
Eh bien ! vous aimez donc cette petite Armant ?
LE JEUNE GOURVILLE.
Oui, ma belle Ninon.
NINON.
C'est une aimable enfant.
Ce n'est point sa beauté, sa grâce, que je vante ;
Mais sa naïveté. Sa douceur est charmante ;
Et j'ai su que, depuis qu'elle a ses dix-sept ans,
Elle n'a demandé pour grâce à ses parents
Que la permission de pouvoir faire usage
De la proximité de notre voisinage :
Elle me vient souvent voir en particulier.
Son esprit me surprend ; son ton est singulier,
Et ne tient point du tout de sa sotte famille.
J'aime sincèrement cette petite fille ;
Je voudrais son bonheur ; elle me fait pitié,
Et, je vous l'avouerai, cette seule amitié
M'engage à recevoir et le père et la mère.

Je me suis aperçu qu'elle avait su vous plaire.
Mais est-ce un simple goût, une inclination ?
GOURVILLE.
Ma foi, je crois avoir beaucoup de passion.
Un certain avocat, etc.

Page 398, vers 10 :

Le père aime le vin.
NINON.
C'est un vice du temps.
La mode en passera.
GOURVILLE.
La mère est bien revêche,
Sotte... un oison bridé, devenu pigrièche.
Bonne diablesse au fond. . . . .

Ibid., vers 22 :

Et nos bruyants seigneurs et nos faux bons esprits.

Ibid., vers 26 :

Ma Sophie est charmante, et ne m'ennuiera pas.
NINON.
Je vous l'ai déjà dit ; elle est pleine d'appas.
Mais elle aura du bien ; certaine vieille tante,
Dont je sais qu'elle hérite, a mille écus de rente :
Et si dans votre amour vous pouviez persister...
Nous verrons ; c'est vous seul qu'il faudra consulter.
Aimez-la, etc.

Page 399, vers 6 :

. . . . . . des gens d'esprit qu'on quitte.

Ibid., vers 8 :

Peu fidèle en amour.

Ibid., vers 13 :

Vous saurez à quel point j'avais sa confiance.
Je dois à ses enfants quelque reconnaissance.
Notre union fut pure, et de si nobles nœuds
Seront les seuls liens qui nous joindront tous deux.
GOURVILLE.
Hélas ! je vous dois tout : tant de bonté m'accable, etc.

Page 400, vers 18 :

Oui, je suis libertin...

Page 402, vers 10 :

NINON, à M. Garant.
Vous régissez si bien leur petite finance,
Que les pauvres bientôt seront dans l'abondance.

Page 406, vers 3 :

M. GARANT, à Ninon.
J'ai d'honnêtes desseins que je vous confierai :
Vous êtes éclairée, avisée, et discrète, etc.

Page 413, dernier vers :

Vos propos indécents comme votre conduite
Me font pitié, etc.

Page 414, vers 19 :

GOURVILLE L'AÎNÉ.
Nagez dans les plaisirs, dans ces plaisirs honteux
Qui nous laissent dans l'âme un vide épouvantable...
Un vide... un repentir... un repentir durable.
Oui, je renonce au monde après cet entretien,
Et je ne vivrai plus qu'avec des gens de bien,
Ou je vivrai tout seul, tout seul... avec mes livres,
Loin de ces passions dont tant de cœurs sont ivres,
Comme je vous l'ai dit. Et je préfère un trou,
Un ermitage, un antre.
LE JEUNE GOURVILLE.
Adieu, mon pauvre fou.

SCÈNE II.

GOURVILLE L'AÎNÉ.

Je pleure sur son sort; et je vois avec peine
Que sa mauvaise tête à sa perte l'entraîne.
Qu'Épictète a raison ! qu'il peint bien à mon sens, etc.

Page 416, vers 13 :

Je suis maître de moi, je suis bon, juste, sage.

Page 418, vers 18 :

M. GARANT.
A la faire sortir a dû vous engager.
Déjà plus d'une fois ici ma conscience
Sur elle et votre frère eût rompu le silence;
Mais j'ai cru vous devoir quelque ménagement.
Je n'en puis plus garder sur ce dérèglement.
GOURVILLE L'AÎNÉ.
Voilà donc la raison, etc.

Page 418, vers 29 :

    Pour la philosophie.

Page 419, vers 2 :

          M. GARANT.
    Avec tous les dehors que veut la bienséance.
    Pour bien faire... écoutez... vendez-moi la maison...
    Ou bien passez-moi...là... quelque donation,
    Un acte bien secret, etc.
    Et vous aurez vos droits sans être compromis.

Ibid., vers 9 :

         GOURVILLE L'AÎNÉ.
    Cette idée est profonde; il a raison : les sages
    Sur le reste du monde ont de grands avantages.

Page 420, vers 13 :

    Votre amitié, vos soins, vos conseils, tout me flatte.

Page 422, vers 19 :

    Désespéré, perdu; dans le vice empâté.

Page 423, vers 5 :

    Vous avez amassé justement, sans scrupule...
          NINON.
                                      Non;
    Mais mon bien me suffit pour tenir ma maison.

Ibid., vers 9 :

          M. GARANT.
    Des gens considérés, même en place importante,
    Sont liés avec vous d'une amitié constante;
    Et si vous le vouliez, etc.

Ibid., vers 15 :

          NINON.
    . . . . . . Craindre d'importuner,
    Ne les point avertir de nous abandonner, etc.

Ibid., vers 21 :

          M. GARANT.
    . . . .
    Et votre sentiment est ici ma leçon.
    Je voudrais... Je me sens embarrassé, peut-être
    Assez mal à propos, plus que je ne dois l'être;
    Je voudrais revenir sur un certain discours
    Que vous avez eu l'air d'interrompre toujours.

VARIANTES DU DÉPOSITAIRE.

Souffrez qu'enfin ici j'en fasse l'ouverture,
Pleine de confiance et d'une amitié pure.
Je vis honnêtement; mais avec plus d'argent
Je ferais plus de bien.

NINON.
Je le crois bonnement.

M. GARANT.
Il vous faut un état. Vous êtes de mon âge,
Je suis aussi du vôtre.

NINON.
Oui; mais le mariage
Ne convient point du tout à mon humeur; je croi,
Par cent bonnes raisons, qu'il n'est pas fait pour moi.
Pour changer, il faudrait qu'une très-grande aisance
Parût à ma vieillesse assurer l'opulence.

M. GARANT.
Eh! je viens vous l'offrir. De nos biens rassemblés, etc.

Page 424, vers 8 :

Il faut que le crédit augmente votre aisance;
Et, si vous le vouliez, j'aurais, par ce canal,
Un fortuné brevet de fermier général.
Nous ferions en secret mille bonnes affaires,
Qui produiraient beaucoup en ne nous coûtant guères;
Et votre rare esprit, etc.

Page 425, vers 15 :

NINON.
Il est vrai qu'on pourrait m'imputer par envie
Je ne sais quoi d'injuste, et quelque hypocrisie.

M. GARANT.
Eh! mon Dieu! c'est par là qu'on réussit souvent;
Cette monnaie est fausse, elle a du cours pourtant.
Que me sont, après tout, les enfants de Gourville?
Rien que des étrangers à qui je fus utile.
Il faut l'être à nous seuls, etc.

Page 429, vers 7 :

Marguillier, receveur, ayant beaucoup d'argent.

Page 433, vers 2 :

GOURVILLE L'AÎNÉ.
Voulant rester chez moi, monsieur Garant me donne
Chez la discrète Aubert rendez-vous à dîner.
Avec lui, me dit-il, il y doit amener
Bientôt quelques docteurs, tous savants personnages,
Parfaits chez les parfaits, etc.

Page 434, vers 4 :

Vous avez oublié votre philosophie.

Page 434, vers 7 :

> Que je n'ai jamais lus dans tous nos vieux auteurs.

Ibid., vers 8 :

> Je l'écoutais parler, je la voyais sourire
> Avec un agrément que l'on ne peut décrire.
> Le poison le plus doux dans mes veines glissait ;
> J'étais hors de moi-même ; elle s'attendrissait...
> Nous nous attendrissions... Monsieur Aubert arrive ;
> Madame Aubert s'enfuit, a l'air d'être craintive...
> Comme une femme, enfin, prise avec un amant.
> Moi, neuf en pareil cas, que faire en ce moment?
> Aubert est un brutal, et, craignant quelque esclandre,
> J'ai pris, sans dire un mot, le parti de descendre.
> Je sors en maudissant les Auberts, les Garants,
> Et donnant de bon cœur au diable les savants.
> Ah ! Lisette ! ah, Picard ! le sage est peu de chose ! etc.

Page 435, avant-dernier vers :

LE JEUNE GOURVILLE.
> Mon frère, pardonnez ce petit tour joyeux.
>
> (Bas, à Lisette.)
>
> Lisette, écoute-moi ; la petite Sophie
> Vient de fuir chez madame, et je te la confie ;
> Sous sa protection elle doit se placer
> Pour éviter l'hymen où l'on veut la forcer.
> Mais surtout prends bien garde au moins qu'on ne la voie.

Page 439, vers 6 :

> Et chez madame Aubert vos secrètes visites,
> Cet excès dont partout vous êtes accusé...

GOURVILLE L'AÎNÉ.
> Moi?

L'AVOCAT PLACET.
> Vous. Tout le quartier en est scandalisé ;
> On connaît les dangers de votre caractère.

GOURVILLE L'AÎNÉ.
> Juste ciel ! etc.

Ibid., vers 17 :

L'AVOCAT PLACET.
> Au choix de ma personne
> Justement résolue, à sa fille elle ordonne
> De rompre tout commerce avec vous, et demain
> D'être prête à l'autel pour recevoir ma main.
> Cet ordre positif l'a soudain décidée.
> Du logis maternel elle s'est évadée ;
> On dit qu'elle est chez vous, etc.

Page 440, vers 27 :

> J'ai fort bien réussi ! Je crois que mes bêtises
> Des plus grands libertins égalent les sottises;
> Je suis, sans avoir tort, de tout point confondu;
> C'est là payer l'amende ayant été battu.
> Un bavard d'avocat, etc.

Page 471, vers 21. — Les éditions données du vivant de l'auteur portent :

> Adieu, vilain mâtin, qui m'en fis tant accroire.

Dans quelques éditions récentes on lit :

> Adieu, vil imposteur. (B.)

FIN DES VARIANTES DU DÉPOSITAIRE.

LES GUÈBRES

OU

LA TOLÉRANCE

TRAGÉDIE EN CINQ ACTES

NON REPRÉSENTÉE

(1769)

AVERTISSEMENT

DE BEUCHOT.

L'*Avertissement* des Éditeurs de Kehl pour cette pièce était bien court[1] : j'ose dire qu'il l'était trop.

La tragédie des *Guèbres,* commencée le 1ᵉʳ août 1768, fut faite en douze jours[2]. Elle était, disait Voltaire[3], l'ouvrage d'*un jeune homme fort maigre, et qui avait quelque feu dans deux yeux noirs,* qui se disait *possédé du diable,* et qui intitulait sa pièce *tragédie plus que bourgeoise.* En même temps qu'il écrivait cela, il expédiait le manuscrit à Paris. Mais il refit bientôt les trois premières scènes du cinquième acte, fit au quatrième acte des changements pareils[4], retoucha aussi les trois premiers actes. D'Argental avait demandé des *adoucissements sur la prêtraille;* mais c'était la chose impossible, *la pièce n'étant fondée que sur l'horreur que la prêtraille inspire*[5]. C'était assez d'un tel sujet pour éveiller l'attention des censeurs dramatiques; il importait donc de cacher le nom de l'auteur. Voltaire pensa d'abord à donner cette tragédie comme l'ouvrage posthume de Guimond de la Touche (mort en 1760), et comme étant originairement une *tragédie chrétienne*[6]; un peu plus tard[7], ce fut sur le compte de Desmahis (mort en 1761); et les premières éditions portent en effet: *Par M. D** M****.* Un passage de la préface, resté longtemps manuscrit, et qui ne fut publié que dans les éditions de Kehl, nomme en toutes lettres cet auteur; ce qui n'était pas sans inconvénient, car c'était s'exposer à des réclamations de la part des héritiers; en retranchant à l'impression la fin de la préface,

---

1. Le voici :

« La tragédie des *Guèbres* fut donnée au public comme l'ouvrage d'un jeune auteur anonyme: et nous voyons dans le manuscrit du véritable auteur que son intention avait été de l'attribuer à feu M. Desmahis, l'un de ses plus aimables élèves; et voici comme il terminait le discours qu'on vient de lire : *Le résultat,* etc. » (voyez, page 503, la note du *Discours historique et critique,* à la suite duquel était placé l'*Avertissement* des éditeurs de Kehl).

2. Lettres à d'Argental, du 14 auguste 1768; à Lekain, du 30 avril 1769.
3. Lettre à d'Argental, 14 auguste 1768.
4. *Id., ibid.,* 18 novembre 1768.
5. *Id., ibid.*
6. Lettre à d'Argental, du 5 décembre 1768.
7. Lettre à Saurin, du 3 auguste 1769.

c'était se mettre à l'abri de ces réclamations. Quelques personnes expliquent les initiales D. M. par *De Morza*, nom mis par Voltaire aux notes de l'*Ode sur la mort de la margrave de Bareuth*, et à d'autres ouvrages.

Mais ces précautions vulgaires lui parurent insuffisantes : il tenait pardessus tout à ne pas être soupçonné d'être l'auteur, et ne trouva rien de mieux à faire pour cela que de se dédier sa pièce [1]. La ruse n'était pas nouvelle ; Voltaire lui-même l'avait employée quelques années auparavant, en se faisant adresser les *Lettres sur la Nouvelle Héloïse*.

L'édition des *Guèbres*, qu'il fit faire à Genève (sans nom de ville), contient une *Préface de l'Éditeur*, et une *Épître dédicatoire à M. de Voltaire*. L'embarras était dans la mesure à donner aux éloges que devait contenir la dédicace. Il faut convenir que, s'ils sont assez grands pour faire croire qu'ils étaient d'une plume étrangère, et comme il le dit [2] : « Ce qu'on me dit dans la dédicace est d'une nécessité absolue dans la position où je me trouve », il n'y a rien d'exagéré ni de trop vague. Une seule phrase semble trahir l'auteur, c'est celle où il parle des obligations que lui ont les libraires ; c'était une occasion toute naturelle de répondre aux calomnies qu'on avait répandues contre lui, et qu'on répète encore aujourd'hui, quelque injustes qu'elles soient.

Cette édition de Genève avait été faite pour les étrangers [3] ; quatre exemplaires en furent envoyés à Paris [4] : ils y sont très-rares, et ce n'est que dans la riche collection de M. de Soleinne que j'ai trouvé un exemplaire de cette édition, qui est intitulée *les Guèbres, ou la Tolérance, tragédie, par M. D** M*****, 1769, in-8° de 116 pages. Une réimpression faite à Paris (sans nom de ville), en 82 pages in-8°, porte seulement ce titre : *les Guèbres, tragédie, par M. D. M.*; elle contient la *Préface de l'Éditeur*, mais non l'*Épître dédicatoire*. Aucun de ces deux morceaux ne se retrouve dans une *troisième édition*, à Rotterdam, chez Reinier Leers (à Genève, chez les frères Cramer), 1769, in-8° de iv et 104 pages. Mais cette troisième édition, qui est encadrée, et qui est de novembre [5] 1769, contient un *Discours historique et critique* qui paraissait pour la première fois.

L'*Épître dédicatoire* n'a pas non plus été reproduite dans l'édition in-4°. Cela explique comment elle a échappé aux éditeurs de Kehl, et à tous ceux qui m'ont précédé.

Le suffrage des lecteurs ne suffisait pas à Voltaire. Il eût bien voulu que la pièce fût jouée : il espérait qu'elle le serait à Paris avec un prodigieux succès [6]. Mais un procureur du roi du Châtelet, nommé Moreau [7], s'opposa à la représentation. Voltaire tourna ses vues sur Lyon ; le zèle de Bordes y

---

1. Lettres à d'Argental, 23 mai, 7 juillet 1769.
2. Lettre à d'Argental, du 23 mai 1769.
3. *Id., ibid.*
4. Lettre à d'Argental, du 19 juin 1769.
5. Lettre au comte de Schomberg, du 31 octobre 1769.
6. Lettre à d'Argental, du 28 septembre 1768.
7. Lettre à Mme du Deffant, du 24 juillet ; à d'Argental, du 4 auguste 1769.

AVERTISSEMENT DE BEUCHOT.

échoua devant les mauvaises dispositions de Montazet, confrère de Voltaire à l'Académie française, archevêque de Lyon, et qui n'était pourtant qu'*un prêtre de Vénus* [1].

D'Alembert, qui savait combien était vif le désir de Voltaire que *les Guèbres* fussent mis au théâtre, lui écrivit que la pièce avait été ou devait être jouée à Toulouse [2]. C'était pousser la flatterie bien loin. La tragédie de *la Tolérance* ne pouvait se représenter dans la ville dont le parlement avait fait rouer Calas. Quoique Voltaire parle aussi de représentations qui se préparaient à Grenoble [3] et à Orangis [4], il est douteux que *les Guèbres* aient été joués sur aucun théâtre, même sur celui de Ferney, Mme Denis se trouvant à Paris dans les derniers mois de 1768, où Voltaire aurait pu vouloir essayer sa pièce.

J'ai, dans mon *Avis* en tête des *Scythes*, parlé de la *Lettre à un ami de province sur les* Scythes *et les* Guèbres.

Janvier 1832.

1. Lettre à d'Argental, du 30 auguste 1769.
2. Lettre à d'Alembert, du 22 février 1770.
3. Lettre à d'Argental, du 20 janvier 1770.
4. Lettre au même, du 27 septembre 1769. Orangis est près de Petitbourg, sur la droite de Paris à Essonnes.

ÉPITRE DÉDICATOIRE[1]

A M. DE VOLTAIRE

DE L'ACADÉMIE FRANÇAISE,
DE CELLES DE FLORENCE, DE LONDRES, DE PÉTERSBOURG, DE BERLIN, ETC.
GENTILHOMME ORDINAIRE DU ROI TRÈS-CHRÉTIEN,
ANCIEN CHAMBELLAN DU ROI DE PRUSSE.

A qui dédierons-nous la tragédie de *a Tolérance* qu'à vous qui avez enseigné cette vertu pendant plus de cinquante années ? Tout le monde a retenu ces vers de *la Henriade* où le héros de la France, et le vôtre [2], dit à la reine Élisabeth [3] :

> Et périsse à jamais l'affreuse politique
> Qui prétend sur les cœurs un pouvoir despotique,
> Qui veut, le fer en main, convertir les mortels,
> Qui du sang hérétique arrose les autels,
> Et prenant un faux zèle et l'intérêt pour guides,
> Ne sert un Dieu de paix que par des homicides !

Quel est celui de vos ouvrages où vous n'ayez pas rendu les fanatiques persécuteurs odieux et la religion respectable ? Votre *Traité de la Tolérance* [4] n'est-il pas le code de la raison et de l'humanité ? N'avez-vous pas toujours pensé et parlé comme le vénérable Berwick, évêque de Soissons, qui, dans son mandement de 1757, dit expressément que *nous devons regarder les Turcs comme nos frères* [5] ?

---

1. Cette pièce, ainsi que je l'ai dit dans l'avertissement qui précède, n'a, jusqu'à ce jour (janvier 1832), été imprimée que dans l'édition originale. (B.)
2. L'édition originale porte *nôtre;* mais cela m'a paru une faute d'impression, et j'ai cru pouvoir et devoir mettre *vôtre*. (B.)
3. *Henriade,* chant II, vers 17-22. (B.)
4. Voyez ce *Traité.*
5. Voltaire parle souvent de ce mandement, qui est du 21 mars 1757, et non de 1754, comme le dit Voltaire dans le chapitre II du *Siècle de Louis XIV.* (B.)

De plus de mille voyageurs qui sont venus chez vous depuis que vous êtes retiré dans notre voisinage, on sait qu'il ne s'en est pas trouvé un seul qui n'ait adopté vos maximes ; et parmi ces voyageurs illustres on a compté des souverains.

S'il est encore des hommes atroces qui ressemblent en secret aux prêtres des furies de la tragédie des *Guèbres*, il est partout des souverains, des guerriers, des magistrats, des citoyens éclairés, qui imitent le César de cette tragédie singulière.

Nous la présentons à l'auteur de *la Henriade* et de tant de tragédies dictées par l'amour du genre humain, à l'auteur citoyen dont la vérité a toujours conduit la plume, soit lorsque ses vers rendaient le grand Henri IV encore plus cher aux nations, soit quand il célébrait en prose le roi Louis XIV [1] si brillant et son successeur si chéri [2] ; soit quand il peignait le grand siècle qui n'est que trop passé, et le siècle plus raffiné, plus philosophique, le siècle des paradoxes, dans lequel nous sommes ; l'un qui fut celui du génie, l'autre qui est celui des raisonnements sur le génie, mais qui est aussi celui de la science plus répandue, et surtout de la science économique : nous vous présentons, dis-je, *les Guèbres* comme un ouvrage que vous avez inspiré.

C'est à ceux de notre profession [3] surtout à vous faire des remerciements. Vous nous avez comblés de vos bienfaits. Acceptez cet hommage public ; nous ne serons jamais au nombre des ingrats.

Le jeune auteur des *Guèbres*, qui se regarde comme votre disciple, et qui veut être inconnu, nous a expressément recommandé de vous dire tout ce que nous vous disons ici. Nous parlons en son nom comme au nôtre.

Nous avons l'honneur d'être avec un profond respect,

Monsieur,

Vos très-humbles et très-obéissants serviteurs,

Gabriel GRASSET, et associés.

---

1. Dans le *Siècle de Louis XIV*.
2. Dans le *Précis du Siècle de Louis XV*.
3. Les libraires. (B.)

PRÉFACE

DE L'ÉDITEUR[1].

Le poëme dramatique intitulé *les Guèbres* était originairement une tragédie chrétienne ; mais après les tragédies de *Saint Genest*, de *Polyeucte*, de *Théodore*, de *Gabinie*[2], et de tant d'autres, l'auteur de cet ouvrage craignit que le public ne fût enfin dégoûté, et que même ce ne fût en quelque façon manquer de respect pour la religion chrétienne de la mettre trop souvent sur un théâtre profane. Ce n'est que par le conseil de quelques magistrats éclairés qu'il substitua les Parsis, ou Guèbres, aux chrétiens. Pour peu qu'on y fasse attention, on verra qu'en effet les Guèbres n'adoraient qu'un seul Dieu, qu'ils furent persécutés comme les chrétiens depuis Dioclétien, et qu'ils ont dû dire à peu près pour leur défense tout ce que les chrétiens disaient alors.

L'empereur ne fait à la fin de la pièce que ce que fit Constantin à son avénement, lorsqu'il donna dans un édit pleine liberté aux chrétiens d'exercer leur culte, jusque-là presque toujours défendu ou à peine toléré.

M. D. M.[3], en composant cet ouvrage, n'eut d'autre vue que d'inspirer la charité universelle, le respect pour les lois, l'obéissance des sujets aux souverains, l'équité et l'indulgence des souverains pour leurs sujets.

Si les prêtres des faux dieux abusent cruellement de leur pou-

---

1. L'éditeur est Voltaire lui-même. Cette *Préface*, dont il parle dans sa lettre à d'Argental, du 3 mai 1769, parut dans les premières éditions, mais fut, dans la troisième, remplacée par un *Discours historique et critique;* supprimée ainsi dans beaucoup d'éditions, elle n'est pas dans l'*in-quarto*, mais fut rétablie dans l'édition encadrée ou de 1775. (B.)

2. Les auteurs de ces tragédies sont nommés dans le *Discours historique*, etc., page 492. (B.)

3. Ces trois initiales (dont la première seule se trouve dans l'édition de 1775 et dans les suivantes) signifient *Monsieur Des Mahis,* à qui Voltaire voulait attribuer l'ouvrage ; voyez, dans la *Correspondance*, une lettre du 3 auguste 1769. (B.)

voir dans cette pièce, l'empereur les réprime. Si l'abus du sacerdoce est condamné, la vertu de ceux qui sont dignes de leur ministère reçoit tous les éloges qu'elle mérite.

Si le tribun d'une légion, et son frère qui en est le lieutenant, s'emportent en murmures, la clémence et la justice de César en font des sujets fidèles et attachés pour jamais à sa personne.

Enfin la morale la plus pure et la félicité publique sont l'objet et le résultat de cette pièce. C'est ainsi qu'en jugèrent des hommes d'État élevés à des postes considérables, et c'est dans cette vue qu'elle fut approuvée à Paris.

Mais on conseilla à l'auteur de ne la point exposer au théâtre, et de la réserver seulement pour le petit nombre de gens de lettres qui lisent encore ces ouvrages. On attendait alors avec impatience plusieurs tragédies plus théâtrales et plus dignes des regards du public, soit de M. du Belloy, soit de M. Le Mierre, ou de quelques autres auteurs célèbres. M. D. M.[1] n'osa ni ne voulut entrer en concurrence avec des talents qu'il sentait supérieurs aux siens; il aima mieux avoir droit à leur indulgence que de lutter vainement contre eux; et il supprima même son ouvrage, que nous présentons aujourd'hui aux gens de lettres : car c'est leur suffrage qu'il faut principalement ambitionner dans tous les genres ; ce sont eux qui dirigent à la longue le jugement et le goût du public. Nous n'entendons pas seulement par gens de lettres les auteurs, mais les amateurs éclairés qui ont fait une étude approfondie de la littérature : *Qui vitam excoluere per artes*[2]; ce sont eux que le grand Virgile place dans les champs Élysées parmi les ombres heureuses, parce que la culture des arts rend toujours les âmes plus honnêtes et plus pures.

Enfin nous avons cru que le fond des choses qui sont traitées dans ce drame pourrait ranimer un peu le goût de la poésie, que l'esprit de dissertation et de paradoxe commence à éteindre en France malgré les heureux efforts de plusieurs jeunes gens, remplis de grands talents, qu'on n'a peut-être pas assez encouragés.

1. Au lieu de ces initiales, qui sont dans les premières éditions, l'édition de 1775 et ses réimpressions portent: « L'auteur de *la Tolérance.* » (B.)
2. Virgile, *Æn.*, VI, 663. (B.)

DISCOURS[1]

HISTORIQUE ET CRITIQUE

A L'OCCASION

DE LA TRAGÉDIE DES *GUÈBRES*.

On trouvera dans cette nouvelle édition de la tragédie des *Guèbres,* exactement corrigée, beaucoup de morceaux qui n'étaient point dans les premières. Cette pièce n'est pas une tragédie ordinaire dont le seul but soit d'occuper pendant une heure le loisir des spectateurs, et dont le seul mérite soit d'arracher, avec le secours d'une actrice, quelques larmes bientôt oubliées. L'auteur n'a point cherché de vains applaudissements, qu'on a si souvent prodigués sur les théâtres aux plus mauvais ouvrages encore plus qu'aux meilleurs.

Il a seulement voulu employer un faible talent à inspirer, autant qu'il est en lui, le respect pour les lois, la charité universelle, l'humanité, l'indulgence, la tolérance : c'est ce qu'on a déjà remarqué[2] dans les préfaces qui ont paru à la tête de cet ouvrage dramatique.

Pour mieux parvenir à jeter dans les esprits les semences de ces vertus nécessaires à toute société, on a choisi des personnages dans l'ordre commun. On n'a pas craint de hasarder sur la scène un jardinier, une jeune fille qui a prêté la main aux travaux rustiques de son père, des officiers, dont l'un commande dans une petite place frontière, et dont l'autre est lieutenant dans la compagnie de son frère ; enfin un des acteurs est un simple soldat. De tels personnages, qui se rapprochent plus de la nature, et la

---

1. Ce *Discours* est en tête d'une *troisième* édition, datée de 1769, et qui ne contient ni la Préface qui précède, ni l'*Épître dédicatoire*. Voltaire parle de ce *Discours* dans sa lettre à Schomberg, du 31 octobre 1769, et dans celle à Richelieu, du 8 novembre. (B.)
2. Page 489.

simplicité du style qui leur convient, ont paru devoir faire plus d'impression, et mieux concourir au but proposé que des princes amoureux et des princesses passionnées : les théâtres ont assez retenti de ces aventures tragiques qui ne se passent qu'entre des souverains, et qui sont de peu d'utilité pour le reste des hommes. On trouve à la vérité un empereur dans cette pièce, mais ce n'est ni pour frapper les yeux par le faste de la grandeur, ni pour étaler son pouvoir en vers ampoulés : il ne vient qu'à la fin de la tragédie, et c'est pour prononcer une loi telle que les anciens les feignaient dictées par les dieux.

Cette heureuse catastrophe est fondée sur la plus exacte vérité. L'empereur Gallien, dont les prédécesseurs avaient longtemps persécuté une secte persane, et même notre religion chrétienne, accorda enfin aux chrétiens et aux sectaires de Perse la liberté de conscience par un édit solennel. C'est la seule action glorieuse de son règne. Le vaillant et sage Dioclétien se conforma depuis à cet édit pendant dix-huit années entières. La première chose que fit Constantin, après avoir vaincu Maxence, fut de renouveler le fameux édit de liberté de conscience, porté par l'empereur Gallien en faveur des chrétiens. Ainsi c'est proprement la liberté donnée au christianisme qui était le sujet de la tragédie. Le respect seul pour notre religion empêcha, comme on sait, l'auteur de la mettre sur le théâtre : il donna la pièce sous le nom des *Guèbres*. S'il l'avait présentée sous le titre des chrétiens, elle aurait été jouée sans difficulté, puisqu'on n'en fit aucune de représenter le saint *Genest* de Rotrou, le saint *Polyeucte*, et la sainte *Théodore*, vierge et martyre, de Pierre Corneille, le saint *Alexis* de Desfontaines, la sainte *Gabinie* de Brueys, et plusieurs autres.

Il est vrai qu'alors le goût était moins raffiné, les esprits étaient moins disposés à faire des applications malignes; le public trouvait bon que chaque acteur parlât dans son caractère.

On applaudit sur le théâtre ces vers de Marcèle dans la tragédie de *Saint Genest*, jouée en 1647, longtemps après *Polyeucte*[1] :

> O ridicule erreur de vanter la puissance
> D'un Dieu qui donne aux siens la mort pour récompense,
> D'un imposteur, d'un fourbe, et d'un crucifié !
> Qui l'a mis dans le ciel ? Qui l'a déifié ?

---

1. Le *Polyeucte* est de 1640; le *Véritable saint Genest*, tragédie de Rotrou, que les frères Parfaict (*Histoire du Théâtre-Français*, VII, 16) mettent en 1646, fut imprimé en 1648. Un autre auteur, nommé Desfontaines, avait donné, en 1645, l'*Illustre Comédien, ou le Martyre de saint Genest*. (B.)

> Un ramas d'ignorants et d'hommes inutiles,
> De malheureux, la lie et l'opprobre des villes ;
> Des femmes, des enfants, dont la crédulité
> S'est forgée à plaisir une divinité ;
> Des gens qui, dépourvus des biens de la fortune,
> Trouvant dans leur malheur la lumière importune,
> Sous le nom de chrétiens font gloire du trépas,
> Et du mépris des biens qu'ils ne possèdent pas.

Mais on applaudit encore davantage cette réponse de saint Genest :

> Si mépriser leurs dieux c'est leur être rebelle,
> Croyez qu'avec raison je leur suis infidèle,
> Et que, loin d'excuser cette infidélité,
> C'est un crime innocent dont je fais vanité.
> Vous verrez si ces dieux de métal et de pierre
> Seront puissants au ciel comme on les croit en terre,
> Et s'ils vous sauveront de la juste fureur
> D'un Dieu dont la créance y passe pour erreur ;
> Et lors ces malheureux, ces opprobres des villes,
> Ces femmes, ces enfants, et ces gens inutiles,
> Les sectateurs enfin de ce crucifié,
> Vous diront si sans cause ils l'ont déifié.

On avait approuvé dix ans auparavant, dans la tragédie de saint *Polyeucte*, le zèle avec lequel il court renverser les vases sacrés et briser les statues des dieux dès qu'il est baptisé. Les esprits n'étaient pas alors aussi difficiles qu'ils le sont aujourd'hui ; on ne s'aperçut pas que l'action de Polyeucte est injuste et téméraire ; peu de gens même savaient qu'un tel emportement était condamné par les saints conciles. Quoi de plus condamnable, en effet, que d'aller exciter un tumulte horrible dans un temple, de mettre aux prises tout un peuple assemblé pour remercier le ciel d'une victoire de l'empereur, de fracasser des statues dont les débris peuvent fendre la tête des enfants et des femmes! Ce n'est que depuis peu qu'on a vu combien la témérité de Polyeucte est insensée et coupable. La cession qu'il fait de sa femme à un païen a paru enfin à plusieurs personnes choquer la raison, les bienséances, la nature, et le christianisme même : les conversions subites de Pauline, et même du lâche Félix, ont trouvé des censeurs, qui, en admirant les belles scènes de cette pièce, se sont révoltés contre quelques défauts de ce genre.

Athalie est peut-être le chef-d'œuvre de l'esprit humain. Trouver le secret de faire en France une tragédie intéressante sans amour, oser faire parler un enfant sur le théâtre, et lui prêter des réponses dont la candeur et la simplicité nous tirent des larmes, n'avoir presque pour acteurs principaux qu'une vieille femme et un prêtre, remuer le cœur pendant cinq actes avec ces faibles moyens, se soutenir surtout (et c'est là le grand art) par une diction toujours pure, toujours naturelle, et auguste, souvent sublime ; c'est là ce qui n'a été donné qu'à Racine, et qu'on ne reverra probablement jamais.

Cependant cet ouvrage n'eut longtemps que des censeurs. On connaît l'épigramme de Fontenelle, qui finit par ce mauvais vers :

> Pour avoir fait pis qu'Esther,
> Comment diable as-tu pu faire ?

Il y avait alors une cabale si acharnée contre le grand Racine, que, si l'on en croit l'historien du théâtre français, on donnait, dans des jeux de société, pour pénitence à ceux qui avaient fait quelque faute, de lire un acte d'*Athalie;* comme dans la société de Boileau, de Furetière, de Chapelle, on avait imposé la pénitence de lire une page de *la Pucelle* de Chapelain : c'est sur quoi l'écrivain du *Siècle de Louis XIV* dit, à l'article RACINE : « L'or est confondu avec la boue pendant la vie des artistes, et la mort les sépare. »

Enfin, ce qui montre encore plus à quel point nos premiers jugements sont souvent absurdes, combien il est rare de bien apprécier les ouvrages en tout genre, c'est que non-seulement *Athalie* fut impitoyablement déchirée, mais elle fut oubliée. On représentait tous les jours *Alcibiade*[1], pour qui

> . . . . La fille d'un grand roi[2]
> Brûle d'un feu secret, sans honte et sans effroi.

Tous les nouveaux acteurs essayaient leur talent dans *le Comte d'Essex*, qui dit en rendant son épée :

> Vous avez en vos mains ce que toute la terre
> A vu plus d'une fois utile à l'Angleterre.

On applaudissait à la reine Élisabeth, amoureuse comme une fille de quinze ans à l'âge de soixante et huit ; les loges s'extasiaient quand elle disait :

---

1. Tragédie de Campistron, jouée en 1685.
2. *Alcibiade*, acte II, scène VII.

Il a trop de ma bouche, il a trop de mes yeux
Appris qu'il est, l'ingrat, ce que j'aime le mieux.
De cette passion que faut-il qu'il espère ?
Ce qu'il faut qu'il espère ! et qu'en puis-je espérer
Que la douceur de voir, d'aimer, et de pleurer ?

Ces énormes platitudes, qui suffiraient à déshonorer une nation, avaient la plus grande vogue; mais pour *Athalie,* il n'en était pas question, elle était ignorée du public. Une cabale l'avait anéantie, une autre cabale enfin la ressuscita. Ce ne fut point parce que cet ouvrage est un chef-d'œuvre d'éloquence qu'on le fit représenter en 1717[1], ce fut uniquement parce que l'âge du petit Joas et celui du roi de France[2] régnant étant pareils, on crut que cette conformité pourrait faire une grande impression sur les esprits. Alors le public passa de trente années d'indifférence au plus grand enthousiasme.

Malgré cet enthousiasme, il y eut des critiques : je ne parle pas de ces raisonneurs destitués de génie et de goût, qui, n'ayant pu faire deux bons vers en leur vie, s'avisent de peser dans leurs petites balances les beautés et les défauts des grands hommes, à peu près comme des bourgeois de la rue Saint-Denis jugent les campagnes des maréchaux de Turenne et de Saxe.

Je n'ai ici en vue que les réflexions sensées et patriotiques de plusieurs seigneurs considérables, soit français, soit étrangers : ils ont trouvé Joad beaucoup plus condamnable que ne l'était Grégoire VII quand il eut l'audace de déposer son empereur Henri IV, de le persécuter jusqu'à la mort, et de lui faire refuser la sépulture.

Je crois rendre service à la littérature, aux mœurs, aux lois, en rapportant ici la conversation que j'eus dans Paris avec milord Cornsbury, au sujet d'une représentation d'*Athalie.*

« Je ne puis aimer, disait ce digne pair d'Angleterre, le pontife Joad : comment ! conspirer contre sa reine à laquelle il a fait serment d'obéissance ! la trahir par le plus lâche des mensonges, en lui disant qu'il y a de l'or dans sa sacristie, et qu'il lui donnera cet or ! la faire ensuite égorger par des prêtres à la Porte-aux-Chevaux, sans forme de procès ! une reine ! une femme ! quelle horreur ! Encore si Joad avait quelque prétexte pour commettre cette action abominable ! mais il n'en a aucun. Athalie

---

1. La représentation d'*Athalie* est du 3 mars 1716.
2. Louis XV, né en 1710.

est une grand'mère de près de cent ans[1] ; le jeune Joas est son petit-fils, son unique héritier ; elle n'a plus de parents ; son intérêt est de l'élever et de lui laisser la couronne ; elle déclare elle-même qu'elle n'a pas d'autre intention. C'est une absurdité insupportable de supposer qu'elle veuille élever Joas chez elle pour s'en défaire ; c'est pourtant sur cette absurdité que le fanatique Joad assassine sa reine.

« Je l'appelle hardiment fanatique, puisqu'il parle ainsi à sa femme (à cette femme assez inutile dans la pièce), lorsqu'il la trouve avec un prêtre qui n'est pas de sa communion :

> Quoi ! fille de David, vous parlez à ce traître[2] !
> Vous souffrez qu'il vous parle, et vous ne craignez pas
> Que, du fond de l'abîme entr'ouvert sous ses pas,
> Il ne sorte à l'instant des feux qui vous embrasent,
> Ou qu'en tombant sur lui ces murs ne vous écrasent !

« Je fus très-content du parterre qui riait de ces vers, et non moins content de l'acteur[3] qui les supprima dans la représentation suivante. Je me sentais une horreur inexprimable pour ce Joad ; je m'intéressais vivement à Athalie ; je disais d'après vous-même :

> Je pleure, hélas ! de la pauvre Athalie,
> Si méchamment mise à mort par Joad[4].

« Car pourquoi ce grand-prêtre conspire-t-il très-imprudemment contre la reine ? pourquoi la trahit-il ? pourquoi l'égorge-t-il ? C'est apparemment pour régner lui-même sous le nom du petit Joas ; car quel autre que lui pourrait avoir la régence sous un roi enfant dont il est le maître ?

« Ce n'est pas tout ; il veut qu'on extermine ses concitoyens ; qu'on se baigne *dans leur sang sans horreur*; il dit à ses prêtres :

> Frappez et Tyriens et même Israélites[5].

---

1. Voyez page 128.
2. *Athalie*, acte III, scène v.
3. C'était Beaubourg (Pierre Tronchon, sieur de), mort, en 1725, à soixante-trois ans.
4. L'épigramme de Racine sur la *Judith* de Boyer se termine par ces vers :

> Je pleure, hélas ! pour ce pauvre Holopherne
> Si méchamment mis à mort par Judith.

(*OEuvres complètes [de Racine*, édition de MM. Saint-Marc Girardin et Louis Moland, tome V, p. 389.)

5. *Athalie*, acte IV, scène III.

« Quel est le prétexte de cette boucherie? c'est que les uns adorent Dieu sous le nom phénicien d'Adonaï; les autres, sous le nom chaldéen de Baal ou Bel. En bonne foi, est-ce là une raison pour massacrer ses concitoyens, ses parents, comme il l'ordonne? Quoi! parce que Racine est janséniste, il veut qu'on fasse une Saint-Barthélemy des hérétiques!

« Il est d'autant plus permis d'avoir en exécration l'assassinat et les fureurs de Joad, que les livres juifs, que toute la terre sait être inspirés de Dieu, ne lui donnent aucun éloge. J'ai vu plusieurs de mes compatriotes qui regardent du même œil Joad et Cromwell : ils disent que l'un et l'autre se servent de la religion pour faire mourir leurs monarques. J'ai vu même des gens difficiles qui disaient que le prêtre Joad n'avait pas plus de droit d'assassiner Athalie que votre jacobin Clément n'en avait d'assassiner Henri III.

« On n'a jamais joué *Athalie* chez nous; je m'imagine que c'est parce qu'on y déteste un prêtre qui assassine sa reine sans la sanction d'un acte passé en parlement.

— C'est peut-être, lui répondis-je, parce qu'on ne tue qu'une seule reine dans cette pièce; il en faut des douzaines aux Anglais, avec autant de spectres.

— Non, croyez-moi, me répliqua-t-il, si on ne joue point *Athalie* à Londres, c'est qu'il n'y a point assez d'action pour nous; c'est que tout s'y passe en longs discours; c'est que les quatre premiers actes entiers sont des préparatifs; c'est que Josabeth et Mathan sont des personnages peu agissants; c'est que le grand mérite de cet ouvrage consiste dans l'extrême simplicité et dans l'élégance noble du style. La simplicité n'est point du tout un mérite sur notre théâtre; nous voulons bien plus de fracas, d'intrigue, d'action, et d'événements variés : les autres nations nous blâment; mais sont-elles en droit de vouloir nous empêcher d'avoir du plaisir à notre manière? En fait de goût, comme de gouvernement, chacun doit être le maître chez soi. Pour la beauté de la versification, elle ne se peut jamais traduire. Enfin le jeune Éliacin, en long habit de lin, et le petit Zacharie, tous deux présentant le sel au grand-prêtre, ne feraient aucun effet sur les têtes de mes compatriotes, qui veulent être profondément occupées et fortement remuées.

« Personne ne court véritablement le moindre danger dans cette pièce jusqu'au moment où la trahison du grand-prêtre éclate, car assurément on ne craint point qu'Athalie fasse tuer le petit Joas; elle n'en a nulle envie, elle veut l'élever *comme son propre fils*[1]. Il faut avouer que le grand-prêtre, par ses manœuvres et par sa férocité, fait tout ce qu'il peut pour perdre cet enfant qu'il veut conserver ; car en attirant la reine dans le temple sous prétexte de lui donner de l'argent, en préparant cet assassinat, pouvait-il s'assurer que le petit Joas ne serait pas égorgé dans le tumulte ?

« En un mot, ce qui peut être bon pour une nation peut être fort insipide pour une autre. On a voulu en vain me faire admirer la réponse que Joas fait à la reine quand elle lui dit :

> J'ai mon dieu que je sers ; vous servirez le vôtre :
> Ce sont deux puissants dieux.

Le petit Juif lui répond :

> Il faut craindre le mien ;
> Lui seul est Dieu, madame, et le vôtre n'est rien.

« Qui ne voit que l'enfant aurait répondu de même s'il avait été élevé dans le culte de Baal par Mathan ? Cette réponse ne signifie autre chose sinon : J'ai raison, et vous avez tort, car ma nourrice me l'a dit.

« Enfin, monsieur, j'admire avec vous l'art et les vers de Racine dans *Athalie*, et je trouve avec vous que le fanatique Joad est d'un très-dangereux exemple.

— Je ne veux point, lui répliquai-je, condamner le goût de vos Anglais ; chaque peuple a son caractère : ce n'est point pour le roi Guillaume que Racine fit son *Athalie* ; c'est pour Mme de Maintenon et pour des Français. Peut-être vos Anglais n'auraient point été touchés du péril imaginaire du petit Joas : ils raisonnent, mais les Français sentent : il faut plaire à sa nation ; et quiconque n'a point avec le temps de réputation chez soi, n'en a jamais ailleurs. Racine prévit bien l'effet que sa pièce devait faire sur notre théâtre ; il conçut que les spectateurs croiraient en effet que la vie de l'enfant est menacée, quoiqu'elle ne le soit point du tout. Il sentit qu'il ferait illusion par le prestige de son art admirable ; que la présence de cet enfant et les discours touchants de Joad, qui lui sert de père, arracheraient des larmes.

« J'avoue qu'il n'est pas possible qu'une femme d'environ cent ans veuille égorger son petit-fils, son unique héritier ; je sais qu'elle a un intérêt pressant à l'élever auprès d'elle, qu'il doit lui

---

1. *Athalie*, acte II, scène VII.

servir de sauvegarde contre ses ennemis, que la vie de cet enfant doit être son plus cher objet après la sienne propre : mais l'auteur a l'adresse de ne pas présenter cette vérité aux yeux; il la déguise ; il inspire de l'horreur pour Athalie, qu'il représente comme ayant égorgé tous ses petits-fils, quoique ce massacre ne soit nullement vraisemblable. Il suppose que Joas a échappé au carnage; dès lors le spectateur est alarmé et attendri. Un vrai poëte, tel que Racine, est, si je l'ose dire, comme un dieu qui tient les cœurs des hommes dans sa main. Le potier qui donne à son gré des formes à l'argile n'est qu'une faible image du grand poëte qui tourne comme il veut nos idées et nos passions. »

Tel fut à peu près l'entretien que j'eus autrefois avec milord Cornsbury, l'un des meilleurs esprits qu'ait produits la Grande-Bretagne.

Je reviens à présent à la tragédie des *Guèbres*, que je suis bien loin de comparer à l'*Athalie* pour la beauté du style, pour la simplicité de la conduite, pour la majesté du sujet, pour les ressources de l'art.

Athalie a d'ailleurs un avantage que rien ne peut compenser, celui d'être fondée sur une religion qui était alors la seule véritable, et qui n'a été, comme on sait, remplacée que par la nôtre. Les noms seuls d'Israël, de David, de Salomon, de Juda, de Benjamin, impriment sur cette tragédie je ne sais quelle horreur religieuse qui saisit un grand nombre de spectateurs. On rappelle dans la pièce tous les prodiges sacrés dont Dieu honora son peuple juif sous les descendants de David : Achab puni; les chiens qui lèchent son sang, suivant la prédiction d'Élie, et suivant le psaume 67 [1] : *Les chiens lècheront leur sang…*

Élie annonce qu'il ne pleuvra de trois ans ; il prouve à quatre cent cinquante prophètes du roi Achab qu'ils sont de faux prophètes, en faisant consommer son holocauste d'un bœuf par le feu du ciel ; et il fait égorger les quatre cent cinquante prophètes qui n'ont pu opérer un pareil miracle : tous ces grands signes de la puissance divine sont retracés pompeusement dans la tragédie d'*Athalie* dès la première scène. Le pontife Joad lui-même prophétise, et déclare que l'or sera changé en plomb. Tout le sublime de l'histoire juive est répandu dans la pièce depuis le premier vers jusqu'au dernier.

La tragédie des *Guèbres* ne peut être appuyée par ces secours

---

1. Verset 24.

divins : il ne s'agit ici que d'humanité. Deux simples officiers, pleins d'honneur et de générosité, veulent arracher une fille innocente à la fureur de quelques prêtres païens. Point de prodiges, point d'oracle, point d'ordre des dieux; la seule nature parle dans la pièce. Peut-être ne va-t-on pas loin quand on n'est pas soutenu par le merveilleux; mais enfin la morale de cette tragédie est si pure et si touchante qu'elle a trouvé grâce devant tous les esprits bien faits.

Si quelque ouvrage de théâtre pouvait contribuer à la félicité publique par des maximes sages et vertueuses, on convient que c'est celui-ci. Il n'y a point de souverain à qui la terre entière n'applaudît avec transport, si on lui entendait dire :

> Je pense en citoyen ; j'agis en empereur [1] :
> Je hais le fanatique et le persécuteur.

Tout l'esprit de la pièce est dans ces deux vers; tout y conspire à rendre les mœurs plus douces, les peuples plus sages, les souverains plus compatissants, la religion plus conforme à la volonté divine.

On nous a mandé que des hommes ennemis des arts, et plus encore de la saine morale, cabalaient en secret contre cet ouvrage utile; ils ont prétendu, dit-on, qu'on pouvait appliquer à quelques pontifes, à quelques prêtres modernes, ce qu'on dit des anciens prêtres d'Apamée. Nous ne pouvons croire qu'on ose hasarder, dans un siècle tel que le nôtre, des allusions si fausses et si ridicules. S'il y a peu de génie dans ce siècle, il faut avouer du moins qu'il y règne une raison très-cultivée. Les honnêtes gens ne souffrent plus ces allusions malignes, ces interprétations forcées, cette fureur de voir dans un ouvrage ce qui n'y est pas. On employa cet indigne artifice contre le *Tartuffe* de Molière; il ne prévalut pas : prévaudrait-il aujourd'hui ?

Quelques figuristes, dit-on, prétendent que les prêtres d'Apamée sont les jésuites Le Tellier et Doucin; qu'Arzame est une religieuse de Port-Royal; que les Guèbres sont les jansénistes. Cette idée est folle; mais, quand même on pourrait la couvrir de quelque apparence de raison, qu'en résulterait-il ? que les jésuites ont été quelque temps des persécuteurs, des ennemis de la paix publique, qu'ils ont fait languir et mourir par lettres de cachet dans des prisons plus de cinq cents citoyens pour je ne sais quelle

---

1. *Les Guèbres*, acte V, scène vi.

bulle[1] qu'ils avaient fabriquée eux-mêmes, et qu'enfin on a trèsbien fait de les punir.

D'autres, qui veulent absolument trouver une clef pour l'intelligence des Guèbres, soupçonnent qu'on a voulu peindre l'Inquisition, parce que, dans plusieurs pays, des magistrats ont siégé avec les moines inquisiteurs pour veiller aux intérêts de l'État ; cette idée n'est pas moins absurde que l'autre. Pourquoi vouloir expliquer ce qui ne demande aucune explication ? pourquoi s'obstiner à faire d'une tragédie une énigme dont on cherche le mot ? Il y eut un nommé du Magnon qui imprima que *Cinna* était le portrait de la cour de Louis XIII.

Mais supposons encore qu'on pût imaginer quelque ressemblance entre les prêtres d'Apamée et les inquisiteurs, il n'y aurait dans cette ressemblance prétendue qu'une raison de plus d'élever des monuments à la gloire des ministres d'Espagne et de Portugal qui ont enfin réprimé les horribles abus de ce tribunal sanguinaire. Vous voulez à toute force que cette tragédie soit la satire de l'Inquisition ; eh bien ! bénissez donc tous les parlements de France qui se sont constamment opposés à l'introduction de cette magistrature monstrueuse, étrangère, inique, dernier effort de la tyrannie, et opprobre du genre humain. Vous cherchez des allusions ; adoptez donc celle qui se présente si naturellement dans le clergé de France, composé en général d'hommes dont la vertu égale la naissance, et qui ne sont point persécuteurs :

> Ces pontifes divins, justement respectés[2],
> Ont condamné l'orgueil, et plus les cruautés.

Vous trouverez, si vous voulez, une ressemblance plus frappante entre l'empereur qui vient dire, à la fin de la tragédie, qu'il ne veut pour prêtres que des hommes de paix, et ce roi sage qui a su calmer des querelles ecclésiastiques qu'on croyait interminables.

Quelque allégorie que vous cherchiez dans cette pièce, vous n'y verrez que l'éloge du siècle.

Voilà ce qu'on répondrait avec raison à quiconque aurait la manie de vouloir envisager le tableau du temps présent dans une antiquité de quinze cents années.

Si la tolérance accordée par quelques empereurs romains paraissait d'une conséquence dangereuse à quelques habitants

---

1. La bulle *Unigenitus*. (B.)
2. *Les Guèbres*, acte I, scène III.

des Gaules du dix-huitième siècle de notre ère vulgaire ; s'ils oubliaient que les Provinces-Unies doivent leur opulence à cette tolérance humaine ; l'Angleterre, sa puissance ; l'Allemagne, sa paix intérieure ; la Russie, sa grandeur, sa nouvelle population, sa force ; si ces faux politiques s'effarouchent d'une vertu que la nature enseigne, s'ils osent s'élever contre cette vertu, qu'ils songent au moins qu'elle est recommandée par Sévère dans *Polyeucte*[1] :

J'approuve cependant que chacun ait ses dieux.

Qu'ils avouent que, dans *les Guèbres*, ce droit naturel est bien plus restreint dans des limites raisonnables :

Que chacun dans sa loi cherche en paix la lumière[2] ;
Mais la loi de l'État est toujours la première.

Aussi ces vers ont été toujours reçus avec une approbation universelle partout où la pièce a été représentée[3]. Ce qui est approuvé par le suffrage de tous les hommes est sans doute le bien de tous les hommes.

L'empereur, dans la tragédie des *Guèbres*, n'entend point et ne peut entendre, par le mot de *tolérance*, la licence des opinions contraires aux mœurs, les assemblées de débauche, les confréries fanatiques ; il entend cette indulgence qu'on doit à tous les citoyens qui suivent en paix ce que leur conscience leur dicte, et qui adorent la Divinité sans troubler la société. Il ne veut pas qu'on punisse ceux qui se trompent comme on punirait des parricides. Un code criminel fondé sur une loi si sage abolirait des horreurs qui font frémir la nature : on ne verrait plus des préjugés tenir lieu de lois divines ; les plus absurdes délations devenir des convictions ; une secte accuser continuellement une autre secte d'immoler ses enfants ; des actions indifférentes en elles-mêmes portées devant les tribunaux comme d'énormes attentats ; des opinions simplement philosophiques traitées de crimes de lèse-majesté divine et humaine ; un pauvre gentilhomme condamné à la mort pour avoir soulagé la faim dont il était pressé en

---

1. Acte V, scène dernière.
2. *Les Guèbres*, acte V, scène vi.
3. C'est une supposition de l'auteur, qui avait grande envie de la faire jouer à Paris. Il fut question de la représenter à Lyon, à Toulouse ; cette tragédie n'a pu même être représentée sur le théâtre de Ferney (voyez page 485) ; c'eût été trahir l'*incognito* de l'auteur. (B.)

mangeant de la chair de cheval en carême¹; une étourderie de jeunesse punie par un supplice réservé aux parricides²; et enfin les mœurs les plus barbares étaler, à l'étonnement des nations indignées, toute leur atrocité dans le sein de la politesse et des plaisirs. C'était malheureusement le caractère de quelques peuples dans des temps d'ignorance. Plus on est absurde, plus on est intolérant et cruel : l'absurdité a élevé plus d'échafauds qu'il n'y a eu de criminels. C'est l'absurdité qui livra aux flammes la maréchale d'Ancre et le curé Urbain Grandier ; c'est l'absurdité, sans doute, qui fut l'origine de la Saint-Barthélemy. Quand la raison est pervertie, l'homme devient un animal féroce ; les bœufs et les singes se changent en tigres. Voulez-vous changer enfin ces bêtes en hommes ? Commencez par souffrir qu'on leur prêche la raison³.

1. Claude Guillon, exécuté en 1629, le 25 juillet, à Saint-Claude, en Franche-Comté, pour ce crime de lèse-majesté divine au premier chef. — Voltaire a parlé de Guillon dans son *Commentaire sur le livre des Délits et des Peines*. (B.)
2. Voyez la *Relation de la mort du chevalier de La Barre*. (B.)
3. C'est ici que se termine le *Discours historique* dans toutes les éditions données du vivant de l'auteur ; mais, dans le manuscrit, ce discours était terminé par le passage que voici, et que nous ont conservé les éditeurs de Kehl :

« Le résultat de ce discours est qu'il faut de la tolérance dans les beaux-arts comme dans la société : aussi ce jeune Desmahis était le plus tolérant de tous les hommes ; il ne haïssait que les pédants insolents, qui sont la pire espèce du genre humain, soit qu'ils parlent en persécuteurs, comme l'ont été les jésuites, soit qu'ils outragent des citoyens dans des gazettes ecclésiastiques ou profanes, pour avoir du pain. S'il était inexorable pour ces âmes lâches et perverses, il était très-indulgent pour les ouvrages de génie. Il n'en est aucun de parfait, disait-il, pas même le *Tartuffe*, qui approche tant de la perfection. Il y a des morceaux parfaits : c'est tout ce qu'on peut attendre de la faiblesse humaine.

« C'est dommage qu'il soit mort si jeune, ainsi que Guillaume Vadé et Jérôme Carré ; ils auraient peut-être un peu servi à débarbouiller ce siècle.

« Je donne donc en pur don *les Guèbres* de M. Desmahis à un libraire qui les donnera au public pour de l'argent.

« Je n'excuse ni la singularité de cette pièce ni ses défauts.

« Si *les Guèbres* ennuient mon cher lecteur, et m'ennuient moi-même quand je les relirai, ce qui m'est arrivé en cent occasions, je leur dirai :

» Enfant posthume et misérable
De mon cher petit Desmahis,
Tombez dans la foule innombrable
De ces impertinents écrits
Dont l'énormité nous accable,
Tant en province qu'à Paris.
C'est un destin bien déplorable,
Mais c'est celui des beaux esprits
De notre siècle incomparable. » (B.)

PERSONNAGES.

IRADAN, tribun militaire, commandant dans le château d'Apamée.
CÉSÈNE, son frère et son lieutenant.
ARZÉMON, Parsis ou Guèbre, agriculteur retiré près de la ville d'Apamée.
ARZÉMON, son fils.
ARZAME, sa fille.
MÉGATISE, Guèbre, soldat de la garnison.
PRÊTRES DE PLUTON.
L'EMPEREUR et ses OFFICIERS.
SOLDATS.

La scène est dans le château d'Apamée, sur l'Oronte, en Syrie.

LES GUÈBRES

ou

LA TOLÉRANCE

TRAGÉDIE

ACTE PREMIER.

SCÈNE I.

IRADAN, CÉSÈNE.

CÉSÈNE.
Je suis las de servir. Souffrirons-nous, mon frère,
Cet avilissement du grade militaire ?
N'avez-vous avec moi, dans quinze ans de hasards,
Prodigué votre sang dans les camps des Césars
Que pour languir ici loin des regards du maître,
Commandant subalterne et lieutenant d'un prêtre ?
Apamée à mes yeux est un séjour d'horreur.
J'espérais près de vous montrer quelque valeur,
Combattre sous vos lois, suivre en tout votre exemple ;
Mais vous n'en recevez que des tyrans d'un temple ;
Ces mortels inhumains, à Pluton consacrés,
Dictent par votre voix leurs décrets abhorrés :
Ma raison s'en indigne, et mon honneur s'irrite
De vous voir en ces lieux leur premier satellite.

IRADAN.
Ah ! des mêmes chagrins mes sens sont pénétrés ;
Moins violent que vous, je les ai dévorés :

Mais que faire? et qui suis-je? un soldat de fortune ;
Né citoyen romain, mais de race commune,
Sans soutiens, sans patrons, qui daignent m'appuyer,
Sous ce joug odieux il m'a fallu plier.
Des prêtres de Pluton, dans les murs d'Apamée,
L'autorité fatale est trop bien confirmée :
Plus l'abus est antique, et plus il est sacré ;
Par nos derniers Césars on l'a vu révéré.
De l'empire persan l'Oronte nous sépare ;
Gallien veut punir la nation barbare
Chez qui Valérien, victime des revers,
Chargé d'ans et d'affronts, expira dans les fers.
Venger la mort d'un père est toujours légitime.
Le culte des Persans à ses yeux est un crime.
Il redoute, ou du moins il feint de redouter
Que ce peuple inconstant, prompt à se révolter,
N'embrasse aveuglément cette secte étrangère,
A nos lois, à nos dieux, à notre État, contraire ;
Il dit que la Syrie a porté dans son sein
De vingt cultes nouveaux le dangereux essaim,
Que la paix de l'empire en peut être troublée,
Et des Césars un jour la puissance ébranlée :
C'est ainsi qu'il excuse un excès de rigueur.

CÉSÈNE.

Il se trompe ; un sujet gouverné par l'honneur
Distingue en tous les temps l'État et sa croyance.
Le trône avec l'autel n'est point dans la balance.
Mon cœur est à mes dieux, mon bras à l'empereur.
Eh quoi ! si des Persans vous embrassiez l'erreur,
Aux serments d'un tribun seriez-vous moins fidèle?
Seriez-vous moins vaillant? Auriez-vous moins de zèle?
Que César à son gré se venge des Persans ;
Mais pourquoi parmi nous punir des innocents?
Et pourquoi vous charger de l'affreux ministère
Que partage avec vous un sénat sanguinaire?

IRADAN.

On prétend qu'à ce peuple il faut un joug de fer,
Une loi de terreur, et des juges d'enfer.
Je sais qu'au Capitole on a plus d'indulgence ;
Mais le cœur en ces lieux se ferme à la clémence :
Dans ce sénat sanglant les tribuns ont leur voix ;
J'ai souvent amolli la dureté des lois ;

Mais ces juges altiers contestent à ma place
Le droit de pardonner, le droit de faire grâce.
CÉSÈNE.
Ah! laissons cette place et ces hommes pervers.
Sachez que je vivrais dans le fond des déserts
Du travail de mes mains, chez un peuple sauvage,
Plutôt que de ramper dans ce dur esclavage.
IRADAN.
Cent fois, dans les chagrins dont je me sens presser,
A ces honneurs honteux j'ai voulu renoncer;
Et, foulant à mes pieds la crainte et l'espérance,
Vivre dans la retraite et dans l'indépendance;
Mais j'y craindrais encor les yeux des délateurs :
Rien n'échappe aux soupçons de nos accusateurs.
Hélas! vous savez trop qu'en nos courses premières
On nous vit des Persans habiter les frontières;
Dans les remparts d'Émesse un lien dangereux,
Un hymen clandestin nous enchaîna tous deux :
Ce nœud saint par lui-même est par nos lois impie,
C'est un crime d'État que la mort seule expie;
Et contre les Persans César envenimé
Nous punirait tous deux d'avoir jadis aimé.
CÉSÈNE.
Nous le mériterions. Pourquoi, malgré nos chaînes,
Avons-nous combattu sous les aigles romaines?
Triste sort d'un soldat! docile meurtrier,
Il détruit sa patrie et son propre foyer
Sur un ordre émané d'un préfet du prétoire;
Il vend le sang humain! c'est donc là de la gloire!
Nos homicides bras, gagés par l'empereur,
Dans des lieux trop chéris ont porté leur fureur.
Qui sait si, dans Émesse abandonnée aux flammes,
Nous n'avons pas frappé nos enfants et nos femmes?
Nous étions commandés pour la destruction;
Le feu consuma tout; je vis notre maison,
Nos foyers enterrés dans la perte commune.
Je ne regrette point une faible fortune;
Mais nos femmes, hélas! nos enfants au berceau!
Ma fille, votre fils, sans vie et sans tombeau!
César nous rendra-t-il ces biens inestimables?
C'est de l'avoir servi que nous sommes coupables;
C'est d'avoir obéi quand il fallut marcher,

Quand César alluma cet horrible bûcher;
C'est d'avoir asservi sous des lois sanguinaires
Notre indigne valeur et nos mains mercenaires.

IRADAN.

Je pense comme vous, et vous me connaissez;
Mes remords par le temps ne sont point effacés.
Mon métier de soldat pèse à mon cœur trop tendre;
Je pleurerai toujours sur ma famille en cendre;
J'abhorrerai ces mains qui n'ont pu les sauver;
Je chérirai ces pleurs qui viennent m'abreuver :
Nous n'aurons, dans l'ennui qui tous deux nous consume,
Que des nuits de douleur et des jours d'amertume.

CÉSÈNE.

Pourquoi donc voulez-vous de nos malheureux jours,
Dans ce fatal service, empoisonner le cours?
Rejetez un fardeau que ma gloire déteste;
Demandez à César un emploi moins funeste :
On dit qu'en nos remparts il revient aujourd'hui.

IRADAN.

Il faut des protecteurs qui m'approchent de lui;
Percerai-je jamais cette foule empressée,
D'un préfet du prétoire esclave intéressée,
Ces flots de courtisans, ce monde de flatteurs,
Que la fortune attache aux pas des empereurs,
Et qui laisse languir la valeur ignorée,
Loin des palais des grands, honteuse et retirée?

CÉSÈNE.

N'importe, à ses genoux il faudra nous jeter;
S'il est digne du trône, il doit nous écouter.

SCÈNE II.

IRADAN, CÉSÈNE, MÉGATISE.

IRADAN.

Soldat, que me veux-tu?

MÉGATISE.

Des prêtres d'Apamée
Une horde nombreuse, inquiète, alarmée,
Veut qu'on ouvre à l'instant, et prétend vous parler.

IRADAN.
Quelle victime encor leur faut-il immoler?
MÉGATISE.
Ah! tyrans!
CÉSÈNE.
C'en est trop, mon frère, je vous quitte;
Je ne contiendrais pas le courroux qui m'irrite :
Je n'ai point de séance au tribunal de sang
Où montent les tribuns par les droits de leur rang;
Si j'y dois assister, ce n'est qu'en votre absence.
De votre ministère exercez la puissance,
Tempérez de vos lois les décrets rigoureux,
Et, si vous le pouvez, sauvez les malheureux.

SCÈNE III.

IRADAN, LE GRAND-PRÊTRE DE PLUTON
ET SES SUIVANTS; MÉGATISE, SOLDATS.

IRADAN.
Ministres de nos dieux, quel sujet vous attire?
LE GRAND-PRÊTRE.
Leur service, leur loi, l'intérêt de l'empire,
Les ordres de César.
IRADAN.
Je les respecte tous,
Je leur dois obéir; mais que m'annoncez-vous?
LE GRAND-PRÊTRE.
Nous venons condamner une fille coupable,
Qui, des mages Persans disciple abominable,
Au pied du mont Liban, par un culte odieux,
Invoquait le soleil, et blasphémait nos dieux;
Envers eux criminelle, envers César lui-même,
Elle ose mépriser notre juste anathème.
Vous devez avec nous prononcer son arrêt;
Le crime est avéré, son supplice est tout prêt.
IRADAN.
Quoi! la mort!
LE SECOND PRÊTRE.
Elle est juste, et notre loi l'exige.

IRADAN.

Mais ses sévérités...

LE GRAND-PRÊTRE.

Elle mourra, vous dis-je ;
On va dans ce moment la remettre en vos mains :
Remplissez de César les ordres souverains.

IRADAN.

Une fille! un enfant!

LE SECOND PRÊTRE.

Ni le sexe, ni l'âge
Ne peut fléchir les dieux que l'infidèle outrage.

IRADAN.

Cette rigueur est grande ; il faut l'entendre au moins.

LE GRAND-PRÊTRE.

Nous sommes à la fois et juges et témoins.
Un profane guerrier ne devrait point paraître
Dans notre tribunal à côté du grand-prêtre,
L'honneur du sacerdoce en est trop irrité ;
Affecter avec nous l'ombre d'égalité,
C'est offenser des dieux la loi terrible et sainte ;
Elle exige de vous le respect et la crainte :
Nous seuls devons juger, pardonner, ou punir,
Et César vous dira comme il faut obéir.

IRADAN.

Nous sommes ses soldats, nous servons notre maître.
Il peut tout.

LE GRAND-PRÊTRE.

Oui, sur vous.

IRADAN.

Sur vous aussi peut-être.

LE GRAND-PRÊTRE.

Nos maîtres sont les dieux.

IRADAN.

Servez-les aux autels.

LE GRAND-PRÊTRE.

Nous les servons ici contre les criminels.

IRADAN.

Je sais quels sont vos droits ; mais vous pourriez apprendre
Qu'on les perd quelquefois en voulant les étendre.
Les pontifes divins, justement respectés,
Ont condamné l'orgueil, et plus les cruautés ;
Jamais le sang humain ne coula dans leurs temples :

ACTE I, SCÈNE IV.

Ils font des vœux pour nous ; imitez leurs exemples.
Tant qu'en ces lieux surtout je pourrai commander,
N'espérez pas me nuire, et me déposséder
Des droits que Rome accorde aux tribuns militaires [1].
Rien ne se fait ici par des lois arbitraires ;
Montez au tribunal, et siégez avec moi.
Vous, soldats, conduisez, mais au nom de la loi,
La malheureuse enfant dont je plains la détresse ;
Ne l'intimidez point, respectez sa jeunesse,
Son sexe, sa disgrâce ; et, dans notre rigueur,
Gardons-nous bien surtout d'insulter au malheur.
(Il monte au tribunal.)
Puisque César le veut, pontifes, prenez place.
LE GRAND-PRÊTRE.
César viendra bientôt réprimer tant d'audace.

SCÈNE IV.

LES PRÉCÉDENTS, ARZAME.

(Iradan est placé entre le premier et le second pontife.)

IRADAN.
Approchez-vous, ma fille, et reprenez vos sens.
LE GRAND-PRÊTRE.
Vous avez à nos yeux, par un impur encens,
Honorant un faux dieu qu'ont annoncé les mages,
Aux vrais dieux des Romains refusé vos hommages ;
A nos préceptes saints vous avez résisté ;
Rien ne vous lavera de tant d'impiété.
LE SECOND PRÊTRE.
Elle ne répond point ; son maintien, son silence,
Sont aux dieux comme à nous une nouvelle offense.
IRADAN.
Prêtres, votre langage a trop de dureté,
Et ce n'est pas ainsi que parle l'équité :

---

1. « Que peut-on dire de plus honnête et même de plus fort en faveur des prêtres? écrivait Voltaire. Cela ne prévient-il pas toutes les allusions? et, s'il faut qu'on en fasse, ces allusions ne sont-elles pas alors favorables? »

Si le juge est sévère, il n'est point tyrannique.
Tout soldat que je suis je sais comme on s'explique...
Ma fille, est-il bien vrai que vous ne suiviez pas
Le culte antique et saint qui règne en nos climats?

ARZAME.

Oui, seigneur, il est vrai.

LE GRAND-PRÊTRE.

C'en est assez.

LE SECOND PRÊTRE.

Son crime
Est dans sa propre bouche; elle en sera victime.

IRADAN.

Non, ce n'est point assez; et si la loi punit
Les sujets syriens qu'un mage pervertit,
On borne la rigueur à bannir des frontières
Les Persans ennemis du culte de nos pères.
Sans doute elle est Persane; on peut de ce séjour
L'envoyer aux climats dont elle tient le jour.
Osez, sans vous troubler, dire où vous êtes née,
Quelle est votre famille et votre destinée.

ARZAME.

Je rends grâce, seigneur, à tant d'humanité :
Mais je ne puis jamais trahir la vérité;
Mon cœur, selon ma loi, la préfère à la vie[1] :
Je ne puis vous tromper, ces lieux sont ma patrie.

IRADAN.

O vertu trop sincère! ô fatale candeur!
Eh bien ! prêtres des dieux, faut-il que votre cœur
Ne soit point amolli du malheur qui la presse?
De sa simplicité, de sa tendre jeunesse?

LE GRAND-PRÊTRE.

Notre loi nous défend une fausse pitié :
Au soleil à nos yeux elle a sacrifié;
Il a vu son erreur, il verra son supplice.

ARZAME.

Avant de me juger connaissez la justice :
Votre esprit contre nous est en vain prévenu;
Vous punissez mon culte, il vous est inconnu.

---

1. On lit dans Juvénal, sat. X, v. 90-91 :

Nec civis erat qui libera posset
Verba animi proferre et vitam impendere vero.

ACTE I, SCÈNE IV.

Sachez que ce soleil qui répand la lumière [1],
Ni vos divinités de la nature entière,
Que vous imaginez résider dans les airs,
Dans les vents, dans les flots, sur la terre, aux enfers,
Ne sont point les objets que mon culte envisage ;
Ce n'est point au soleil à qui je rends hommage,
C'est au Dieu qui le fit, au Dieu son seul auteur,
Qui punit le méchant et le persécuteur,
Au Dieu dont la lumière est le premier ouvrage ;
Sur le front du soleil il traça son image,
Il daigna de lui-même imprimer quelques traits
Dans le plus éclatant de ses faibles portraits :
Nous adorons en eux sa splendeur éternelle.
   Zoroastre, embrasé des flammes d'un saint zèle,
Nous enseigna ce Dieu que vous méconnaissez.
Que par des dieux sans nombre en vain vous remplacez,
Et dont je crains pour vous la justice immortelle.
Des grands devoirs de l'homme il donna le modèle ;
Il veut qu'on soit soumis aux lois de ses parents,
Fidèle envers ses rois, même envers ses tyrans,
Quand on leur a prêté serment d'obéissance :
Que l'on tremble surtout d'opprimer l'innocence ;
Qu'on garde la justice, et qu'on soit indulgent ;
Que le cœur et la main s'ouvrent à l'indigent ;
De la haine à ce cœur il défendit l'entrée ;
Il veut que parmi nous l'amitié soit sacrée :
Ce sont là les devoirs qui nous sont imposés...
Prêtres, voilà mon Dieu : frappez, si vous l'osez.

IRADAN.

Vous ne l'oserez point ; sa candeur et son âge,
Sa naïve éloquence, et surtout son courage,
Adouciront en vous cette âpre austérité
Qu'un faux zèle honora du nom de piété.
Pour moi, je vous l'avoue, un pouvoir invincible
M'a parlé par sa bouche, et m'a trouvé sensible ;
Je cède à cet empire, et mon cœur combattu
En plaignant ses erreurs admire sa vertu :

---

1. Lucain (livre IX de la *Pharsale*, 578-79) met les vers suivants dans la bouche de Caton répondant à Labiénus :

> Estne dei sedes, nisi terra, et pontus, et aer,
> Et cœlum, et virtus? Superos quid quærimus ultra?

A ses illusions si le ciel l'abandonne,
Le ciel peut se venger ; mais que l'homme pardonne.
Dût César me punir d'avoir trop émoussé
Le fer sacré des lois entre nos mains laissé,
J'absous cette coupable.

LE GRAND-PRÊTRE.

Et moi, je la condamne.
Nous ne souffrirons pas qu'un soldat, un profane,
Corrompant de nos lois l'inflexible équité,
Protége ici l'erreur avec impunité.

LE SECOND PRÊTRE.

Il faut savoir surtout quel mortel l'a séduite,
Quel rebelle en secret la tient sous sa conduite,
De son sang réprouvé quels sont les vils auteurs.

ARZAME.

Qui? moi! j'exposerais mon père à vos fureurs?
Moi, pour vous obéir, je serais parricide?
Plus votre ordre est injuste, et moins il m'intimide.
Dites-moi quelles lois, quels édits, quels tyrans,
Ont jamais ordonné de trahir ses parents?
J'ai parlé, j'ai tout dit, et j'ai pu vous confondre ;
Ne m'interrogez plus, je n'ai rien à répondre.

LE GRAND-PRÊTRE.

On vous y forcera... Garde de nos prisons,
Tribun, c'est en vos mains que nous la remettons ;
C'est au nom de César, et vous répondrez d'elle.
Je veux bien présumer que vous serez fidèle
Aux lois de l'empereur, à l'intérêt des cieux.

SCÈNE V.

IRADAN, ARZAME.

IRADAN.

Tout au nom de César, et tout au nom des dieux !
C'est en ces noms sacrés qu'on fait des misérables :
O pouvoirs souverains, on vous en rend coupables !..
Vous, jeune malheureuse, ayez un peu d'espoir.
Vous me voyez chargé d'un funeste devoir ;
Ma place est rigoureuse, et mon âme indulgente.

Des prêtres de Pluton la troupe intolérante
Par un cruel arrêt vous condamne à périr ;
Un soldat vous absout, et veut vous secourir.
Mais que puis-je contre eux? Le peuple les révère,
L'empereur les soutient ; leur ordre sanguinaire
A mes yeux, malgré moi, peut être exécuté.
ARZAME.
Mon cœur est plus sensible à votre humanité
Qu'il n'est glacé de crainte à l'aspect du supplice.
IRADAN.
Vous pourriez désarmer leur barbare injustice,
Abjurer votre culte, implorer l'empereur ;
J'ose vous en prier.
ARZAME.
    Je ne le puis, seigneur.
RADAN.
Vous me faites frémir, et j'ai peine à comprendre
Tant d'obstination dans un âge si tendre ;
Pour des préjugés vains aux nôtres opposés
Vous prodiguez vos jours à peine commencés.
ARZAME.
Hélas! pour adorer le Dieu de mes ancêtres
Il me faut donc mourir par la main de vos prêtres!
Il me faut expirer par un supplice affreux,
Pour n'avoir pas appris l'art de penser comme eux!
Pardonnez cette plainte, elle est trop excusable ;
Je n'en saurai pas moins d'un front inaltérable
Supporter les tourments qu'on va me préparer,
Et chérir votre main qui veut m'en délivrer.
IRADAN.
Ainsi vous surmontez vos mortelles alarmes,
Vous, si jeune et si faible! et je verse des larmes!
Je pleure, et d'un œil sec vous voyez le trépas!
Non, malheureuse enfant, vous ne périrez pas :
Je veux, malgré vous-même, obtenir votre grâce ;
De vos persécuteurs je braverai l'audace.
Laissez-moi seulement parler à vos parents :
Qui sont-ils?
ARZAME.
    Des mortels inconnus aux tyrans,
Sans dignités, sans biens ; de leurs mains innocentes
Ils cultivaient en paix des campagnes riantes,

Fidèles à leur culte ainsi qu'à l'empereur [1].
IRADAN.
Au bruit de vos dangers ils mourront de douleur ;
Apprenez-moi leur nom.
ARZAME.
J'ai gardé le silence
Quand de mes oppresseurs la barbare insolence
Voulait que mes parents leur fussent décelés ;
Mon cœur fermé pour eux s'ouvre quand vous parlez :
Mon père est Arzémon : ma mère infortunée
Quand j'étais au berceau finit sa destinée ;
A peine je l'ai vue ; et tout ce qu'on m'a dit,
C'est qu'un chagrin mortel accablait son esprit ;
Le ciel permet encor que le mien s'en souvienne :
Elle mouillait de pleurs et sa couche et la mienne.
Je naquis pour la peine et pour l'affliction.
Mon père m'éleva dans sa religion,
Je n'en connus point d'autre ; elle est simple, elle est pure ;
C'est un présent divin des mains de la nature.
Je meurs pour elle.
IRADAN.
O ciel ! ô dieux qui l'écoutez,
Sur cette âme si belle étendez vos bontés !
Mais parlez, votre père est-il dans Apamée ?
ARZAME.
Non, seigneur, de César il a suivi l'armée :
Il apporte en son camp les fruits de ses jardins,
Qu'avec lui quelquefois j'arrosai de mes mains :
Nos mœurs, vous le voyez, sont simples et rustiques.
IRADAN.
Reste de l'âge d'or et des vertus antiques,
Que n'ai-je ainsi vécu ! que tout ce que j'entends
Porte au fond de mon cœur des traits intéressants !
Vivez, ô noble objet ! Ce cœur vous en conjure.
J'en atteste cet astre et sa lumière pure,
Lui par qui je vous vois et que vous révérez ;
S'il est sacré pour vous, vos jours sont plus sacrés,
Et je perdrai ma place avant qu'en sa furie
La main du fanatisme attente à votre vie...

---

1. Innocuis manibus tranquilli læta colebant
Arva, simul solique suo regique fideles. (B.)

Vous la suivrez, soldats; mais c'est pour observer
Si ces prêtres cruels oseraient l'enlever;
Contre leurs attentats vous prendrez sa défense.
Il est beau de mourir pour sauver l'innocence.
Allez.

ARZAME.

Ah! c'en est trop; mes jours infortunés
Méritent-ils, seigneur, les soins que vous prenez?
Modérez ces bontés d'un sauveur et d'un père.

SCÈNE VI.

IRADAN.

Je m'emporte trop loin : ma pitié, ma colère,
Me rendront trop coupable aux yeux du souverain;
Je crains mes soldats même, et ce terrible frein,
Ce frein que l'imposture a su mettre au courage;
Cet antique respect, prodigué d'âge en âge
A nos persécuteurs, aux tyrans des esprits.
Je verrai ces guerriers d'épouvante surpris;
Ils se croiront souillés du plus énorme crime,
S'ils osent refuser le sang de la victime.
O superstition, que tu me fais trembler!
Ministres de Pluton, qui voulez l'immoler!
Puissances des enfers, et comme eux inflexibles,
Non, ce n'est pas pour moi que vous serez terribles :
Un sentiment plus fort que votre affreux pouvoir
Entreprend sa défense, et m'en fait un devoir;
Il étonne mon âme, il l'excite, il la presse :
Mon indignation redouble ma tendresse :
Vous adorez les dieux de l'inhumanité,
Et je sers contre vous le Dieu de la bonté.

FIN DU PREMIER ACTE.

ACTE DEUXIÈME.

SCÈNE I.

IRADAN, CÉSÈNE.

CÉSÈNE.
Ce que vous m'apprenez de sa simple innocence,
De sa grandeur modeste, et de sa patience,
Me saisit de respect, et redouble l'horreur
Que sent un cœur bien né pour le persécuteur.
Quelle injustice, ô ciel! et quelles lois sinistres!
Faut-il donc à nos dieux des bourreaux pour ministres?
Numa, qui leur donna des préceptes si saints,
Les avait-il créés pour frapper les humains?
Alors ils consolaient la nature affligée.
Que les temps sont divers! que la terre est changée!...
Ah! mon frère, achevez tout ce récit affreux,
Qui fait pâlir mon front, et dresser mes cheveux.
IRADAN.
Pour la seconde fois ils ont paru, mon frère,
Au nom de l'empereur et des dieux qu'on révère;
Ils les ont fait parler avec tant de hauteur,
Ils ont tant déployé l'ordre exterminateur
Du prétoire, émané contre les réfractaires,
Tant attesté le ciel et leurs lois sanguinaires,
Que mes soldats, tremblants et vaincus par ces lois,
Ont baissé leurs regards au seul son de leur voix.
Je l'avais bien prévu : ces prêtres du Tartare
Avancent fièrement; et, d'une main barbare,
Ils saisissent soudain la fille d'Arzémon,
Cette enfant si sublime, Arzame (c'est son nom);
Ils la traînaient déjà : quelques soldats en larmes

Les priaient à genoux; nul ne prenait les armes.
Je m'élance sur eux, je l'arrache à leurs mains :
« Tremblez, hommes de sang; arrêtez, inhumains;
Tremblez ! elle est Romaine; en ces lieux elle est née,
Je la prends pour épouse. O dieux de l'hyménée !
Dieux de ces sacrés nœuds, dieux cléments, que je sers,
Je triomphe avec vous des monstres des enfers !
Armez et protégez la main que je lui donne ! »
Ma cohorte à ces mots se lève et m'environne;
Leur courage renaît. Les tyrans confondus
Me remettent leur proie, et restent éperdus.
« Vous savez, ai-je dit, que nos lois souveraines
Des saints nœuds de l'hymen ont consacré les chaînes;
Que nul n'ose porter sa téméraire main
Sur l'auguste moitié d'un citoyen romain :
Je le suis; respectez ce nom cher à la terre[1]. »
Ma voix les a frappés comme un coup de tonnerre :
Mais, bientôt revenus de leur stupidité,
Reprenant leur audace et leur atrocité,
Leur bouche ose crier à la fraude, au parjure;
Cet hymen, disent-ils, n'est qu'un jeu d'imposture,
Une offense à César, une insulte aux autels;
Je n'en ai point tissu les liens solennels;
Ce n'est qu'un artifice indigne et punissable...
 Je vais donc le former cet hymen respectable :
Vous l'approuvez, mon frère, et je n'en doute pas;
Il sauve l'innocence, il arrache au trépas
Un objet cher aux dieux aussi bien qu'à moi-même,
Qu'ils protégent par moi, qu'ils ordonnent que j'aime,
Et qui, par sa vertu, plus que par sa beauté,
Est l'image, à mes yeux, de la divinité.

CÉSÈNE.

Qui ? moi ! si je l'approuve ! ah, mon ami, mon frère !
Je sens que cet hymen est juste et nécessaire :
Après l'avoir promis, si, rétractant vos vœux,
Vous n'accomplissiez pas vos destins généreux,
Je vous croirais parjure, et vous seriez complice
Des fureurs des tyrans armés pour son supplice.

---

1. « Clamabat ille miser.... Civis romanus sum.... O jus eximium nostræ civitatis.... » (Cic. *in Verr.* 5.)

Arzame, dites-vous, a dans le plus bas rang
Obscurément puisé la source de son sang ;
Avons-nous des aïeux dont les fronts en rougissent ?
Ses grâces, sa vertu, son péril, l'ennoblissent[1].
Dégagez vos serments, pressez ce nœud sacré.
Le fils d'un Scipion s'en croirait honoré.
Ce n'est point là sans doute un hymen ordinaire,
Enfant de l'intérêt et d'un amour vulgaire[2] ;
La magnanimité forme ces sacrés nœuds,
Ils consolent la terre, ils sont bénis des cieux ;
Le fanatisme en tremble : arrachez à sa rage
L'objet, le digne objet de votre juste hommage.

IRADAN.

Eh bien! préparez tout pour ce nœud solennel,
Les témoins, le festin, les présents, et l'autel ;
Je veux qu'il s'accomplisse aux yeux des tyrans même
Dont la voix infernale insulte à ce que j'aime.

(A des suivants.)

Qu'on la fasse venir... Mon frère, demeurez,
Digne et premier témoin de mes serments sacrés.
La voici.

CÉSÈNE.

Son aspect déjà vous justifie.

SCÈNE II.

IRADAN, CÉSÈNE, ARZAME.

IRADAN.

Arzame, c'est à vous que mon cœur sacrifie ;
Ce cœur, qui ne s'ouvrait qu'à la compassion,
Repoussait loin de vous la persécution.
Contre vos ennemis l'équité se soulève :

---

1. Toutes les éditions antérieures aux éditions de Kehl portaient : *anoblissent*. (B.)
2. On lit dans Horace, liv. II, od. IV :

> Crede non illam tibi de scelesta
> Plebe delectam ; neque sic fidelem,
> Sic lucro aversam, potuisso nasci
> Matre pudenda.

Elle a tout commencé, l'amour parle et l'achève.
Je suis prêt de former, en présence des dieux,
En présence du vôtre, un nœud si précieux,
Un nœud qui fait ma gloire, et qui vous est utile,
Qui contre vos tyrans vous ouvre un prompt asile,
Qui vous peut en secret donner la liberté
D'exercer votre culte avec sécurité.
Il n'en faut point douter, l'éternelle puissance,
Qui voit tout, qui fait tout, a fait cette alliance ;
Elle vous a portée aux écueils de la mort,
Dans un orage affreux qui vous ramène au port ;
Sa main, qu'elle étendait pour sauver votre vie,
Tissut en même temps ce saint nœud qui nous lie.
Je vous présente un frère ; il va tout préparer
Pour cet heureux hymen dont je dois m'honorer.

ARZAME.

A votre frère, à vous, pour tant de bienfaisance,
Hélas ! j'offre mon trouble et ma reconnaissance ;
Puisse l'astre du jour épancher sur tous deux
Ses rayons les plus purs et les plus lumineux !
Goûtez, en vous aimant, un sort toujours prospère ;
Mais, ô mon bienfaiteur ! ô mon maître ! ô mon père !
Vous qui faites sur moi tomber ce noble choix,
Daignez prêter l'oreille en secret à ma voix.

CÉSÈNE.

Je me retire, Arzame, et mes mains empressées
Vont préparer pour vous les fêtes annoncées ;
Tendre ami de mon frère, heureux de son bonheur,
Je partage le vôtre, et vois en vous ma sœur.

ARZAME.

Que vais-je devenir ?

SCÈNE III.

IRADAN, ARZAME.

IRADAN.

Belle et modeste Arzame,
Versez en liberté vos secrets dans mon âme ;
Ils sont à moi, parlez, tout est commun pour nous.

ARZAME.

Mon père! en frémissant je tombe à vos genoux.

IRADAN.

Ne craignez rien, parlez à l'époux qui vous aime.

ARZAME.

J'atteste ce soleil, image de Dieu même,
Que je voudrais pour vous répandre tout le sang
Dont ces prêtres de mort vont épuiser mon flanc.

IRADAN.

Ah! que me dites-vous? et quelle défiance!
Tout le mien coulera plutôt qu'on vous offense;
Ces tyrans confondus sauront nous respecter.

ARZAME.

Juste Dieu! que mon cœur ne peut-il mériter
Une bonté si noble, une ardeur si touchante!

IRADAN.

Je m'honore moi-même, et ma gloire est contente
Des honneurs qu'on doit rendre à ma digne moitié.

ARZAME.

C'en est trop... bornez-vous, seigneur, à la pitié;
Mais daignez m'assurer qu'un secret qui vous touche
Ne sortira jamais de votre auguste bouche.

IRADAN.

Je vous le jure.

ARZAME.

Eh bien!...

IRADAN.

Vous semblez hésiter,
Et vos regards sur moi tremblent de s'arrêter;
Vous pleurez, et j'entends votre cœur qui soupire.

ARZAME.

Écoutez, s'il se peut, ce que je dois vous dire:
Vous ne connaissez pas la loi que nous suivons;
Elle peut être horrible aux autres nations;
La créance, les mœurs, le devoir, tout diffère;
Ce qu'ici l'on proscrit, ailleurs on le révère:
La nature a chez nous des droits purs et divins
Qui sont un sacrilége aux regards des Romains;
Notre religion, à la vôtre contraire,
Ordonne que la sœur s'unisse avec le frère,
Et veut que ces liens, par un double retour,
Rejoignent parmi nous la nature à l'amour;

La source de leur sang, pour eux toujours sacrée,
En se réunissant n'est jamais altérée.
Telle est ma loi.

IRADAN.

Barbare! Ah! que m'avez-vous dit?

ARZAME.

Je l'avais bien prévu... votre cœur en frémit.

IRADAN.

Vous avez donc un frère?

ARZAME.

Oui, seigneur, et je l'aime :
Mon père à son retour dut nous unir lui-même;
Mais ma mort préviendra ces nœuds infortunés,
De nos Guèbres chéris, et chez vous condamnés.
Je ne suis plus pour vous qu'une vile étrangère,
Indigne des bienfaits jetés sur ma misère,
Et d'autant plus coupable à vos yeux alarmés,
Que je vous dois la vie, et qu'enfin vous m'aimez.
Seigneur, je vous l'ai dit, j'adore en vous mon père;
Mais plus je vous chéris, et moins j'ai dû me taire.
Rendez ce triste cœur, qui n'a pu vous tromper,
Aux homicides bras levés pour le frapper.

IRADAN.

Je demeure immobile, et mon âme éperdue
Ne croit pas en effet vous avoir entendue.
De cet affreux secret je suis trop offensé;
Mon cœur le gardera... mais ce cœur est percé.
Allez; je cacherai mon outrage à mon frère.
Je dois me souvenir combien vous m'étiez chère :
Dans l'indignation dont je suis pénétré,
Malgré tout mon courroux, mon honneur vous sait gré
De m'avoir dévoilé cet effrayant mystère.
Votre esprit est trompé, mais votre âme est sincère.
Je suis épouvanté, confus, humilié;
Mais je vous vois toujours d'un regard de pitié :
Je ne vous aime plus, mais je vous sers encore.

ARZAME.

Il faut bien, je le vois, que votre cœur m'abhorre.
Tout ce que je demande à ce juste courroux,
Puisque je dois mourir, c'est de mourir par vous,
Non des horribles mains des tyrans d'Apamée.
Le père, le héros, par qui je fus aimée,

En me privant du jour, de ce jour que je hais,
En déchirant ce cœur tout plein de ses bienfaits,
Rendra ma mort plus douce, et ma bouche expirante
Bénira jusqu'au bout cette main bienfaisante.
IRADAN.
Allez, n'espérez pas, dans votre aveuglement,
Arracher de mon âme un tel consentement.
Par le pouvoir secret d'un charme inconcevable,
Mon cœur s'attache à vous, tout ingrate et coupable :
Vos nœuds me font horreur; et dans mon désespoir,
Je ne puis vous haïr, vous quitter, ni vous voir.
ARZAME.
Et moi, seigneur, et moi, plus que vous confondue,
Je ne puis m'arracher d'une si chère vue,
Et je crois voir en vous un père courroucé
Qui me console encor quand il est offensé.

SCÈNE IV.

IRADAN, ARZAME, CÉSÈNE.

CÉSÈNE.

Mon frère, tout est prêt, les autels vous demandent;
Les prêtresses d'hymen, les flambeaux vous attendent;
Le peu de vos amis qui nous reste en ces murs
Doit vous accompagner à ces autels obscurs,
Grossièrement parés, et plus ornés par elle
Que ne l'est des Césars la pompe solennelle.
IRADAN.
Renvoyez nos amis, éteignez ces flambeaux.
CÉSÈNE.
Comment! quel changement! quels désastres nouveaux!
Sur votre front glacé l'horreur est répandue!
Ses yeux baignés de pleurs semblent craindre ma vue!
IRADAN.
Plus d'autels, plus d'hymen.
ARZAME.
J'en suis indigne.
CÉSÈNE.
O ciel!
Dans quel contentement je parais cet autel!

Combien je chérissais cet heureux ministère !
Quel plaisir j'éprouvais dans le doux nom de frère !
ARZAME.
Ah ! ne prononcez pas un nom trop odieux.
CÉSÈNE.
Que dites-vous ?
IRADAN.
Il faut m'arracher de ces lieux ;
Renonçons pour jamais à ce poste funeste,
A ce rang avili qu'avec vous je déteste,
A tous ces vains honneurs d'un soldat détrompé,
Trop basse ambition dont j'étais occupé.
Fuyons dans la retraite où vous vouliez vous rendre ;
De nos enfants, mon frère, allons pleurer la cendre :
Nos femmes, nos enfants, nous ont été ravis ;
Vous pleurez votre fille, et je pleure mon fils.
Tout est fini pour nous, sans espoir sur la terre,
Que pouvons-nous prétendre à la cour, à la guerre ?
Quittons tout, et fuyons. Mon esprit aveuglé
Cherchait de nouveaux nœuds qui m'auraient consolé ;
Ils sont rompus, le ciel en a rompu la trame.
Fuyons, dis-je, à jamais et du monde et d'Arzame.
CÉSÈNE.
Vous me glacez d'effroi ; quel trouble et quels desseins !
Vous laisseriez Arzame à ses vils assassins,
A ses bourreaux ? qui ? vous !
IRADAN.
Arrêtez ; peut-on croire
D'un soldat, de son frère, une action si noire ?
Ce que j'ai commencé je le veux achever ;
Je ne la verrai plus, mais je dois la sauver :
Mes serments, ma pitié, mon honneur, tout m'engage ;
Et je n'ai point de vous mérité cet outrage :
Vous m'offensez.
ARZAME.
O ciel ! ô frères généreux !
Dans quel saisissement vous me jetez tous deux !
Hélas ! vous disputez pour une malheureuse ;
Laissez-moi terminer ma destinée affreuse :
Vous en voulez trop faire, et trop sacrifier ;
Vos bontés vont trop loin, mon sang doit les payer.

SCÈNE V.

LES PRÉCÉDENTS, LES PRÊTRES DE PLUTON, SOLDATS.

LE GRAND-PRÊTRE.

Est-ce ainsi qu'on insulte à nos lois vengeresses.
Qu'on trahit hautement la foi de ses promesses,
Qu'on ose se jouer avec impunité
Du pouvoir souverain par vous-même attesté?
Voilà donc cet hymen et ce nœud si propice
Qui devait de César enchaîner la justice ;
Ce citoyen romain qui pensait nous tromper !
La victime à nos mains ne doit plus échapper.
Déjà César instruit connaît votre imposture ;
Nous venons en son nom réparer son injure.
Soldats qu'il a trompés, qu'on enlève soudain
Le criminel objet qu'il protégeait en vain ;
Saisissez-la.

ARZAME.

Mon père !

IRADAN, aux soldats.

Ingrats !

CÉSÈNE.

Troupe insolente !...
Arrêtez... devant moi qu'un de vous se présente,
Qu'il l'ose, au moment même il mourra de mes mains.

LE GRAND-PRÊTRE.

Ne le redoutez pas.

IRADAN.

Tremblez, vils assassins ;
Vous n'êtes plus soldats quand vous servez ces prêtres.

LE GRAND-PRÊTRE.

Les dieux, César, et nous, soldats, voilà vos maîtres.

CÉSÈNE.

Fuyez, vous dis-je.

IRADAN.

Et vous, objet infortuné,
Rentrez dans cet asile à vos malheurs donné.

CÉSÈNE.

Ne craignez rien.

ACTE II, SCÈNE VI.

ARZAME, en se retirant.
Je meurs.
LE GRAND-PRÊTRE.
Frémissez, infidèles,
César vient, il sait tout, il punit les rebelles :
D'une secte proscrite indignes partisans,
De complots ténébreux coupables artisans,
Qui deviez devant moi, le front dans la poussière,
Abaisser en tremblant votre insolence altière,
Qui parlez de pitié, de justice, et de lois,
Quand le courroux des dieux parle ici par ma voix,
Qui méprisez mon rang, qui bravez ma puissance ;
Vous appelez la foudre, et c'est moi qui la lance !

SCÈNE VI.

IRADAN, CÉSÈNE.

CÉSÈNE.
Un tel excès d'audace annonce un grand pouvoir.
IRADAN.
Ils nous perdront, sans doute ; ils n'ont qu'à le vouloir.
CÉSÈNE.
Plus leur orgueil s'accroît, plus ma fureur augmente.
IRADAN.
Qu'elle est juste, mon frère, et qu'elle est impuissante !
Ils ont pour les défendre et pour nous accabler
César, qu'ils ont séduit, les dieux, qu'ils font parler.
CÉSÈNE.
Oui ; mais sauvons Arzame.
IRADAN.
Écoutez : Apamée
Touche aux États persans, la ville est désarmée ;
Les soldats de ce fort ne sont point contre moi,
Et déjà quelques-uns m'ont engagé leur foi :
Courez à nos tyrans, flattez leur violence ;
Dites que votre frère, écoutant la prudence,
Mieux conseillé, plus juste, à son devoir rendu,
Abandonne un objet qu'il a trop défendu ;
Dites que par leurs mains je consens qu'elle meure,
Que je livre sa tête avant qu'il soit une heure :

Trompons la cruauté qu'on ne peut désarmer ;
Enfin promettez tout, je vais tout confirmer.
Dès qu'elle aura passé ces fatales frontières,
Je mets entre elle et moi d'éternelles barrières ;
A vos conseils rendu, je brise tous mes fers ;
Loin d'un service ingrat, caché dans des déserts,
Des humains avec vous je fuirai l'injustice.

CÉSÈNE.

Allons, je promettrai ce cruel sacrifice ;
Je vais étendre un voile aux yeux de nos tyrans.
Que ne puis-je plutôt enfoncer dans leurs flancs
Ce glaive, cette main que l'empereur emploie
A servir ces bourreaux avides de leur proie !
Oui, je vais leur parler.

SCÈNE VII.

IRADAN; LE JEUNE ARZÉMON, parcourant le fond de la scène d'un air inquiet et égaré.

LE JEUNE ARZÉMON.

           O mort ! ô Dieu vengeur !
Ils me l'ont enlevée ; ils m'arrachent le cœur...
Où la trouver ? où fuir ? quelles mains l'ont conduite ?

IRADAN.

Cet inconnu m'alarme : est-il un satellite
Que ces juges sanglants se pressent d'envoyer
Pour observer ces lieux, et pour nous épier ?

LE JEUNE ARZÉMON.

Ah !... la connaissez-vous ?

IRADAN.

           Ce malheureux s'égare.
Parle : que cherches-tu ?

LE JEUNE ARZÉMON.

           La vertu la plus rare...
La vengeance, le sang, les ravisseurs cruels,
Les tyrans révérés des malheureux mortels...
Arzame ! chère Arzame ?... Ah ! donnez-moi des armes,
Que je meure vengé !

IRADAN.

           Son désespoir, ses larmes,
Ses regards attendris, tout furieux qu'ils sont,

ACTE II, SCÈNE VII.

Les traits que la nature imprima sur son front,
Tout me dit : c'est son frère.
LE JEUNE ARZÉMON.
Oui, je le suis.
IRADAN.
Arrête,
Garde un profond silence, il y va de ta tête.
LE JEUNE ARZÉMON.
Je te l'apporte, frappe.
IRADAN.
Enfants infortunés !
Dans quels lieux les destins les ont-ils amenés !
Toi, le frère d'Arzame !
LE JEUNE ARZÉMON.
Oui, ton regard sévère
Ne m'intimide pas.
IRADAN.
Ce jeune téméraire
Me remplit à la fois d'horreur et de pitié ;
Il peut avec sa sœur être sacrifié.
LE JEUNE ARZÉMON.
Je viens ici pour l'être.
IRADAN.
O rigueurs tyranniques !
Ce sont vos cruautés qui font les fanatiques...
Écoute, malheureux, je commande ce fort ;
Mais ces lieux sont remplis de ministres de mort :
Je te protégerai ; résous-toi de me suivre.
LE JEUNE ARZÉMON.
Puis-je la voir enfin ?
IRADAN.
Tu peux la voir et vivre ;
Calme-toi.
LE JEUNE ARZÉMON.
Je ne puis... Ah ! seigneur, pardonnez
A mes sens éperdus, d'horreurs aliénés.
Quoi ! ces lieux, dites-vous, sont en votre puissance,
Et l'on y traîne ainsi la timide innocence !
Vos esclaves romains de leurs bras criminels
Ont arraché ma sœur aux foyers paternels !
De la mort, dites-vous, ma sœur est menacée ;
Vous la persécutez !

IRADAN.
　　　　Va, ton âme est blessée
Par les illusions d'une fatale erreur.
Va, ne me prends jamais pour un persécuteur :
Et sur elle et sur toi ma pitié doit s'étendre.
　　　LE JEUNE ARZÉMON.
Hélas! dois-je y compter?... daignez donc me la rendre ;
Daignez me rendre Arzame, ou me faire mourir.
　　　　IRADAN.
Il attendrit mon cœur, mais il me fait frémir.
Que mes bontés peut-être auront un sort funeste!
Viens, jeune infortuné, je t'apprendrai le reste.
Suis mes pas.
　　　LE JEUNE ARZÉMON.
　　　　　J'obéis à vos ordres pressants ;
Mais ne me trompez pas.
　　　　IRADAN.
　　　　　　O malheureux enfants!
Quel sort les entraîna dans ces lieux qu'on déteste!
De l'une j'admirais la fermeté modeste.
Sa résignation, sa grâce, sa candeur ;
L'autre accroît ma pitié même par sa fureur.
Un dieu veut les sauver, il les conduit sans doute ;
Ce dieu parle à mon cœur, il parle, et je l'écoute.

FIN DU DEUXIÈME ACTE.

ACTE TROISIÈME.

SCÈNE I.

LE JEUNE ARZÉMON, MÉGATISE.

LE JEUNE ARZÉMON.

Je marche dans ces lieux de surprise en surprise :
Quoi ! c'est toi que j'embrasse, ô mon cher Mégatise !
Toi, né chez les Persans, dans notre loi nourri,
Et de mes premiers ans compagnon si chéri,
Toi, soldat des Romains !

MÉGATISE.

                Pardonne à ma faiblesse ;
L'ignorance et l'erreur d'une aveugle jeunesse,
Un esprit inquiet, trop de facilité,
L'occasion trompeuse, enfin la pauvreté,
Ce qui fait les soldats égara mon courage.

LE JEUNE ARZÉMON.

Métier cruel et vil ! méprisable esclavage !
Tu pourrais être libre en suivant tes amis.

MÉGATISE.

Le pauvre n'est point libre ; il sert en tout pays.

LE JEUNE ARZÉMON.

Ton sort près d'Iradan deviendra plus prospère.

MÉGATISE.

Va, des guerriers romains il n'est rien que j'espère.

LE JEUNE ARZÉMON.

Que dis-tu ? Le tribun qui commande en ce fort
Ne t'a-t-il pas offert un généreux support ?

MÉGATISE.

Ah ! crois-moi, les Romains tiennent peu leur promesse :
Je connais Iradan ; je sais que dans Émesse,
Amant d'une Persane, il en avait un fils ;
Mais apprends que bientôt, désolant son pays,

Sur un ordre du prince il détruisit la ville
Où l'amour autrefois lui fournit un asile.
Oui, les chefs, les soldats, à nuire condamnés,
Font toujours tous les maux qui leur sont ordonnés :
Nous en voyons ici la preuve trop sensible
Dans l'arrêt émané d'un tribunal horrible ;
De tous mes compagnons à peine une moitié
Pour l'innocente Arzame écoute la pitié,
Pitié trop faible encore, et toujours chancelante !
L'autre est prête à tremper sa main vile et sanglante
Dans ce cœur si chéri, dans ce généreux flanc,
A la voix d'un pontife altéré de son sang.

LE JEUNE ARZÉMON.

Cher ami, rendons grâce au sort qui nous protége ;
On ne commettra point ce meurtre sacrilége :
Iradan la soutient de son bras protecteur,
Il voit ce fier pontife avec des yeux d'horreur,
Il écarte de nous la main qui nous opprime.
Je n'ai plus de terreur, il n'est plus de victime ;
De la Perse à nos pas il ouvre les chemins.

MÉGATISE.

Tu penses que, pour toi, bravant ses souverains,
Il hasarde sa perte ?

LE JEUNE ARZÉMON.

Il le dit, il le jure ;
Ma sœur ne le croit point capable d'imposture :
En un mot nous partons. Je ne suis affligé
Que de partir sans toi, sans m'être encor vengé,
Sans punir les tyrans.

MÉGATISE.

Tu m'arraches des larmes.
Quelle erreur t'a séduit ? de quels funestes charmes,
De quel prestige affreux tes yeux sont fascinés !
Tu crois qu'Arzame échappe à leurs bras forcenés ?

LE JEUNE ARZÉMON.

Je le crois.

MÉGATISE.

Que du fort on doit ouvrir la porte ?

LE JEUNE ARZÉMON.

Sans doute.

MÉGATISE.

On te trahit ; dans une heure elle est morte.

ACTE III, SCÈNE I.

LE JEUNE ARZÉMON.

Non, il n'est pas possible ; on n'est pas si cruel.

MÉGATISE.

Ils ont fait devant moi le marché criminel ;
Le frère d'Iradan, ce Césène, ce traître,
Trafique de sa vie, et la vend au grand-prêtre :
J'ai vu, j'ai vu signer le barbare traité.

LE JEUNE ARZÉMON.

Je meurs !... Que m'as-tu dit ?

MÉGATISE.

L'horrible vérité.
Hélas ! elle est publique, et mon ami l'ignore !

LE JEUNE ARZÉMON.

O monstres ! ô forfaits !... Mais non, je doute encore...
Ah ! comment en douter ? mes yeux n'ont-ils pas vu
Ce perfide Iradan devant moi confondu ?
Des mots entrecoupés suivis d'un froid silence,
Des regards inquiets que troublait ma présence,
Un air sombre et jaloux, plein d'un secret dépit ;
Tout semblait en effet me dire : Il nous trahit.

MÉGATISE.

Je te dis que j'ai vu l'engagement du crime,
Que j'ai tout entendu, qu'Arzame est leur victime.

LE JEUNE ARZÉMON.

Détestables humains ! quoi ! ce même Iradan...
Si fier, si généreux !

MÉGATISE.

N'est-il pas courtisan ?
Peut-être il n'en est point qui, pour plaire à son maître,
Ne se chargeât des noms de barbare et de traître.

LE JEUNE ARZÉMON.

Puis-je sauver Arzame ?

MÉGATISE.

En ce séjour d'effroi
Je t'offre mon épée, et ma vie est à toi.
Mais ces lieux sont gardés, le fer est sur sa tête,
De l'horrible bûcher la flamme est toute prête ;
Chez ces prêtres sanglants nul ne peut aborder...
(L'arrêtant.)
Où cours-tu, malheureux ?

LE JEUNE ARZÉMON.

Peux-tu le demander.

MÉGATISE.

Crains tes emportements ; j'en connais la furie.

LE JEUNE ARZÉMON.

Arzame va mourir, et tu crains pour ma vie !

MÉGATISE.

Arrête ; je la vois.

LE JEUNE ARZÉMON.

C'est elle-même.

MÉGATISE.

Hélas !
Elle est loin de penser qu'elle marche au trépas.

LE JEUNE ARZÉMON.

Écoute, garde-toi d'oser lui faire entendre
L'effroyable secret que tu viens de m'apprendre ;
Non, je ne saurais croire un tel excès d'horreur.
Iradan !

SCÈNE II.

LE JEUNE ARZÉMON, MÉGATISE, ARZAME.

ARZAME.

Cher époux, cher espoir de mon cœur !
Le dieu de notre hymen, le dieu de la nature,
A la fin nous arrache à cette terre impure...
Quoi ! c'est là Mégatise !... en croirai-je mes yeux ?
Un ignicole, un Guèbre, est soldat en ces lieux !

LE JEUNE ARZÉMON.

Il est trop vrai, ma sœur.

MÉGATISE.

Oui, j'en rougis de honte.

ARZAME.

Servira-t-il du moins à cette fuite prompte ?

MÉGATISE.

Sans doute il le voudrait.

ARZAME.

Notre libérateur
Des prêtres acharnés va tromper la fureur.

LE JEUNE ARZÉMON.

Je vois... qu'il peut tromper.

ARZAME.

Tout est prêt pour la fuite.

ACTE III, SCÈNE II.

De fidèles soldats marchent à notre suite.
Mégatise en est-il?

MÉGATISE.
Je vous offre mon bras,
C'est tout ce que je puis... Je ne vous quitte pas.

ARZAME, au jeune Arzémon.
Iradan de mon sort dispose avec son frère.

LE JEUNE ARZÉMON.
On le dit.

ARZAME.
Tu pâlis : quel trouble involontaire
Obscurcit tes regards de larmes inondés?

LE JEUNE ARZÉMON.
Quoi! Césène, Iradan!... de grâce, répondez;
Où sont-ils? Qu'ont-ils fait?

ARZAME.
Ils sont près du grand-prêtre.

LE JEUNE ARZÉMON.
Près de ton meurtrier!

ARZAME.
Ils vont bientôt paraître.

LE JEUNE ARZÉMON.
Ils tardent bien longtemps.

ARZAME.
Tu les verras ici.

LE JEUNE ARZÉMON, se jetant dans les bras de Mégatise.
Cher ami, c'en est fait, tout est donc éclairci!

ARZAME.
Eh quoi! la crainte encor sur ton front se déploie,
Quand l'espoir le plus doux doit nous combler de joie,
Quand le noble Iradan va tout quitter pour nous,
Lorsque de l'empereur il brave le courroux,
Que pour sauver nos jours il hasarde sa vie,
Qu'il se trahit lui-même et qu'il se sacrifie?

LE JEUNE ARZÉMON.
Il en fait trop peut-être.

ARZAME.
Ah! calme ta douleur;
Mon frère, elle est injuste.

LE JEUNE ARZÉMON.
Oui, pardonne, ma sœur,
Pardonne; écoute au moins : Mégatise est fidèle;

Notre culte est le sien; je réponds de son zele;
C'est un frère, à ses yeux nos cœurs peuvent s'ouvrir;
Dans celui d'Iradan n'as-tu pu découvrir
Quels sentiments secrets ce Romain nous conserve?
Il paraissait troublé, tu t'en souviens; observe,
Rappelle en ton esprit jusqu'aux moindres discours
Qu'il t'aura pu tenir, du péril où tu cours,
Des prêtres ennemis, de César, de toi-même,
Des lois que nous suivons, d'un malheureux qui t'aime.

ARZAME.

Cher frère, tendre amant, que peux-tu demander?

LE JEUNE ARZÉMON.

Ce qu'à notre amitié ton cœur doit accorder,
Ce qu'il ne peut cacher à ma fatale flamme
Sans verser des poisons dans le fond de mon âme.

ARZAME.

J'en verserai peut-être en osant t'obéir.

LE JEUNE ARZÉMON.

N'importe, il faut parler, te dis-je, ou me trahir;
Et puisque je t'adore, il y va de ma vie.

ARZAME.

Je ne crains point de toi de vaine jalousie;
Tu ne la connais point; un sentiment si bas
Blesse le nœud d'hymen, et ne l'affermit pas.

LE JEUNE ARZÉMON.

Crois qu'un autre intérêt, un soin plus cher m'anime.

ARZAME.

Tu le veux, je ne puis désobéir sans crime...
J'avouerai qu'Iradan, trop prompt à s'abuser,
M'a présenté sa main que j'ai dû refuser.

LE JEUNE ARZÉMON.

Il t'aimait!

ARZAME.

Il l'a dit.

LE JEUNE ARZÉMON.

Il t'aimait!

ARZAME.

Sa poursuite
A lui tout confier malgré moi m'a réduite;
Il a su le secret de ma religion,
Et de tous mes devoirs, et de ma passion.
Par de profonds respects, par un aveu sincère,

ACTE III, SCÈNE II.

J'ai repoussé l'honneur qu'il prétendait me faire ;
A ses empressements j'ai mis ce frein sacré :
Ce secret à jamais devait être ignoré ;
Tu me l'as arraché ; mais crains d'en faire usage.

LE JEUNE ARZÉMON.

Achève ; il a donc su ce serment qui m'engage,
Qui rejoint par nos lois le frère avec la sœur ?

ARZAME.

Oui.

LE JEUNE ARZÉMON.

Qu'a produit en lui ce nœud si saint ?

ARZAME.

L'horreur.

LE JEUNE ARZÉMON, à Mégatise.

C'est assez, je vois tout ; le barbare ! il se venge.

ARZAME.

Malgré notre hyménée à ses yeux trop étrange,
Malgré cette horreur même, il ose protéger
Notre sainte union, bien loin de s'en venger.
Nous quittons pour jamais ces sanglantes demeures.

LE JEUNE ARZÉMON.

Ah, ma sœur !... c'en est fait.

ARZAME.

Tu frémis, et tu pleures !

LE JEUNE ARZÉMON.

Qui ? moi !... ciel !... Iradan...

ARZAME.

Pourrais-tu soupçonner
Que notre bienfaiteur pût nous abandonner ?

LE JEUNE ARZÉMON.

Pardonne... en ces moments... dans un lieu si barbare...
Parmi tant d'ennemis... aisément on s'égare...
Du parti que l'on prend le cœur est effrayé.

ARZAME.

Ah ! du mien qui t'adore il faut avoir pitié.
Tu sors !... demeure, attends, ma douleur t'en conjure.

LE JEUNE ARZÉMON.

Ami, veille sur elle... O tendresse ! ô nature !
(Avec fureur.)
Que vais-je faire ? ah, Dieu !... Vengeance, entends ma voix !
(Il embrasse sa sœur en pleurant.)
Je t'embrasse, ma sœur, pour la dernière fois. (Il sort.)

SCÈNE III.

ARZAME, MÉGATISE.

ARZAME.

Arrête!... Que veut-il? Qu'est-ce donc qu'il prépare?
De sa tremblante sœur faut-il qu'il se sépare?
Et dans quel temps, grand Dieu! Qu'en peux-tu soupçonner?

MÉGATISE.

Des malheurs.

ARZAME.

Contre moi le sort veut s'obstiner,
Et depuis mon berceau les malheurs m'ont suivie.

MÉGATISE.

Puisse le juste ciel veiller sur votre vie!

ARZAME.

Je tremble; je crains tout quand je suis loin de lui.
J'avais quelque courage, il s'épuise aujourd'hui.
N'aurais-tu rien appris de ces juges féroces,
Rien de leurs factions, de leurs complots atroces?
Assez infortuné pour servir auprès d'eux,
Tu les vois, tu connais leurs mystères affreux.

MÉGATISE.

Hélas! en tous les temps leurs complots sont à craindre :
César les favorise; ils ont su le contraindre
A fléchir sous le joug qu'ils auraient dû porter.
Pensez-vous qu'Iradan puisse leur résister?
Êtes-vous sûre enfin de sa persévérance?
On se lasse souvent de servir l'innocence;
Bientôt l'infortuné pèse à son protecteur;
Je l'ai trop éprouvé.

ARZAME.

Si tel est mon malheur,
Si le noble Iradan cesse de me défendre,
Il faut mourir... Grand Dieu, quel bruit se fait entendre!
Quels mouvements soudains! et quels horribles cris!

SCÈNE IV.

ARZAME, MÉGATISE, CÉSÈNE, SOLDATS;
LE JEUNE ARZÉMON, enchaîné.

CÉSÈNE.

Qu'on le traîne à ma suite; enchaînez, mes amis,
Ce fanatique affreux, cet ingrat, ce perfide;
Préparez mille morts à ce lâche homicide;
Vengez mon frère.

ARZAME.
O ciel!
MÉGATISE.
Malheureux!

ARZAME tombe sur une banquette.

Je me meurs.

CÉSÈNE.
Femme ingrate, est-ce toi qui guidais ses fureurs?

ARZAME, se relevant.

Comment! que dites-vous? Quel crime a-t-on pu faire?

CÉSÈNE.

Le monstre! quoi! plonger une main sanguinaire
Dans le sein de son maître et de son bienfaiteur!
Frapper, assassiner votre libérateur!
A mes yeux! dans mes bras! un coup si détestable,
Un tel excès de rage est trop inconcevable.

ARZAME.

Ciel! Iradan n'est plus!

CÉSÈNE.

Les dieux, les justes dieux
N'ont pas livré sa vie au bras du furieux:
Je l'ai vu qui tremblait; j'ai vu sa main cruelle
S'affaiblir en portant l'atteinte criminelle.

ARZAME.

Je respire un moment.

CÉSÈNE, aux soldats.

Soldats qui me suivez,
Déployez les tourments qui lui sont réservés.
Parle; avant d'expirer, nomme-moi ton complice.

(Montrant Mégatise.)
Est-ce ta sœur, ou lui? Parle avant ton supplice.
Tu ne me réponds rien... Quoi! lorsqu'en ta faveur
Nous offensions, hélas! nos dieux, notre empereur;
Quand nos soins redoublés et l'art le plus pénible
Trompaient pour te sauver ce pontife inflexible;
Quand, tout prêts à partir de ce séjour d'effroi,
Nous exposions nos jours et pour elle et pour toi,
De nos bontés, grands dieux! voilà donc le salaire!

ARZAME.

Malheureux! qu'as-tu fait? Non, tu n'es pas mon frère.
Quel crime épouvantable en ton cœur s'est formé?
S'il en est un plus grand, c'est de t'avoir aimé.

LE JEUNE ARZÉMON, à Césène.

A la fin je retrouve un reste de lumière...
La nuit s'est dissipée... un jour affreux m'éclaire...
Avant de me punir, avant de te venger,
Daigne répondre un mot: j'ose t'interroger...
Ton frère envers nous deux n'était donc pas un traître?
Il n'allait pas livrer ma sœur à ce grand-prêtre?

CÉSÈNE.

La livrer, malheureux! il aurait fait couler
Tout le sang des tyrans qui voulaient l'immoler.

LE JEUNE ARZÉMON.

Il suffit; je me jette à tes pieds que j'embrasse:
A ton cher frère, à toi, je demande une grâce,
C'est d'épuiser sur moi les plus affreux tourments
Que la vengeance ajoute à la mort des méchants;
Je les ai mérités: ton courroux légitime
Ne saurait égaler mes remords et mon crime.

CÉSÈNE.

Soldats qui l'entendez, je le laisse en vos mains:
Soyons justes, amis, et non pas inhumains[1];
Sa mort doit me suffire.

ARZAME.

Eh bien! il la mérite:
Mais joignez-y sa sœur, elle est déjà proscrite.
La vie en tous les temps ne me fut qu'un fardeau,
Qu'il me faut rejeter dans la nuit du tombeau;
Je suis sa sœur, sa femme, et cette mort m'est due.

1. Protestation contre la torture. (G. A.)

MÉGATISE.

Permettez qu'un moment ma voix soit entendue :
C'est moi qui dois mourir, c'est moi qui l'ai porté,
Par un avis trompeur, à tant de cruauté...
Seigneur, je vous ai vu, dans ce séjour du crime,
Aux tyrans assemblés promettre la victime ;
Je l'ai vu, je l'ai dit : aurais-je dû penser
Que vous la promettiez pour les mieux abuser ?
Je suis Guèbre et grossier, j'ai trop cru l'apparence.
Je l'ai trop bien instruit ; il en a pris vengeance.
La faute en est à vous, vous qui la protégez.
Votre frère est vivant ; pesez tout, et jugez.

CÉSÈNE.

Va, dans ce jour de sang, je juge que nous sommes
Les plus infortunés de la race des hommes...

Va, fille trop fatale à ma triste maison,
Objet de tant d'horreur, de tant de trahison,
Je ne me repens point de t'avoir protégée.
Le traître expirera ; mais mon âme affligée
N'en est pas moins sensible à ton cruel destin.
Mes pleurs coulent sur toi, mais ils coulent en vain.
Tu mourras ; aux tyrans rien ne peut te soustraire ;
Mais je te pleure encore en punissant ton frère.

(Aux soldats.)

Revolons près du mien, secondons les secours
Qui raniment encor ses déplorables jours.

SCÈNE V.

ARZAME.

Dans sa juste colère il me plaint, il me pleure !
Tu vas mourir, mon frère, il est temps que je meure,
Ou par l'arrêt sanglant de mes persécuteurs,
Ou par mes propres mains, ou par tant de douleurs...

O mort ! ô destinée ! ô dieu de la lumière !
Créateur incréé de la nature entière,
Être immense et parfait, seul être de bonté,
As-tu fait les humains pour la calamité ?

Quel pouvoir exécrable infecta ton ouvrage !
La nature est ta fille, et l'homme est ton image.

Arimane a-t-il pu défigurer ses traits,
Et créer le malheur, ainsi que les forfaits ?
Est-il ton ennemi ? Que sa puissance affreuse
Arrache donc la vie à cette malheureuse.
J'espère encore en toi, j'espère que la mort
Ne pourra, malgré lui, détruire tout mon sort.
Oui, je naquis pour toi, puisque tu m'as fait naître ;
Mon cœur me l'a trop dit ; je n'ai point d'autre maître.
Cet être malfaisant qui corrompit ta loi
Ne m'empêchera pas d'aspirer jusqu'à toi.
Par lui persécutée, avec toi réunie,
J'oublierai dans ton sein les horreurs de ma vie.
Il en est une heureuse, et je veux y courir :
C'est pour vivre avec toi que tu me fais mourir[1].

1. Voltaire comptait beaucoup sur cette prière touchante et orthodoxe pour faire passer sa pièce. (G. A.)

FIN DU TROISIÈME ACTE.

ACTE QUATRIÈME.

SCENE I.

LE VIEIL ARZÉMON[1], MÉGATISE.

LE VIEIL ARZÉMON.
Tu gardes cette porte, et tu retiens mes pas!
Tu me fais cet affront, toi, Mégatise!
MÉGATISE.
                        Hélas!
Triste et cher Arzémon, vieillard que je révère,
Trop malheureux ami, trop déplorable père,
Qu'exiges-tu de moi?
LE VIEIL ARZÉMON.
            Ce que doit l'amitié.
Pour servir les Romains, es-tu donc sans pitié?
MÉGATISE.
Au nom de la pitié, fuis ce lieu d'injustices;
Crains ce séjour de sang, de crimes, de supplices:
Retourne en tes foyers, loin des yeux des tyrans;
La mort nous environne.
LE VIEIL ARZÉMON.
                Où sont mes chers enfants?
MÉGATISE.
Je te l'ai déjà dit, leur péril est extrême;
Tu ne peux les servir, tu te perdrais toi-même.
LE VIEIL ARZÉMON.
N'importe, je prétends faire un dernier effort;
Je veux, je dois parler au commandant du fort.

---

[1]. Le vieil Arzémon n'est autre que Voltaire, protecteur des Calas et des Sirven. (G. A.)

N'est-ce pas Iradan, que, pendant son voyage,
L'empereur a nommé pour garder ce passage?
MÉGATISE.
C'est lui-même, il est vrai; mais crains de t'arrêter :
Hélas! il est bien loin de pouvoir t'écouter.
LE VIEIL ARZÉMON.
Il me refuserait une simple audience?
MÉGATISE, en pleurant.
Oui.
LE VIEIL ARZÉMON.
    Sais-tu que César m'admet en sa présence,
Qu'il daigne me parler?
MÉGATISE.
    A toi?
LE VIEIL ARZÉMON.
                  Les plus grands rois
Vers les derniers humains s'abaissent quelquefois.
Ils redoutent des grands le séduisant langage,
Leur bassesse orgueilleuse, et leur trompeur hommage;
Mais, oubliant pour nous leur sombre majesté,
Ils aiment à sourire à la simplicité.
Il reçoit de ma main les fruits de ma culture,
Doux présents dont mon art embellit la nature.
Ce gouverneur superbe a-t-il la dureté
De rejeter l'hommage à ses mains présenté?
MÉGATISE.
Quoi! tu ne sais donc pas ce fatal homicide,
Ce meurtre affreux?
LE VIEIL ARZÉMON.
          Je sais qu'ici tout m'intimide,
Que l'inhumanité, la persécution,
Menacent mes enfants et ma religion.
C'est ce que tu m'as dit, et c'est ce qui m'oblige
A voir cet Iradan... son intérêt l'exige.
MÉGATISE.
Va, fuis; n'augmente point, par tes soins obstinés,
La foule des mourants et des infortunés.
LE VIEIL ARZÉMON.
Quel discours effroyable! explique-toi.
MÉGATISE.
                    Mon maître,
Mon chef, mon protecteur, est expirant peut-être.

ACTE IV, SCÈNE I.

LE VIEIL ARZÉMON.

Lui !

MÉGATISE.

Tremble de le voir.

LE VIEIL ARZÉMON.

Pourquoi m'en détourner ?

MÉGATISE.

Ton fils, ton propre fils vient de l'assassiner.

LE VIEIL ARZÉMON.

O soleil, ô mon dieu ! soutenez ma vieillesse !
Qui ? lui ! ce malheureux, porter sa main traîtresse...
Sur qui ?... Pour un tel crime ai-je pu l'élever !

MÉGATISE.

Vois quel temps tu prenais, rien ne peut le sauver.

LE VIEIL ARZÉMON.

O comble de l'horreur ! hélas ! dans son enfance
J'avais cru de ses sens calmer la violence ;
Il était bon, sensible, ardent ; mais généreux :
Quel démon l'a changé ? Quel crime ! ah ! malheureux !

MÉGATISE.

C'est moi qui l'ai perdu, j'en porterai la peine :
Mais que ta mort au moins ne suive point la mienne.
Écarte-toi, te dis-je.

LE VIEIL ARZÉMON.

Et qu'ai-je à perdre ? hélas !
Quelques jours malheureux et voisins du trépas,
Ce soleil, dont mes yeux, appesantis par l'âge,
Aperçoivent à peine une infidèle image,
Ces vains restes d'un sang déjà froid et glacé ?
J'ai vécu, mon ami ; pour moi tout est passé :
Mais avant de mourir je dois parler.

MÉGATISE.

Demeure ;
Respecte d'Iradan la triste et dernière heure.

LE VIEIL ARZÉMON.

Infortunés enfants, et que j'ai trop aimés !
J'allais unir vos cœurs l'un pour l'autre formés.
Ne puis-je voir Arzame ?

MÉGATISE.

Hélas ! Arzame implore
La mort dont nos tyrans la menacent encore.

LE VIEIL ARZÉMON.

Que je voie Iradan.

MÉGATISE.

Que ton zèle empressé
Respecte plus le sang que ton fils a versé ;
Attends qu'on sache au moins si, malgré sa blessure,
Il reste assez de force encore à la nature
Pour qu'il lui soit permis d'entendre un étranger.

LE VIEIL ARZÉMON.

Dans quel gouffre de maux le ciel veut nous plonger !

MÉGATISE.

J'entends chez Iradan des clameurs qui m'alarment.

LE VIEIL ARZÉMON.

Tout doit nous alarmer.

MÉGATISE.

Que mes pleurs te désarment ;
Mon père, éloigne-toi : peut-être il est mourant,
Et son frère est témoin de son dernier moment.
Cache-toi ; je viendrai te parler et t'instruire.

LE VIEIL ARZÉMON.

Garde-toi d'y manquer... Dieu ! qui m'as su conduire,
Dieu, qui vois en pitié les erreurs des mortels,
Daigne abaisser sur nous tes regards paternels [1]

SCÈNE II.

IRADAN, le bras en écharpe, appuyé sur CÉSÈNE ; MÉGATISE.

CÉSÈNE.

Mégatise, aide-nous ; donne un siége à mon frère ;
A peine il se soutient, mais il vit ; et j'espère
Que, malgré sa blessure et son sang répandu,
Par les bontés du ciel il nous sera rendu.

IRADAN, à Mégatise.

Donne, ne pleure point.

CÉSÈNE, à Mégatise.

Veille sur cette porte.

---

1. « Le bon de l'affaire, écrivait l'auteur, c'est que c'est un jardinier qui fait tout ; et cela prouve évidemment qu'il faut cultiver son jardin, comme dit Candide. »

ACTE IV, SCÈNE II.

Et prends garde surtout qu'aucun n'entre et ne sorte.
(Mégatise sort.)

(A Iradan.)

Prends un peu de repos nécessaire à tes sens ;
Laisse-nous ranimer tes esprits languissants ;
Trop de soin te tourmente avec tant de faiblesse.

IRADAN.

Ah, Césène ! au prétoire on veut que je paraisse !
Ce coup que je reçois m'a bien plus offensé
Que le fer d'un ingrat dont tu me vois blessé.
Notre ennemi l'emporte, et déjà le prétoire,
Nous ôtant tous nos droits, lui donne la victoire.
Le puissant est toujours des grands favorisé ;
Ils se maintiennent tous ; le faible est écrasé :
Ils sont maîtres des lois dont ils sont interprètes ;
On n'écoute plus qu'eux ; nos bouches sont muettes :
On leur donne le droit de juges souverains,
L'autorité réside en leurs cruelles mains ;
Je perds le plus beau droit, celui de faire grâce.

CÉSÈNE.

Eh ! pourrais-tu la faire à la farouche audace
Du fanatique obscur qui t'ose assassiner ?

IRADAN.

Ah ! qu'il vive.

CÉSÈNE.

A l'ingrat je ne puis pardonner.
Tu vois de notre état la gêne et les entraves ;
Sous le nom de guerriers nous devenons esclaves.
Il n'est plus temps de fuir ce séjour malheureux,
Véritable prison qui nous retient tous deux.
César est arrivé ; la tête de l'armée
Garde de tous côtés les chemins d'Apamée.
Il ne m'est plus permis de déployer l'horreur
Que ces prêtres sanglants excitent dans mon cœur ;
Et, loin de te venger de leur troupe parjure,
De nager dans leur sang, d'y laver ta blessure,
Avec eux malgré moi je dois me réunir.
C'est ton lâche assassin que nous devons punir ;
Et, puisqu'il faut le dire, indigné de son crime,
Aux sacrificateurs j'ai promis la victime :
Ta sûreté le veut. Si l'ingrat ne mourait,
Il est Guèbre, il suffit, César te punirait.

IRADAN.

Je ne sais; mais sa mort, en augmentant mes peines,
Semble glacer le sang qui reste dans mes veines.

SCÈNE III.

IRADAN, CÉSÈNE, ARZAME.

ARZAME, se jetant aux genoux de Césène.

Dans ma honte, seigneur, et dans mon désespoir,
J'ai dû vous épargner la douleur de me voir.
Je le sens, ma présence, à vos yeux téméraire,
Ne rappelle que trop le forfait de mon frère;
L'audace de sa sœur est un crime de plus.

CÉSÈNE, la relevant.

Ah! que veux-tu de nous par tes pleurs superflus?

ARZAME.

Seigneur, on va traîner mon cher frère au supplice;
Vous l'avez ordonné, vous lui rendez justice;
Et vous me demandez ce que je veux!... La mort,
La mort; vous le savez.

CÉSÈNE.

Va, son funeste sort
Nous fait frémir assez dans ces moments terribles.
N'ulcère point nos cœurs, ils sont assez sensibles.
Eh bien! je veillerai sur tes jours innocents,
C'est tout ce que je puis; compte sur mes serments.

ARZAME.

Je vous les rends, seigneur, je ne veux point de grâce:
Il n'en veut point lui-même; il faut qu'on satisfasse
Au sang qu'a répandu sa détestable erreur;
Il faut que devant vous il meure avec sa sœur.
Vous me l'aviez promis; votre pitié m'outrage.
Si vous en aviez l'ombre, et si votre courage,
Si votre bras vengeur, sur sa tête étendu,
Tremblait de me donner le trépas qui m'est dû,
Ma main sera plus prompte, et mon esprit plus ferme.
Pourquoi de tant de maux prolongez-vous le terme?
Deux Guèbres, après tout, vil rebut des humains,
Sont-ils de quelque prix aux yeux de deux Romains?

CÉSÈNE.
Oui, jeune infortunée, oui, je ne puis t'entendre
Sans qu'un dieu, dans mon cœur ardent à te défendre,
Ne soulève mes sens, et crie en ta faveur.
IRADAN.
Tous deux m'ont pénétré de tendresse et d'horreur.

SCÈNE IV.

IRADAN, ARZAME, CÉSÈNE, MÉGATISE.

CÉSÈNE.
Vient-on nous demander le sang de ce coupable?
MÉGATISE.
Rien encor n'a paru.
CÉSÈNE.
Son supplice équitable
Pourrait de nos tyrans désarmer la fureur.
ARZAME.
Ils seraient plus tyrans s'ils épargnaient sa sœur.
MÉGATISE.
Cependant un vieillard, dans sa douleur profonde,
Malgré l'ordre donné d'écarter tout le monde,
Et malgré mes refus, veut embrasser vos pieds :
A ses cris, à ses yeux dans les larmes noyés,
Daignez-vous accorder la grâce qu'il demande?
IRADAN.
Une grâce! qui? moi!
CÉSÈNE.
Que veut-il? qu'il attende,
Qu'il respecte l'horreur de ces affreux moments :
Il faut que je vous venge : allons, il en est temps.
ARZAME.
Ciel! déjà!
CÉSÈNE.
Rejetez sa prière indiscrète.
IRADAN.
Mon frère, la faiblesse où mon état me jette
Me permettra peut-être encor de lui parler.
Le malheur dont le ciel a voulu m'accabler
Ne peut être, sans doute, ignoré de personne;

Et puisque ce vieillard aux larmes s'abandonne,
Puisque mon sort le touche, il vient pour me servir.

MÉGATISE.

Il me l'a dit du moins.

IRADAN.

Qu'on le fasse venir.

SCÈNE V.

IRADAN, ARZAME, CÉSÈNE; MÉGATISE, s'avançant vers LE VIEIL ARZÉMON, qu'on voit à la porte.

MÉGATISE, à Arzémon.

La bonté d'Iradan se rend à ta prière.
Avance... Le voici.

ARZAME.

Juste ciel!... Ah! mon père!
A mes derniers moments quel dieu vient vous offrir?
Voulez-vous qu'à vos yeux...

LE VIEIL ARZÉMON.

Je veux vous secourir.

IRADAN.

Vieillard, que je te plains! que ton fils est coupable!
Mais je ne le vois point d'un œil inexorable.
J'aimai tes deux enfants, et, dans ce jour d'horreurs,
Va, je n'impute rien qu'à nos persécuteurs.

LE VIEIL ARZÉMON.

Oui, tribun, je l'avoue, ils sont seuls condamnables;
Ceux qui forcent au crime en sont les seuls coupables.
Mais faites approcher le malheureux enfant
Qui fut envers nous tous criminel un moment :
Devant lui, devant elle, il faut que je m'explique.

IRADAN.

Qu'on l'amène sur l'heure.

ARZAME.

O pouvoir tyrannique!
Pouvoir de la nature augmenté par l'amour!
Quels moments! quels témoins! et quel horrible jour

SCÈNE VI.

LES PRÉCÉDENTS; LE JEUNE ARZÉMON, enchaîné.

LE JEUNE ARZÉMON.

Hélas! après mon crime, il me faut donc paraître
Aux yeux d'un homme juste à qui je dois mon être,
Dont j'ai déshonoré la vieillesse et le sang;
Aux yeux d'un bienfaiteur dont j'ai percé le flanc;
Aux regards indignés de son vertueux frère;
Devant vous, ô ma sœur! dont la juste colère,
Les charmes, la terreur, et les sens agités,
Commencent les tourments que j'ai tant mérités.

LE VIEIL ARZÉMON, les regardant tous.

J'apporte à ces douleurs, dont l'excès vous dévore,
Des consolations, s'il peut en être encore.

ARZAME.

Il n'en sera jamais après ce coup affreux.

CÉSÈNE.

Qui?... toi, nous consoler! toi, père malheureux!

LE VIEIL ARZÉMON.

Ce nom coûta souvent des larmes bien cruelles,
Et vous allez peut-être en verser de nouvelles;
Mais vous les chérirez.

IRADAN.

   Quels discours étonnants!

CÉSÈNE.

Adoucit-on les maux par de nouveaux tourments?

LE VIEIL ARZÉMON.

Que n'ai-je appris plus tôt, dans mes sombres retraites,
Le lieu, le nouveau poste, et le rang où vous êtes!
La guerre loin de moi porta toujours vos pas;
Enfin je vous retrouve.

CÉSÈNE.

   En quel état, hélas!

LE VIEIL ARZÉMON.

Vous allez donc livrer aux mains qui les attendent
Ces deux infortunés?

ARZAME.

   Ah! les lois le commandent;
Oui, nous devons mourir.

LE VIEIL ARZÉMON.

Seigneurs, écoutez-moi...
Il vous souvient des jours de carnage et d'effroi,
Où de votre empereur l'impitoyable armée
Fit périr les Persans dans Émesse enflammée.

IRADAN.

S'il m'en souvient, grands dieux!

CÉSÈNE.

Oui ; nos fatales mains
N'accomplirent que trop ces ordres inhumains.

IRADAN.

Émesse fut détruite, et j'en frémis encore.
Servais-tu parmi nous?

LE VIEIL ARZÉMON.

Non, seigneur, et j'abhorre
Ce mercenaire usage, et ces hommes cruels
Gagés pour se baigner dans le sang des mortels.
Dans d'utiles travaux coulant ma vie obscure,
Je n'ai point par le meurtre offensé la nature.
Je naquis vers Émesse, et, depuis soixante ans,
Mes innocentes mains ont cultivé mes champs.
Je sais qu'en cette ville un hymen bien funeste
Vous engagea tous deux.

CÉSÈNE.

O sort que je déteste!
De nos malheurs secrets qui t'a si bien instruit?

LE VIEIL ARZÉMON.

Je les sais mieux que vous; ils m'ont ici conduit.
Vous aviez deux enfants dans Émesse embrasée :
La mère de l'un deux y périt écrasée :
Et l'autre sut tromper, par un heureux effort,
Le glaive des Romains, et la flamme, et la mort.

CÉSÈNE.

Et qui des deux vivait?

IRADAN.

Et qui des deux respire?

LE VIEIL ARZÉMON.

Hélas! vous saurez tout : je dois d'abord vous dire
Qu'arrachant ces enfants au glaive meurtrier
Cette mère échappa par un obscur sentier ;
Qu'ayant des deux États parcouru la frontière,
Le sort la conduisit sous mon humble chaumière.

A ce tendre dépôt, du sort abandonné,
Je divisai le pain que le ciel m'a donné;
Ma loi me le commande, et mon sensible zèle,
Seigneurs, pour être humain n'avait pas besoin d'elle.
CÉSÈNE.
Eh quoi! privé de bien, tu nourris l'étranger!
Et César nous opprime, ou nous laisse égorger!
IRADAN, se soulevant un peu.
Que devint cette femme?... O dieu de la justice!
Ainsi que ce vieillard, lui devins-tu propice?
LE VIEIL ARZÉMON.
Dans ma retraite obscure elle a langui deux ans;
Le chagrin desséchait la fleur de son printemps.
IRADAN.
Hélas!
LE VIEIL ARZÉMON.
    Elle mourut; je fermai sa paupière:
Elle me fit jurer à son heure dernière
D'élever ses enfants dans sa religion:
J'obéis : mon devoir et ma compassion
Sous les yeux de Dieu seul ont conduit leur enfance.
Ces tendres orphelins, pleins de reconnaissance,
M'aimaient comme leur père, et je l'étais pour eux.
CÉSÈNE.
O destins!
IRADAN.
    O moments trop chers, trop douloureux!
CÉSÈNE.
Une faible espérance est-elle encor permise?
ARZAME.
Je crains d'écouter trop l'espoir qui m'a surprise.
LE JEUNE ARZÉMON.
Et moi, je crains, ma sœur, à ces récits confus,
D'être plus criminel encor que je ne fus.
IRADAN.
Que me préparez-vous, ô cieux! que dois-je croire?
CÉSÈNE.
Ah! si la vérité t'a dicté cette histoire,
Pourrais-tu nous donner, après de tels récits,
Quelque éclaircissement sur ma fille et son fils?
N'as-tu point conservé quelque heureux témoignage,
Quelque indice du moins?

LE VIEIL ARZÉMON, à Iradan.

Reconnaissez ce gage
D'un malheur sans exemple, et de la vérité ;
C'est pour vous qu'en ces lieux je l'avais apporté.
(Il lui donne une lettre.)
Vous en croirez les traits qu'une mère expirante
A tracés devant moi d'une main défaillante.

IRADAN.

Du sang que j'ai perdu mes yeux sont affaiblis,
Et ma main tremble trop ; tiens, mon frère, prends, lis.

CÉSÈNE.

Oui, c'est ta tendre épouse ; ô sacré caractère !
(Il montre la lettre à Iradan.)
Embrasse ton cher fils, Arzame est à ton frère.

IRADAN prend la main d'Arzame, et regarde avec larmes le jeune Arzémon qui se couvre le visage.

Voilà mon fils, ta fille, et tout est découvert.

ARZAME, à Césène, qui l'embrasse.

Quoi ! je naquis de vous !

IRADAN.

Quoi ! le ciel qui me perd
Ne me rendrait mon sang à cette heure fatale
Que pour l'abandonner à la rage infernale
De mortels ennemis que rien ne peut calmer !

LE JEUNE ARZÉMON, se jetant aux genoux d'Iradan.

Du nom de père, hélas ! osé-je vous nommer ?
Puis-je toucher vos mains de cette main perfide ?
J'étais un meurtrier, je suis un parricide.

IRADAN, se relevant et l'embrassant.

Non, tu n'es que mon fils.
(Il retombe.)

CÉSÈNE.

Que j'étais aveuglé !
Sans ce vieillard, mon frère, il était immolé ;
Les bourreaux l'attendaient... Quel bruit se fait entendre ?
Nos tyrans à nos yeux oseraient-ils se rendre ?

MÉGATISE, rentrant.

Un ordre du prétoire au pontife est venu.

CÉSÈNE.

Est-ce un arrêt de mort ?

MÉGATISE.

Il ne m'est pas connu ;

ACTE IV, SCÈNE VI.

Mais les prêtres voulaient de nouvelles victimes.
IRADAN.
Les cruels !
CÉSÈNE.
Nous tombons d'abîmes en abîmes.
MÉGATISE.
Je sais qu'ils ont proscrit ce généreux vieillard,
Et le frère et la sœur.
CÉSÈNE.
O justice ! ô César !
Vous pouvez le souffrir ! le trône s'humilie
Jusqu'à laisser régner ce ministère impie !
LE JEUNE ARZÉMON.
Les monstres ont conduit ce bras qui s'est trompé :
J'en étais incapable; eux seuls vous ont frappé.
J'expierai dans leur sang mon crime involontaire...
Déchirons ces serpents dans leur sanglant repaire,
Et vengeons les humains trop longtemps abusés
Par ce pouvoir affreux dont ils sont écrasés.
Que l'empereur après ordonne mon supplice ;
Il n'en jouira pas, et j'aurai fait justice ;
Il me retrouvera, mais mort, enseveli
Sous leur temple fumant par mes mains démoli.
IRADAN.
Calme ton désespoir, contiens ta violence ;
Elle a coûté trop cher. Un reste d'espérance,
Mon frère, mes enfants, doit encor nous flatter.
Le destin paraît las de nous persécuter ;
Il m'a rendu mon fils, et tu revois ta fille ;
Il n'a pas réuni cette triste famille
Pour la frapper ensemble, et pour mieux l'immoler.
ARZAME.
Qui le sait !
IRADAN.
A César que ne puis-je parler !
Je ne puis rien, je sens que ma force s'affaisse ;
Tant de soins, tant de maux, de crainte, de tendresse,
Accablent à la fois mon corps et mes esprits !
(A son fils.)
Soutiens-moi.
LE JEUNE ARZÉMON.
L'oserai-je ?

IRADAN.

Oui, mon fils... mon cher fils !

ARZAME, à Césène.

Eh quoi ! de ces brigands l'exécrable cohorte
De ce château, mon père, assiége encor la porte !

CÉSÈNE.

Va, j'en jure les dieux ennemis des tyrans,
Ces meurtriers sacrés n'y seront pas longtemps.
S'il est des dieux cruels, il est des dieux propices
Qui pourront nous tirer du fond des précipices ;
Ces dieux sont la constance et l'intrépidité,
Le mépris des tyrans et de l'adversité.

(Au jeune Arzémon.)

Viens ; et pour expier le meurtre de ton père,
Venge-toi, venge-nous, ou meurs avec son frère.

FIN DU QUATRIÈME ACTE.

ACTE CINQUIÈME.

SCÈNE I.

IRADAN, le jeune ARZÉMON, ARZAME.

IRADAN.
Non, ne m'en parlez plus ; je bénis ma blessure.
Trop de biens ont suivi cette affreuse aventure ;
Vos pères trop heureux retrouvent leurs enfants ;
Le ciel vous a rendus à nos embrassements.
Vos amours offensaient et Rome et la nature ;
Rome les justifie, et le ciel les épure.
Cet autel que mon frère avait dressé pour moi,
Sanctifié par vous, recevra votre foi ;
Ce vieillard généreux, qui nourrit votre enfance,
Y verra consacrer votre sainte alliance ;
Les prêtres des enfers et leur zèle inhumain
Respecteront le sang d'un citoyen romain.
ARZAME.
Hélas ! l'espérez-vous ?
IRADAN.
Quelles mains sacriléges
Oseraient de ce nom braver les priviléges ?
Césène est au prétoire : il saura le fléchir.
Des formes de nos lois on peut vous affranchir.
Quels cœurs à la pitié seront inaccessibles ?
Les prêtres de ces lieux sont les seuls insensibles.
Le temps fera le reste ; et si vous persistez
Dans un culte ennemi de nos solennités,
En dérobant ce culte aux regards du vulgaire,
Vous forcerez du moins vos tyrans à se taire.
Dieu, qui me les rendez, favorisez leurs feux !
Dieu de tous les humains, daignez veiller sur eux !

ARZAME.

Ainsi ce jour horrible est un jour d'allégresse !
Je ne verse à vos pieds que des pleurs de tendresse.

LE JEUNE ARZÉMON, baisant la main d'Iradan.

Je ne puis vous parler, je demeure éperdu,
Mon père !

IRADAN, l'embrassant.

Mon cher fils !

LE JEUNE ARZÉMON.

Le trépas m'était dû,
Vous me donnez Arzame !

ARZAME.

Et pour comble de joie,
C'est Césène mon père... oui, le ciel nous l'envoie !

SCÈNE II.

LES PRÉCÉDENTS, CÉSÈNE.

IRADAN.

Quelle nouvelle heureuse apportez-vous enfin ?

CÉSÈNE.

J'apporte le malheur, et tel est mon destin.
Ma fille, on nous opprime ; une indigne cabale
Aux portes du palais frappe sans intervalle :
Le prétoire est séduit.

LE JEUNE ARZÉMON.

Que je suis alarmé !

IRADAN.

Quoi ! tout est contre nous !

CÉSÈNE.

On a déjà nommé
Un nouveau commandant pour remplir votre place.

IRADAN.

C'en est fait, je vois trop notre entière disgrâce.

CÉSÈNE.

Ah ! le malheur n'est pas de perdre son emploi,
De cesser de servir, de vivre enfin pour soi...

IRADAN.

Qu'on est faible, mon frère ! et que le cœur se trompe !
Je détestais ma place et son indigne pompe ;

ACTE V, SCÈNE II.

Ses fonctions, ses droits, je voulais tout quitter :
On m'en prive, et l'affront ne se peut supporter.
CÉSÈNE.
Ce n'est point un affront ; ces pertes sont communes,
Préparons-nous, mon frère, à d'autres infortunes :
Notre hymen malheureux, formé chez les Persans,
Est déclaré coupable : on ôte à nos enfants
Les droits de la nature et ceux de la patrie.
LE JEUNE ARZÉMON.
Je les ai tous perdus quand cette main impie,
Par la rage égarée, et surtout par l'amour,
A déchiré les flancs à qui je dois le jour ;
Mais il me reste au moins le droit de la vengeance,
On ne peut me l'ôter.
ARZAME.
Celui de la naissance
Est plus sacré pour moi que les droits des Romains ;
Des parents généreux sont mes seuls souverains.
CÉSÈNE, l'embrassant.
Ah ! ma fille, mes pleurs arrosent ton visage ;
Fille digne de moi, conserve ton courage.
ARZAME.
Nous en avons besoin.
CÉSÈNE.
Nos lâches oppresseurs
Dédaignent ma colère, insultent à nos pleurs,
Demandent notre sang.
ARZAME.
J'en suis la cause unique ;
J'étais le seul objet qu'un sacerdoce inique
Voulait sur leurs autels immoler aujourd'hui,
Pour n'avoir pu connaître un même dieu que lui.
L'empereur serait-il assez peu magnanime
Pour n'être pas content d'une seule victime ?
Du sang de ses sujets veut-il donc s'abreuver ?
Le dieu qui sur ce trône a voulu l'élever
Ne l'a-t-il fait si grand que pour ne rien connaître,
Pour juger au hasard en despotique maître ;
Pour laisser opprimer ces généreux guerriers,
Nos meilleurs citoyens, ses meilleurs officiers ?
Sur quoi ? sur un arrêt des ministres d'un temple ;
Eux qui de la pitié devaient donner l'exemple,

Eux qui n'ont jamais dû pénétrer chez les rois
Que pour y tempérer la dureté des lois;
Eux qui, loin de frapper l'innocent misérable,
Devaient intercéder, prier pour le coupable.
Que fait votre César, invisible aux humains?
De quoi lui sert un sceptre oisif entre ses mains?
Est-il, comme vos dieux, indifférent, tranquille,
Des maux du monde entier spectateur inutile[1]?

CÉSÈNE.

L'empereur jusqu'ici ne s'est point expliqué :
On dit qu'à d'autres soins en secret appliqué,
Il laisse agir la loi.

IRADAN.

Loi vaine et chimérique!
Loi favorable aux grands, et pour nous tyrannique!

CÉSÈNE.

Je n'ai qu'une ressource, et je vais la tenter :
A César, malgré lui, je cours me présenter;
Je lui crierai justice; et si les pleurs d'un père
Ne peuvent adoucir ce despote sévère,
S'il détourne de moi des yeux indifférents,
S'il garde un froid silence, ordinaire aux tyrans,
Je me perce à sa vue : il frémira peut-être;
Il verra les effets du cœur d'un mauvais maître,
Et, par mes derniers mots qui pourront l'étonner,
Je lui dirai : Barbare, apprends à gouverner.

IRADAN.

Vous n'irez point sans moi.

CÉSÈNE.

Quelle erreur vous entraîne?
Votre corps affaibli se soutient avec peine,
Votre sang coule encor... demeurez, et vivez;
Vivez, vengez ma mort un jour, si vous pouvez.
Viens, Arzémon.

LE JEUNE ARZÉMON.

J'y vole.

ARZAME.

Arrêtez!... ô mon père!
Cher frère! cher époux!... Ô ciel! que vont-ils faire?

---

1. On avouera que ce portrait de Louis XV n'est guère flatté. (G. A.)

SCÈNE III.

IRADAN, ARZAME.

ARZAME.
Peut-être que César se laissera toucher.
IRADAN.
Hélas! souffrira-t-on qu'il ose l'approcher?
Je respecte César; mais souvent on l'abuse.
Je vois que de révolte un ennemi m'accuse.
J'ai pour moi la nature, ainsi que l'équité;
Tant de droits ne sont rien contre l'autorité;
Elle est sans yeux, sans cœur : le guerrier le plus brave,
Quand César a parlé, n'est plus qu'un vil esclave :
C'est le prix du service, et l'usage des cours.
ARZAME.
Bienfaiteur adoré, que je crains pour vos jours,
Pour mon fatal époux, pour mon malheureux père,
Pour ce vieillard chéri, si grand dans sa misère!
Il n'a fait que du bien, ses respectables mœurs
Passent pour des forfaits chez nos persécuteurs.
La vertu devient crime aux yeux qui nous haïssent :
C'est une impiété que dans nous ils punissent;
On me l'a toujours dit. Le nouveau gouverneur
Sans doute est envoyé pour servir leur fureur :
On va vous arrêter.
IRADAN.
Oui, je m'y dois attendre.
Oui, mon meilleur ami, commandé pour nous prendre,
Nous chargerait de fers au nom de l'empereur,
Nous conduirait lui-même, et s'en ferait honneur;
Telle est des courtisans la bassesse cruelle.
Notre indigne pontife, à sa haine fidèle,
N'attend que le moment de se rassasier
Du sang des malheureux qu'on va sacrifier.
Dans l'état où je suis, son triomphe est facile.
Nous voici tous les deux sans force et sans asile,
Nous débattant en vain, par un pénible effort,
Sous le fer des tyrans, dans les bras de la mort.

SCÈNE IV.

IRADAN, ARZAME, LE VIEIL ARZÉMON.

IRADAN.

Vénérable vieillard, que viens-tu nous apprendre?
LE VIEIL ARZÉMON.
C'est un événement qui pourra vous surprendre,
Et peut-être un moment soulager vos douleurs,
Pour nous replonger tous en de plus grands malheurs.
Votre fils, votre frère...
IRADAN.
Explique-toi.
ARZAME.
Je tremble.
LE VIEIL ARZÉMON.
De ce château fatal ils s'avançaient ensemble;
Du quartier de César ils suivaient les chemins :
Du grand-prêtre accouru les suivants inhumains
Ordonnent qu'on s'arrête, et demandent leur proie;
A mes yeux consternés le pontife déploie
Un arrêt que sa brigue au prétoire a surpris.
On l'a dû respecter; mais, seigneur, votre fils,
Dans son emportement, pardonnable à son âge,
Contre eux, le fer en main, se présente et s'engage;
Votre frère le suit d'un pas impétueux;
Mégatise à grands cris s'élance au milieu d'eux :
Des soldats s'attroupaient à la voix du grand-prêtre :
« Frappez, s'écriait-il, secondez votre maître. »
De toutes parts on s'arme, et le fer brille aux yeux :
Je voyais deux partis ardents, audacieux,
Se mêler, se frapper, combattre avec furie.
Je ne sais quelle main (qu'on va nommer impie),
Au milieu du tumulte, au milieu des soldats,
Sur l'orgueilleux pontife a porté le trépas;
Sous vingt coups redoublés j'ai vu tomber ce traître,
Indigne de sa place et du saint nom de prêtre;
Je l'ai vu se rouler sur la terre étendu :
Il blasphémait ses dieux qui l'ont mal défendu,
Et sa mort effroyable est digne de sa vie.

IRADAN.
Il a reçu le prix de tant de barbarie.
ARZAME.
Ah! son sang odieux répandu justement
Sera vengé bientôt, et payé chèrement.
LE VIEIL ARZÉMON.
Je le crois. On disait qu'en ce désordre extrême
César doit au château se transporter lui-même.
ARZAME.
Qu'est devenu mon père?
IRADAN.
Ah! je vois qu'aujourd'hui
Il n'est plus de pardon ni pour nous ni pour lui.
(Le vieil Arzémon sort.)

SCÈNE V.

IRADAN, CÉSÈNE, ARZAME, LE JEUNE ARZÉMON.

CÉSÈNE.
Sans doute il n'en est point; mais la terre est vengée.
Par votre digne fils ma gloire est partagée;
C'est assez.
LE JEUNE ARZÉMON.
Oui, nos mains ont puni ses fureurs :
Puissent périr ainsi tous les persécuteurs!
Le ciel, nous disaient-ils, leur remit son tonnerre :
Que le ciel les en frappe, et délivre la terre;
Que leur sang satisfasse au sang de l'innocent :
Mon père, entre vos bras je mourrai trop content.
IRADAN.
La mort est sur nous tous, mon fils; à ses approches
Je ne te ferai point d'inutiles reproches[1].
Ce nouveau coup nous perd; et ce monstre expiré,
Tout barbare qu'il fut, était pour nous sacré.
César va nous punir. Un vieillard magnanime,
Un frère, deux enfants, tout est ici victime,
Tout attend son arrêt. Flétri, dépossédé,
Prisonnier dans ce fort où j'avais commandé,

---

1. Voltaire a dit, dans *Rome sauvée*, acte IV, scène VII :
   Je ne vous ferai point d'inutiles reproches.

Je finis dans l'opprobre une vie abhorrée,
Au devoir, à l'honneur, vainement consacrée.

CÉSÈNE.

Eh quoi! je ne vois plus ce fidèle Arzémon;
Serait-il renfermé dans une autre prison?
A-t-on déjà puni son respectable zèle,
Et les bienfaits surtout de sa main paternelle?
Au supplice, ma fille, il ne peut échapper.
César de toutes parts nous fait envelopper.

ARZAME.

J'entends déjà sonner les trompettes guerrières,
Et je vois avancer les troupes meurtrières.
Depuis qu'on m'a conduite en ce malheureux fort
Je n'ai vu que du sang, des bourreaux, et la mort.

CÉSÈNE.

Oui, c'en est fait, ma fille.

ARZAME.

Ah! pourquoi suis-je née?

CÉSÈNE, embrassant sa fille.

Pour mourir avec moi, mais plus infortunée...
O mon cher frère!... et toi, son déplorable fils,
Nos jours étaient affreux, ils sont du moins finis.

IRADAN.

La garde du prétoire, en ces murs avancée,
Déjà des deux côtés avec ordre est placée.
Je vois César lui-même... A genoux, mes enfants[1].

ARZAME.

Ainsi nous touchons tous à nos derniers moments!

SCÈNE VI.

LES PRÉCÉDENTS; L'EMPEREUR, GARDES; LE VIEIL
ARZÉMON, ET MÉGATISE, au fond.

L'EMPEREUR.

Enfin de la justice à mes sujets rendue
Il est temps qu'en ces lieux la voix soit entendue;

---

1. « *A genoux, mes enfants!* doit faire un grand effet, écrivait Voltaire, et la déclaration de César n'est pas de paille. » Diderot jugeait de même le discours de l'empereur : « Il m'a fait verser des larmes, disait-il, et c'est le seul endroit où j'aie pleuré. » (G. A.)

ACTE V, SCÈNE VI.

Le désordre est trop grand. De tout je suis instruit;
L'intérêt de l'État m'éclaire et me conduit.
Levez-vous, écoutez mes arrêts équitables.
Pères, enfants, soldats, vous êtes tous coupables,
Dans ce jour d'attentats et de calamités,
D'avoir négligé tous d'implorer mes bontés.

CÉSÈNE.

On m'a fermé l'accès.

IRADAN.

Le respect et les craintes,
Seigneur, auprès de vous interdisent les plaintes.

L'EMPEREUR.

Vous vous trompiez; c'est trop vous défier de moi :
Vous avez outragé l'empereur et la loi ;
Le meurtre d'un pontife est surtout punissable.
Je sais qu'il fut cruel, injuste, inexorable :
Sa soif du sang humain ne se put assouvir ;
On devait l'accuser, j'aurais su le punir.
Sachez qu'à la loi seule appartient la vengeance :
Je vous eusse écoutés ; la voix de l'innocence
Parle à mon tribunal avec sécurité,
Et l'appui de mon trône est la seule équité.

IRADAN.

Nous avons mérité, seigneur, votre colère ;
Épargnez les enfants, et punissez le père.

L'EMPEREUR.

Je sais tous vos malheurs. Un vieillard dont la voix
Jusqu'au pied de mon trône a passé quelquefois,
Dont la simplicité, la candeur, m'ont dû plaire,
M'a parlé, m'a touché par un récit sincère ;
Il se fie à César ; vous deviez l'imiter.

(Au vieil Arzémon.)

Approchez, Arzémon ; venez vous présenter :
Dans un culte interdit par une loi sévère
Vous avez élevé la sœur avec le frère ;
C'est la première source où de tant de fureurs
Ce jour a vu puiser ce vaste amas d'horreurs :
Des prêtres, emportés par un funeste zèle,
Sur une faible enfant ont mis leur main cruelle ;
Ils auraient dû l'instruire, et non la condamner ;
Trop jaloux de leurs droits qu'ils n'ont pas su borner,
Fiers de servir le ciel, ils servaient leur vengeance.

De ces affreux abus j'ai senti l'importance ;
Je les viens abolir.

IRADAN.
Rome, les nations,
Vont bénir vos bontés.

L'EMPEREUR.
Les persécutions
Ont mal servi ma gloire, et font trop de rebelles.
Quand le prince est clément, les sujets sont fidèles.
On m'a trompé longtemps ; je ne veux désormais
Dans les prêtres des dieux que des hommes de paix,
Des ministres chéris, de bonté, de clémence,
Jaloux de leurs devoirs, et non de leur puissance ;
Honorés et soumis, par les lois soutenus,
Et par ces mêmes lois sagement contenus ;
Loin des pompes du monde enfermés dans leur temple,
Donnant aux nations le précepte et l'exemple ;
D'autant plus révérés qu'ils voudront l'être moins ;
Dignes de vos respects, et dignes de mes soins :
C'est l'intérêt du peuple, et c'est celui du maître.
Je vous pardonne à tous. C'est à vous de connaître
Si de l'humanité je me fais un devoir,
Et si j'aime l'État plutôt que mon pouvoir...
Iradan, désormais, loin des murs d'Apamée,
Votre frère avec vous me suivra dans l'armée ;
Je vous verrai de près combattre sous mes yeux :
Vous m'avez offensé ; vous m'en servirez mieux.
De vos enfants chéris j'approuve l'hyménée.

(A Arzame et au jeune Arzémon.)

Méritez ma faveur, qui vous est destinée.

(Au vieil Arzémon [1].)

Et toi, qui fus leur père, et dont le noble cœur
Dans une humble fortune avait tant de grandeur,
J'ajoute à ta campagne un fertile héritage ;
Tu mérites des biens, tu sais en faire usage.
Les Guèbres désormais pourront en liberté
Suivre un culte secret longtemps persécuté :
Si ce culte est le tien, sans doute il ne peut nuire
Je dois le tolérer plutôt que le détruire.

1. Encore une fois, disons que le vieil Arzémon est le patriarche de Ferney. (G. A.)

Qu'ils jouissent en paix de leurs droits, de leurs biens;
Qu'ils adorent leur dieu, mais sans blesser les miens :
Que chacun dans sa loi cherche en paix la lumière;
Mais la loi de l'État est toujours la première.
Je pense en citoyen, j'agis en empereur :
Je hais le fanatique et le persécuteur [1].

IRADAN.

Je crois entendre un dieu, du haut d'un trône auguste,
Qui parle au genre humain pour le rendre plus juste.

ARZAME.

Nous tombons tous, seigneur, à vos sacrés genoux.

LE VIEIL ARZÉMON.

Notre religion est de mourir pour vous.

---

1. Voyez le *Discours historique et critique*.

FIN DES GUÈBRES.

VARIANTES

DE LA TRAGÉDIE DES *GUÈBRES*.

Page 510, vers 16. — Une version, qui probablement n'était pas la première, et qui se trouve dans la lettre à d'Argental du 21 décembre 1768, porte :

> Nous sommes ses soldats, j'obéis à mon maître. (B.)

Ibid., vers 18. — Ce vers et les trois suivants furent ajoutés dans la troisième édition. (B.)

Ibid., vers 22. — Dans la lettre du 21 décembre 1768, on lit :

> Les pontifes divins des peuples respectés,
> Condamnent tous l'orgueil, et plus les cruautés. (B.)

Page 511, vers 4. — Dans la même lettre, il y a :

> Des droits que Rome attache. (B.)

Page 527, vers 11. — Toutes les éditions de 1769 portent

> CÉSÈNE.
> Mon frère, je le vois, ce pas est dangereux.
> IRADAN.
> Ne nous flattons jamais de l'emporter sur eux.
> CÉSÈNE.
> Mais sauvons l'innocence.
> IRADAN.
> Écoutez : Apamée.

Le texte actuel est de 1771, tome XVIII de l'édition in-4°. (B.)

Ibid., vers 14. — Dans la lettre à d'Argental, du 11 septembre 1769, l'auteur proposait de mettre :

> Ils ont, pour se défendre et pour nous accabler,
> César, qu'ils ont séduit, et Dieu, qu'ils font parler. (B.)

Page 529, vers 9. — Les cinq éditions de 1769 portent :

> Être sacrifié.
> Viens, je commande ici ; résous-toi de me suivre.
> LE JEUNE ARZÉMON.
> Puis-je la voir enfin ?
> IRADAN.
> Tu peux la voir et vivre ;
> Calme-toi, malheureux.
> LE JEUNE ARZÉMON.
> Ah, seigneur, pardonnez, etc.

Page 531, vers 5. — Dans les éditions antérieures à 1771, on lit :

> Toi, soldat des Romains que l'infâme esclavage...
> MÉGATISE.
> Cher ami, que veux-tu ? Les erreurs du jeune âge,
> Un esprit inquiet, trop de facilité,
> L'occasion trompeuse, enfin la pauvreté,
> Ce qui fait les soldats m'a jeté dans l'armée.
> LE JEUNE ARZÉMON.
> Ton âme à ce service est-elle accoutumée ?
> Tu pourrais être libre en suivant tes amis.

Page 533, dernier vers. — Dans les éditions antérieures à 1771, il y a :

> Peux-tu le demander ?
> Ah ! je la vois venir. Crains de lui faire entendre
> L'effroyable secret que tu viens de m'apprendre...
> Ciel ! ô ciel ! puis-je croire un tel excès d'horreur !
> Iradan !

Page 535, vers 4. — Les éditions antérieures à 1771 portent :

> ARZAME, au jeune Arzémon.
> Pour sortir d'Apamée il n'attend que son frère...
> D'où vient que tu pâlis ?... Quel trouble involontaire
> Éclate dans tes yeux de larmes inondés ?

Ibid., vers 9. — Dans les éditions de 1769, on lit :

> Près de notre oppresseur ! (B.)

Page 545, vers 9. — Dans les éditions antérieures à 1771, il y a :

> Emporté, mais sensible ; ardent, mais généreux. (B.)

Page 549, vers 5. — Avant 1771, on lisait :

> Eh bien ! faut-il livrer ce malheureux coupable.

Page 549, vers 15. — Éditions de 1769 :

> Pourquoi troubler l'horreur de nos affreux ennuis ?
> Allons livrer le traître.
>
> ARZAME.
> Allez, et je vous suis.
> CÉSÈNE, à Mégatise.
> Qu'il suspende du moins sa prière indiscrète. (B.)

Page 550, vers 7. — Dans les éditions du vivant de l'auteur, on lit :

> Et que venez-vous faire en ces lieux ?
> CÉSÈNE.
> M'attendrir. (B.)

FIN DES VARIANTES DES GUÈBRES.

LE BARON
D'OTRANTE

OPÉRA BUFFA EN TROIS ACTES

AVERTISSEMENT [1]

Cette petite pièce fut faite pour M. Grétry, qui, à son retour d'Italie, avait passé six mois à Genève, d'où il se rendait fréquemment à Ferney. M. de Voltaire et Mme Denis, sur quelques essais de musique qu'il leur fit entendre, conçurent une si grande espérance de ses talents, qu'ils le pressèrent vivement d'aller les exercer à Paris; et, pour l'y déterminer d'autant mieux, M. de Voltaire s'offrit de travailler dans un genre nouveau, dont il n'osait cependant espérer, disait-il, d'atteindre la sublimité [2]. Il donna

---

1. Cet avertissement, qui est de feu Decroix, l'un des éditeurs d Kehl, a été donné dans l'*errata* qui est à la fin de ces éditions, mais n'existe pas dans tous les exemplaires. (B.)

2. Grétry, arrivé à Genève au commencement de 1767, écrivit à Voltaire pour lui demander un opéra à mettre en musique; Voltaire accueillit très-bien le jeune compositeur, qui, peu après, partit pour Paris. Ce fut le 20 août 1769 qu'il fit représenter, sur le théâtre des Italiens, le *Huron*, dont il avait fait la musique; Marmontel avait pris le sujet dans l'*Ingénu*. Grétry, dans ses *Essais sur la musique*, p. 165, dit que ce fut pendant la nouveauté du succès de son *Huron* qu'à son grand étonnement et à sa grande satisfaction il reçut de Ferney le *Baron d'Otrante*. Il parle aussi des *Deux Tonneaux*, comme les ayant reçus vers le même temps.

Il ne peut donc y avoir aucun doute sur la date de la composition de ces deux pièces. Les comédiens italiens n'ayant pas reçu le poëme, il est à croire que Grétry ne composa sur ce poëme aucune musique; car il n'en parle pas dans la liste de ses ouvrages.

C'est dans son conte intitulé *l'Éducation d'un prince* que Voltaire avait pris le sujet du *Baron d'Otrante*.

Mercier de Compiègne (qui n'est pas l'auteur du *Tableau de Paris*) mit en vaudeville, vers 1793, l'opéra de Voltaire, et le fit imprimer dans un petit volume intitulé *les Nuits de la Conciergerie*, an III (1795), in-18. Tout en conservant le titre de la pièce, il a changé le nom du principal personnage, qu'il nomme *le baron de la Bâtardière*. Le travail de Mercier n'a paru sur aucun théâtre.

Les comédiens italiens donnèrent, en 1784, le *Duc de Bénévent*, drame héroïque en trois actes, par M. Renquil Lieutaud.

Le *Prince de Catane*, opéra en trois actes, paroles de M. Castel, musique de M. Nicolo Isouard, fut joué le 4 mars 1813 sur le théâtre de l'Opéra-Comique.

Ces deux pièces, dont le sujet est emprunté au *Baron d'Otrante*, sont imprimées.

C'est dans les éditions de Kehl que le *Baron d'Otrante* et les *Deux Tonneaux* ont paru pour la première fois. (B.)

en effet le *Baron d'Otrante* à M. Grétry, qui vint le présenter aux comédiens italiens comme l'ouvrage d'un jeune homme de province. Les comédiens refusèrent la pièce, en avouant cependant que l'auteur n'était pas sans talent, et qu'il promettait beaucoup. Ils engagèrent même M. Grétry à mander au jeune homme que, s'il voulait venir à Paris, on pourrait lui indiquer quelques changements nécessaires pour faire admettre et représenter sa pièce, et qu'avec de la docilité et un peu d'étude de leur théâtre il pourrait lui devenir utile par ses travaux, et se rendre digne d'y être attaché. Leur défiance venait principalement de la nouveauté de ce genre d'opéra comique, où l'un des principaux rôles était en italien et tous les autres en français; mais si l'on a vu longtemps sur le même théâtre, dans des comédies, un principal personnage parler français, et tous les autres lui répondre en italien, pourquoi l'inverse n'aurait-il pas réussi dans un opéra comique rempli d'ailleurs de gaieté et de philosophie?

Quoi qu'il en soit, le jeune auteur reconnut son insuffisance, et ne jugea pas à propos de se déplacer. Il aima mieux renoncer à une gloire qu'il désespérait d'obtenir. Cet événement empêcha M. Grétry de mettre la pièce en musique, et l'auteur de la *Henriade* et de *Mahomet* de faire des opéras-comiques. Il s'en tint à ses premiers essais, *le Baron d'Otrante* et *les Deux Tonneaux*.

Il est assez remarquable que M. de Voltaire donna le premier un opéra à M. Grétry, comme il avait, le premier, vers 1730, donné une tragédie lyrique[1] à Rameau, avant que ces deux grands musiciens se fussent encore exercés dans les genres où ils ont excellé. Le grand poëte découvrit leur génie et pressentit leur succès. Si les encouragements qu'il leur donna ont pu les déterminer à embrasser la carrière dramatique, on lui serait en partie redevable des chefs-d'œuvre dont ils ont enrichi la scène, et des progrès qu'ils ont fait faire à l'art musical. Quel homme grave, à ce prix, ne pardonnerait à M. de Voltaire d'avoir fait des opéras comiques?

1. *Samson.*

LE BARON
D'OTRANTE

PERSONNAGES.

LE BARON D'OTRANTE.
IRÈNE.
UNE GOUVERNANTE.
ABDALLA, corsaire turc.
CONSEILLERS PRIVÉS DU BARON.
HOBEREAUX ET FILLES D'OTRANTE.
TROUPE DE TURCS.

La scène est dans le château du baron.

LE BARON D'OTRANTE

OPÉRA BUFFA

ACTE PREMIER.

(Le théâtre représente un salon magnifique.)

SCÈNE I.

LE BARON, seul, en robe de chambre, couché sur un lit de repos.

(Il chante.)

Ah! que je m'ennuie!
Je n'ai point encore eu de plaisir ce matin.
(Il se lève, et se regarde au miroir.)
On m'assure pourtant que les jours de ma vie
Doivent couler, couler sans ombre de chagrin.
Je prétends qu'on me réjouisse
Dès que j'ai le moindre désir.
Holà! mes gens, qu'on m'avertisse
Si je puis avoir du plaisir.

SCÈNE II.

LE BARON, UN CONSEILLER PRIVÉ, en grande perruque, en habit feuille-morte et en manteau noir; il entre une foule de hobereaux et de filles d'Otrante.

LE CONSEILLER.
Monseigneur, notre unique envie
Est de vous voir heureux dans votre baronnie :

D'un seigneur tel que vous c'est l'unique destin.
LE BARON.
Ah ! que je m'ennuie !
Je n'ai point encore eu de plaisir ce matin.
(On habille monseigneur.)
LE CONSEILLER.
C'est aujourd'hui le jour où le ciel a fait naître
Dans ce fameux château notre adorable maître.
Nous célébrons ce jour par des jeux bien brillants...
LE BARON.
Et quel âge ai-je donc ?
LE CONSEILLER.
Vous avez dix-huit ans.

LE BARON.
Ah ! me voilà majeur !
LE CONSEILLER.
Les barons à cet âge
De leur majorité font le plus noble usage ;
Ils ont tous de l'esprit, ils sont pleins de bon sens ;
Ils font, quand il leur plaît, la guerre aux musulmans,
Rançonnent leurs vassaux à leurs ordres tremblants ;
Vident leurs coffres-forts, ou coupent leurs oreilles ;
Ils n'entreprennent rien dont on ne vienne à bout.
Ils font tout d'un seul mot, bien souvent rien du tout ;
Et quand ils sont oisifs ils font toujours merveilles.
LE BARON.
On me l'a toujours dit : je fus bien élevé.
Or çà, répondez-moi, mon conseiller privé :
Ai-je beaucoup d'argent ?
LE CONSEILLER.
Fort peu ; mais on peut prendre
Celui de vos fermiers, et même sans le rendre :
LE BARON.
Et des soldats ?
LE CONSEILLER.
Pas un ; mais en disant deux mots
Tous les manants d'ici deviendront des héros.
LE BARON.
Ai-je quelque galère ?
LE CONSEILLER.
Oui, seigneur ; Votre Altesse
A des bois, une rade, et quand elle voudra

On fera des vaisseaux : l'Hellespont tremblera ;
Elle sera des mers souveraine maîtresse.
LE BARON.
Je me vois bien puissant.
LE CONSEILLER.
Nul ne l'est plus que vous.
Seigneur, goûtez en paix ce destin noble et doux :
Ne vous mêlez de rien, chacun pour vous travaille.
LE BARON.
Étant si fortuné, d'où vient donc que je bâille ?
LE CONSEILLER.
Seigneur, ces bâillements sont l'effet d'un grand cœur
Qui se sent au-dessus de toute sa grandeur.
Ce beau jour de gala, ce beau jour de naissance
Célèbre son bonheur ainsi que son pouvoir ;
Et monseigneur, sans doute, aura la complaisance
De prendre du plaisir, puisqu'il en veut avoir.
Vous serez harangué ; c'est le premier devoir :
Les spectacles suivront ; c'est notre antique usage.
LE BARON.
Tout cela bien souvent fait bâiller davantage ;
Les harangues surtout ont ce don merveilleux.
O ciel ! je vois Irène arriver en ces lieux !
Irène, si matin, vient me rendre visite !
Mes conseillers privés, qu'on s'en aille au plus vite.
Les harangues pour moi sont des soins superflus :
Ma cousine paraît ; je ne bâillerai plus.

SCÈNE III.

LE BARON, IRÈNE.

LE BARON chante.
Belle Irène, belle cousine,
    Ma langueur chagrine
    S'en va quand je te vois :
    L'amour vole à ta voix ;
Tes yeux m'inspirent l'allégresse,
    Ton cœur fait mon destin :
    Tout m'ennuyait, tout m'intéresse ;
Je commence à goûter du plaisir ce matin,

Mais répondez-moi donc en chansons, belle Irène ;
C'est dans ces lieux chéris une loi souveraine
Dont ni berger ni roi ne se peut écarter ;
Si l'on y parle un peu, ce n'est que pour chanter.
Vous avez une voix si tendre et si touchante !
IRÈNE.
Il n'est point à propos, mon cousin, que je chante ;
Je n'en ai nulle envie ; on pleure dans Otrante :
Vos conseillers privés prennent tout notre argent ;
Vous ne songez à rien, et l'on vous fait accroire
   Que tout le monde est fort content.
LE BARON.
Je le suis avec vous, j'y mets toute ma gloire.
IRÈNE.
Sachez que pour me plaire il vous faudra changer :
D'une mollesse indigne il faut vous corriger ;
   Sans cela point de mariage.
Vous avez des vertus, vous avez du courage ;
   La nonchalance a tout gâté :
On ne vous a donné que des leçons stériles ;
On s'est moqué de vous, et votre oisiveté
   Rendra vos vertus inutiles.
LE BARON.
Mes conseillers privés...
IRÈNE.
   Seigneur, sont des fripons
Qui vous avaient donné de méchantes leçons,
Et qui vous nourrissaient d'orgueil et de fadaise,
Pour mieux pouvoir piller la baronnie à l'aise.
LE BARON.
Oui, l'on m'élevait mal ; oui, je m'en aperçois,
Et je me sens tout autre alors que je vous vois.
On ne m'a rien appris, le vide est dans ma tête ;
Mais mon cœur plein de vous, et plein de ma conquête,
Me rendra digne enfin de plaire à vos beaux yeux ;
Étant aimé de vous, j'en vaudrai beaucoup mieux.
IRÈNE.
Alors, seigneur, alors, à vos vertus rendue,
Je reprendrai pour vous la voix que j'ai perdue.
(Elle chante.)
   Pour jamais je vous chérirai ;
   De tout mon cœur je chanterai :

ACTE I, SCÈNE IV.

Amant charmant, aimez toujours Irène :
Régnez sur tous les cœurs, et préférez le mien ;
Que le temps affermisse un si tendre lien,
    Que le temps redouble ma chaîne !
        (Tous deux ensemble.)
    Non, je ne m'ennuierai jamais ;
      J'aimerai toute ma vie.
    Amour, amour, lance tes traits,
        Lance tes traits
      Dans mon âme ravie.
    Non, je ne m'ennuierai jamais ;
      J'aimerai toute ma vie.
        (On entend une grande rumeur et des cris.)
        IRÈNE.
O ciel ! quels cris affreux !
        LE BARON.
        Quel tumulte ! quel bruit !
Quel étrange gala ! chacun court, chacun fuit.

SCÈNE IV.

LE BARON, IRÈNE, UN CONSEILLER PRIVÉ.

        LE CONSEILLER.
Ah ! seigneur, c'en est fait : les Turcs sont dans la ville.
        IRÈNE.
Les Turcs !
        LE BARON.
    Est-il bien vrai ?
        LE CONSEILLER.
        Vous n'avez plus d'asile.
        LE BARON.
Comment cela ? Par où sont-ils donc arrivés ?
        IRÈNE.
Voilà ce qu'ont produit vos conseillers privés.
        LE BARON.
Allez dire à mes gens qu'on fasse résistance ;
Je cours les seconder.
        LE CONSEILLER.
        Seigneur, votre grandeur
De son rang glorieux doit garder la décence.

IRÈNE.
Hélas! ma gouvernante et mes filles d'honneur
Viennent de tous côtés, et sont toutes tremblantes.

SCÈNE V.

LES PRÉCÉDENTS, LA GOUVERNANTE, ET LES FILLES D'HONNEUR.

LA GOUVERNANTE.
Ah! madame! les Turcs...
IRÈNE.
Ah! pauvres innocentes!
Qu'ont fait ces Turcs maudits?...
LA GOUVERNANTE.
Les Turcs... je n'en puis plus...
Dans votre appartement... ils sont tous répandus.
Le corsaire Abdalla tout enlève, et tout pille;
On enchaîne à la fois père, enfant, femme, fille.
Madame!... entendez-vous les tambours... les clameurs?...
LES TURCS, derrière le théâtre.
Alla! alla! guerra!
LA GOUVERNANTE.
Madame... je me meurs!

SCÈNE VI.

LES PRÉCÉDENTS; ABDALLA, suivi de ses TURCS.

QUATUOR DE TURCS.
Pillar, pillar, grand Abdalla!
Alla, ylla, alla!
Tout conquir,
Tout occir,
Tout ravir;
Alla, ylla, alla!
ABDALLA.
Non amazzar,
No, no, non amazzar.
Basta, basta tout saccagear;

Ma non amazzar,
Incatenar,
Bever, violar,
Non amazzar.

(Pendant qu'ils chantent, les Turcs enchaînent tous les hommes avec une longue corde qui fait le tour de la troupe, et dont un Levantis tient le bout.)

LE BARON, enchaîné avec deux conseillers en grande perruque.

Irène, vous voyez si dans cette posture
Je fais pour un baron une noble figure.

QUATUOR DE TURCS.

Pillar, pillar, grand Abdalla !
Tout saccagear ;
Pillar, bever, violar.
Alla, ylla, alla !

IRÈNE.

Quoi ! ces Turcs si méchants n'enchaînent point les dames !
Tant d'honneur entre-t-il dans ces vilaines âmes[1] ?

ABDALLA chante.

O bravi corsari,
Spavento de' mari,
Andate a partagir,
A bever, a fruir.
A' vostri strapazzi
Cedo li ragazzi,
E tutti li consiglieri.
Tutte le donne son per me ;
È'l mio costume,
Tutte le donne son per me.

LES TURCS.

Pillar, pillar, grand Abdalla !
Alla, ylla, alla !

IRÈNE, au baron qu'on emmène.

Allez, mon cher cousin, je me flatte, j'espère,
Si ce Turc est galant, de vous tirer d'affaire.
Peut-être direz-vous, par mes soins relevé,
Qu'une femme vaut mieux qu'un conseiller privé.

1. C'est une parodie des vers de Virgile (*Æn.*, I, 15) :
..... Tantæne animis cœlestibus iræ ? (B.)

FIN DU PREMIER ACTE.

ACTE DEUXIÈME.

SCENE I.

IRÈNE, LA GOUVERNANTE.

IRÈNE.
Consolons-nous, ma bonne ; il faut avec adresse
Corriger, si l'on peut, la fortune traîtresse.
Vous savez du baron le bizarre destin ?
LA GOUVERNANTE.
Point du tout.
IRÈNE.
Le corsaire, échauffé par le vin,
Dans les transports de joie où son cœur s'abandonne,
Sans s'informer du rang ni du nom de personne,
A, pour se réjouir, dans la cour du château
Assemblé les captifs, et, par un goût nouveau,
Fait tirer aux trois dés les emplois qu'il leur donne.
Un grave magistrat se trouve cuisinier ;
Le baron, pour son lot, est reçu muletier.
Ce sont là, nous dit-on, les jeux de la fortune :
Cette bizarrerie en Turquie est commune.
LA GOUVERNANTE.
Se peut-il qu'un baron, hélas ! soit réduit là ?
Et quelle est votre place à la cour d'Abdalla ?
IRÈNE.
Je n'en ai point encor ; mais, si je dois en croire
Certains regards hardis que, du haut de sa gloire,
L'impudent, en passant, a fait tomber sur moi,
J'aurai bientôt, je pense, un assez bel emploi.
Et j'en ferai, ma bonne, un très-honnête usage.
LA GOUVERNANTE.
Ah ! je n'en doute pas : je sais qu'Irène est sage.

Mais, madame, un corsaire est un peu dangereux :
Il paraît volontaire ; et le pas est scabreux.
IRÈNE.
Il a pris sans façon l'appartement du maître :
« Je le suis, a-t-il dit, et j'ai seul droit de l'être.
Vin, fille, argent comptant, tout est pour le plus fort ;
Le vainqueur les mérite, et les vaincus ont tort. »
Dans cette belle idée il s'en donne à cœur-joie,
Et pour tous les plaisirs son bon goût se déploie,
Tandis que mon baron, une étrille à la main,
Gémit dans l'écurie, et s'y tourmente en vain.
Il fait venir ici les dames les plus belles,
Pour leur rendre justice, et pour juger entre elles,
Mettre au jour leur mérite, exercer leurs talents
Par des pas de ballet, des mines, et des chants.
Nous allons lui donner cette petite fête ;
Et si de son mouchoir mes yeux font la conquête,
Je pourrai m'en servir pour lui jouer un tour
Qui fera triompher ma gloire et mon amour.
J'entends déjà d'ici ses fifres, ses timbales ;
Voilà nos ennemis, et voici mes rivales.

SCÈNE II.

Les Levantis arrivent, donnant chacun la main à une personne. IRÈNE, LA GOUVERNANTE ; ABDALLA arrive au son d'une musique turque, un mouchoir à la main ; les demoiselles du château d'Otrante forment un cercle autour de lui.

ABDALLA chante.
Su, su, Zitelle tenere ;
La mia spada fa tremar.
Ma voi, fanciulle care,
Mi piacer, mi disarmar :
Mi sentir più grand' onore
Di rendirmi a l'amore,
Che rapir tutta la terra
Col terrore della guerra.
Su, su, Zitelle tenere, etc.
IRÈNE chante cet air tendre et mesuré.
C'est pour servir notre adorable maître,
C'est pour l'aimer que le ciel nous fit naître.

Mars et l'Amour à l'envi l'ont formé :
Son bras est craint, son cœur est plus aimé.
  Des Amours la tendre mère
  Naquit dans le sein des eaux
  Pour orner notre corsaire
  De ses présents les plus beaux.

(Elle parle.)

Votre mouchoir fait la plus chère envie
De ces beautés de notre baronnie ;
Mais nul objet n'a droit de s'en flatter :
On peut vous plaire, et non vous mériter.

(Abdalla fume sur un canapé : les dames passent en revue devant lui. Il fait des mines à chacune, et donne enfin le mouchoir à Irène.)

ABDALLA.

Pigliate voi il fazzoletto,
L'avete ben guadagnato ;
Che tutte le altre fanciulle
Men leggiadre, e meno belle,
Aspettino per un' altra volta
La mia sobrana volontà.

(Il fait asseoir Irène à côté de lui.)

Al mio canto Irena stia ;
E tutte le altre via, via.

(Elles s'en vont toutes, en lui faisant la révérence.)

Bene, bene, sarà per un' altra volta,
Un' altra volta.

SCÈNE III.

IRÈNE, ABDALLA.

ABDALLA.

Cara Irena, adesso,
Sedete appresso di me.
Amor mi punge e mi consume.

(Il la fait asseoir plus près.)

Più appresso, più appresso.

IRÈNE, à côté d'Abdalla, sur le canapé.

Seigneur, de vos bontés mon âme est pénétrée ;
Je n'ai jamais passé de plus belle soirée.
Quand je craignais les Turcs, si fiers dans les combats,

Mon cœur, mon tendre cœur ne vous connaissait pas.
Non, il n'est point de Turc qui vous soit comparable.
Je crois que Mahomet fut beaucoup moins aimable ;
Et, pour mettre le comble à des plaisirs si doux,
Je compte avoir l'honneur de souper avec vous.

ABDALLA.

Sì, sì, cara : ceneremo insieme, *tête à tête*, l'uno dirimpetto a l'altra; senza schiavi; solo con sola; beveremo del vino greco : e canteremo, e ci trastulleremo, dirimpetto l'uno a l'altra : sì, sì, cara, per dio Maccone.

IRÈNE.

Après tant de bontés aurai-je encor l'audace
D'implorer de mon Turc une nouvelle grâce?

ABDALLA.

  Parli, parli : farò tutto
  Che vorrete, presto, presto.

IRÈNE.

Seigneur, je suis baronne ; et mon père autrefois
  Dans Otrante a donné des lois.
Il était connétable, ou comte d'écurie ;
C'est une dignité que j'ai toujours chérie :
Mon cœur en est encor tellement occupé
Que si vous permettez que j'aille avant soupé
Commander un quart d'heure où commandait mon père,
C'est le plus grand plaisir que vous me puissiez faire.

ABDALLA.

Come! nella stalla?

IRÈNE.

  Nella stalla, signor.
Au nom du tendre amour je vous en prie encor.
Un héros tel que vous, formé pour la tendresse,
Pourrait-il durement refuser sa maîtresse?

ABDALLA.

La signora è matta. Le stalle sono puzzolente ; bisognerà più d'un fiasco d'acqua nanfa per nettarla. Or su andate a vostro piacere, lo concedo : andate, cara, e ritornate.

(Irène sort.)

SCÈNE IV.

ABDALLA chante.

(En se frappant le front.

Ogni fanciulla tien là
    Qualche fantasia,
Somigliante alla pazzia.
  Ma l'ira mia è vana.
   Basta che la Zitella
   Sia facile e bella ;
    Tutto si perdona.

Ogni fanciulla tien là
    Qualche fantasia.

FIN DU DEUXIÈME ACTE.

ACTE TROISIÈME.

SCÈNE I.

(Le théâtre représente un coin d'écurie.)

IRÈNE ; LE BARON, en souquenille, une étrille à la main.

IRÈNE chante.
Oui, oui, je dois tout espérer ;
Tout est prêt pour vous délivrer.
Oui... oui... je peux tout espérer ;
L'amour vous protége et m'inspire.
Votre malheur m'a fait pleurer ;
Mais en trompant ce Turc que je fais soupirer,
Je suis prête à mourir de rire.

LE BARON.
Lorsque vous me voyez une étrille à la main,
Si vous riez, c'est de moi-même.
Je l'ai bien mérité : dans ma grandeur suprême,
J'étais indigne, hélas ! du pouvoir souverain,
Et du charmant objet que j'aime.

IRÈNE.
Non, le destin volage
Ne peut rien sur mon cœur.
Je vous aimai dans la grandeur ;
Je vous aime dans l'esclavage.
Rien ne peut nous humilier ;
Et quand mon tendre amant devient un muletier,
Je l'en aime encor davantage.

(Elle répète.)

Et quand mon tendre amant devient un muletier,
Je l'en aime encor davantage.

LE BARON.
Il faut donc mériter un si parfait amour :

Ainsi que mon destin je change en un seul jour ;
Irène et mes malheurs éveillent mon courage.

(A ses vassaux, qui paraissent en armes.)

Amis, le fer en main, frayons-nous un passage
Dans nos propres foyers ravis par ces brigands.
Enchaînons, à leur tour, ces vainqueurs insolents
Plongés dans leur ivresse, et se livrant en proie
A la sécurité de leur brutale joie.
Vous, gardez cette porte ; et vous, vous m'attendrez
Près de ma chambre même, au haut de ces degrés
Qui donnent au palais une secrète issue.
J'en ouvrirai la porte au public inconnue.
Je veux que de ma main le corsaire soit pris.
Dans le même moment appelez à grands cris
Tous les bons citoyens au secours de leur maître :
Frappez, percez, tuez, jetez par la fenêtre,
Quiconque à ma valeur osera résister.

(A Irène.)

Déesse de mon cœur, c'est trop vous arrêter :
Allez à ce festin que le vainqueur prépare.
Je lui destine un plat qu'il pourra trouver rare ;
Et j'espère ce soir, plus heureux qu'au matin,
De manger le rôti qu'on cuit pour le vilain.

IRÈNE.

J'y cours ; vous m'y verrez : mais que votre tendresse
Ne s'effarouche pas si de quelque caresse
Je daigne encourager ses désirs effrontés :
Ce ne sont point, seigneur, des infidélités.
Je ne pense qu'à vous, quand je lui dis que j'aime ;
En buvant avec lui, je bois avec vous-même ;
En acceptant son cœur je vous donne le mien :
Il faut un petit mal souvent pour un grand bien.

(Elle sort.)

SCÈNE II.

LE BARON, à ses vassaux.

Allons donc, mes amis, hâtons-nous de nous rendre
Au souper où l'Amour avec Mars doit m'attendre.
Le temps est précieux : je cours quelque hasard
D'être un peu passé maître, et d'arriver trop tard.

Faites de point en point ce que j'ai su prescrire ;
Gardez de vous méprendre, et laissez-vous conduire.
Avancez à tâtons sous ces longs souterrains :
De la gloire bientôt ils seront les chemins.

SCÈNE III.

(Le théâtre représente une jolie salle à manger.)

ABDALLA, IRÈNE, seuls à table, sans domestiques.

IRÈNE, un verre en main, chante.
Ah ! quel plaisir
De boire avec son corsaire !
Chaque coup que je bois augmente mon désir
De boire encore, et de lui plaire.
Verse, verse, mon bel amant :
Ah ! que tu verses tendrement
Tous les feux d'amour dans mon verre !

ABDALLA.
Sì, sì, brindisi a te,
Amate, bevete, ridete.
Sì, sì, brindisi a te,
Questo vino di Champagna
A te somiglia,
Incanta tutta la terra,
Li cristiani,
Li musulmani.

Begli occhi scintillate
Al par del vino spumante.
Sì, sì, brindisi a te,

(Tous deux ensemble.)

Sì, sì, brindisi a te,
Amate, bevete, ridete.
Sì, sì, brindisi a te, etc.

(Ils dansent ensemble, le verre à la main, en chantant.)

Sì, sì, brindisi a te, etc.

SCÈNE IV.

LES PRÉCÉDENTS ; LE BARON, armé, et ses **SUIVANTS**,
entrent de tous côtés dans la chambre.

LE BARON.

Corsaire, il faut ici danser une autre danse.

ABDALLA, cherchant son sabre.

Che veggo ! che veggo !

LE BARON.

Ton maître, et la vengeance.
Il est juste, soldats, qu'on l'enchaîne à son tour :
Ainsi tout à son terme, et tout passe en un jour.

ABDALLA.

Levanti, venite !

LE BARON.

Tes Levantis, corsaire,
Sont tous mis à la chaîne, et s'en vont en galère.
Ami, l'oisiveté t'a perdu comme moi :
Je te rends la leçon que je reçus de toi.
Je t'en donne encore une avec reconnaissance :
Je te rends ton vaisseau ; va, pars en diligence :
Laisse-moi la beauté qui nous a tous sauvés,
Et rembarque avec toi mes conseillers privés.

(Il chante.)

Je jure... je jure d'obéir
Pour jamais à ma belle Irène.
Peuples heureux, dont elle est souveraine,
Répétez avec moi, contents de la servir :

LE CHŒUR.

Je jure... je jure d'obéir
Pour jamais à la belle Irène.

FIN DU BARON D'OTRANTE.

TABLE

DES MATIÈRES CONTENUES DANS LE CINQUIÈME VOLUME

DU THÉATRE.

                                                                                         Pages.

LE DROIT DU SEIGNEUR. — Avertissement de Beuchot. . . . 3
    Le Droit du seigneur, comédie. 7
    Variantes de la comédie du *Droit du seigneur*. 65

OLYMPIE. — Avertissement pour la présente édition. 93
    Avertissement des éditeurs de l'édition de Kehl. 95
    Olympie, tragédie. 97
    Variantes de la tragédie d'*Olympie*. 165

LE TRIUMVIRAT. — Avertissement pour la présente édition. . . 175
    Avertissement des éditeurs de l'édition de Kehl 176
    Préface de l'éditeur. 177
    Le Triumvirat, tragédie. 181
    Variantes de la tragédie du *Triumvirat*. 244

LES SCYTHES. — Avertissement pour la présente édition. . . . 261
    Avertissement de Beuchot. 262
    Épître dédicatoire. 263
    Préface de l'édition de Paris. 266
    Préface des éditeurs qui nous ont précédé immédiatement. . . . 271
    Les Scythes, tragédie. 277
    Variantes de la tragédie des *Scythes*. 332
    Avis au lecteur. 335

CHARLOT, ou la Comtesse de Givry. — Avertissement pour la
    présente édition. 341
    Avertissement de Beuchot. 342
    Préface. 343
    Charlot, ou la Comtesse de Givry, pièce dramatique. 345
    Variantes de *Charlot*. 384

TABLE DES MATIÈRES.

	Pages
LE DÉPOSITAIRE. — AVERTISSEMENT pour la présente édition.	391
AVERTISSEMENT de Beuchot	392
PRÉFACE.	393
Le Dépositaire, comédie.	397
VARIANTES de la comédie du *Dépositaire*.	473
LES GUÈBRES, OU LA TOLÉRANCE. — AVERTISSEMENT de Beuchot.	483
ÉPÎTRE DÉDICATOIRE à M. de Voltaire.	487
PRÉFACE de l'éditeur.	489
Discours historique et critique à l'occasion de la tragédie des *Guèbres*.	491
Les Guèbres, ou la Tolérance, tragédie.	505
VARIANTES de la tragédie des *Guèbres*.	568
LE BARON D'OTRANTE. — AVERTISSEMENT.	573
Le Baron d'Otrante, opéra buffa.	577

FIN DE LA TABLE.

PARIS. — Impr. J. CLAYE. — A. QUANTIN et Cⁱᵉ, rue St-Benoît. — |1021|

www.ingramcontent.com/pod-product-compliance
Lightning Source LLC
Chambersburg PA
CBHW070359230426
43665CB00012B/1187